郭贵春文集

·第六卷·

学科建设研究

郭贵春__著

科 学 出 版 社

北 京

内 容 简 介

本书从学科专业研究人员、高校工作者、高等教育研究者的视角，探讨了学科发展、建设和高等教育等相关问题；文章体裁除了论文之外，还包括访谈录、书评等。

本书的内容主要包括对科学哲学、技术哲学、科学技术史、科学社会学等学科的发展和建设问题的研究，还从中国的高等教育、山西省高等教育改革、大学发展、本科及研究生教育等方面剖析了高等教育的现状、问题及未来发展。

本书可供科技哲学及相关专业的学者、师生，以及从事高等教育管理和研究的人员阅读参考。

图书在版编目（CIP）数据

郭贵春文集. 第六卷，学科建设研究 / 郭贵春著. —北京：科学出版社，2017.3

ISBN 978-7-03-052096-8

Ⅰ. ①郭…　Ⅱ. ①郭…　Ⅲ. ①郭贵春-文集②科学哲学-学科建设-文集　Ⅳ. ①B-53②N02-53

中国版本图书馆 CIP 数据核字（2016）第050379号

责任编辑：邹　聪　刘　溪　刘巧巧 / 责任校对：郑金红

责任印制：张　伟 / 封面设计：有道文化

科学出版社 出版

北京东黄城根北街 16 号

邮政编码：100717

http://www.sciencep.com

北京华虎彩印刷有限公司 印刷

科学出版社发行　各地新华书店经销

*

2017 年 3 月第　一　版　开本：720×1000 B5

2017 年 3 月第一次印刷　印张：30

字数：407 000

定价：198.00 元

（如有印装质量问题，我社负责调换）

序言

1978年，当思想解放的春风伴随着中国改革开放的步伐吹遍神州大地之时，我作为“文化大革命”后的第一届硕士研究生，开始了自己且行且探索的学术生涯。

对我而言，走向科学哲学这一博大精深而又需具有广厚知识背景的领域，并不是最初预设的选择，而是一个从不自觉到自觉、从自然到必然的不断流淌的过程。我个人的学术价值取向、存在价值取向乃至生活价值取向，都是在这个过程中扭结在一起，并得到实现、完善和升华。我感恩上苍赋予我这一丰富而又充满意义的过程。

我是作为马克思主义哲学专业的研究生开始自己的学术研究的，当时，关于“实践是检验真理的唯一标准”的讨论及十一届三中全会精神的传播，涤荡着过去思想理论界所存在的各种教条和框框，也使我对马克思主义认识论的研究充满了激情与反思。一方面，由于在大学期间，经常去听物理系的课，同时深受恩格斯《反杜林论》中自然辩证法思想的深刻影响，我对当时自然辩证法研究领域的文献格外关注，许多前沿的、启迪人们思维走向世界的科学观念令我震撼不已；另一方面，由于我在上大学之前在电信学校读过载波通信专业，并且一直在电信部门工作，所以对信息、传输、结构、系统、功能、反馈、网络、测量、计算等一系列的结构系统概念有着自身内在的理解。这两方面自然的结合和统一，促使我试图用结构系统性的分析方法去解读和阐释人类的认识过程，以使马克思主义的认识论说明有更强烈的科学意义，而不仅仅是思辨的解释。于是，我将自己的毕业论文题目拟订为“试论人类认识的结构系统性”。带着这个想法，我特意拜访了当时著名的马克思主义认识论研究专家——中国社会科学院哲学研究所辩证唯物主义研究室副主任夏甄陶先生。夏先生对我的构想及论文题目予以充分的肯定，并鼓励我沿着这个方向做更多创新性的探索。对我而言，这无疑是巨大的激励。而后，我按照这个既定的题目，克服了许多意想不到的学术之外的困难，最终完成了这篇毕业论文。

毕业留校工作之后，我将毕业论文的核心内容凝缩成一篇题为“用系统原则研究人类认识结构的必要性”的文章，投送给了《山西大学学报》。没想到，评审专家给予了否定性的评价。但是，退稿通知竟激发了我强烈的自信，遂将其重新投送给了中国哲学界最权威的理论刊物《哲学研究》。同样令人意外的是，不到三个星期，时任《哲学研究》编辑部副主任的章士嵘先生亲笔写信给我，告知我的文章已被选用并将尽快发表，不要再投给其他刊物。在系办公室拆看这封信时，我激动不已，并将这一消息告知了在场的几位同事。更匪夷所思的是，当《山西大学学报》的那位评审专家获知这一消息后，马上通报给了《山西大学学报》的主编，并在不通知我的情况下，抢先发表了我的这篇文章。这个结果令我非常不快且又尴尬不已，立即写信给章士嵘先生禀告缘由并表示道歉。章先生不仅没有责怪我，还写信给我讲这种事情并不鲜见，同时鼓励我以后有文章继续给《哲学研究》投稿。令人欣慰的是，这篇文章很快就被《新华文摘》于 1983 年第 2 期转载了，从而扩大了它的影响力。这是我有生以来发表的第一篇学术研究的文章，标志着我从马克思主义认识论的研究走向自然辩证法研究。

自 1981 年之后，一直到 1986 年，我作为山西大学哲学系自然辩证法教研室的教师，每年为本科生讲授“自然辩证法”课程。在这期间，我在不同的刊物上发表了多篇文章和译文，特别是《哲学译丛》1983 年第 1 期发表的《精神分析哲学与科学哲学》，《哲学研究》1984 年第 1 期发表的《一个杰出的科学研究纲领——试论牛顿的科学方法结构》，《百科知识》1985年第5期发表的《伊姆雷·拉卡托斯及其科学哲学》，以及《山西大学学报》1986年第4期发表的《略论亚里士多德的物理学思想》等文章和译文，表明我已不自觉地在从广义的自然辩证法研究转向狭义的科学哲学研究。与此同时，我和张丽萍、唐云江共同翻译了赫伯特·巴特菲尔德的名著《近代科学的起源》，并请金吾伦先生统校，该书于1988年由华夏出版社出版。我还和两位同学翻译并由我统校了迈克尔·霍斯金的一本小册子《科学家的头脑》，该书于1990年也由华夏出版社出版。这一时期对大量外文文献的阅读与翻译，为我转向科学哲学的研究奠定了必要的理论基础和语言基础。

在这期间，有两项我亲身参加过的学术活动，对自己逐渐自觉地走向科学哲学的研究意义重大。其一是1982年8月23日至9月7日在北京体育学院外宾招待所举办的由美国学者主讲的科学哲学讲习班。这个讲习班专门请了美国明尼苏达大学的伊尔曼（J. Earman）教授和华莱士（N. Wallace）教授，来为中国学者系统介绍当代科学哲学及科学社会学的历史发展、研究现状、核心内容、突出问题、主要方法及可能发展的趋势等。这是中国改革开放之后，第一次举办这种类型的讲习班，因此它具有划时代的意义。参加这次讲习班的成员有40多人，其中有不少1977届的刚毕业的本科生和1981届的研究生，足见当时我国对青年学者培养的重视。在我不完全的记忆中，当时参加的学者有邱仁宗、范岱年、查汝强、罗慧生、金吾伦、章士嵘、董光璧、罗嘉昌、徐友渔、殷正坤、胡新和、倪梁康、张丽萍、唐云江，以及全程当翻译的王路等。这个讲习班是由中国社会科学院哲学研究所自然辩证法研究室主办的，要求各成员于8月23日报到。24日，中国社会科学院副秘书长赵富山与哲学研究所所长邢贲思到会做了报告，并讲了具体安排。从25日正式开始的整个演讲中，特别是在伊尔曼教授介绍的当代科学哲学研究中，涉猎了大量有关科学哲学的背景知识和系统的形式化的逻辑演算。为了让绝大部分听众能够理解和跟得上伊尔曼教授的讲解，主办者特意在晚上安排了中国社会科学院哲学研究所的欧阳英同老师为大家辅导数理逻辑；请中国人民大学的黄天顺教授讲授数理逻辑与现代科学的关系，并对伊尔曼教授第三讲中的难点进行了详解；请中国社会科学哲学研究所的罗慧生先生介绍现代科学哲学的基本问题；还请中国社会科学院哲学研究所当时刚从美国回来的徐崇文先生介绍美国实用主义的本质意义；等等。这些活动都对讲习班的顺利进行发挥了重要作用。9 月 6 日晚上，邱仁宗先生组织大家召开了一个关于科学哲学发展情况的讨论会。9 月 7 日下午，在欢送华莱士教授的聚会结束之时，邱仁宗先生又代表主办方对讲习班的圆满成功做了总结性发言。对我而言，参加这次讲习班的最大收获在于，我第一次直接地感受到形式化的分析哲学研究方法在科学哲学研究中的重要作用，以及它在对科学理论的产生、发展及其演化的研究过程中深刻地揭示和升华科学理性的本质，将是科学哲学研究的真正主题。总之，这次讲习班的举办无论是对于我个人之后研究方向的选择，还是对于整个中国科学哲学研究的进一步发展，都具有里程碑的意义。

其二是 1983 年 9 月 5 日至 9 月 9 日在北京香山别墅召开的全国科学哲学研讨会，即香山会议。这次会议几乎集聚了当时国内所有科学哲学界的知名学者和精英，就我的印象讲，会议重点评介了库恩、拉卡托斯及费耶阿本德等科学哲学家的思想，着重讨论了科学发现的问题等，最后大会总结时还通过了一个会议纪要。这次会议，无论是全会还是小组分会，气氛都非常活跃，甚至在任何一个话题上都有着不同的意见和面对面的激烈争论。所有与会的成员，那种抛去羁绊后对学术思想自由的追求，急切渴望了解国际科学哲学研究现状和发展趋势的心情，尊重学术真理探索的状况，是那个时代的经典表现。这种表现一直到今天，我都没有再见过。应当说，这次会议为整个 20 世纪 80 年代中国科学哲学的繁荣和发展起到了巨大的推动作用。更为重要的是，它还为科学哲学将来成为一个建制性的学科奠定了基础。这是因为，此前，人们阅读外文文献时，都把 scientific philosophy 和 philosophy of science 翻译成“科学的哲学”，但实际上，前者表达的是对哲学的修辞，而后者表达的则是一个特定学科的专有名词。为了避免这种混淆，会议在邱仁宗、范岱年、舒炜光、陈昌曙等的倡导下一致约定，前者依旧翻译成“科学的哲学”，而后者去掉“的”字，翻译成“科学哲学”，以表明它是中国科学哲学学术共同体的专有名称。这一约定为 1987 年国务院学位委员会修改我国学科目录时将“自然辩证法”的称谓从哲学 8 个二级学科中去除，而代之以“科学技术哲学”，做出了杰出的贡献。这是中国科学哲学学术共同体的一个胜利，它使“科学哲学”由“自然辩证法”这个“大口袋”中的一个研究领域，最终走向了建制性的专有学科。这次会议使我对当时国内科学哲学发展的研究队伍、研究状况及其研究意义有了整体上的认知，同时，更强化了自己研究科学哲学的自觉性和自主性。

在这一段时期，我每年只有一个学期有课，且一周只有两节，时间充裕，因此我阅读了大量有关科学哲学史和自然科学史方面，特别是物理学史、数学史、生物学史和天体演化史等方面的书籍；较闲暇的时候，我就做数理逻辑的演算题，以增强对形式化分析的理解和把握。没想到的是，这些发自兴趣所做的功课，在我不久之后的海外留学生涯中发挥了基础性的作用。很难言喻的是，这一时期我个人的生活和对于科学哲学研究的追求是命运式地扭结在一起的，是完全不可分割的。为了自励，我曾把休谟的一段话抄写下来，压在了自己写字台的玻璃板底下。休谟是这样讲的：

> 完善的哲人能战胜命运……但我的心灵还需充分经过哲学的证实，才能抵抗命运的打击。灵魂的提高与伟大只能在学问和沉思中才能获得。

20 世纪 80 年代初，在大学校园中，出国留学潮汹涌澎湃地冲刷着每一位学子的心灵，那种激奋与震撼是现在的青年人无法体验的。我当然也不能例外，而且在“文化大革命”前读中学的时候，出国留学就曾是我的梦想。当我迟钝地意识到梦想有可能变成现实的时候，我于 1986 年年初报名参加了由政府组织的“访问学者测试”（visiting scholar test，VST）。VST 的满分是 160 分，分两层分数线。首先，84 分为“培训线”，即达到 84 分者，可以到国家指定的外语学院培训半年，然后即可出国；其次，110 分为“出国线”，即达到 110 分者，不必经过培训即可直接出国。没想到的是，我居然超常地考了 113 分，因此分数一公布便获得了联系出国留学的权利。我分别向美国和英国的各类大学投寄了 10 份留学申请并附上了所要求的各种个人背景材料，很快我便收到了牛津大学、剑桥大学、普林斯顿大学及华盛顿州立大学的正式邀请。在经过认真比较和思量之后，我最终选择了剑桥大学的科学史和科学哲学系。由此，我而后的命运便与剑桥、剑桥大学及科学史和科学哲学系具有了某种深邃而又魂牵梦绕的联系。

当我天天骑着自行车在具有800年历史的剑桥大学各个学院、系所、图书馆和博物馆之间穿行的时候；当我漫步在剑河畔，望着河中或是为了健身，或是为了来年在泰晤士河上与牛津大学进行划艇比赛而训练的健儿们的时候；当我坐在宽广的草坪上，一边读小说一边观看旁边围坐成一圈，每人一口笑饮同一瓶啤酒的男女大学生们的时候；当我参加一个又一个不同学生社团的各种活动的时候；当我在“三一学院”的正式晚宴上听院长用谁都听不懂的拉丁文祝词，并享受与来自不同学科学生们神聊的时候，在飘浮着些许白云的湛蓝天空下的这座古城，让我第一次明白了什么叫大学或大学的灵魂，也让我体验到了当年徐志摩在剑桥大学时说，在这里的学习生活“寂寞但不无聊”的境意。我最欣赏徐志摩的这一段话：剑桥是静寂的，静寂得有些寒意，但它永不会叫人无聊。静寂使人孤独，但孤独正可以使他与剑桥历史的巨灵对话。

同时，当我每每想到剑桥大学是与牛顿、培根、达尔文、拜伦、麦克斯韦、罗素、维特根斯坦这些人类文化和知识建构过程中的巨匠们联系在一起的时候，当我天天踏着当时就已有70多位诺贝尔奖获得者曾经或仍在天天踏着的校园的时候，当我参加某些热点研讨会由于人多缺少座位而看见诺贝尔奖获得者与普通学生一起席地而坐并进行学术争论的时候，当我看到研究生们端着咖啡和甜点去参加导师们的讲座的时候，当我聆听霍金教授坐在轮椅上发出微弱的声音而由他的助手重新讲解黑洞理论奥妙的时候，当我经常参加各国元首或政要们滔滔不绝的政治演讲的时候，我深深地体验到了什么叫神圣的学术殿堂，在这里，科学精神和人文精神的融合、科学理性与人文理性的交织构成了创造人类智慧的过程。

所有这些感受最终在我心中凝聚成一股新的探究科学哲学的冲动，

并且还要落实在一个具体的方向上，但这需要时间。迈克尔·霍斯金教授是当时科学史和科学哲学系的系主任，是接受我到剑桥大学留学的邀请函的签发人，也是我的导师。因此，他对我极其关心和照顾。他对我的第一个要求就是，在更好地融入剑桥大学的文化和提高英语语言能力之前，必须和英国学生住在一个公寓里，这使我获益匪浅。半年后，他笑着对我说，你现在可以和任何人住在一起了。我们一直保持着良好的关系，当我将他在 BBC 五次演讲集撰而成的小册子《科学家的头脑》在国内翻译出版的两年前，他就在丘吉尔学院他的办公室里为我写了中文版的序言。他写道："由于我的朋友——山西大学的郭贵春先生——的帮忙，这本书现在有机会呈现给世界上最广泛的读者——中华人民共和国的朋友们。或许，近几年来，在国际舞台上最令人快慰的发展是中国与西方国家之间的不断增长着的友谊和交流。我希望这本小册子能以它朴实的方式促进这种友谊，并使我们大家均受益于这种友谊。"不过，他对我最大的影响则是在我刚到剑桥大学不久，给我介绍剑桥大学的学术研究概况时，极其认真地告诉我这里的学者绝大多数是科学实在论者。这一点给我留下了强烈的印象，使我开始将自己的研究视角不自觉地对准了科学实在论。事实上，在我和霍斯金教授谈话不久，于 1986 年 12 月 28 日剑桥大学的中国留学生学会举办的迎新年聚会上，我碰到了同一个系的曹天予老师，和他聊天时也证实了霍斯金教授的看法是合理的。1987 年 1 月 12 日，我去约见了剑桥大学哲学系的巴特菲尔德博士，他是年轻但卓有成绩的物理哲学家。在和他的交谈中，他表达了自己鲜明的量子哲学的实在论立场。而后，我听了他大约一个学期的讲课，他的科学实在论的立场一以贯之。在这里，我还特别想提到的是，1987 年 2 月 3 日，在科学史和科学哲学系的麦斯威尔博物馆举行了纪念霍斯金教授卸任系主任暨祝贺迈克尔·莱德海德教授接任系主任的鸡尾酒会。在酒会上，所有的人除了静听霍斯金和莱德海德教授的致辞外，都站在大厅里端着鸡尾酒相互交谈。而我忽然发现，有一位头发斑白并戴着一副金丝眼镜、体型微胖的老者，靠着一个通往另一展厅的门柱，坐在椅子上。他是整个大厅里唯一坐着的人，除了偶尔个别人与他打招呼外，并无人与他说话。我觉得很奇怪，就问身边的英国同学这人是谁。当他们平静地告诉我这人是李约瑟研究所的李约瑟博士时，我浑身上下产生了一种震撼感，因为他在我心中始终是神圣殿堂上的一位尊者，于是我端着酒杯冲了过去，与他兴奋地交谈起来，一直到酒会结束。虽然李约瑟博士的语调很低，但吐字非常清晰，他对我能过去与他交谈也感到极为快慰。我们谈了很多相互感兴趣的话题，当知道我是山西人时，他告诉我他曾经去过太原，到过晋祠和汾酒厂，古老的汾酒酿造技术给他留下了极其深刻的印象。本来他想去五台山，但到了半路，由于下雨塌方道路被阻只得返回，因此感到非常遗憾。当听到我想将科学实在论问题作为自己的研究方向时，他谦虚地说他自己虽然不懂科学哲学，但实在论的问题却存在于任何学科之中。比如，他自己研究的中国科学技术史，就存在着科学技术史实的实在性、历史文献的实在性，以及二者之间关系的实在性等问题。他总结说，这是任何一门学科中永远存在的有趣且有意义的难题。与李约瑟博士的第一次见面，给我留下了终生难忘的镌刻般的记忆，而我在那样的情景下独自与他的交谈对他来说也一样印象深刻，这奠定了而后我可以经常到李约瑟研究所拜望他和鲁桂珍女士，并与他们建立了良好关系的基础。当然，这次谈话也强化了我研究科学实在论的信念，并启迪我在多年以后还写了一篇名为“科学史学的若干元理论问题”的文章。

在剑桥大学的留学生活是有序的和理性的，也是生动的和充满趣味的。科学史和科学哲学系几乎每周都有来自世界各地、英国各地、剑桥大学各个学科及本系学者们主讲和参与的不同层次的学术讲座；而且，我也精选其他学科，尤其是应用数学系、生物化学系及卡文迪什实验室举办的我所感兴趣的讲座去听。这些学术活动不仅拓展了自己的视野，同时也使我结识了许多能和自己谈得来的从世界各国到剑桥大学来进行学术休假的学者。比如，韩国著名的科学史和科学哲学家宋相庸先生，就与我相交甚笃。1988 年后他到德国去游学，以至后来回国任教，都一直与我保持联系。他还多次邀请我到韩国去，但由于各种原因都未成行。在这种环境里，那些在国内听起来遥不可及的世界级的学术大师们，在剑桥大学学者们的眼里却是再平常不过的了。比如，有一次下午茶时间，在我和系里一位研究科学史的教授很尊敬地谈到拉卡托斯的时候，他用英国式的幽默不屑地说："拉卡托斯？哈，我找他从来不预约。直接到他的宿舍，用拳头嘭嘭地敲他的门。"为了把握好自己对科学实在论研究的尺度，我从不同角度接触了他们，令我印象最深刻的有这么几次。1987 年 4 月 28 日，原定卡尔·波普尔要到剑桥大学来做一场讲座，但由于他身体欠佳临时取消了。他要讲的题目是"Scientific Blunder"（科学的谬误），我们在系办公室也拿到了他的演讲提纲，他虽然没来，但大家对提纲所展示的内容却提出了各种各样的质疑和批评。玛丽·海西教授是著名的令人尊敬的科学哲学家，我在读她著作的同时，也常到她的办公室向她求教关于科学实在论的问题，她也从不拒绝。尤其是当我有一次向她问及科学实在论与隐喻之间的关系时，她突然眼睛愈发明亮，兴奋不已地反复讲起她的观点，并说这么一个重要的问题已经许久没有人向她发问了。过了没几天，我在系办公室我的信箱里，发现了一大摞海西教授送给我的她已经发表过的有关科学实在论的文章。在这些文章中，只要涉及隐喻问题的地方我都用铅笔做了标注。这些资料对我当时理解科学实在论有很大的帮助，且受益至今。在英国留学期间，最令我难忘的一次讲座是在伦敦大学学院的古斯塔夫塔克讲堂听托马斯·库恩的演讲。这是库恩到英国来做的三场系列讲座，第一讲的题目是"Regaining the Past"（重返过去），第二讲的题目是"Portraying the Past"（再现过去），第三讲的题目是"Embodying the Past"（体现过去）。我和同系的几位青年教师及研究生于 1987 年 11 月 24 日搭伴去伦敦听了他的第二讲。库恩身材高瘦，秃顶，戴着大眼镜，显得精力充沛、认真、严肃并且潇洒，在台上来回地走动，一副大哲学家的样子，但他在演讲的过程中，不停地用手整理他的领带。他讲得很有力，列举了大量例子，但基本上是从头到尾照着稿子念，只不过声音顿挫，很有节奏感。他讲的核心内容是科学的发展或科学理论的变化（包括科学语言的意义、结构及解释等的变化）与语言学及分析方法的变化是一致的。当别人提问时，特别是提到他前后著作中某些观点的变化时，他脑门上也微微地浸出了汗水，并不停地用手去摸他那光光的脑门。他有时也不能及时地回答被提的问题，于是语调就显得不那么流利了。在回剑桥大学的路上，当我们谈及库恩的演讲时，一位年轻教师轻轻地做了一个我永远也不会忘记的评价，他的话翻译成中文就没味了，原话是这么说的："Since 1962, his research is nothing"。还有一位研究生说他的演讲"不严肃"。系里一位很著名的教授听说我们去听了库恩的演讲，问我们道："你们不觉得浪费时间吗？"我当然理解他们为什么会有如此反应，但库恩在我心中一直是 20 世纪最杰出的科学哲学家之一。他的演讲给我留下了极为深刻的印象，而且他的某些观点一直到今天我仍然深信不疑。1988 年 5 月 21 日，曹天予老师即将离英赴美到波士顿大学去任教，于是他请我到三一学院只有研究员们才有权利享用的贵宾席去吃晚饭。席间，他感慨万分，交谈中还知道了我读硕士时的一位同班同学乃是他北京大学哲学系的同班同学。另外，他将一份他的博士论文的书稿交给了我，希望我能将它在国内翻译出版。同时，他交给了我一封转呈许良英先生的亲笔信，并说许先生会为该书的中译本寻找出版社，我不必为出版犯愁。对此，我欣然允诺。因为我们同在一个系，他博士论文的内容和价值我是清楚的，而且，我还从系主任莱德海德教授和剑桥大学哲学系的巴特菲尔德博士那里听到过对他的好评。但没想到的是，我回国后专程去拜望因翻译《爱因斯坦文集》而声名显赫的许良英先生转呈信件并商谈此事时，他表示暂时无法联系到出版社。不过，许先生和许夫人倒是非常热情地款待了我和我的妻子，而且与我交谈的兴致极高并坚持留我们在他们家里吃午饭——阳春面，到我们必须离开时仍然意犹未尽。这事我写信告诉了人在美国的曹天予老师，他之后回信给我说，既然出版有困难，就暂时作罢，可将书稿交给他妹妹。于是，我将书稿寄给了在清华大学的曹南燕老师。这本书虽然到 20 年后的 2008 年才得以在国内出版，但我却先睹为快，并从中获益良多。

当我的留学生活进入 1988 年之后，我感觉自己对科学实在论的问题有了较为系统的理解和把握。恩格斯讲过："历史从哪里开始，思想进程也应当从哪里开始。而思想进程的进一步发展不过是历史过程在抽象的、理论上前后一贯的形式上的反映；这种反映是经过修正的，然而是按照现实的历史过程本身的规律修正的，这时，每一个要素可以在它完全成熟而具有典范形式的发展点上加以考察。”恩格斯这一关于历史逻辑发展的思想，对于我考察科学实在论宏阔的历史演变过程具有具体的指导意义。我深切地感到，随着当代自然科学越来越远离经验的发展，科学理论的构造、解释和评价便在科学哲学研究中愈来愈具有突出的地位。科学实在论作为当代科学哲学发展中的一支极有前途的哲学运动，已经成为科学理性发展征途中自然而又必然地要加以面对的一种思潮。正是在这个意义上，客观地介绍当代科学实在论的历史和现状，系统地评述科学实在论在科学发展中的理性地位，具体地分析它与其他科学哲学流派之间的相互批评与相互借鉴的趋势，内在地揭示科学实在论作为一种方法论原则在科学研究中的意义，阐述它所具有的科学认识论的本质特征，深刻地指出传统科学实在论所存在的偏狭、缺陷和不足，便是我自己想努力去完成的工作。更为重要的在于，这也恰是当时国内科学哲学研究与国外科学哲学研究进行对接所必须填补的领域，对于推动国内科学哲学研究的进步有着重要的意义。因此，我便从 1988 年开始，陆续在《哲学研究》《自然辩证法研究》《自然辩证法通讯》等刊物上，发表了一系列关于数学实在论、物理实在论、测量实在论、经验实在论，以及知识实在论、理性实在论、批判实在论、语义实在论、自然主义实在论等与科学实在论相关的论文，并在 1991 年将这些论文集结成书，以“当代科学实在论”为著作名称在科学出版社出版。

在剑桥大学留学期间，我注意到徐志摩当年描写剑桥大学的诗篇是每一位中国留学生的必读之物。那轻灵飘逸的神韵，沁透着每一颗思念祖国和亲人的心田。1988 年，我最终决定回国，在踏上驶往伦敦的火车缓缓开出剑桥之时，我双眼饱含着热泪，那时才真正体验到了徐志摩《再别康桥》那美丽的诗句背后所隐含着的震撼人心的力量。徐志摩在《再别康桥》的最后一节中写道：“悄悄的我走了，正如我悄悄的来；我挥一挥衣袖，不带走一片云彩。”我当时想：是啊，我带不走一片云彩；但是，我带走了科学理性的浸染和熏陶，我带走了对剑桥大学的无限眷恋和思念。我潜意识中有一种强烈的预感，那就是我一定还会回来的！

从1989年到1992年，我专心于读书、教书和写书。除了研究科学实在论之外，我也同时意识到，人类科学知识的发展是一个复杂的动力学过程。对这一过程所涉及的不同要素及其不同层次的研究，对于把握科学理性的进步是十分必要的。正是在这个意义上，我试图从科学知识发展所必然相关的因素结构、语言结构、理论结构、评价结构及方法论结构等诸方面，做一些具体的探索，旨在从整体上给出某些科学知识发展的动力学特征。因此，我写了一系列这方面的相关文章，并集结成《科学知识动力学》一书，于1992年在华中师范大学出版社出版。

在这期间，我还申请到了一项国家社会科学基金资助的研究课题，并于1991年被破格晋升为全校最年轻的教授，且将这个纪录保持了很长一段时间。不过，我渐渐地感觉到，国内科学哲学研究的整体状况在发生着悄然的变化。一方面，不少学者毅然离开了科学哲学这一过于理性的学科，奔向了他们各自喜爱的领域；另一方面，很多学者转向了与科学哲学相关的交叉学科或边缘学科。总之，20世纪80年代，科学哲学研究的那种激情和热烈似乎在逐渐远去，而显得有些孤傲和冷清。但这是一个必然的过程，是科学哲学作为一门学科在走向成熟中不能不经历的浴火般的淬炼。对我个人而言，我不仅觉得在科学实在论的研究上需要寻找新的动力和视角，而且渴望呼吸新鲜的空气来排泄胸中的烦闷。于是，我又不断地记起徐志摩在《康桥再会吧》这首长诗中的最后一句："我今去了，记好明春新杨梅上市时节，盼望我含笑归来，再见吧，我爱的康桥。"当我无法再忍受对剑桥大学的思念时，我毅然向中英友好奖学金提出了自己的申请。中英友好奖学金的管理机构对我的背景情况很满意，但根据规则我必须到指定培训机构参加英语培训并通过雅思考试，我执行了该机构的要求。雅思考试满分为9分，我在1992年年初的考试中得了7分。但不知出于什么原因，那一年所有的参考者均在原始考分的基础上降低0.5分，于是我最终被公布的成绩是6.5分，但这仍然属于高分，我获得了在英国挑选任何学校的权利。最终，我获得了该奖学金的资助到剑桥大学学习和工作一年零一个月。同时，该奖学金的管理机构还根据规则，指定剑桥大学达尔文学院的院长劳埃德教授为我的导师。劳埃德教授是古典研究系研究古代科学技术史和古代科学哲学的著名学者，同时兼任李约瑟研究所董事会的成员，后来还被英国女王授予了爵士勋位。事实上，早在 1987 年我就认识了他和他的夫人。那时，他们夫妇受邀要到中国来进行学术访问，请我到他们家吃饭并询问一些中国的生活细节，以及需要做一些什么样的准备等。我当时为他们做了详细的介绍，直到他们觉得满意为止。所以，当再次在剑桥大学见到他时，我感觉很亲切；而他也对我没有太多的要求，因为他知道我的研究方向与他完全不同，未来我的研究工作主要还需在科学史和科学哲学系进行研究活动。尽管如此，我还是参加了几次他组织的学术讨论，并隔一段时间就去向他汇报一下我自己的研究进展，以便能听到他的建议。在我的记忆中，他与我最认真的一次交谈，就是当我用到了“solidarity”一词时，他严肃地告诉我任何时候都要慎用这个词。他虽然没有告诉我原因，但我认为可能是这个词易于被赋予某种意识形态的缘故。他要求我帮他做的唯一一件工作就是让我对某一英文版《墨经》中的一段有关光学知识的内容以及《吕氏春秋》中“本生”一节中他要研究用的内容对照原文进行重译，并为他详细讲解；结果，我确实发现了一些不确切的内容，并将其重译，当面为他做了反复的说明。他听了我的解释之后，高兴地对我说这正是他需要的东西。若干年后，当他偕夫人再次来北京时，我曾请他们夫妇到山西大学来访问，并在科学技术哲学研究中心做了精彩的学术报告。

在 1992 年最宜人的季节，我离别 4 年之后又回到了剑桥大学。当我第一天骑着自行车随意穿行在剑桥大学的各个部门办理入校手续的时候，我原先设想的重归带来的兴奋与激动荡然无存。觉得一切依旧是那么熟悉，那么自然，那么优雅；我心静如水，悠然自得。我一走进科学史和科学哲学系的大门，就碰到了曾经给予我很多指教的查丁教授和帕皮诺博士，他们轻轻地对我点点头，好像我从未离去过一样。在系图书馆办借阅手续时，那位资深的女管理员微笑着向我说，你还是用你原来的号码吧，这样好记。当我向系主任莱德海德教授报到时，谈到剑桥大学好像什么都没变，他说了一句极其平淡却又极富哲理的评语：“Never change. It is Cambridge !”

当我一头扎进图书馆大量阅读并参加与自己研究有关的各个学科的学术讲座时，我渐渐意识到关于科学实在论研究的话语在发生着深刻的变化。这个时候，20 世纪哲学运动所经历的“语言学转向”“解释学转向”及“修辞学转向”对科学实在论产生的影响，历史地交织在一起，潜在地构成了科学实在论当今走向的特定背景基础。当这一背景基础和实在论与反实在论争论的现实目的及要求叠加在一起时，便决定了可能走向的某些具体特征。比如：①语义分析方法的全面展开和系统运用；②通过自然主义的语义分析途径而走向现代物理主义；③确立实在论的经验建构论；④科学心理意向性的实在论重建；⑤传统科学主义的价值取向不断地“弱化”和“开放”；⑥科学认识论的社会化；等等。这些具体的特征表明，科学实在论和反实在论在研究方法论上的统一性，不断弱化了它们在本体论性上的传统对立，出现了二者之间相互渗透与融合的趋势。这意味着，伴随着逻辑经验主义“统治”的衰退而逐渐全面展开的科学实在论的“复兴时期”已历史地结束；一个将从结构、功能和意义上，对整个科学实在论的进步产生重大影响的“发展时期”，已经自然而又必然地开始了。这就是可称之为“后现代科学实在论”的发展时期。由此开始，在整个后现代科学哲学演变的背景下，我集中精力于后现代科学实在论的特征研究，发表了一系列论文，并于 1995 年集结成《后现代科学实在论》一书在知识出版社出版。

当我把研究的关注点放到后现代科学实在论的特征上时，就会不自觉地用“后现代性”的视角去审视和分析自己所面对的英国学术界和英国社会的现状。这其中有几件事让我记忆犹新。1992 年年底至 1993 年年初，莱德海德教授连续做了几场关于量子哲学的学术讲座，不仅听众云集，而且其中不少是物理学家和数学家。我注意到，虽然他一直秉持科学实在论的立场，但他对量子力学形式体系的语义分析方法却是中性的，潜在地蕴含了后现代性的方法论特征，予人以深刻的印象，受到了大多数人的好评。1992 年 10 月 29 日，科学史和科学哲学系请法国著名的社会哲学家布鲁诺·拉图尔来做了一场有趣的讲座，题目是“关于物质与死亡的问题”（A Question of Matter and Death）。他明知剑桥大学是科学主义的大本营，却在一开始就直言不讳地讲：“我要对这里的科学史和科学哲学家们进行直接的批评。”他从法国的人文理性和人本主义的交叉视角，评价了科学的地位和功用，贬低了科学主义的立场，带有强烈的后现代色彩。结果，必然地受到了在场的科学哲学家和科学史学家们嘲讽般的批评。但这件事情让我直观了欧洲大陆哲学与英美哲学之间鲜明的区别，即便是在同一的后现代立场上也有着本质特征的不同。1993 年 3 月 4 日，牛津大学的牛顿－史密斯教授应邀到剑桥大学科学史和科学哲学系做了一次演讲，题目是“科学、理性和判断”。他的演讲妙趣横生，有鲜明的后现代性特征，但有些观点讲得极不恰当。比如，用“鸡的性别”（chicken sexes）的辨别去作为科学理性判断的案例进行经验分析，结果遭到了剑桥大学哲学家们从科学、社会学及心理学等各方面的批评。演讲结束后，我和他进行了交流。他告诉我他 1988 年就去过武汉，并送给我一张他的名片，请我寄一份所有中国大学哲学系的名单给他；同时，他主动允诺要送给我一些他自认有价值的文稿，以便我能更好地研究他的思想。他自嘲地说，因为他今天在这里讲砸了。不过，这里的人如果到牛津大学去演讲，也会遇到同样的尴尬境况。之后，我们分别兑现了各自的承诺，我对他的思想也确实有了更真实的理解。1993 年 5 月 10 日，我偶发兴致参加了当时在剑桥大学圣·约翰学院做访问学者的韩国反对党领袖——金大中在圣·约翰学院做的有关政党问题的一个学术讲座。虽然我对他讲的内容并无兴趣，但他用后现代解构主义的分析方法去研究政党问题的视角却给我留下了深刻的记忆。我对于 20 世纪 80 年代在剑桥大学留学时李约瑟博士和鲁桂珍女士给予我的帮助是无法忘怀的，但不幸的是，在我离开剑桥大学的这几年中，1989 年两人续一生之恋最终成婚，不想鲁桂珍女士却在 1991 年离世，而李约瑟博士也因身体原因不再到研究所工作，而由何炳郁先生任李约瑟研究所所长。1992 年 10 月 9 日，我去拜望何炳郁先生，他和我谈了很多事，其中一件是他想建立一个“鲁桂珍基金会”，以资助中国学者到李约瑟研究所来做研究。但没想到鲁桂珍女士的遗产比他们原来想象的要少得多。在如何解决李约瑟研究所的资金短缺和将“中国科学技术史”丛书不断出版下去的问题上，他有很多设想并做出了巨大的努力，而对于英国社会的变化和如何看待科学史学研究，又有着明显的非传统的价值观念和价值取向。对于这一点，我当时非常地敏感，我觉得，这是历史赋予他的责任。我与何炳郁先生成了忘年交，1997 年我还曾邀请他访问了山西，并陪同他游览了著名的历史名胜——晋祠。

在剑桥大学，还有两件事情是从我记忆中抹不掉的。其一是 1993 年 3 月 22 日，当我到系里查看我的信箱时，碰到了也去取信件的玛丽·海西教授。当时她已退休数年，但还保持着与世界各地学者们的联系，所以每隔一段时间，她就会去查看一下她的信箱。可是当我向她热情地问候时，她却面露羞怯之态，轻轻地说了一声“你回来了？”像生怕见人似的，夹着她的东西赶快离开了。旁边的女秘书看到我有所不解便对我说：“You do not mind. She is a British lady!”几个月后，一个盛夏的傍晚，当我一个人在剑河边散步的时候，我又迎面碰到了在遛狗的海西教授。这一次，她面露笑容，让我陪着她边走边聊了一会儿。但是，当我又一次试图与她讨论科学哲学问题时，她说了一句“Philosophy of science has gone from my head”，便牵着她的狗匆匆离我而去。我望着她那瘦高而又衣衫简朴的背影，想到她也是 20 世纪科学哲学史上可以留下名字的人，一个一生为了学术研究而终生未婚的杰出女性，不胜唏嘘。事实上，在剑河边的长椅上，人们看到某位在特定研究领域影响过世界的著名学者，像普通的老人一样静静地坐在那里，这是一件极其自然的事情。其二是 1992 年 12 月 25 日，正好是圣诞节，国内派去的“中国艺术家慰问演出团”到剑桥大学为中国学生学者演出。其中，张也、蔡明、郭达等十几位表演者都是大家所熟知的表演艺术家。演出结束后，他们与所有的中国学生学者共进自助晚餐，并为每一位有要求的人签名，场面很热烈。但是我注意到，这些在台上极富激情的演员，在台下却完全是另外一个人：有的不善言辞、有的不喜多语，有的面露羞涩。回忆这场演出，最让我无语的是，其中一出小品表现的是一位出生在农村的中国青年带了一位外国的洋媳妇回家过年而产生的各种喜剧情节。但是，这个小品面对台下那些多年在英国留学和生活的中国学生学者来讲，不但没有一丝笑点，而且看得很别扭，完全没有达到创作的效果。当时，这件事情从生活中让我体验到，后现代性理论所强调的“情境”或“语境”的结构系统性是多么重要。

进入 1993 年之后，我萌生了在英国工作几年再回国的想法。正好有一个机会，我获得了利兹大学提供的一个为期两年的工作许可（work permit），这并不是一件容易的事情，因此，还令在剑桥大学的许多朋友们羡慕。但进入秋天后，由于多种因素，我还是选择了放弃这个机会，按照中英友好奖学金的约定，毅然踏上了回国的旅程。当火车缓缓地向前移动时，我望着车窗外远去的剑桥大学，又默念起了徐志摩《再别康桥》中的诗句。但这次我却没有了上次离别剑桥大学时的伤感，心静得如一泓秋水，凝视着碧蓝的天空中淡淡的白云，心中默默地说道：“再见吧，剑桥！我还会再来的！”回国后，学校就希望我立刻出任哲学系系主任，但我自认自己不适合做行政工作，便谢绝了。不过，转年到了 1994 年春天，出于对学校领导的尊重和感激，答应暂时做一段时间校长助理。但是，一旦走上了行政工作的岗位，便身不由己了。我于 1995 年年初出任副校长；1999 年年初出任校党委书记；2000 年又由校党委书记兼任校长；2003 年年初辞去校党委书记，以校长的职务一直工作到 2012 年满 60 周岁，方才辞去校长职务，按照山西省委的安排转任省人大代表的工作。在这 20 多年繁忙的行政工作过程中，我仍然始终不渝地进行着对科学哲学的研究。因为，这不仅仅是我个人的兴趣和爱好，也是一种历史的责任和担当。由于山西大学科学技术哲学学科整个团队的共同努力，1998 年该学科成了博士学位授权点；在而后的几年中，又陆续成了该学科的“国家重点学科”和“教育部人文社会科学重点研究基地”；最后，引领整个山西大学哲学学科成了哲学一级学科的博士学位授权单位。更有意义的是，于 2009 年我们将由中国自然辩证法研究会委托主办、山西大学实际承办的《科学技术与辩证法》杂志，更名为《科学技术哲学研究》，从而使其成为到目前为止国内唯一以规范的科学技术哲学学科建制名称命名的学术期刊。这个过程不仅反映了山西大学科学技术哲学学科的自身发展，而且从一个侧面折射了整个中国科学技术哲学学科的进步和不断成熟的过程。

当我倾心于后现代科学实在论的研究时，我不断地意识到，后现代科学实在论仅仅是整个科学哲学研究领域中的一个组成部分，二者之间具有密不可分的关联。那么，后现代科学哲学的整体状况又是如何呢？我开始考虑，后现代科学哲学是否具有现存性？科学哲学的后现代趋向存在哪些最基本的特征？科学哲学的这种后现代趋向的前景如何？尽管这些问题都是可争辩的，但只要我们将科学哲学的发展纳入整个 20 世纪人类文化进步的狂飙之中，就会发现在各种文化思潮的冲撞中科学哲学运动不可避免地带有后现代性，并且由于这种后现代性的渗入而凝现的后现代趋向特征，也深嵌着时代的烙印。同时，科学哲学也以它独特的运动性质展示出了哲学理性的意义，并探索着朝向 21 世纪的出路。总之，我们赋予科学哲学运动以后现代性发展的趋向，正是为了更准确地理解和把握它的历史地位、发展取向和本质，从而更精准地揭示后现代科学实在论研究的意义。于是，我便在这方面撰写了一系列的文章，并于 1998 年集结为《后现代科学哲学》一书在湖南教育出版社出版。

在而后的几年中，每年都有新的博士生和硕士生加入我指导的学生行列。在与他们的交流中，我更清晰地感到了科学实在论在科学哲学研究中的重要性。更重要的是，当我对当代科学实在论的发展趋向做进一步的深入研究时，发现 20 世纪 80 ～ 90 年代集中展现的 20 世纪哲学发展中的第三次转向——“修辞学转向”，酿就了科学哲学领域中的“科学修辞学转向”。这一转向的目的是要把科学修辞学作为一种确定的科学研究方法，充分地揭示科学论述的修辞学特征，从而在科学论述的境遇、选择、分析、操作、发明和演讲中，给出战略性的心理定向和更广阔的语言创造的可能空间。这一转向作为一种运动的兴起，促使科学实在论者们更进一步地去除存在于理性与非理性、语言的形式结构与意向结构、逻辑的证明力与论述的说服力、静态的规范标准与动态的交流评价之间的僵化界限，进一步消解单纯本体论立场的独断性，强调心理重建与语言重建的统一。这深刻地表明，科学实在论在已经相当进步的基础上，正不断充实和完善自己，特别是在研究的视域上，正在更自觉地由外在走向内在，由宏观走向微观，由狭隘走向广阔，显示了科学实在论自身所具有的创造性的生命力。更重要的是，它显示了科学实在论在反本质主义、基础主义和表征主义的基础上，进一步推动了英美哲学和欧洲大陆哲学、科学主义和人文主义相互渗透、相互融合的后现代科学哲学的发展趋势。这一点激发了我与有志于科学哲学研究事业的青年们，交流我自己对科学实在论及整个科学哲学后现代发展趋向的愿望。于是，我在自己过去研究的基础上编写了《科学实在论教程》一书，作为教育部"面向 21 世纪课程教材"的一种，于 2001 年在高等教育出版社出版。

1999 年暑假期间，我应美国丹佛大学哲学系主任赛博格教授的邀请，赴美国进行学术交流访问。当我向该系的学者们介绍我自己关于科学实在论问题的研究并与他们讨论时，我发现他们从反实在论的视角所提出的问题颇具挑战性，就像科罗拉多大峡谷一样给我留下了深刻的印象和宽阔的思考空间。2002 年暑假期间，我应李约瑟研究所所长古克礼教授的邀请，又一次回到剑桥大学。一方面，我代表山西大学科技哲学研究中心与该所签订了长期的交流合作协议，以使我的博士生们都有机会到剑桥大学去完成他们的博士论文；另一方面，又与剑桥大学科学史和科学哲学系的学者们进行学术交流，以了解他们的最新研究状况。令我难忘的是，在我邀请查丁教授共进午餐并讨论科学实在论研究的问题时，我发现他对科学实在论的合理性阐释有着一种与过去我对他的了解所不同的新概念。2004 年暑假期间，我应德国凯泽斯劳滕大学哲学系主任沃夫冈教授的邀请，赴德国进行学术交流访问。沃夫冈教授早年在海德堡大学学习理论物理，后来投到伽达默尔门下读哲学博士，是伽达默尔的忠实弟子。他几乎每个周末都开车带我去参观不同的地方，如马克思故居、海德堡大学等。只要在一起，我们都会情不自禁地讨论哲学问题，正是在这些不经意的言谈中，我深深地从感性上窥见了德国哲学或欧洲大陆哲学与英美哲学传统的区别，感受到了评价科学实在论与反实在论争论的另一种标准和话语系统。对此，我还专门写了一篇对沃夫冈教授的访谈——《欧洲大陆和英美哲学传统之间的区别、关联与融合》，发表在《哲学动态》2005年第1期上。这些经历使我更清晰地意识到，进入21世纪以来，国内外科学哲学界在科学实在论的认识和观念上发生了很大的变化，特别是反实在论自20世纪60年代通过历史相对主义的途径而重新流行，并在70年代开始了“新实用主义的转向”之后，以强劲势头冲击着科学实在论的基本观念和思想，尤其是劳丹、范·弗拉森、法因等学者，以及社会建构论、解构论等对科学实在论提出了各种责难，最终以“实在论死了”为口号发起总攻。另外，科学实在论赖以辩护其基本立场和观念的理论基础（如“逼真论”和“操作论证”）也面临着各种困境，不再能够成为科学实在论存在的充分理由。在这种情况下，科学实在论是否走到了其理论的死胡同，有没有能力来面对这一切复杂的挑战？如果我们对科学实在论还抱有信念的话，如何来为它的存在进行新的辩护？事实上，科学实在论从未停止它前进的脚步。就当下来讲，科学哲学的各个领域，包括科学实在论，都在寻找一种跨学科的结合，这就在于：第一，各个学科的本体界限在有原则地放宽；第二，各个学科的认识论疆域在有限度地扩张；第三，各个学科的方法论形式在有效地相互渗透。同时，科学哲学研究的本体论性在从给定的学科性质中弱化，认识论性在从给定的学科性质中摆脱狭义的束缚，而方法论性则从给定的学科性质中解构出来。实际上，“语言学转向”的深层影响正在促使人们将语言学、解释学和修辞学的转向统一起来，将语形、语义及语用分析方法结合起来，推动着方法论的大融合与大渗透。而且，所有这些方法论的分析都在可推论、可构造、可分析的层面上摆脱了具体形态的束缚，从而使科学实在论研究的方法论更加普遍化了。也正是这种普遍化，才能使它们更有机地与具体的实践操作结合起来。毫不掩饰科学实在论面临的困境，积极寻求辩护科学实在论的新策略，这应当是大多数科学实在论者抱有的基本态度。所以，艾尔卡在20世纪末不无骄傲地大声呼吁“我声称实在论‘仍然活着并且活得很好’”，表达了科学实在论者们的基本立场。事实上，长期的论战已使科学实在论者们清醒地意识到，反科学实在论的论证已经越来越复杂，越来越精确，同时偏见也越来越少；而实在论自身的论证也越来越精致，越来越开放，同时也在不断地分化。只有走出形而上学的“贫困”，开拓方法论和认识论领域的新局面，科学实在论才能进步。概略地讲，科学实在论者们所使用的比较突出，并且也被反实在论者们所认同的方法主要有以下几种：①语境分析的方法；②修辞分析的方法；③隐喻分析的方法；④心理意向分析的方法；⑤复杂性分析的方法。这些方法的使用是统一的和一致的，它们共同构成了为当今科学实在论辩护的极其重要的方法论策略。就是在这样的认识基础上，我做了一系列的研究，并将其集撰为《科学实在论的方法论辩护》一书，于 2004 年在科学出版社出版。我对科学实在论坚持不懈的研究获得了国内同行的认可。《后现代科学哲学》一书于 2003 年获得了教育部第三届“中国高校人文社会科学研究优秀成果”二等奖；《科学实在论的方法论辩护》一书于 2006 年获得了教育部第四届“中国高校人文社会科学研究优秀成果”一等奖。这是中国人文社会科学研究成果的最高奖项。

正当我在科学哲学的研究中努力攀登之时，世纪之交的历史更替来临了。在经历了波澜壮阔的 20 世纪的发展之后，科学哲学将会以什么样的姿态掀开 21 世纪的崭新篇章呢？特别是在方法论的研究上，将会以什么样的突破来展示科学哲学研究最有前途的发展趋向呢？这是每一个科学哲学家自然而又必然要面对的难题，对我个人而言，也是自觉或不自觉地要思考的问题。1997 年年初，教育部组织了一个中国大学校长访日考察团，我有幸成为团员之一。我们的行程完全由日本外务省中国课负责安排，并且接待标准较高。在日期间，我们与日本各界进行了几场座谈。在每次座谈中，我都参照中国悠久的历史文化和西方发达国家的经验，对日本社会的进步提出了建设性的意见，这给日方留下了较深的印象。在我们即将回国时，日本外务省的中国课课长代表日方到机场去为我们送行。到机场后，这位课长对我说，日本学术振兴会有专项的基金资助中国学者到日本来做学术交流和访问，你的背景情况完全符合他们的要求，如果你愿意来的话，他们一定会邀请你来的。一方面，我欣然接受并表示感谢；另一方面，也只不过觉得他是客气而已。没想到的是，我回国后不到半个月，就接到了日本学术振兴会寄来的邀请函，邀请我对日本进行正式学术交流访问，一切费用由该振兴会资助，时间长度由我自己选择，并安排与山西大学有交流合作关系的东京国际大学承担具体的接待事宜。由于 5 ～ 6 月到香港和台湾参加学术会议，所以我选择了在 1997 年当年暑假期间进行为期 3 周的访问计划并得到了对方的赞同。7 月 10 日，当我踏上从北京飞往东京的飞机时，我开始思考科学哲学研究的方法论问题。在飞机上，我突然想起了 1992 年 10 月在剑桥大学时，曾经参加过一个叫“On Context Principle”的讲座，演讲者用语境的原则分析隐变量理论的合理性给我留下了深刻的印象。我突然产生了一种直觉，觉得我这次日本之行，研究的对象就应该是“语境”。在日本的三周时间里，除了和日本学者见面外，我把自己埋进了图书馆。当翻阅了相当多的资料后，我从科学实在论的视角感到了“语境”作为一种方法论的研究平台所具有的震撼力。尤其是语境所具有的本体论性和结构系统的整体性功能，避免了传统实在论在逻辑论证上的无限后退，使我萌发了对它研究的极大信心。于是，我用最后的几天时间，写了一篇《论语境》的文章，并立即从东京快递给了《哲学研究》编辑部；而《哲学研究》编辑部也出乎我意料地马上在 1997 年第 4 期上予以发表。这是国内科学哲学界第一篇专门研究语境的文章。值得我回忆的是，在日期间，庆应大学的迟田允茂教授及其夫人于 7 月 18 日在他家附近的麦当劳请我喝咖啡，并聊了一个半小时。他时年已 80 岁，曾留学牛津大学，做过奎因的学生，是日本全国哲学学会主席。他送了自己的五部著作给我，并在扉页上留字“郭贵春大兄惠存。——迟田允茂”，同时，我也回赠了自己的几本书。他们夫妻都非常热情，而且是我四次访问日本中见过的英文讲得最标准的学者。我第四次访问日本是在 2008 年暑假期间，应东京大学文学院长、哲学教授 Ichinose Massaki 的邀请，到东京大学做一场学术报告，题目是“当代科学哲学的现状及其发展趋势”。由于这个题目太大，我讲的核心内容其实是语境论的分析方法与当代科学哲学的进步。有意思的是，因为我不懂日语，只能用英文讲，便在如何理解“context”这个词上与日本学者在讨论时产生了分歧。后来，有一位日本教授请我将“context”一词的汉语译文写在黑板上；当我把“语境”一词写出来时，他们便完全理解了我的意思，进行了很好的交流，并认为收获良多，还拉我与他们共进晚餐。他们都是AA制，却不让我出钱，我的费用由他们分摊。这件事情让我感觉到，尽管日本学者也大多具有英美国家名牌大学的留学背景，但和中国学者交流时汉字却较之英语具有无以言喻的作用。

从1997年开始，一潜心进入语境的方法论研究，我就充满自信地认为这是科学哲学研究领域中最有前途的方向之一。因为，当我们面对21世纪，回眸20世纪科学哲学的历程时就会发现，在哲学运动的语言学转向、解释学转向及修辞学转向的过程中，科学哲学的进步有着两个极其鲜明的特征：其一，它所提出、求解和涉及的一系列理论难题，均在一定意义上与语境问题本质地相关，即试图从不同的语境视角去重构或重解这些难题；其二，通过“再语境化”的途径，以朝向后现代性发展的趋势，抛弃一切单纯形式的、经验的、范式的或框架的依托，而转向将所有科学之历史的、社会的、语言的和心理的层面统一到一个不可还原的、整体的语境基点上去。由这两个特征所形成的后现代科学哲学，已经不以人的意志为转移地跨入了21世纪哲学运动的大门。当然，我们必须注意到的是，科学哲学的这一趋向绝不是偶然的。它是哲学运动“三大转向”相互演化、更迭、渗透与综合的必然的逻辑结果。始终作为科学哲学运动之灵魂的科学批判精神，并没有将自已禁锢在狭隘的形式理性的教条之中，它在自身的运动中消解了把哲学研究仅仅引向经验基底上的句法层面，过分突出形式理性与科学主义的观念；弱化了将语言经验与解释经验、语言分析与解释实践相互融合的社会化的非理性主义的倾向；意识到了语言分析的本质在科学哲学广义自然化趋向中所具有的“战略研究”的地位、作用及其不足。正是在这个基础上，科学哲学的研究从“语用语境”的基点出发，修正“三大转向”所具有的缺陷，从而在语形、语义和语用的语境结合上去探究科学哲学未来发展的新趋向，就是自然而又必然的了。所以，把语境作为语形、语义和语用结合的基础，从语境的基底上去透视、扩张和建构整个科学哲学的大厦，是回答了以什么样的形式、什么样的方法及什么样的基点或核心去决定科学哲学未来走向的一个重大的理论问题。当然，这一回答与语境本身所具有的内在本质是分不开的。这就在于：①语境是一种具有本体论性的实在，构成了整个哲学理论分析十分“经济”的基础；②语境是在一切人类行为和思维活动中最具普遍性的存在，而且所有语境都是平等的；③语境作为科学哲学的研究基底具有方法论的横断性，同时在某种意义上它的超验性与它的横断性是一致的；④语境绝非一个单纯的、孤立的实体，而是一个具有复杂内在结构性的系统整体，它从时间和空间的统一性上整合了一切主体与对象、理论与经验、显在与潜在的要素。总之，语境通过其自身这种结构的系统规定性，展示了它一切历史的和具体的动态功能。当然，我也清晰地明白，语境绝不是万能的。语境论的研究仅仅是科学哲学迈向 21 世纪的趋向之一，但它已经并将以更崭新的姿态展示它迷人的光彩，则是我坚信不疑的。在这样的认识基础上，我做了一些相关的研究，并集结成《语境与后现代科学哲学的发展》一书，于 2002 年在科学出版社出版。从这一时期开始，“科学实在论”和“科学语境论”就成为我而后科学哲学研究的两个最基本，也是最重要的基点；而且正是这二者的有机统一和结合，自然而然地构成了我自己科学哲学研究的鲜明特征。2012 年，北京师范大学出版社推出了一套“当代中国哲学家文库”，其中将我过去发表过的一些有代表性的文章，以“走向语境论的世界观：当代科学哲学研究范式的反思与重构”为书名结集出版，显示了学术界对我自己科学哲学研究特征的某种认同。

进入 21 世纪之后，无论是国际还是国内的学术界，都受到了一股强烈的文化主义浪潮的冲击。这种从文化的结构及其进步的层面和视角，去解析政治、经济、历史、社会、科学和技术等学科的发展，无疑具有其存在的合理性和必然性。这正像莱奥塔德说的那样，“文化是倾听被说出来的东西，文化是给那些没有发言权但在寻求它的人以发言权”。但是，将这种文化分析的方法渗透到任一具体的科学研究领域并将其扩大化，就易于消解具体科学研究自身的本质内核，进而使其内在的研究边缘化，进而产生“泛文化主义”的倾向。这种现象在科学哲学研究领域同样存在。事实上，文化和理性是统一的，但不是同一的；不能用文化的背景性和传统性去消解理性的内在性和本质性。同样，人文理性和科学理性也是统一的，但不是同一的；不能用人文理性的标准和价值取向去消解科学理性的标准和价值取向。而科学哲学研究的本质，恰恰正是坚守自身的科学理性的逻辑标准和科学理论的形式体系所给定的价值取向。否则，科学哲学作为一门学科赖以存在的基础就消失了。为此，我和山西大学科学哲学的整个团队申请了诸多国家级和省级的科学研究项目，发表了大量的专业论文，出版了一系列的著作，努力推动国内科学哲学研究的事业朝着合理的、符合其自身发展规律的方向进步。特别是我们主编的《走向 21 世纪的科学哲学》（山西科学技术出版社 2000 年出版）、《科学哲学的新进展》（科学出版社 2008 年出版）、《当代科学哲学问题研究》（科学出版社 2009 年出版）、《科学哲学的新趋势》（科学出版社 2010 年出版）等，体现了我们整个团队科学哲学研究的价值取向。更具代表性的是，我们成功地完成了教育部哲学社会科学研究重大课题攻关项目——“当代科学哲学的发展趋势”，并在 2009 年按照教育部的要求将研究成果以“当代科学哲学的发展趋势”为书名在经济科学出版社出版。该书获得了 2013 年第六届“教育部人文社会科学研究优秀成果”二等奖。

我之所以看重对当代科学哲学发展趋势的研究，是因为要揭示在世纪之交的历史环境中，当人们不断地反思 20 世纪科学哲学的历史进程时，一方面，人们重新剖析与解读过去的各种流派和观点，以适应现实的要求；另一方面，试图通过这种重新剖析与解读，找出今后科学哲学发展的新途径，尤其是科学哲学研究的方法论走向。有的科学哲学家在反思 20 世纪的逻辑哲学、数学哲学及科学哲学的发展，即“广义科学哲学”的发展中，认为存在着五个“首要难题”（leading problems）：第一，什么是逻辑的本质和逻辑真理的本质。第二，什么是数学的本质，即什么是数学命题的本质、数学猜想的本质和数学证明的本质。第三，什么是形式体系的本质，以及什么是形式体系与希尔伯特称之为“理解活动”（the activity of understanding）的东西之间的关系。第四，什么是语言的本质，即什么是意义、指称和真理的本质。第五，什么是理解的本质，即什么是感觉、心理状态及心理过程的本质。这五个“首要难题”概括了整个20世纪经典科学哲学探索所要求解的对象，以及21世纪自然要面对的难题，有着十分重要的意义。而且，从广义科学哲学的视角看，在20世纪的科学哲学发展中，逻辑哲学、数学哲学、语言哲学和科学哲学是统一在一起的。因此，逻辑的方法、数学的方法和语言学的方法，都是整个科学哲学研究方法中不可或缺的一部分，它们在求解科学哲学的难题中是一致的。这种统一和一致恰恰是科学理性的统一和一致。科学哲学家们在20世纪对这些难题的认识、理解和探索，是一个从自然到必然的过程；它们之间的相互融合与渗透是一个由不自觉到自觉的过程。而在21世纪，则是一个“自主”的过程，一个统一的动态发展过程。那么，在这个“自主”的过程中，科学哲学发展的真正主要目标是什么呢？其最大的“首要难题”又是什么呢？我自己研究的结论是：第一，重铸科学哲学发展的新的逻辑起点。这个起点应超越逻辑经验主义、历史主义、后历史主义的范式。可以肯定地说，一个没有明确逻辑起点的学科肯定是不完备的。第二，构建科学实在论与反实在论各个流派之间相互对话、交流、渗透与融合的新平台。在这个平台上，彼此之间可以和谐地相互交流与共同促进，从而使其成为科学哲学生长的舞台。第三，探索各种科学方法论相互借鉴、相互补充、相互交叉的新基础。在这个基础上，获得科学哲学方法论的有效统一，从而锻造出富有生命力的创新理论与发展方向。第四，坚持科学理性的本质，面对前所未有的消解科学理性的围剿，持续地弘扬科学理性的精神。这一点，应当是当代科学哲学发展的一个极其关键的因素。而且，只有在这个基础上，才能去谈科学理性与非理性的统一，去谈科学哲学与科学社会学、科学人类学、科学史学、科学认知学及科学文化哲学等流派或学科之间的关联。否则的话，一个被消解了科学理性的科学哲学，还有什么资格去谈论与其他流派或学科之间的关联呢？总之，这四个从宏观上提出的“首要难题”表明，当代科学哲学的发展的特征就在于：一方面，科学哲学研究的进步越来越多元化；另一方面，这些多元化的立场、观点和方法又在一个新的整体性的层面上展开。因此，多元化和整体性是当代科学哲学发展中一个问题的两个方面。它将在这两个方面的交错和叠加中寻找自己全新的出路。这就是当代科学哲学拥有强大生命力的根源。也正是在这个意义上，拥有20世纪不平凡发展的科学哲学事业，在21世纪走向语境论的研究趋向就是一种逻辑的必然，并且成为科学哲学研究领域最令人激奋的取向之一。

2006年暑假期间，我应澳大利亚悉尼科技大学的邀请赴澳进行学术交流访问，并顺访了悉尼大学、昆士兰大学、堪培拉大学和墨尔本大学。停经新加坡时，我还顺访了新加坡国立大学。2007年暑假期间，我应加拿大曼尼托巴大学的邀请赴加进行学术交流访问，并顺访了英属哥伦比亚大学、多伦多大学和渥太华大学。就科学哲学的研究而言，这些大学的研究风格均属英美流派，具有共同的价值取向和研究路径。由于工作的需要，从2001年到2011年这10年中，我随教育部的代表团或山西大学自己组团访问过俄罗斯、亚美尼亚、美国，以及东欧、西欧、北欧、非洲和南美洲等地区的许多国家，有些国家去了还不止一次。这些活动对于拓展我的国际视野，促进我自己的学术研究，以及增强行政管理的能力，都有着积极的作用。但令我最难忘的一件事是，在曼尼托巴大学我认识了该校财务处一位处长：她和她丈夫都是华人，她的家乡在中国台湾，她丈夫的家乡在新加坡，我们在一起都讲汉语，她尤其与我妻子谈得来，因此聚会多次。有一次，我和她讲全世界的大学校长都认为，办好一所大学最困难的事情就是争取最优秀的教师、最优秀的学生和最充足的办学经费时，她稍稍沉默了一下，然后认真地对我说，就表面上讲这是对的，但就西方发达国家来说，大学校长们最头疼的却不是这些工作，而是如何处理与工会的关系。就北美洲来讲，每个大学都有三个工会，即教授工会（委员会）、职工工会和劳工工会，每个工会都有自己的利益诉求，大学校长们必须面对每一个工会的诉求，而且要保持它们之间的平衡。这些关系如果处理不好，校长就有可能被要求辞职。因为归根到底，校长是被选举出来的。这使我对办大学有了一种新的认识。而后，我遇到过一些世界一流大学的校长们，每当我向他们提及这个问题时，他们大多避而不答。不过，我将这个问题变成中国的话语讲，那就是办好一所高水平的大学必须有良好的大学文化建设。另外，有一次我随中国大学校长赴美培训班到美国，参观了在硅谷的雅虎、思科等公司的总部，又在明尼苏达州参观了汤森路透集团的总部，而且每次都与各公司的高管进行深入的座谈。这使我从感性和理性的结合上产生了一个强烈的印象，那就是作为引领当代社会进步的信息技术，其发展的最重要的基础就是对语言的处理，而语形、语义和语用的分析方法，尤其是在特定语境下的语义分析方法，乃是整个语言处理系统的核心。这促使我对语义分析方法与当代科学哲学发展问题进行了新的思考和研究。

其实，回顾科学哲学的历史演变和发展过程，我们能够看到语义分析方法在其中所扮演的重要角色。语义分析的方法论的重要性，主要建立在这样几个方面的原因之上：①科学理论的公理化表征形式为现代语义逻辑分析提供了充分的舞台，对形式演算赋予了合适的语义结论，从而能够审视抽象的理论模型和理论框架。②理论模型的意向特性，要求在语境论这一整体平台上结合形式体系给出的内在特性，充分运用语义分析方法来揭示理论的建构、解释和说明过程，从而体现出理论的意义整体性。③在同一物理事实采用不同科学理论模型时，要在不同的指称框架下给出对理论实体的意义说明和对同一物理实体的揭示，也要采用语义分析方法。④给出对科学理论与实验之间的语义关联的合理解释，进而表现出理论模型的自洽性，这需要语义结构间的一致性关联，以及“语义上升”和“语义下降”之间的不断调整和变换。⑤对科学理论形成过程中从测量对象、测量仪器、经验现象到测量表征的整个结构系统进行物理对象指称和物理意义关联间的揭示，也要求采用语义分析方法。所有这些都要求有一种系统的、完整的语义分析方法，才能够将科学理论的形式化体系和其中科学家的心理意向同时揭示出来，进而对科学理论的意义进行充分的解释和说明。其中，同时需要形式化的规范语义分析和自然主义的语义分析。因此，我在研究中特别关注了这样几个方面：第一，语义分析的方法论意义；第二，语义分析的语境论基础；第三，语义分析的演化趋势及其语境意向；第四，语义分析方法在科学语境解释中的应用；第五，语境论的语义分析与科学家的方法论辩护。在这些认识的基础上，我将一系列的研究成果集结成《语义分析方法与当代科学哲学的发展》一书，于2014年在科学出版社出版，并试图在科学实在论与科学语境论相结合的基础上，将科学哲学的研究再向前推进一步。

在这些年对科学哲学的研究中，我也日益明晰地看到，随着语境观念在当代思维领域中的普遍渗透，语境论世界观逐渐显现在自然科学和社会科学各个学科的发展中。无论是以语境实在论为特征的本体论立场，以语境范式为核心的认识论路径，还是以语境分析为手段的方法论视角，语境所具有的元理论特征，使人们已经不能把语境论仅仅局限于“使科学哲学融合起来”。事实上，作为一种普遍的思维特征，它在世界观的意义上，已成为构造世界的新的“根隐喻”。这就在于：第一，语境本身具有根隐喻思维的特征。从词源上看，语境来自拉丁文动词“texere”，具有交织、关联和构成的意思。其内涵经历了从“词和语句的关联”到“确定文本意义的环境”的演变。特别是在马林诺夫斯基开创性的工作之后，语境观念从“言语语境”扩展到了“非言语语境”，包括“情景语境”“文化语境”和“社会语境”。自此，语境的观念就发生了根本性的变化，从“关于人们在语境中的所言、所做和所思”，转变为“以语境为框架，对这些所言、所做和所思进行解释”。这样一来，语境就跟语词和文本的意义所反映的外部世界的特征，从而也就跟世界的本质，尤其是知识和真理问题关联了起来。第二，语境的根隐喻地位是人类思维演进的必然结果。正如斯蒂芬·佩珀（Stephen Pepper）指出的，所有伟大的科学与哲学思想无不源于“形式论”“机械论”“机体论”和“语境论”这四大“根隐喻”，并在此基础上类推地构想和认识世界。形式论世界观的特征在于，通过命名或描述事件来阐明语词或句子跟事件之间的关系，所以，它揭示了语词世界和实在世界之间一一对应的映射关系，形成了符合实在论的真理观。机械论世界观强调了主观世界和客观世界的对立，不过它预设了世界的组织特性，认为世界的有序存在要先于事件和关系，可以为了秩序和力量重新安排实在；像形式论一样，它对实在的看法具有符合论的特征，是一种指称实在论的真理观。机体论则强调世界的整体特性，认为世界是一个变化的、进化的有机系统，因此，对世界会有各种正确的或错误的不同解读，即不同的表述方式。与语言意义相关的是不同表述之间的关系，而非世界中的实体。由此，它形成了融贯实在论的真理观。与上述三种构造和解释世界的根隐喻不同，语境论更注重动态活动中真实发生的事件和过程，即在特定时间框架中不断变化的历史事实，而且可变的事件本身赋有主体的目的和意图，主体参与到事件和语境的构造当中；同时，语境也反过来影响主体的行为，这是一种相互促动、关联的实在图景。语境论将实体、事件、现象等具有实在特性的存在视为是在相互关联中表述的，不同的语境会形成不同的本体论立场，从而语词及其所指的对象就会具有不同的意义。由此，语境具有的本体论性特质，使它成为判定意义的本质基元，具有更强的基础性、科学性和不可还原性。

可见，作为根隐喻的语境，可以成为人类概念系统中深层次的核心概念，对人类日常的思维方式和话语表达起到重要的作用。把它作为核心概念对其他概念进行比拟阐述，不仅是可以普遍接受的概念或模式，而且会使人们自觉或不自觉地按照这种概念或模式进行思维或行动。正是在这一意义上，将语境作为根隐喻构建为科学哲学理论未来发展的基点和生长点，成为一个颇具战略意义的选择。正是在如此认识的基础上，从这一个视角我做了一系列的研究，最终形成了《隐喻、修辞与科学解释》一书，并于 2007 年在科学出版社出版。可以这样讲，对这一主题的研究是对我个人整体科学哲学研究思想和内容的重要补充。特别需要指出的是，对于科学解释问题的研究，始终是科学哲学研究领域的核心内容。山西大学科学技术哲学研究中心，从它初建以来举办过很多大型或小型的各类国际国内的学术研讨会，但每次会议本质上都离不开对这一问题的研讨。尤其是 2012 年 9 月 17 ～ 19 日，我们在太原举办了题为“科学解释与科学方法论”的大型国际研讨会，来自亚洲、大洋洲、拉丁美洲、欧洲和北美洲的几十位专家参加了会议，研讨甚为深入，取得了良好的国际交流的效果。会后，我和美国佛罗里达大学的刘闯教授，共同编辑了这次会议的论文集 *Scientific Explanation and Methodology of*

Science，由新加坡的世界科技出版公司（World Scientific Publishing）于2014年出版，在国际学术界产生了较大的影响。

在从事科学哲学基础理论研究的同时，编写一些有意义的教材，也是必要的，有时甚至是必需的。教育部普通高等教育“十一五”国家级规划教材办公室组织全国有关单位编写“新世纪高等学校教材”，以我为首席专家的山西大学科学技术哲学团队应北京师范大学出版社之约，编写“哲学基础理论课系列教材”中的《科学技术哲学概论》。这部教材既要体现哲学性，又要能抓住科学技术发展的学理规范与学术基点；它既是一项学术性的探索活动，也要体现我们对科学技术哲学的本质理解，因此具有很强的挑战性。最终，不负众望，我们非常有特色地完成了这部教材的编写，并于2006年在北京师范大学出版社出版。2011年，教育部马克思主义理论研究和建设工程领导办公室点名要求以我为首席专家，由我自主在全国范围挑选课题组成员，编写“硕士研究生思想政治理论课教学大纲”中的《自然辩证法概论》。这是一项重要的政治任务，于是我邀请陈凡、吴彤、张明国、肖显静和殷杰等几位专家，一起参加了这一教学大纲的撰写和修改工作。该教学大纲顺利完成，并通过专家组审查，于2012年在高等教育出版社出版。同时，我们几人又再度精诚合作，接着编写了该教学大纲下发后的第一部《自然辩证法概论》教科书，于2013年年初在高等教育出版社出版。总之，这些工作对于推动我国研究生教育教学活动的进步具有十分重要的意义。

我从1993年年底开始指导硕士生，从1999年起开始指导博士生。我还曾被聘为中国社会科学院哲学研究所科学技术哲学研究室的兼职博士生导师，协助金吾伦老师指导过博士生，并做过该研究室博士生毕业论文答辩委员会的成员。我颇感欣慰的是，在我科学哲学研究的生涯中，有许多美好的时光是与我的学生们一起度过的。每当我看到他们在辛勤探究理论真知的过程中，时而激奋、时而彷徨，时而快乐、时而沮丧，时而轻松、时而紧张的时候，我深知这是渴求凤凰涅槃般过程中心理上的必然跌宕，只有这样他们才能走向成功，走向成熟，才能告别过去，走向未来。因此，每当我在他们论文的初稿上修正每一个标点，改写每一个语词，换过每一句表述，提出每一点意见时，都凝神贯注，觉得手中的笔重若千斤，并把自己科学理性的思维调度到最佳的状态。因为我知道，这既是作为一名教师的天职，也是作为一名长者的责任——我必须对得起他们的努力和汗水，对得起他们的理想和目标。特别是当他们的博士论文答辩获得通过后，流着激动的泪水表达对导师的谢意时，我的心便像激流中漂荡着的一叶轻舟，在波涛中翻滚着，眼眶中也会蒙上一层淡淡的薄雾，我心底感到无比的幸福。我的学生遍布全国各地，他们许多人都已成了学术界的佼佼者。尤其是殷杰的博士论文获得了全国"百篇优秀博士论文奖"，程瑞的博士论文获得了全国"百篇优秀博士论文提名奖"，这是足以令人骄傲的事情。许多学生由于机缘之故，虽未获得过这些奖项，但他们的论文水准也足以傲视群雄。我后期的许多研究成果都是和我的学生们在教学相长的过程中共同完成的；汗水凝结在一起，成果也自然融于一体。现在，每当深夜静谧的时候，我常常一个人坐在家里窗前的沙发上，望着外面闪烁的灯光和无尽的穹空，默想着我所指导过的每一位学生的成长、成就和成功，便会在心底欣慰地告诉自己——要为他们感到自豪！

自 1978 年以来，至今已 38 年。经过这漫长学术历程的跋涉，我迄今发表各类学术论文 270 多篇，出版专著和编著图书 29 部，译著 5 部，也可算是略有积累。2015 年仲夏，偶与殷杰教授谈天，他作为山西大学科学技术哲学研究中心主任及学科带头人，从学科建设的角度建议我整理出版一套个人的文集，以作为山西大学科学技术哲学学科发展的一个见证和部分研究成果的展示，也可以此激励后辈。同时，他慨然允诺由他来做具体的编撰工作，但需要由我亲自写一篇"序"，以为引子。经过慎重的思量，我觉得这个建议很有意义。首先，我个人的学术研究生涯正好与中国改革开放的过程历史地重叠在一起，正是改革开放的辉煌和它所创造的环境造就了我个人的研究事业；而我个人微末的学术研究成果也恰是改革开放洪流中一朵小小的浪花。这些成果编撰成集更能体现它的历史性、系统性和理论性，有利于读者阅读、研究和批判，更好地发现它的价值和揭示它的局限性。其次，这部文集从一个侧面，体现了山西大学科学技术哲学学科成长的历史，它凝练了整个团队团结与奋进、创新与成就的精神与气质，突显了它朝着具有中国特色、中国气派和中国风格的哲学社会科学研究事业而努力奋进的取向，表明了它是国内科学哲学研究领域中日益希望自己创造具有学派特征的一支不可忽视的研究力量。最后，这部文集也在一个点上折射了整个国内科学哲学研究领域过去几十年的历程，彰显了它从封闭走向开放、从国内走向世界、从译介走向批判、从吸收走向创新，从而逐渐建立自己独具特色的学科体系的内涵和本质。尽管这些努力目前仍然处于探索和初创的时期，但它所具有的理论价值、学术价值和取向价值，却已为整个科学哲学学科体系的建设绽放了朝霞般的光芒。我一直坚信，中国的科学哲学研究事业有着无比光明的前途和未来。

最后，我向所有阅读这部文集的读者和朋友送上耳熟能详的李白名句：

长风破浪会有时，
直挂云帆济沧海。

郭贵春

2016 年元月于太原

目录

精神分析学与科学哲学*

关于精神分析学的地位的讨论，业已集中在什么是据以判定精神分析学是一门科学的标准上面，而且，集中在研究精神分析学能否满足给定的一组特定的标准的要求上面。鲍波尔主张精神分析学不能被证伪，因此，它不是一门科学①。格律鲍姆（A. Grunbaum）则争辩说，有些精神分析的假设能够被证伪，所以，应该抛弃鲍波尔的标准而代之以他自己的更为严格的"新培根主义"标准。依照格律鲍姆的标准，精神分析学要求占据科学地位的理由是极不充分的。

在本文中，笔者将论证鲍波尔和格律鲍姆对于精神分析学向哲学提出的许多确实重要而有趣的问题，不是不予理睬，便是作出了不适当的

* 本文发表于《哲学杂志》1981年第10期，作者弗莱克斯（J. Flax），郭贵春、范建年译，敬石校。作者弗莱克斯，在美国霍华德大学任教。本文原题为《精神分析学与科学哲学：批判或是反对？》载于鲍波尔《推测与反驳：科学知识的增长》1963年英文版。格律鲍姆，美国分析哲学家、匹茨堡大学教授。——校者

① 参见鲍波尔所著的《推测与反驳：科学知识的增长》，1963年英文版，第8页和第37页。

阐述。他们都没有提供一种适当的、可以评价精神分析学的科学哲学。他们对精神分析学的说明是不准确的。此外，西方哲学中普遍存在的理性和非理性、精神和肉体、认识和感觉等分裂现象，这些暗示我们对哲学本身进行心理学的深层分析可能是有疗效的。

一、鲍波尔和格律鲍姆的争论

鲍波尔对精神分析学的实际内容或实践几乎没有什么兴趣。然而，他却断定它是一门非科学。他做出结论的根据是：①精神分析学是不可反驳的；②支持这种理论的证据不适当；③分析者从未试图正确地检验，即证伪[①]精神分析学的理论。他关心的并不是精神分析学本身，而是观察和归纳的问题。精神分析常常是用来说明科学的归纳模式种种缺欠的例证。鲍波尔主张，单是观察并不能作为科学的基础，因为事实上观察具有受理论框框影响的特征，而且存在着休谟提出的关于因果关系和归纳法的问题。可证伪性是在科学和非科学之间进行划界的可靠的可供选择的基础。因而，鲍波尔用精神分析当作他的划界标准所需要的证据，并用以证明这些标准能够令人满意地取代归纳主义的标准。

格律鲍姆则主张，根据鲍波尔自己的标准，精神分析学是一门科学。因此，精神分析学是科学这一主张，并不能成为采纳鲍波尔的方法论而抛弃归纳主义方法论的充分的或正当的理由。实际上，“归纳主义的划界标准比鲍波尔的标准，不是不严格，而是更为严格”。他认为精神分析学缺乏归纳推论的证据。按照格律鲍姆所说的，为了战胜神经病，（对弗洛伊德来说）要具备两个因果性的必要条件：分析者必须提出和患者感到的“真实情况相符”的解释，以及患者由于这种解释而产生的能使治疗成功的真实的“顿悟”（insight）。换句话说，治疗的成功允许弗洛伊德推

① 鲍波尔提出可证伪性（failsfiaiblity）或证伪（或译否证）是区别科学与非科学的标准，反对逻辑实证主义者使用的作为命题有意义的标准之可证实性（verifiability）或证实原则。他承认严格的全称陈述是不能被证实的，但能被证伪，能被证明为假。例如，不论观察到多少黑乌鸦，都不能证明“所有乌鸦都是黑的”为真，但只要看见一只白的乌鸦，即可以证之为伪。鲍波尔主张可证伪性是科学的品质证明或特点。——校者

论说，“精神分析的解释已经不仅在客观上是正确的，而且在主观上也似乎是真实的”。格律鲍姆抨击弗洛伊德理论的理由如下：①患者的“顿悟”、自由联想甚至梦幻都不能不受到分析者的影响，受到“认识上的沾染”。②近来各种经验性的检验已提出自我观察和分析的准确性，甚至可能性的问题。因此，通过弗洛伊德设想的分析过程而产生理性顿悟是不可能的。③临床证据“受到沾染”，不能用以证实精神分析学的理论，精神分析治疗的成功（假如有的话）也不能证实这种理论。④必须设计临床以外的实验方法检验精神分析学的理论，但从这些实验中，不是得不到证据，就是所得到的证据没有支持理论的力量。

二、这一争论的假设和局限性

无论根据格律鲍姆的标准还是鲍波尔的标准，精神分析学不但现在不是，而且可能永远不是一门科学。然而，格律鲍姆和鲍波尔用以否定精神分析学的所谓的可靠根据，似乎本身就很成问题。以下仅是这场争论中没有明确提出来的许多成问题的几个假设。

1. 科学的本质以及什么构成正确的科学方法论

格律鲍姆和鲍波尔的哲学都不能为科学过程提供适当的说明。经验主义作为一种方法论或科学哲学简直是站不住脚的。人们观察到的资料或论据的事实（datum）绝不是它本身那样，甚至感觉经验也是由人的头脑按照一种理论而先天的构造的。因而，事实和理论的区别不会是绝对的，从而实验的经验就失去了其作为最有权威和毫无问题的证据的特殊地位。事实既不能导致命题，某种事实也不能证明一个命题。一切材料都受到“认识上的沾染”。

鲍波尔的科学哲学也同样是成问题的。他认为一切事实都受理论框框影响，因此，一切知识都是难免有错误的。然而，他的科学哲学却依靠着一个客观知识的概念，这种客观知识是不可证伪的，显而易见是不会错误的，但却是不可知的。在鲍波尔的哲学中（正如康德的伦理学一样），理性依赖于先天信仰的行动。这种观点简直不能令理性主义的不可知论者所信服。

此外，对理论和理论转换作一种纯粹内在的哲学分析是不适当的。这种分析不能解释一种理论为什么被当作“可靠的”而接受或在什么时候被接受。有关某种理论的地位的争论绝不会单纯以“事实”为转移。至少同样重要而且也有争论的是什么算是事实，如何解释资料，以及哪些资料必须加以解释。不同的理论可以有其自身所固有的方法论标准和现象领域，而且社会因素可以参与（诸因素中）决定什么是最需要解释的东西。

2. 单一的科学模型

鲍波尔和格律鲍姆都假设存在一种单一的科学模型，一切知识都可以简单地分为科学或非科学两类。一般来说，一门特殊科学可以作为全部科学的模型，即物理学，尤其是从牛顿时代到早期量子力学的物理学。这种模型选择本身很少是合理的。若是把生物学作为科学理论和实践模型的话，“科学”就会是另一个样子了。生物学史表明，社会因素参与和影响科学理论的解释的情况，比物理学表现得更为明显。

3. 理性化与合法化

鲍波尔和格律鲍姆对科学说明的一些最大的弱点，在于企图根据理性而专断地重建科学实践的性质，并划定其界限。与理性化密切相关的是他们要求合法地规定什么算是科学，并且如何评价它的成果。他们二人都没有为这一主张提出科学的或哲学的合理证明，而实际上，怀疑这种主张是否妥当，则有其充分的哲学根据。无论上述哪种科学的理性重建之准确性和意义都是值得怀疑的。历史学家和科学家们都很了解科学过程中“非理性”方面的重要性，这就是说，不仅外在社会因素的影响重要，而且美感、游戏和想象的作用及“人在自己的成见或偏见中感受美”等作用也是重要的。

三、格律鲍姆重建弗洛伊德的理论

为什么现代物理学的理论重建（无论以什么形式）应当作为评价所有科学主张的基础呢？格律鲍姆有关精神分析的论述说明，当把某一领域的规则和方法硬拿到另一领域运用时，就发生严重的歪曲。首先，他必须改换资料以便能够用经验主义的方法来评价它。他限定弗洛伊德的著作才是精神分析，因为其他的分析理论太杂且毫无系统，不能被归纳为简单的命题。这难道不和下面这种现象一样吗？因为当代的物理学状况混乱，限定只讨论牛顿物理学，而因为牛顿的理论中存在着尚未解决的问题，人们又把物理学当作无用之物扔掉。

在划定了“精神分析”的界限之后，格律鲍姆用了一种使弗洛伊德的理论服从反证的方法来重建它，在这个重建过程中，弗洛伊德不得不说的许多话都被歪曲或被忽视了。弗洛伊德坚持的转移感情中心、坚持完成作业（work through）和抵抗理论，在格律鲍姆的说明中都消失了。

分析的过程被理性化了。弗洛伊德常这样比喻：分析者和患者像是在一群有联系的力量［自我对本我（id①）、本我对超自我等］的不断转变过程中，有时是伙伴，有时是敌人，进行着一场战斗。然而，格律鲍姆让我们看到的却是一位“驯顺的”患者，象洛克的白板一样，这位患者将接受无所不能的分析者强加给他（她）的任何印记。事实上，弗洛伊德反复强调“顿悟”仅仅是在转移感情关系中才有意义或有效的。在这种转移感情关系中，正如每一分析者都能证实的那样，患者根本不是驯顺的。患者可能抱有极力抵抗的态度，具有顿悟的能力、会狂怒，甚至使人恐怖。

格律鲍姆很少提及潜意识，而潜意识（或译无意识——译者）无疑对弗洛伊德理论和治疗来说是绝对重要的。不管弗洛伊德自己愿意与否，潜意识这个概念确实远远超过了经验主义和实证主义。在潜意识中，精

① 本我（id，“以德”）是人类精神的潜在部分，是libido（性欲）的积贮之所，及本能活动之源泉。——译者

神和肉体相互作用；精神和肉体、理性和非理性之间不再存在绝对的界限。然而，弗洛伊德的超自我概念，却意味着是一种在某种程度上通过个人关系、形成于个人关系中的自我，而且癔症证明精神过程能被转变为肉体过程这一点，都进一步说明他的决定论的单纯性是没有根据的。

超自我的概念也损害了弗洛伊德所说的个人自恋概念。内在化的个人关系（称为“对象关系”，object relation）的观念意味着精神不是个人的、自我封闭的空间，相反，精神本身的构造和内容都被社会化了。外在的和内在的、社会的和个人的差异变得像精神和肉体之间的区别那样成问题了。

在某种程度上说，弗洛伊德由于没有解决决定论者和他的工作中“对象关系”方面之间的紧张状态，对为什么分析应该能治病这一点，未能作出令人满意的解释。如果我们不是以经验主义而是以对象关系理论的观点再来看看弗洛伊德的理论，那么它似乎是这样的：生物化学的或遗传的薄弱性，加上不适当的对象关系，再加上其他环境的压力，等于心理上的困难（也是身体的困难）。不同的疾病就会通过这些因素的不同结合而产生。

因而，精神分析的理论和治疗之所以被联系起来，并非因为弗洛伊德想作出对他的理论科学地位的论证，而是因为这种理论说明了精神病在某种程度上产生于人的关系。恢复与他人被歪曲的关系的唯一方法，是需要在一种环境中，使患者重新经历这些关系，在这样一个环境中，这些关系的结果就会被表演出来，能加以解释，并可使患者坚持做完这一“作业”。这是因为旁边有另一个人表明对于维持过去的关系没有兴趣，感兴趣的倒是能使患者把他或她自己从这种关系中解放出来。

爱的感情转移和理性的顿悟对于患者的解放是必需的，但是这种理性的顿悟却是一种非常特殊的顿悟。它必然是共同主观性的，非常像互相一致同意对一篇课文的解释，而不像解答量子力学中的问题。患者有一种特殊的经验，他（她）试图靠着分析者的帮助来进行回忆或坚持完成作业，分析者具有一个一般性的工作计划或图式，以解释患者过去和现在的经历（特别是转移感情现象），这对双方都是有用的。他们的目的并不要求得到什么“真实”，即经验主义者所说的患者“确实”发生了什么事情，而是要达到对强烈感情的和经验的内容的理解。昔日或过去的经验是在转移感情中度过的；但不单是理智就能控制的。

格律鲍姆根据经验主义者的理由，把认识的沾染（即共同主观性）、暗示和安慰剂的作用等现象看作精神分析种种临床的不利条件。所有这些现象都是分析过程的必要部分，但绝不是不利条件，而是证实对象关系理论为正确的证据。因为格律鲍姆引证的证据表明，精神治疗的成功之最重要因素就是治疗者和患者之间的关系。正如对象关系理论所主张的那样，这是因为我们在与其他人的关系中并通过与其他人的关系（加上我们自己先天的素质和脆弱性），表现出了我们本来的面目（有或没有神经病）。

四、对哲学提出几个不礼貌的分析的问题

格律鲍姆关于精神分析的不适当的说明，启示我们抓住了问题的要害，允许患者（精神分析学）向分析者（科学哲学）提出一些问题。下面的论题似乎最值得怀疑：

1. 理性和非理性的分界

精神分析学认为，理性和非理性之间并不存在绝对的界限，也不能消除它们之间的一切相互作用。理性可以防备“内部发疯”；升华使我们能够驾驭其力量。可是，按照弗洛伊德所说，如果自我主要是靠抑制而不是靠升华保护自身，那么自我就会被歪曲和削弱。自我变得僵化了，人就会屈从于“反复的强制”。人潜意识地把现在的事件重建为过去的形式，然后继续在刚熟悉的领域进行旧的战斗。

2. 精神和肉体或心和身的分离

哲学也是抑制的牺牲品及其结果。西方哲学主流一直抑制“本我”题材；从柏拉图开始，最后也许到笛卡儿这里，就确定了一个特定的精神概念，精神逐渐被视为同“肉体”完全是不同、对立并且独立的东西。

这样，给哲学家们就留下一个问题：精神和肉体之间的关系如何？这个问题业已反复讨论了许多个世纪，但仍然没有结论。精神分析学提出了各种更深刻的问题：为什么要把精神和肉体看作截然不同而独立的实体？这种分离具有什么保护作用？哪种对象关系使得这种区分成为似乎是有理、可能并且必需的？

3. 自我的概念

如果自我在某种程度上是由于并通过与其他人的对象关系而构成的，它就失去了它的作为私人内部空间的特权地位。精神既不是新培根经验主义所要求的洛克式的白板，也不是什么多样性的单子（像康德、斯宾诺莎或笛卡儿所想象的那样）。（如霍布斯或卢梭所说的）彻底的个人主义也变得不能成立。分析提出，像作为整体的自我的发展一样，至少某些自我认识的形式必须依赖共同主观性。

4. 理性和解放

理性不仅为解放和批判性的讨论所需要，而且它也能够成为非理性的同盟者。在与超自我的联合中，它可以代表现实的权威，为了阻碍社会中过分侵犯性趋向而抑制各种追求享乐的要求。由于担心超自我的惩罚，自我也可学会服从权威（理智的或政治的）；它甚至可以使自己确信，这样做正是在寻求真理。必须进一步研究的是，理性是如何通过它与潜意识的斗争和相互作用而形成的；在什么样的社会条件和特定对象关系下，理性才不会变成自由的保护人，而是成为专制的工具。

关于科学本身人们也可提出同类的问题。科学中潜意识动机的作用程度如何，这些动机又是怎样影响目的、科学理论的内容和方法论的？科学是否具有防御性的功能，例如，克服死亡的恐惧、由于对自然力量的恐惧而表现出支配自然的愿望或者企图控制自我中的非理性？这些动机是以什么方式与对象关系的特定形式相联系的？在科学理性化的过程中，科学哲学必然要忽视这些非理性的因素。即使科学哲学成为科学的保护系统的一部分，作为这样的科学哲学，它就一定要拒绝精神分析的观点吗?

5. 知识的特性

根据精神分析学观点，似乎包括科学和哲学在内的一切知识，统统受到我们自己内在化的对象关系（它不仅包括父母，而且也包括由文化所形成、并且代表文化的根源）和理性的防御功能对“认识上的沾染”。因而，充分说明一种特定的理论，不仅需要对其所研究领域及其在特定历史阶段的地位作本质的说明，而且也需要对各种表面上似乎无关的因素（如家庭结构、男女之间的关系，以及有关肉体和性欲的各种思想意识）作一番审查。

五、结论

笔者业已提出：①精神分析学不适合列入目前的科学哲学。②现有的科学哲学本身就是成问题的。③精神分析学对传统的西方哲学提出了许多基本问题。④在这些争端被阐明之前，对于精神分析是否是一门科学这个问题不可能有一致的解释，更不可能有确定的回答。⑤哲学家因为集中研究精神分析的科学地位问题，竟一直把他们自己对科学和认识论说明中很多有问题的东西，视为当然。⑥精神分析学是一个经验性的、共同主观的、解释的及从精神抑制中解放的过程，同时也是一种知识形式。这使我们看清楚了哲学的反复抑制和回避的行为及重建它们内容的需要。

科学哲学的“转向”与跨学科研究 *

跨学科研究的发展趋势，是当代科学（包括所有自然科学与社会科学在内）进步的一次重大“转向”。这一“转向”不是孤立地存在着的，它是整个人类文化结构变动的体现、实现或具体化。20 世纪科学哲学发展中所出现的三次“转向”，就从一个侧面生动地显示了跨学科研究的这一趋势。

首先，以分析哲学的形成而展开的“语言学的转向”，试图通过对语言形式的句法结构和语义结构的逻辑分析，去确立重建所有科学理论的元方法论，从而实现科学统一的目的。从本质上讲，这开创了以语言符号的统一去实现不同学科之间相互跨越或交叉的发展途径。

其次，以库恩和海西等后经验主义的科学哲学家们所开启的“解释学的转向”研究，是一场反对将自然科学与人文科学进行绝对划界的“实践运动”。它促使人们更自觉地意识到了科学哲学与社会科学哲学、

* 本文发表于《天津师范大学学报（社会科学版）》1994 年第 1 期，作者郭贵春。

科学技术与社会文化结构之间的统一和一致，从而推动了科学哲学与人文解释学、社会语言学、科学社会学及认识心理学等一大批学科的相互融合与渗透。

最后，近年来，以普莱利、格罗斯、西蒙和夏佩尔等所倡导的“科学修辞学的转向”，期望在科学论述的境遇、选择、分析、操作、发明和演讲中，给出战略性的心理定向和更广阔的语言创造的可能空间；排除在理性与非理性、语言的形式结构与心理的意向结构、逻辑的证明力与论述的劝服力、静态的规范标准与动态的交流评价之间的僵化界限；从而在更深的科学心理层次上，打破跨学科研究的内在障碍，建立科学的价值标准与心理意向选择之间的统一。

科学哲学发展中的三个“转向”表明，跨学科研究的发展需要克服一系列传统思维惯性的障碍，以确立整体性的人类知识观；同时也深刻地表明，这是一个自然而又必然的趋势或过程，而在这个过程中，跨学科研究要想成为一门独立建制性学科，仍然任重而道远。

就我国的情况来讲，跨学科或交叉学科的研究方兴未艾、不断进步。然而，从基础上根本地制约着它发展的因素，却正是我国教育体制的现状。计划性教育或指令性教育结构不松动，既不能产生丰富多彩的教育新气象，也不能在教育结构与市场结构的衔接中，做到跨学科的通才培养。因而，汲取发达国家的经验，在大学本科生教育阶段不过细分科，在研究生培养阶段以科研目标带动不同学科知识的相互渗透和融合，同时打破高等教育与就业选择的直接线性关系，就是非常重要的了。总之，我国教育体制的改革是跨学科或交叉科学研究进一步发展的前提和基础，应当成为人们的共识。

科学哲学的后现代趋向*

后现代科学哲学是否具有现存性？科学哲学的后现代趋向存在哪些最基本的特征？科学哲学的这种后现代趋向的前景如何？尽管这些问题都是可争辩的，但只要我们将科学哲学的发展纳入整个20世纪人类文化进步的狂飙之中，就会发现在各种文化思潮的冲撞中科学哲学运动不可避免地带有着后现代性，而由于这种后现代性的渗入而凝现的后现代趋向特征，也深嵌着时代的烙印；同时，科学哲学也以它独特的运动性质展示出了哲学理性的意义，并探索着朝向21世纪的出路。总之，我们赋予科学哲学运动以后现代性趋向，正是为了更准确地理解和把握它的历史地位、发展趋向和本质，而不是其他。

一、后现代科学哲学的现存性

20世纪中叶出现的后现代主义作为一种反科学主义的“理智运动”，

---

* 本文发表于《自然辩证法通讯》1998年第6期，作者郭贵春。

一种新的“文化经验”和一种批判性的“解构战略”，它所彪炳的后现代性席卷了西方哲学的所有领域[①]。所以，后现代科学哲学趋向作为后现代性在科学哲学运动中的渗入，是现实地存在着的。不过，后现代科学哲学绝非任何一种派别、一种有形的组织或共同体，更不是任何一种特定的“允诺”；后现代科学哲学乃是在对现代性的反叛中，所显示出来的一系列反基础主义、反本质主义和反表征主义的趋向性。换句话说，没有这种趋向性就没有后现代科学哲学。从科学哲学的历史进程来说，现代性的三个主要论点是：①认识的基础论；②语言的表征论；③理论建构的原子论。当然，在现代性倾向中，这些论点并不是纯粹唯一的，存在着相应的现代反对趋向。例如，怀疑论对基础论的排斥，怀疑思想的绝对论断和语言的精确性；语言的表达论对表征论的排斥，主张在无指称的情况下，诉诸某种合理的或道德的论述以实现纯粹的表达；群体论对个体论的排斥，强调用整体是个体集合的方式来假设个体的地位和功能。无论这些倾向多么不同，但它们存在着一个共同的现代性的轴心。这个轴心就是以经典力学为基底的整个现代世界观的本质内核。倘若形象地扩张这种隐喻，可以通过笛卡儿坐标来表现这种现代性的三维概念空间，以展示各种现代性趋向的同源性和异向性的特征（图 1）[②]。

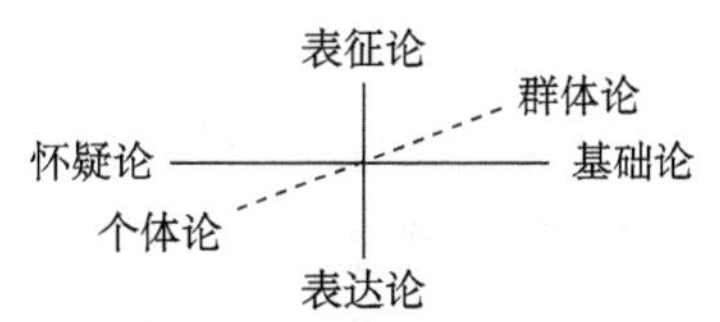

图1　科学哲学现代性的三维概念空间

在此，我们必须指出的是，怀疑论对基础论的排斥，不同于后现代主义对基础主义的颠覆，因为后现代主义并非怀疑语言或思想的精确性，而是对对应真理论的消解；表达论对表征论的排斥，也不同于后现代意义理论对表征论的否定，因为后现代意义理论不是不要指称，而是对指称论的纯粹实在论的解构；群体论对个体论的排斥，亦不同于后现代整体论对个体论的批评，因为后现代整体论不是把整体看作“个体的整体”，而是把个体看作“整体的个体”，是对个体

① 郭贵春. 后现代主义与科学实在论. 科学技术与辩证法，1996,（1）：31.

② Murphy N. Scientific realism and postmodern philosophy. The British Journal for The Philosophy of Science, 1990,（41）：293.

的重构。总之，这其中存在着根本的区别，具有完全不同的认识论的层次性。

从这一视角看，后现代科学哲学由朦胧到鲜明，由狭小到广大，是科学哲学发展的时代要求，是一大批科学哲学家身处“后现代”的思潮中反叛“现代”的结局，它具有不以人的意志为转移的客观性和必然性。另外，构成整个后现代科学哲学演变的两个最基本的哲学立场，是认识论中的整体论和语言哲学中的意义理论。后现代科学哲学的一系列嬗变、表现、派别和关联，都是在这两个最基本的立场上延伸和展现出来的。

首先，首擎后现代科学认识论之旌的是奎因。因为奎因不仅仅用整体论的说明取代了认识的基础主义，而且用新的图景或隐喻取代了现代认识模式的“层级蛋糕”；彻底地打碎了还原论的梦想，用知识的整体网络代替词或陈述去面对经验的法庭，从而使理论和资料、事实和价值、意义和真理都在整体论的意义上构成一体。同时，在奎因看来，真理并不是客观的特性，而是一种使“语义上升”的判断。也就是说，当这个判断被适当地定义时，可通过将该判断与该句子的引述结合起来而再断言任何句子，即通过“内在化”而不是“先验化”的途径去实现对真理概念的解构。总之，这正像普特南指出的那样，“奎因既解构了概念，同时还拒绝说这种解构是对被解构物的简单抛弃”①。这种“解构”绝非简单的抛弃，而是整体论基础上的“重构”。可见，立足于新的整体论的视角对传统现代概念进行“解构”，是奎因哲学的一大特色，并以此引导了科学哲学的后现代趋向；同时，这也是后现代科学哲学趋向发端的一个标志。更为重要的是，正是这种解构的方法，使奎因堪称科学哲学的解构论者，并对尔后科学实在论与反实在论的发展都产生了同样的后现代性的解放和促进作用，影响了后现代科学哲学的历史命运。

其次，奠定后现代科学哲学基础的是维特根斯坦和奥斯汀的语言哲学理论。尤其是关于意义的关键在于命题的思想，构成了语言多样使用和处理世界复杂关系的具有后现代特性的评价范式。维特根斯坦强调了

① Putnam H.Words and Life. Conant J(ed.). Cambridge: Harvard University Press, 1994：336.

在人类叙述中，而不是在超语言的独立实体中，去发现讲话形式的意义；表明了语言使用的多样性恰恰是说明了个体语言表达形式及命题态度是人类整体语言中的个性体现，而不是说人类的整体语言仅仅是表达形式及命题态度的个性的简单集合。在这里，对语言使用的多样性或语用的特殊语境的强调，正是基于语言整体本质或整体结构的要求而实现的，这一点表明了二者之间的一致性是后现代性的一种趋向。而奥斯汀的“讲话—行为”理论消解了指称和表达之间的机械区别，指明语言与世界、语言与命题态度、语言与共同体的语言约定之间的关联，都是不可或缺的，任何一个方面都不能从整体中排除出去。事实上，这是诉诸一种行为主义去消解意义的表达论和表征论之间的对立的绝对性，从而给出了一种后现代性能够生长的基底。

在科学哲学的历史进程中，由于具有后现代性趋向的认识论和意义理论在各个方面的扩张和渗透，科学哲学的各个领域都自然而又必然地、自觉而又不自觉地打上了后现代性的烙印。倘若我们超越任何具体科学哲学研究的形式约束，从方法论的后现代特性上去分析，可以看出至少存在着如下三个本质的特性。

第一，本体论性与整体论性的结合。随着科学哲学后现代倾向的发展，为了彻底地清除基础主义，消解简单的反映论和还原论，必须从方法论的统一性上赋予测量、经验、语境和范式等最基本的概念以特有的本体论性，以使它们能够构成各种语义分析的基底，而不必在本体论的分析上导致形而上学的不断后退。另外，为了清除本质主义，解构绝对论，又存在着赋予具体的测量、经验、语境和范式等的范畴以整体论性的必要性，以便在“个体的整体”和“整体的个体”之间保持一种合理的必要张力，探索相对的真理性，避免那种绝对的终极真理的断言。所以，在一个恰当的基点上把本体论性和整体论性结合起来，寻找测量、经验、语境和范式的本体论性和整体论性的统一，奠立整个科学哲学理论大厦的稳固的逻辑基点，既是后现代性的集中体现，又是后现代科学哲学较有前途的可能出路之一。

第二，理论模型与意义理论的同一。在后现代科学哲学中，理论模型的建构与意义理论的阐发是紧密联系在一起的。正因为如此，形成了科学哲学理论的框架形式的多样性与科学哲学本质意义的表现形态的特殊性的统一。比如，库恩的范式论与语义整体论的结合，把解释学的方法引入了科学哲学的研究领域，最先在科学哲学领域中使后现代趋向在理论模型的层面上鲜明地突出出来，被人们认为是后现代科学哲学成形的标志。又如，普特南的图景论与内在化的意义论的结合，把科学实在论的立场由“本体论的约定”推向了“意向关联性的扩张”，从而把语义分析导向了语言的意向结构的深层揭示，代表了后现代性的一种趋势。再如，范·弗拉森的经验建构论与语用论的一致，把科学理论的建构与意义的语用性联结起来，强调了科学的说明不是纯粹的科学，而是科学的应用，从而建立了独特的语用论的解释论，展示了后现代性的趋向。

第三，科学认识论与自然主义的同构。为了摆脱传统的形而上学难题，把对科学信仰的论争转变成对工具和实现途径的选择，这是把科学认识论与科学的、语言的、实验的和历史的自然主义关联起来并推向后现代发展趋向的实质。另外，这样一种后现代性的趋向，是要在某种自然主义的轴心上使科学主义与人文主义实现某种不可分割的相关性；或者说，是试图把自然主义的观念放在一个“收敛”的哲学基点上，向所有不同的科学知识和文化领域“发散”。罗蒂就是沿着一条自然主义的路线，从后现代主义的语言哲学的基点出发，试图彻底地变换“现代”哲学的传统框架，导向真理的合理性在于词汇工具选择的适当性的“拟文学哲学”主题。不言而喻，把自然主义与认识论同构，并在这种同构中转换哲学的“基点”和“趋向”，正是典型的后现代性的选择。

在这里必须强调指出的是，在后现代科学哲学中，对科学理性的唯一独尊地位的挑战和对科学理性绝对化的审视是必要的。但是，试图通过泛文化的消解途径将科学哲学解构成为各种社会学的、历史学的或文学的研究，从而取消科学理性则是不可能的。① 十分明显的问题是，后现

① Parusnikova Z. Is a postmodern philosophy of science possible? Studies in History and Philosophy of Science, 1992，23（1）：21-24.

代的“解构”战略是双刃的。一方面，在解构的过程中，人们不得不使用被解构的范畴，这就是德里达所谓的“在删除的基础上写作”；另一方面，“解构”永远是不完备的，因为意义从来是不完备的。因此，任何一个解构过程都蕴含着另一个新的对自身的解构，从而包含了一个对永恒自讽的批判因素。当一个本文（text）一旦被看作是完备的时候，它就立刻面临着解构。所以，没有任何东西能够逃避解构。从这个意义上讲，科学理性是永恒的，但表现科学理性的模型或范式却永远在不断地解构和建构之中，是不断的“再语境化”的过程。换句话说，我们可以承认科学理性是具体的和相对的，是依赖语境和历史地被决定的，但那种片面地摒弃理性，否认一切权威，玩世不恭和强调反讽等的功用，并不与后现代科学哲学直接相关。后现代科学哲学是基于后现代影响之上的一种新的科学价值观和科学方法论的趋向；它不是后现代性的简单重复，而是后现代性符合了科学哲学自身发展的内在要求；只有在这个基础上，科学哲学才不会是“科学的泡沫”。所以，一方面高举科学理性的旗帜，另一方面扩张科学理性所展示的后现代形式、层面、方式和疆域，就自然而然地形成了后现代科学哲学的趋向特征。从这个角度看，后现代科学哲学使人们重新审视或重构科学哲学的地位和理论框架，重新反思它的本质和特性，具有非常现实和深远的意义。

二、后现代科学哲学的趋向特征

后现代科学哲学作为科学哲学运动的一个整体的发展趋向，它的最集中的趋向性特征是科学主义与人文主义、英美哲学与大陆哲学之间在某种程度上的相互接纳和合流。不过，这种整体的相互接纳和合流，是通过一系列具体的趋向性特征得以展开、显现和完成的。在这里，我们主要强调以下几个趋向特征，以说明后现代科学哲学的特点。

1. 消解主体，建构关系

把科学哲学的视角从任何对象主体的单一层面或问题移开，而转向各种复杂要素之间的关系的建构，并从这种关系出发而不是主体出发去阐释意义，以彻底地消解主体的传统形而上学性质，成为后现代科学哲学的一个本质的趋向特征。在测量问题上，强调测量结构关系的实在性，而不是单纯测量对象的存在性；在指称问题上，注重指称关联的多样性和意义的丰富性，而不是对指称对象进行本体论的断言；在真理问题上，突出理性解释的内在的逻辑可能性，而不是认识主体与对象主体之间的符合性等，就是这种后现代科学哲学趋向特征的典型表现。后现代科学哲学趋向，正是要通过对主体的消解和对关系的建构，以消除对传统形而上学终极本体的寻根问底和本体论断言，从而打通一切科学哲学问题之间可以联结的可能通道，以摧毁在科学哲学的对话中各种派别、立场、传统和疆域之间的壁垒，形成后现代科学哲学的大融合的趋势。

普特南作为具有强烈后现代趋向的科学哲学家，他对“指称因果论”解释的转向，就鲜明地说明了后现代科学哲学“消除主体、建构关系”的趋向。这主要表现在以下两个方面：①在普特南看来，作为原因的是事件（关系），而不是对象客体（主体）。例如，不能再讲“父母是孩子的原因”，而是讲“生育事件是孩子出生的原因”。或者一般地讲，某状态是另一状态的原因。②事件是否一致不能由描述事件的语句中读出，因为在逻辑上不等价的语句可以是对同一事件的描述。由此可见，其一，因果性是不同事件之间的关系，而不是独立客体之间的关联。在这里，事件消解了客体，关系代替了主体。其二，事件可以由不同的语句描述，而不必拘泥于这些语句在逻辑上是否等价。因为这些语句不是对对象的主体性的描述，而是对关系的描述，所以，它可以是丰富的和多样的；它的意义恰恰在于等价或不等价关系语句之间的相对性或相关性，而不是本体性断言之间的绝对性或排斥性。这显示了“消除主体、建构关系”在科学说明中的某种优势，故此，普特南认为，主体的本体性约定是一种“非常不幸的概念”[①]。普特南正是通过对对象客体的主体存在性的弱化

① Putnam H. Words and Life. Conant J（ed.）. Cambridge：Harvard University Press，1994：260.

或消解，实现了关系的本质作用；同时，他强调了关系是在不同的语境中建构的，而不是绝对地、唯一地存在着的。也就是说，应当放弃那种认为“事件具有自我同一结构的思想”①。不难看出，在对指称因果论的阐释中，普特南思想的后现代趋向已经跃然而出。

后现代科学哲学的这一趋向特征，一方面不承认主体性或对象性的唯一性，渴求在建构关系基础上的多元性或多样性；另一方面，又要求求解在不失去多元性洞察的前提下，将事物结合在一起的方式。前者要打碎本体偶像，消除唯一独尊的绝对性地位，给人们以解放；后者是要建立整体论的视角，在要素的相互关系系统中把握事物的运动。在这里，后现代的多元分层和分维透视与整体的统一和概观，正好形成了方法论上的互补，从而使得“消解主体、建构关系”的后现代趋向特征具有了普遍的方法论的地位。

2. 实在论与反实在论之间的相互渗透与融合

后现代科学实在论与现代实在论的重要区别之一，就在于前者限制了在语言框架中对“实在”或“存在”之类语词的纯形而上学的断言，而后者则更多地诉诸语言与世界之间的一致性关联；前者试图消解对应论，而后者则在符合论的基础上去探索理论实体的对应指称；前者强调的是内在的可接受性，而后者注重的是对应的趋同性。塞拉斯在关于原子存在性的讨论中认为，满足了分子概念的理论框架的充分条件决定了对分子存在性的断言，就是对应论的后退或实在论的“弱化”，成为后现代科学实在论的一种趋向表现。这种“弱化”的一个重要特征，就是在科学哲学的语形和语义分析中引入了解释学、修辞学及语用学等的说明方法，从而在方法论的基础上奠立了科学实在论与反实在论相渗透与融合的基底。正像“弱”实在论更趋向于后现代性，而“强”实在论更趋向于现代性一样；“弱”反实在论更趋向于后现代性，而“强”反实在论更趋向于现代性，它们在后现代性的意义上“走到了一起”。所以，E. 麦

① Putnam H. Words and Life. Conant J（ed.）. Cambridge：Harvard University Press，1994：69.

克姆林深有体会地讲："反实在论在语调上是反实在论的，但他们的立场却常常与科学实在论的大部分基本立场相一致……这就给出了一种弱的反实在论的立场。"[①]换句话说，后现代性在科学哲学中的渗透，使科学实在论与反实在论之间的论争变得更加微妙，特别是"弱"实在论与"弱"反实在论之间的界限变得更加模糊不清。因此，有人甚至认为，"范·弗拉森的构造经验论实际上是一种实在论的形式，而他的科学实在论事实上是一种经验论的形式"[②]。总之，这深刻地表明了在本体论上不断地远离或剥离，而在方法论上却不断地接近或结合的后现代科学哲学的本质趋向。

需要注意的是，令科学实在论与反实在论可相互渗透或融合的一个重要的基点，在于他们都反对在本体论上无限制的后退或还原，而主张一种相对的、有限的可还原性。正是这种限制，在一定程度上确定了他们之间谈话的同一基础，譬如"经验实在""语言实在"或"语境实在"的可能的共同立场，即他们都可以在经验实在、语言实在或语境实在的前提下去进行对话，而将本体论的追寻暂且"悬搁"起来。可见，从绝对本体论的承诺走向相对本体论的分析，从绝对的基础走向相对的前提，从标签式的阵营分类走向可通约的方法论差异，即从对绝对性的解构或消解去把握相对的一致性，是后现代科学哲学走向的必然。

在这一点上，普特南的指称观念同样是有代表性的。在他看来，在语词和指称之间是"因果地相关的"，而不是"语义地相关的"[③]。如果说因果语义的相关性是"存在的"，那么分析语义的相关性则是"虚无的"。但是，指称的因果性并不意味着指称的对应还原，这里不存在任何绝对性。对于任一可选择的正确的世界描述都不能绝对化，因为根据指称因果性，可选择的适当描述是多样的。更重要的是，存在着不可还原的或自足的"语义事实"。对于任何特定的语义事实来说，不承认它们存在特

① McMullin E. A case for scientific realism//Leplin J. Scientific Rew. Berkeley. Los Angeles：University of California Press, 1984：40.

② Dilworth C. The Metaphysics of Science. Kluwer Academic Publishers, 1996.

③ Putnam H. Words and Life. Conant J(ed.). Cambridge：Harvard University Press，1994：284.

殊的本体论的特权。因为任一语义事实都是来源于它的特定的语境或语境关联，而不是直接对应于任何可还原的对象。在语境的意义上讲，语义事实具有它的“偶然性”，而不是绝对唯一的存在性。所以，强调指称的可还原性和语义事实的不可还原性都是为了一个目的，即追求“没有绝对性的实在论”。正是这种反还原性、反绝对性的立场，给出了后现代科学实在论的定位，并架起了科学实在论与反实在论进行对话的桥梁。所以，普特南站在后现代的立场上声称：“如果‘科学实在论’是科学帝国主义（物理主义、唯物主义），那我就不是科学实在论者。”①

3. 对心理意向性的文化说明

科学哲学的说明试图避免任何意向性的概念是没有任何出路的。事实上，客观的意向概念就是解释的或说明的概念，因为孤立于任何科学共同体来谈论“真的”“有意义的”或“可确证的”是无意义的。科学表述的规范特性只能是被语言共同体认可的表述特性，这一点是不言而喻的。所以，这种依据语言共同体的科学说明本质上是一种“文化的说明”。在这里，评判合理与否的判据在于共同体的最大限度的认可和范式案例的充分性。这是一种类文化的、非引证性的说明，因为在这种说明中，“正确的客观特性在于与文化相对特性的一致性”②。换句话说，在说明中，公众语言的意义就在于文化的相对特性，而任何可保证的科学论断都必然会由文化的相对特性来加以解释，从而展示后现代科学哲学说明的文化特性。

我们必须看到，一方面，这种说明的文化相对性是客观的；另一方面，这种文化的相对性概念与可能世界的类似性或相似性有关。因为说明的可能状态与实际状态的相似性，涉及共同体的整体心理意向的趋势。共同体的认可是共同体的整体心理意向的实在说明，范式案例的充分性则是心理意向的完备性的表现形式。所以，文化说明的相对性包含着文化的或共同体的整体心理意向性；同时，这也是一种实在的心理意向性。

① Putnam H. Words and Life. Conant J（ed.）. Cambridge：Harvard University Press, 1994：492.

② Putnam H. Words and Life. Conant J（ed.）. Cambridge：Harvard University Press, 1994：324.

可见，在文化说明的意义上，规范的概念包含着相对的、心理意向的和客观的（实在的）不同层面，并且它们具有一个整体的结构系统。后现代性的文化趋向深深地嵌在了范式说明之中。另外，这种文化的、非引证性的说明框架是与解释学、修辞学的说明相一致的，都是对以传统实在论和逻辑经验论为核心的现代科学哲学趋向的反叛，并也由此确立了后现代科学哲学文化说明的趋势。

三、后现代科学哲学的走向

后现代科学哲学的走向绝不是偶然的，它是后现代性与科学哲学自身求解难题的愿望相结合的结果。因为当中性观察者被消解，独立事实被清除，所有实验都不能不渗透着理论的时候，科学作为“自然之镜”的单纯概念就会丧失。因而，对科学的理解和认识被刺激或被推向了科学之历史的、社会的、文化的和心理的层面。那么，在纯粹的科学主义被解构之后，在一个什么样的基点上去求解科学哲学的难题呢？或者说，如何把科学之历史的、社会的、文化的和心理的层面统一到一个不可还原的、整体的基点上去呢？后现代科学哲学家们把目光自觉而又不自觉地投向了“语境”。

近年来，科学哲学、科学史和科学社会学家们广泛地提出了“语境论”（contextualism）的科学实践观，把它作为一种超越以逻辑经验主义为核心的现代科学哲学的趋向选择，显示了强烈的后现代科学哲学的走向[①]。语境论是反基础主义和反本质主义、消解绝对偶像和对应论、排除唯科学主义等的必然产物。它在科学实践中结构性地引入了历史的、社会的、文化的和心理的要素，吸收了语形、语义和语用分析的各自优点，借鉴了解释学和修辞学的方法论特征。因此，它是一个有前途的、可以融合各种趋向而集大成的倾向。科学哲学论题的语境化是一般后现代走向在科学哲学中的具体化，正如查尔斯·詹克斯指出的那样：后现代实

① PSA，1996，63(3)：90.

践的语境化是后现代走向区别于现代走向的标尺，即“现代论者和新现代论者试图强调对问题的技术的和经济的解决，而后现代论者则倾向于强调他们发明的语境的和文化的附加物”①。

1. 语境论作为后现代科学哲学走向的方法论倾向，具有超越特殊证据的横断性

语境论对于传统方法论的客观论所存在的理论难题，具有特定的消解作用。因为根据语境论，在超越理论选择和特殊方法的科学共同体之间和共同体内部的一致，不仅仅包括证据的一致，而且包括：①要求运用超经验的原则，如特定理论的先在约定、日常信仰、形而上学观念、启发式的方法论实践、实用优点及个人或社会的价值等；②要求共同体内存在必要的论争和必备的折中。语境论者之所以坚持这些原则，是因为证据本身并不必然导出特定的结论、假设或新的方法论，它具有给定理论背景的狭隘性。而这些原则作为具有横断性的方法论要求，可以使给定证据在更广阔的语境中确定它的意义和功用。另外，社会语境（特定科学研究纲领的传统及相关社会的传统）是这些原则的重要根源，并潜在地决定了这些原则不可避免地嵌入语境的判断和评价之中。不过，科学实践的社会语境是重要的，并不隐含社会的意义和价值在科学判断中，是直接、始终如一地起作用的。事实上，在不同的语境中，不同的原则和要素具有完全不同的价值。

不难看出，一方面，语境论所包含的超经验的原则表明了语境的整体性。或者说，科学实践的本质乃在于它的整体性，而不是孤立的行为性或单纯的经验的对应性。另一方面，语境论隐含了围绕特定科学方法或理论所构成的一致常常是一种局域的、相对的一致性。然而，这种局域性却意味着普遍的语境的结构性。首先，从语境是特定语词、话语或段落的上下文的形式关联及其意义映射了某种对象世界的特征来看，从

---

① Babich B E, Bergoffen D，Glym S. Continental and Postmodern Perspective in the Philosophy of Science. England: Avebury, 1995：17.

内在和外在的结合上体现了如下结构（图 2）[①]。

其次，从语义的构成性及心理操作的表征性来看，语境是现象的和经验的、情感的和理性的、语言的和非语言的、表征的和非表征的统一，它显示了如下结构（图 3）。

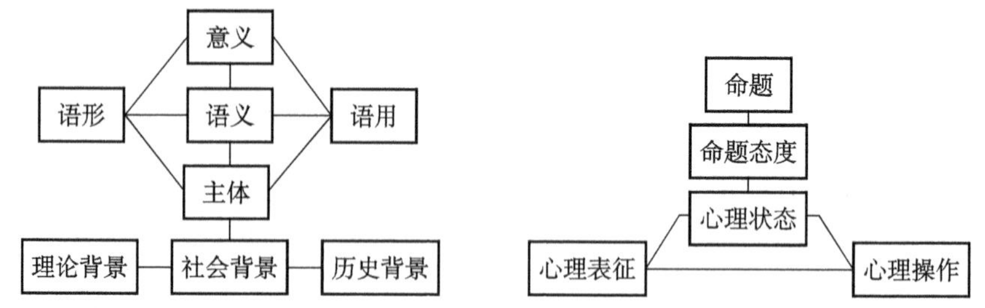

图2　内在和外在结合的语境结构　　图3　语义构成性及心理操作表征性的语境结构

最后，从语境理解是一种具体性的意义创造，术语优选是一种趋向性的意义创造，语义批判是一种方法论性的意义创造来看，语境特征决定了词项的分布和选择，并导出了这样的语境关联结构（图 4）。

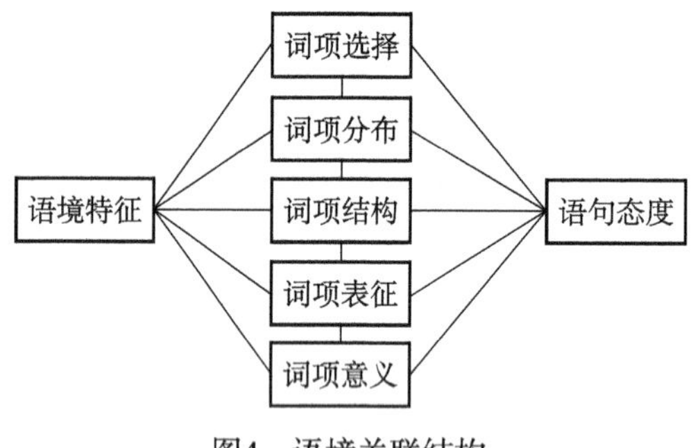

图4　语境关联结构

2. 语境论作为后现代科学哲学走向的方法论倾向，是与在科学哲学研究中引入科学修辞学方法紧密相关的

在海德格尔和伽达默尔之后，解释学已经不再简单地与解释文本的特殊“场”相关，而是与理解实践（practice of understanding）相关。也就是说，它所关心的不再是把世界表征成“它所是”，而是关心在特定

① 郭贵春. 语境论. 哲学研究，1997,（4）：50-52.

语境中人们所面对着的不理解的东西，即理解实践。所以，作为后现代主义的解释学的核心，就是具体地设定说明论述（discourse）和叙述（narrative）。但人们必然要问：什么是论述力量的源泉？论述所提供的世界意义是什么？什么是叙述的历史、社会、文化和心理的隐含？等等。这种提问的展开，不可避免地在方法论的选择上导致了修辞学意义的突出，引发了由"解释学转向"向"修辞学转向"的过渡，使科学修辞学作为一种不可或缺的手段或途径被引入了科学哲学的研究中。

科学修辞学方法的引入是后现代科学哲学之后现代性的集中体现之一，它奠定了后现代性的方法论趋向在科学哲学中存在、扩张和发展的可能性的基础。可以这么讲，没有科学修辞学在科学哲学中的渗入和展开，后现代科学哲学的生成是不可能的。正是科学修辞学方法作为后现代理解实践的基本形式在科学哲学中的应用，使语境论得以现实化，并成为后现代性主题可以在科学哲学中贯彻的途径。修辞学之所以能在科学哲学中产生强烈的渗透力，一个重要的理论原因就在于，"修辞学既是一门学科，又是一种使各个学科可被概观的视界。作为一门学科，它具有解释学的任务并生成知识；作为一种视界，它具有批判和解放的任务并生成新的观点"①。所以，在科学哲学发展中的科学修辞学转向是科学研究方法论的转向，是后现代特征在科学方法论中的新的实现。它的现实意义就在于以下几点。

第一，像逻辑方法一样，修辞学方法对现存科学学科和科学理论分类的形成，起到了重要的作用。它为新的学科、理论模型和解释逻辑的产生及扩张，提供了可能的创造空间。

第二，修辞学方法在一个特定的科学空间或领域中，使得分析活动具体化，从而使人们可以为科学论题给出相关事件的趋向图景，而不仅仅是事件的状态图景。这里蕴含了修辞分析的多层意义、功能的目的性，对于突出科学研究的特定效应是极其关键的。

第三，修辞学方法可以采取操作逻辑（working logic）的形式，以便

① Simons H W. The Rhetoric Turn.University of Chicago Press, 1990：111.

在“前逻辑”的意义上，构建可算作合理推理的结果。这是一种外展臆断推理，它创造性地设定了一种可解释的说明，而且根据这种说明，相关事实将是可被发现的。

第四，修辞学方法可将各种分析战略（如综合、分析、科学美等）嵌入特定的论题，或在不同的科学论题中引入修辞分析，从而使修辞学的分析战略或分析方法在不同的论域之间构成由此达彼的桥梁，以致易于使一种科学论述过渡到另一种论述。

第五，修辞学方法的“论述战略”是发明，而之所以把发明看作是修辞学的功能，就在于通过科学发现和科学证实的关联背景，扩展了修辞学与科学推理的关系，即依赖于修辞学的情态，重构了两种关系域之间的区别，并消除了在发现与证实之间绝对的逻辑断裂或不可通达的不对称性。①

总之，正是以上各个视角的充分运展，使修辞学方法将历史的、社会的、文化的和心理的要素渗入了科学研究的语境之中。所以，有人主张“要提高人们对修辞学方法的认识，从而使不可还原的社会的和共同体的一致性探索，能够获得更社会化的说明”②。

3. 语境论作为后现代科学哲学走向的方法论倾向，是科学（逻辑）理性与境遇（情景）理性的统一

从修辞学的意义上讲，科学论述是“有理由”（the reasonable）的而不是“有理性”（the rational）的论述。“好的理由”是在具体的科学交流、论争和劝服的语境中历史地产生的，它超越并扩张了严格的形式逻辑的先验标准，是在特定社会、文化和心理状态下作出的有意义的判断和分析。所以，科学论述的构造与评价并非唯一地建立在形式的逻辑分析基础上；单纯具有形式有效性的论证，从来不是修辞学意义上的劝服。而且，在科学的论争中，人们反驳的常常是某些论证的理由，而不是论证本身的形式操作或逻辑标准。因而，形式化的逻辑标准对于建构和评价

① 郭贵春. 后现代科学实在论. 北京：知识出版社，1995：31-32.

② Simons H W. The Rhetoric Turn. University of Chicago Press, 1990：55.

科学主张是不充分的；同时，也不意味着超逻辑形式标准的修辞学的思考和行为，就一定是非理性的和不合理的。

不言而喻，后现代科学哲学的语境论是要通过对境遇理性（positional rationality）的突出，解除单纯形式理性的独裁和羁绊，把科学理性融入历史的、社会的、文化的和心理的现实之中。所以，境遇理性是一种追求在修辞学意义上有“好理由”的“批判的和相对化了的理性”，“是语境的后现代形式”[①]。之所以这样认识问题，是因为在具体的境遇中，境遇认识取代了单纯的认识论分析，厚重的、多层面的“理由”评判消解了单薄的逻辑预设的价值分析，使境遇理性成为语境的具体性、整体性和结构性的功能表现。所以，后现代科学哲学不是语境的非理性化，而是理性的语境化。它将在理性语境化的基底上，把对科学的认识论的论述转换成历史的、社会的、文化的和心理的论述，并由此把科学哲学全面地推向 21 世纪。

① Babich B E, Bergoffen D, Glym S. Continental and Postmodern Perspective in the Philosophy of Science. England: Avebury, 1995：26.

迷人的“语境”与科学哲学的发展*

当我们面对21世纪的发展，回眸本世纪科学哲学的历程时就会发现，在哲学运动的语言学转向、解释学转向及修辞学转向的过程中，科学哲学的进步有着两个极其鲜明的特征：其一，它所提出、求解和涉及的一系列理论难题，均在一定意义上与语境问题本质地相关，即试图从不同的语境视角去重构或重解这些难题；其二，通过“再语境化”的途径，以朝向后现代性发展的趋势，抛弃一切单纯形式的、经验的、范式的或框架的依托，而转向将所有科学之历史的、社会的、语言的和心理的层面统一到一个不可还原的、整体的语境基点上去。由这两个特征所形成的后现代科学哲学的走向，正在不以人们的意志为转移地跨向21世纪哲学运动的大门。

在这里，我们必须注意到的是，科学哲学的这一趋向绝不是偶然的。它是语言转向、解释转向及修辞转向相互演化、更迭、渗透与综合的必

* 本文发表于《自然辩证法通讯》1999年第1期，作者郭贵春。

然的逻辑结果。始终作为科学哲学运动之灵魂的科学批判精神，并没有将自己禁锢在狭隘的形式理性的教条之中，它在自身的运动中消解了把哲学研究仅仅引向经验基底上的句法层面，过分突出形式理性与科学主义的观念；弱化了将语言经验与解释经验、语言分析与解释实践相互融合的社会化的非理性主义的倾向；意识到了语言分析的本质在科学哲学广义自然化趋向中所具有的“战略研究”的地位、作用及其不足。正是在这个基础上，科学哲学的研究从“语用语境”的基点出发，修正“三大转向”所具有的缺陷，从而在语形、语义和语用的结合上去探究科学哲学未来发展的新趋向，就是自然而又必然的了。

可见，把语境作为语形、语义和语用结合的基础，从语境的基底上去透视、扩张和构建整个科学哲学的大厦，是回答了以什么样的形式，什么样的方法，以及什么样的基点或核心去重构科学哲学未来走向的一个重大的理论问题。当然，这一回答与语境本身所具有的内在的本质是分不开的。这就在于：第一，语境是一种具有本体论性的实在。正像所有实体的存在都是在相互关联中表达的一样，语境作为一种实体是在诸多语境因素及其相互关联中获得实现的，并由此构成了整个哲学理论分析的十分“经济”的基础。第二，语境是在一切人类行为和思维活动中最具普遍性的存在。首先，“一切都在语境之内”。因为一旦消解了语境与客体的二元对立的僵化界线，一切认识对象便都容纳于语境化的疆域之内，并在其中实现它们现实的具体意义。其次，“所有语境都是平等的”。因为语境本身并不具有任何超时空的特权或权势，因而科学的平等对话的权利更有益于人们去面对科学真理的探索及其富有规律性的发展。再次，语境作为科学哲学的研究基底具有方法论的横断性。在一切科学研究中，证据绝不等同于方法，而方法必然要超越一切特殊证据的背景要求的狭隘性。因而，对所有特殊证据的评判只有在语境的横断性的方法论展开中，才能获得它更广阔的意义和功用。在这里，语境在某种意义上的超验性与它的方法论的横断性是一致的。最后，语境绝非是一个单纯的、孤立的实体，而是一个具有复杂内在结构性的系统整体。语境从时间和空间的统一上整合了一切主体与对象、理论与经验、显在与潜在的要素，并通过它们有序的结构决定了语境的整体意义。语境的实在性就体现在这些结构的现存性及其规定性之中，并通过这种结构的现实规定性展示它一切历史的、具体的动态功能。

不言而喻，语境绝不是万能的。语境论的研究仅仅是科学哲学迈向 21 世纪的趋向之一，但它已经并将以更崭新的姿态展示它迷人的光彩。

在“转向”中运动

——20 世纪科学哲学的演变及其走向*

科学技术对人类社会的发展正越来越突出地发挥着不可估量的作用。一方面，科学的物质功能和应用价值直接地推动了人类社会对世界的改造，极大地拓展了人类的生存视界，有力地促进了人类从权力社会和财力社会逐渐地向智力社会的过渡；另一方面，科学自身的精神价值和文化意蕴在更为深远的层次上影响并决定了人类思维的发展和演进。这后一方面，对于人类自身的生存和发展而言，是更为根本和具有决定意义的。因此，作为对科学进行哲学反思的科学哲学，它对于科学从哲学的乃至思想史和理论社会学的视角所进行的整体的、全方位的透视和探究便越益显示出其时代意义和存在价值。

但是，从总体上讲，20 世纪科学哲学的发展，呈现了一幅波澜起伏、犬牙交错的历史图景。如何从浩繁的著作、众多的流派、陈杂的观点和激烈的论争中透视出科学哲学的发展路径，便成为摆在科学哲学工作者面前的一项重要课题。我们把科学哲学 20 世纪的发展归结为在“语言学转向”“解释学转向”和“修辞学转向”中的运动，正是试图以“三大转向”为基点和中枢，通过系统地分析其形成动因、理论特征和方法论意义，来具体地展示科学哲学思潮演化的历史进程、趋势定向和理性重建的模型及其各种特征，从而为把握科学哲学 21 世纪发展的方向和构建科学哲学新的生长点提供合理的范式基础和可用的方法论手段。

一、科学哲学的“语言学转向”

20 世纪初的“语言学转向”（linguistic turn），作为哲学思维的一次根本性变革，使语言取代认识论成为研究的中心课题，它对传统哲学理性产生了强烈震撼并对后世哲学发生了决定性影响。

从总体上讲，语言转向的最根本原因在于现代逻辑的产生。现代逻辑技术的出现，使得人类具有了一种在哲学研究中对语言进行分析进而解决传统问题的科学的系统的方法。同时，这场革命性的运动，也是由哲学思维的内在发展和时代的客观要求所决定的。相对论及量子力学的出现，使自然科学越来越远离经验发展。科学理论的构造、解释和评价问题便在科学哲学研究中愈来愈具有了突出的地位。因为哲学本质问题的争论，归根结底存在一个语言的表述和解释问题。在逻辑的自洽性与语言的规范性的一致性要求下，社会语言学向逻辑语言学的发展，要求寻找它的应用层面。这样逻辑和语言与经验的统一性问题，即科学理性与经验的一致性问题，突出地呈现在人们面前。因此，把所讨论的对象的本体论地位悬置起来，用统一的语言语词表达和重新解释，避免无益的争论，无疑是一种有利的、必要的策略。

“语言学转向”是一场在新的基点上探索哲学存在新方式的革命。其最直接的后果在于逻辑经验主义的兴起，把观察陈述视为构成整个科学理论的理性重建的逻辑起点，并试图在科学语言的逻辑统一的前提下，对科学理论进行经验主义的理性重建。为此，它引入了新的语言分析，特别是语义分析的方法，开拓了哲学研究的新手段，并进而在后现代的意义上消解了传统的对应论的本质论、符合论的真理论及反映论的认识论。

但是，语言分析不是万能的。试图通过建构理想语言来解决所有哲学问题，既不是自明的，也不是必然的，而是一种不切实际的空想。语言的主要功能在于实践，是人类的公共交往形式，只有把语言理解与解释经验、语言分析与语言使用相互渗透和融合，才能真正地发挥语言在哲学认识中的功用。同时，理性主义和科学主义一统天下的局面使得非理性因素受到不应有的忽视，并对文化进行了消解，加剧了欧洲大陆哲学与英美哲学的现代分裂，导致了科学主义与人文科学之间绝对的、僵化的界限形成和逐渐远离的局面。

无论如何，“语言学转向”带给20世纪科学哲学研究的影响是根本性的、启迪性的和创造性的。尽管作为一种时代思潮，它受各种因素的影响必然地走向了衰落，但它的研究策略、方法和理论，仍长期地影响着科学哲学的发展。事实上，在它之后所产生的各种科学哲学流派，包括批判理性主义、历史主义、科学实在论和逻辑实用主义，都是在逻辑经验主义的基础上，对其正反不同的方面借鉴、批判而形成的。“语言学转向”的策略和逻辑经验主义的方法深深地渗入了各种流派理论研究的方方面面之中。

二、科学哲学的“解释学转向”

“解释学转向”（interpretive turn）始于由库恩、海西和费耶阿本德等后经验主义的科学哲学家们批判逻辑经验主义，特别是反对根据科学主义的教条去对自然科学和人文科学进行绝对划界的“实践运动”。它是解释与理解在方法论上的融合，即分析与解读的统一。这种语言理解与解释经验、语言分析与解释实践的相互渗透和融合，作为它形成的普遍化方式和整体途径，不仅突出了解释学转向与语言学转向之间的密切关联，而且是对后者的修正和超越，从实质上赋予了解释学以更强烈的解释实践的特征，从而满足了解释背景必须是科学、社会、文化与历史相统一的趋向，反映了心理意向解释重建的内在要求。

“解释学转向”所予以的时代特征一方面在于历史主义的整体进步。

从本质上讲，科学理论的解释与解释学的文本理解从来就不是绝对地排斥的，而是在社会与文化的整体纽带中密切相连的。另一方面，“解释学转向”在更为广阔的时间序列和社会空间上影响了科学实在论的进步，促进了科学实在论的全面复兴。

总之，“解释学转向”及所引发的解释学方法在整个认识论领域的全面扩张和渗透，使解释学方法脱离了狭隘的思辨域面进入了一个广阔的、与社会历史相关的新视界，强化了解释学方法的整体性、相关性和一致性。这一发展既促进了解释学在方法论上的多样性、本体性上的多元性和认识论上的深入性，同时也推进了整个西方人文主义思潮与科学主义思潮之间在方法论上的相互渗透和融合的可能趋势；而解释学方法在科学哲学尤其是科学实在论的发展中所起的重大作用表明，解释学方法的真正价值就在于通过实践理性的环节，通过自身方法论功能的充分展开，去创造实现社会理性的条件。可见，在具体的解释学方法的功能意义上，去达到和实现人类认识的必要条件，才能真正地推动社会理性的进步。

三、科学哲学的“修辞学转向”

“修辞学转向”（rhetorical turn）是一种在现代语言学、现代心理学和现代逻辑学的基础上，将古代传统的“劝说艺术”重建为一种全新的论证艺术的运动。它是继“语言学转向”和“解释学转向”之后，人类哲学理智运动的第三次转向，并构成了社会科学与科学哲学重新建构探索的“最新运动”。从 20 世纪科学哲学方法论的演变历程来看，逻辑经验主义侧重于符号化系统的形式语境，历史主义强调整体解释的社会语境，具有后现代趋向的后历史主义则侧重修辞学语境。而修辞学语境在很大程度上是语用分析的情境化、具体化和现实化，是以特定的语形语境的背景和社会语境的背景为基础的，它必然是语形分析、语义分析和语用分析方法的统一，是形式语境、社会语境与修辞语境的结合。正是在这个意义上，科学修辞学通过在科学解释学的实践重建而扩张了科学哲学的研究，奠定了后现代性的方法趋向在科学哲学中的存在、扩张和发展的可能性的基础，成为后现代科学哲学之后现代性的集中体现。

“修辞学转向”绝非偶然，而是科学哲学发展的内在需求和修辞学自身的理论发展所推动的。一方面，“语言学转向”对形式化的逻辑分类和理性分析的过分强调，阻碍了人们对特定科学语境中大量合理的和可接受的论证的分析和研究，以至于单纯的形式理性的逻辑方法成为“科学研究的贫乏工具”，同时，“解释学转向”通过对逻辑经验主义和科学主义的批判，把人类的行为、科学、文化或整个历史时期作为文本来阅读，强调作为对话的个体和共同体之间的协调和互补，把科学的构建、陈述和证明看作是“修辞学的转义”，从而强化了理论表述的实践的、历史的和整体的统一。这些都埋下了“修辞学转向”的种子；另一方面，“修辞学既是一门学科，又是一种使各个学科可被概观的视界。作为一门学科，它具有解释学的任务并生成知识；作为一种视界，它具有批判的和解放的任务并生成新的观点”。正是它的这一特点，使人们意识到在修辞学与科学理性之间人为设置的绝对界限是极其狭隘和站不住脚的，而修辞学作为科学交流的工具和消除交流障碍的手段，应被毫不犹豫地引入科学的研究中。这样，修辞学便强烈地渗入科学哲学的研究中。

随着“修辞学转向”作为一种运动的进一步开展，L. 普莱利、A. 格罗斯、H. 西门斯、D. 夏佩尔、M. 佩拉和 W. 舍等哲学家将之引入科学哲学的研究中，为“科学修辞学”理论的创立和发展给出了可选择的趋向，从而酿就了科学哲学领域的“科学修辞学转向”。从本质上讲，科学修辞学是运用说明论证的艺术，以改变或强化在科学交流中具有认识价值的观念。这种说服或修辞学的论证既不是形式上严格的，也不是经验上强制的。科学的修辞学是科学家们为了达到他们的结论而使用的那些说服、论证技术的集合，而不是表征模型。因此，“科学修辞学”是科学研究方法论的转向，是修辞学的特征在科学方法论中的新的实现，是与科学理性和科学认识论相容和一致的。其目的就是要把科学修辞学作为一种确定的科学研究方法，充分地揭示科学论述的修辞学特征，从而在科学论述的境遇、选择、分析、操作、发明和演讲中，给出战略性的心理定向和更广阔的语言创造的可能空间。

四、科学哲学的“后现代”走向

自20世纪中叶以来，后现代主义思潮席卷了整个西方哲学的各个领域。特别是它以分离、解构、消解和非中心化为特征的“后现代性”，具有反基础主义、反本质主义和反表征主义的实质。因此，它冲击了以认识论为核心的现代思想框架，为传统的形式、观念和价值标准的可接受性带来震撼。这种效应也不可避免地在科学领域中泛起漪澜。而“三大转向”，尤其是“修辞学转向”所引致的解释实践重建和科学修辞学方法又为科学哲学的后现代性选择提供了可能性的基础。当“后现代性”渗入科学哲学的研究中时，后现代科学哲学便孕育而生。

后现代科学哲学趋向是在各种各样丰富的科学哲学理论的具体演变过程中形成和展现出来的。这种方法论视角的转变和研究背景的改变，是以不破坏科学哲学的总体目标、趋向和本质为条件的，以拓展科学哲学研究的空间、手段和深度为要求，以强化科学哲学自身所特具的学科性、表述性和语词性为特点的。它们不是以囫囵的东西对应地搁置于科学哲学的框架之内，而是作为一种活的人类理智的要素被有机地消化、吸收和深入了科学哲学独特的有机体之中。科学哲学的后现代趋向在理论上不断地由单一走向多元，由绝对转向相对，由对应论转向整体论；在实践上，由逻辑转向社会，由概念转向叙述，由语形转向语用；在方法上，由形式分析转向了对语义分析、解释分析、修辞分析、社会分析、案例分析及心理意向分析等的具体引入。总之，科学哲学的后现代趋向具有对象的、层面的、视角的和意义的不同，反映了后现代科学哲学所具有的多样性与过程性的统一。

总之，在把握科学哲学未来发展的走向中，我们提出“后现代科学哲学”的概念，是为了把科学哲学的发展放到整个后现代科学、文化和社会的大背景中去思考，从而把握其时代走向的本质特征。应当看到，后现代科学哲学意指的是科学哲学发展中的后现代趋向，而不是任何确定的“组织形态”或贴有标签的“理论模式”。所以，“后现代性”哲学仅仅是一种科学哲学的“研究战略”，一种渗透着后现代性研究方法的转换、趋向的调整及认识论基点的重新定位，而不是任何固定不变的教条或模型。

以“三大转向”为基点审视20世纪科学哲学的发展，一方面为总结科学哲学在本世纪的演变提供了清晰的线索和“经济的”思路；另一方面，更为把握科学哲学未来发展的走向提供了合理的途径。这就是，“三大转向”所孕育而生的“语境”(context)成为未来哲学的生长点。“语境论”的科学实践观作为反基础主义和反本质主义，消解绝对偶像和对应，排除唯科学主义等的必然产物，在科学实践中结构性地引入了历史的、社会的、文化的和心理的要素，吸引了语形、语义和语用分析的各自优点，借鉴了解释学和修辞学的方法论特征，从而超越了以逻辑经验主义为核心的现代科学哲学的趋向选择，显示了强烈的后现代科学哲学的走向。因此，它是一个有前途的、可以融合各种趋向而集大成的趋向。

参考文献

郭贵春.1991. 当代科学实在论. 北京：科学出版社.

郭贵春.1995. 后现代科学实在论. 北京：知识出版社.

郭贵春.1998. 后现代科学哲学. 武汉：湖北教育出版社.

Gross A G.1990. The Rhetoric of Science. London: Harvard University Press.

Hiley D R, Bohman J F, Shusterman R.1991. The Interpretive Turn. New York: Cornell University Press.

Hirsch E D.1976. The Aims of Interpretation. Chicago: University of Chicago Press.

Murphy N. 1990. Scientific realism and post modern philosophy. The British Journal for the Philosophy of Science, 41, (3):291-303.

Parusnikova Z.1992. Is a postmodern philosophy of science possible ? Studies in History and Philosophy of Science, 23, (1):21-37.

Seidman S, Wagner G D.1992. Post modernism and Social Theory. New York: Basil Blackwell.

Simons H W.1990. The Rhetoric Turn. Chicago: University of Chicago Press.

科学技术哲学学科建设与高层次人才培养模式探讨

——山西大学科学技术哲学专业人才培养案例分析*

山西大学科学技术哲学学科在高层次创新人才培养方面进行了长期的探索与实践，取得了突出成绩。几年来，学科结合自身的特点，逐渐摸索出一条以山西省重点学科建设为龙头，以创建国内一流学科为目标，培养高层次创新人才的发展之路，形成“学科建设—学位点建设—人才培养”相互促进、相互支撑和共同发展的人才培养机制，为我国科学技术哲学学科发展和现代化建设，培养了一大批具有创新意识、创新能力和创新精神的高层次人才。

一、学科建设是高层次人才培养的重要基础

山西大学科学技术哲学学科创建于1978年，1995年被列为山西省重点建设学科，1999年经评估成为山西省重点学科。几年来，该学科认真吸收和借鉴全国兄弟院校的教育改革经验，在观念上明确面向21世纪的教育理念和教育改革思路，树立以素质教育为核心，以人才观、质量观和培养观为主干，以创新、特色、现代和效能为特点的教育教学观念，并以此为指导，在实践中全面规划、整体发展，发挥重点学科的优势，以点带面，在教学的各个具体环节进行了一系列改革，取得了显著成效。经过反复研讨、论证，该学科于1996年年初确定了教学改革的总体思路和实施步骤，使人才培养方案不仅立足于受教育者的现实需要，而且有利于受教育者将来能够随着社会需求的变化实现知识的自我更新；不仅着眼于专业知识理论的传授，更着眼于人的基本素质的提高。为此，该学科在课程体系改革中坚持了五条原则：一是课程体系应当符合科学技术哲学专业人才培养目标；二是课程体系应当突出学科的交叉、渗透；三是课程体系应当符合科学技术哲学的发展趋势；四是课程体系应当适当反映本校本学科研究的主导方向及其研究成果；五是课程体系应当有利于培养研究生多方面的能力和兴趣，提高创新能力。基于这五条原则，在培养目标和规格上，突出高起点；在课程体系方面，对课程的门类及其层次结构、开课顺序及必修课和选修课的比例进行全面的调整，压缩学时，减少学分，减轻研究生课业负担，扩大选修课范围，扩充研究生的知识结构和知识面，例如，鼓励本专业研究生选修其他专业的课程，包括文科的历史、文化、经济和管理类课程，理科的数学、物理、生物和计算机类课程。为了做到压缩而不削弱，同时强化研究生读书和写作能力的培养，并加强与其他院系之间的合作。通过以上措施，新的课程体系更能体现“三个面向”的教育发展战略，更有利于研究生综合素质的提高和能力的培养。在课程体系改革取得阶段性成果的基础上，该学科注重营造浓厚的学术氛围。自1997年起，学科每两周举办一次学术讲座。这些具有沙龙性质的讲座延揽省内外著名的专家学者和其他部门的有识之士前来主讲。同时利用与国外大学的校际联系和合作交流关系，邀请国外专家学者前来讲学。讲座内容既有本学科领域的最新成果、最新论点，又有科技、财经、教育、历史和文化等学科领域的最新发展。这种开放性和前沿性的学术讲座，为本专业研究生的成长提供了良好的学术氛围和风气，十分有利于其博采众长，拓展视野。

山西大学科学技术哲学学科从 1999 年开始酝酿申报国家人文社会科学重点研究基地，省、校两级领导和有关部门大力支持，在政策和投资上予以倾斜，使教学环境和设施得到了根本改善。近年来，学科用于订购图书资料的资金每年约 3 万元，图书范围涉及哲学、科技、管理、历史、宗教、经济、文化、政治、法律和外语等众多学科，为研究生的学习提供了优良的知识环境。在经费十分紧张的情况下，购置了复印机、打印机、扫描仪、多媒体和 23 台电脑等设备，并接入国际互联网络，为研究生提供了良好的网络资源和合理运用知识的手段，培养了高速处理信息的能力。基地申报过程也是不断完善人才培养体系的过程。该学科抓住机遇，坚持两条基本思路：一是以教学改革为核心，建设高层次创新人才培养基地；二是以提高研究生教育质量为目标，全面提高师资队伍整体素质。我们以“总结过去，面向未来，解放思想，实事求是”为指导思想，进行了面向 21 世纪的教育教学内容和课程体系改革。我们严格抓好课堂面授、研究生自学和课程论文等教学环节，创设具有前瞻性的课程，例如，开设了“科学哲学发展研究”“当代西方社会思潮研讨”“知识经济与可持续发展战略”“科学技术与社会”等课程。建立研究生学术研讨会，通过主题发言、学术评论和现场答辩三个环节，让在场的所有研究生都参与其中。建立研究生助教、助管和助研制度，由研究生担任助教，其中优秀者还担任主讲；研究生协助管理，增强了其自觉性；研究生承担科研任务，强化了科研能力。在师资队伍建设方面，通过“内联外引”，建立激励机制，用好现有人才、留住优秀人才、吸引高层次人才，使师资水平上了一个新台阶，研究生素质有了显著提高。为了提高效率，我们在课程安排中加强协调，最大限度地减少交叉、重复，既鼓励教师发挥个人的学术特长和观点，又保证教学内容的系统性和统一性。由于基地建设思路清晰，管理规范，措施配套，成效显著，山西大学科学技术哲学学科 2000 年顺利通过了教育部组织的专家评审，成为国家人文社会科学重点研究基地，跨入全国一流学科行列。这是目前山西省唯一的国家人文社会科学重点研究基地，也是全国高校科学技术哲学学科唯一的人文社会科学重点研究基地。基地建设使学科初步建立起现代化的教学系统、图书资料系统、教学行政管理系统和教学研究系统。被批准为国家人文社科研究基地，这既表明了国家和社会的信任和肯定，同时也意味着该学科应当在已取得的成绩基础上，为国家高层次人才的培养和科学研究承担起更多的责任。

二、学位点建设是高层次人才培养的重要依托

山西大学科学技术哲学学科 1983 年开始招收硕士研究生，1986 年获得硕士学位授予权，1996 年获准授予在职人员同等学力申请硕士学位，1998 年获得博士学位授予权，1999 年开始招收博士研究生和项目博士后。在学位点建设过程中，特别是围绕博士点的申报和建设，山西大学科学技术哲学学科加大了教学改革的力度，组织教师深入进行教育教学改革研究，多次组织教师对教学体系、教学内容和教学方法等进行研讨，积极地承担省级教学研究课题（如“21 世纪地方大学哲学专业人才培养规格研究”“科学哲学与文化系列课程建设研究”“跨学科性的科技史教学提高学生综合素质研究”“跨世纪《西方哲学史》教育应做到五结合”等），特别要求主讲教师对所授课程内容提出较为完整的改革方案。1998 年，该学科以国家学位授予专业目录调整为契机，制定和完善教学管理制度，保证新课程体系顺利实施。在强化教学内容的前沿性和创新性的同时，积极推动教材的更新，近年来编写出版了一批反映科学技术哲学最新研究成果，又有独到见解的专著性教材，如《后现代科学实在论》（1995 年）、《后现代科学哲学》（1998 年）、《走向 21 世纪的科学哲学》（2000 年）等，《科学实在论教程》则被列入国家教育部“面向 21 世纪重点教材建设计划”，而且最近又正在编写一套《科学与社会》系列教材。为了提高研究生的整体素质，要求研究生攻读英文原著，直接与波普、库恩和拉卡托斯等大师对话，使研究生更深刻地体悟到大师的思想方法、严谨学风和

人格魅力。部分课程采用英语教学，强化研究生的英语应用水平。改进教学方法是这个时期教改的重点，其广泛采取讲解式、问题式、反馈式、案例式、启发式和研讨式等多元化教学方式；要求教师精心设计，例如，预先向研究生布置单元教学的重点内容，设置问题，策划提问方式和讨论方式，引导研究生解答、争论。通过以上措施，帮助研究生解决在阅读教材和专业书籍中所遇到的疑难问题，共同讨论教学内容所包含的疑点，使研究生对重要学术问题产生深刻印象，培养研究生的问题意识，提高研究生的辩说能力和论证能力。从重教转向重学，使传统的以教师为主体的教学模式转变为教师与研究生双主体的教学模式。要求研究生在准备学位论文的过程中，必须有10万字以上的读书笔记，查阅一定数量的外文资料，在国内外核心学术刊物发表2篇以上论文，外语达到六级以上水平，能够运用网络获取信息，并熟练运用计算机处理文字等。

三、高层次人才培养的主要特点

山西大学科学技术哲学学科通过学科和学位点建设，形成了富于特色的高层次人才培养模式，主要表现为以下几方面特点。

第一，学科建设与人才培养相互依存。学科建设是高校发展的基础，高层次人才培养是学科建设的重要内容。高层次人才质量的高低反映了学科建设的综合水平，包括学校的管理水平、师资水平和科研水平。研究生教育教学质量一旦滑坡，学科的水平就难以长久保持。

第二，不断更新教育思想和观念，深化教学改革，培养厚基础、宽知识、强能力和高素质的高层次人才。通过转变教育思想、更新教育观念和深化教育改革的大讨论，总结分析以往研究生培养的成功经验和不足，逐渐形成了以培养创新能力和取得创新性成果为目的，建设面向21世纪研究生课程体系的思想。这一思想的核心是为研究生构造高水平基础理论的创新知识平台、注重创新方法论教育的创新意识平台和服务学科发展与现代化建设的创新实践平台。该学科在教学实践中，形成了公共学位课、专业基础学位课、专业方向学位课和选修课四级课程体系。

第三，必须构建文理渗透、跨学科的人才知识结构。该学科的发展实质上带动了一个学科群的发展，形成了由“带头学科—支撑学科—相关学科”构成的具有层次结构的学科递进型组织。其中，科学技术哲学博士点是带头学科，科学技术史、马克思主义哲学、西方哲学、社会学和伦理学等硕士点是支撑学科，语言学、历史学、经济学、管理学、政治学、法学、物理学、化学、生物学、生态学和计算机科学等硕士点和博士点是相关学科。这种新的学科群组织结构打破了文理相隔、院系之分等传统组织观念，形成了不同学科相互支持、上下贯通和共享资源，富有综合大学特色的学科发展体系。科学技术哲学学科属于人文社会科学，却汇聚了一批大学理工科出身的教师队伍。这种学科发展体系和教师队伍，培养出科学教育和人文教育相统一、通识教育和专业教育相结合而具有立体知识结构的复合型人才。

第四，教学与科研相结合是培养高层次优秀人才的必要条件。教学和科研是高校建设的两项中心工作，合理地调整两者的关系，就能够达到教学与科研相互促进的良好效果。没有科研的教师只能是私塾的传业、布道、解惑，要培养出视野开阔、个性突出又富于创造精神的跨世纪人才，首先必须提高教师的科研水平。该学科注意合理分配教学与科研的力量，并从制度上提供保证，以教学促进科研，以科研带动教学，使教学与科研共同发展。该学科的科研始终处于学科发展前沿，出版发表了一批具有创新性的专著和论文，产生了广泛的影响。仅 1996 年以来，作为第一作者出版专著 31 部，发表论文 238 篇，获得省部级以上奖励 33 项。高水平的科学研究促进了师资队伍建设，推动了学科发展，从而为人才培养提供了坚实的基础。该学科努力使高水平的科研成果转化到教学中，在教学中渗透更多的科研因素；研究生既是各种管理制度的执行者，又是参与制定者；既是受教育者又是教育者；既接受严格的科研能力训练，又参与实际的科学研究。

第五，高水平的师资队伍是培养高层次优秀人才的关键。素质教育的主导是教师，培养面向 21 世纪的高层次优秀人才的关键，首先是建立高素质师资队伍。教学质量的高低，最直接和主要的因素是教师的教学水平和教学效果。该学科建立了联合、开放、竞争的激励机制和自我约束、自我发展机制，实行面向国内外的全员聘任制、专家流动制、工作合同制、岗位津贴制和首席专家负责制等制度，形成了一支专职与兼职相结合，结构合理、素质精良的师资队伍。其中教授 16 名，副教授 5 名，博士生导师 8 名，硕士生导师 11 名，平均年龄 49 岁，50 岁以下人员均具有博士或硕士学位。他们中既有全国知名的专家学者，也有崭露头角的后起之秀。他们言传身教，对研究生的成长产生了重要而直接的影响。

第六，形成了富于特色的高层次人才培养模式，真正实现了科学教育与人文教育、通识教育与专业教育、共性教育与个性教育、功能教育与素质教育、厚基础与高质量、教学与科研、大胆培养与严格管理等七方面的结合和统一。

山西大学科学技术哲学学科先后经历了 4 个阶段、20 多年的发展，高层次人才的培养从无到有，规模从小到大，水平从低到高，呈现不断上升的态势，形成一个多层次、多元化的塔式结构人才培养体系。在酝酿创建阶段（1978 ～ 1981 年），招收培养研究生课程进修班学员 32 名；在成长壮大阶段（1982 ～ 1989 年），招收培养硕士研究生 27 名，研究生课程进修班学员 11 名，在职人员申请硕士研究生学位 1 名；在蓬勃发展阶段（1990 ～ 1999 年），招收培养博士研究生 6 名，硕士研究生 41 名，研究生课程进修班学员 132 名，在职人员申请硕士研究生学位 34 名；在重组建设阶段（2000 年至今），招收培养项目博士后研究人员 2 名，博士研究生 6 名，硕士研究生 10 名，研究生课程进修班学员 22 名，在职人员申请硕士研究生学位 25 名。该学科毕业的研究生遍及国内外高等学校、科研院所、行政管理部门和其他企事业单位，大多成为学术骨干和业务尖子，29 人晋升高级职称，多人成为博士生导师。

参考文献

郭贵春.1998. 后现代科学哲学. 长沙：湖南教育出版社.

郭贵春.2000. 走向21世纪的科学哲学. 太原：山西科学技术出版社.
山西大学学报编辑部.2000. 山西大学科学技术哲学博士点简介. 山西大学学报（哲学社会科学版），（3）：112.
山西大学学报编辑部.1996. 山西大学省重点学科简介（一）科学技术哲学学科. 山西大学学报（哲学社会科学版），（3）：113-114.
张夫.1998. 励精图治　勇于创新——走向繁荣的山西大学科学技术哲学学科. 科学技术与辩证法，（6）：61-62.
张培富.1997. 山西大学科学技术哲学学科发展回顾. 自然辩证法研究，（6）：37-41.

科学技术哲学研究未来发展展望*

21 世纪将是我国各领域全面发展的时期，科学技术哲学必将在新的世纪有一个大的发展。因此，该学科不仅要继续发展以往的学科领域，使它们在更加宽松的学术氛围下得以进步，而且也要开拓新的领域，以应对日新月异发展的世界不断提出的挑战。同时，科学技术哲学的发展在经过对传统哲学的全面否定和对科学发展模式的体系建构后，目前处于反思与探索并重的发展阶段。

一、科学哲学

1. 继续全面深入地引进、学习国外科学哲学的先进成果，与国际接轨

科学哲学在国外的发展优于国内，这是不可否认的。因此，为了能够更好地研究和分析科学哲学，能在更高的起点上去探索科学哲学，我

---

* 本文发表于《自然辩证研究》2005年第5期，作者郭贵春、张培富。

国就应该更好地引进先进成果。但是，引进和借鉴应该有一个前提，那就是要去其糟粕而取其精华，而非全盘吸收或全盘否定。我们应该有鉴别地学习和引进国外科学哲学中较有成果的方面，对国外科学哲学的基础理论研究方面应该加重研究的力度。

2. 对20世纪科学哲学发展历程进行批判反省和重新评价，以求在新的问答语境中重新解决已存在的问题

主要有两种明显的趋向：其一，通过对语言学转向的再评价和再定位，重新评价形而上学在科学研究中的地位，重新建构语形、语义和语用相统一的方法论；其二，通过对各种新形式的自然主义、科学怀疑主义、相对主义、新经验主义和反经验主义的系统研究，探索科学哲学的元理论体系。

3. 科学解释和测量问题将成为科学实在论研究进一步发展的核心

20世纪末，科学哲学研究中占据主导地位的学派之争是科学实在论与反实在论之争，随着双方争论战略的不断调整和论证视角的相互融合，其出现了相互借鉴和相互渗透的明显趋向，从而使有关科学解释和测量解释等方面的问题成为双方共同研究的论域空间。今后，对实在论与反实在论的研究将会由过去单纯探讨二者的对立而转向注重分析二者在新的哲学大语境下开始走向对话与融合。

4. 哲学语用学研究

现代语言语用学起源于哲学。20世纪哲学发展的语言学化要求在语言的新的层面上寻求它的应用基础，而语言学的发展也要求走向抽象和理性。逻辑经验主义对语法的关注产生了声势浩大的分析哲学运动，语言哲学家对真理、意义的研究形成了语义哲学。随着哲学趋向于实践的发展，一种哲学语用学的研究成为语言哲学的焦点论题。

5. 自然主义和现代经验主义研究

自20世纪以来，科学哲学的发展在很大程度上抛弃了先验地研究客观实在的传统哲学观，而为各种形式的自然主义式的哲学观所取代。它

以自然化的哲学和哲学化的自然主义方式，形成了本体论的自然主义、认识论的自然主义和方法论的自然主义三种理论形态，在语言哲学、实用主义和解释学等领域内稳固地建立起来。系统深入地探讨这些问题，对于整体认识科学哲学的发展有重要的意义。

6. 科学家的科学哲学思想和自然科学前沿中的哲学问题研究

在自然科学研究中，随着科学方法论的理论依赖性（theory-dependent）程度、理论建构中的模型化程度和实验操作过程中的技术可控性程度的不断提高，自然科学前沿发展中的哲学问题将越来越受到具有哲学思维的科学家和具有科学素养的科学哲学家的关注，从而将会在科学哲学研究中更加强调科学史研究，相对弱化“发现语境”（context of discovery）和“实证语境”（context of confirmation）之间的差别。其中主要有两种研究趋向：其一，立足于各分支学科的前沿发展，重视从个案的具体研究中阐述科学哲学的概念和范畴；其二，重视对技术中介（不止技术手段）的认识论、方法论和价值论研究。

7. 对非线性科学中的哲学问题的研究将会进一步加强

自然界的本质是非线性的。但是，传统科学对自然界的研究基本上都建立在线性模型之上。20 世纪下半叶诞生的非线性科学，无疑对传统的线性思维模式和哲学观念提出了一系列挑战。目前，国内学术界在此方面的研究虽然已经取得了不少成就。但是，从整体上看，这些研究基本上仍然处于引进和介绍的层面。今后，还需要通过对非线性科学产生的历史背景、当前所处的状态及其主要观点进行详尽的分析和准确的定位，系统地揭示非线性科学中所蕴含的哲学思想。

8. 后现代科学哲学研究将会更加令人关注

20 世纪中叶出现的后现代主义的文化思潮，作为一种反科学主义的“理智运动”，一种新的“文化经验”和一种批判性的“解构战略”，席卷了西方哲学的所有领域。所以，后现代科学哲学趋向作为后现代性在科学哲学运动中的渗入，是现实地存在着的。今后将会有更多的学者在理性语境化的基底上，把对科学认识论的论述转换成历史的、社会的、文化的和心理的论述，并从整体上对后现代科学哲学的嬗变、表现、派别及其关联性进行深入而全面的研究。

9. 社会科学哲学的研究将会形成规模

虽然说，20 世纪初诞生的西方科学哲学研究是在科学主义思潮的影响下发展起来的。但是，随着科学主义与人文主义的不断融合和相互渗透趋向的日益明显，到 20 世纪末，对社会科学哲学的研究已经成为推动科学哲学发展的一个新的切入点，引起了学术界的关注。新世纪关于社会科学哲学的研究将会进一步得到加强。

二、技术哲学和 STS

1. 技术本质与构造的研究将是有活力的领域

随着我国经济增长和科学技术的进一步发展，人们对技术本质的关注将更加密切，这也是我国技术哲学补“现代化”这一课所必然要面对的问题。由于科学技术深层本质的逐渐展现，哲学家们会更加关注现代技术与人类生存的关系问题，反思当今全球兴起的环保运动、生态运动及随之而来的可持续发展问题，揭示技术与人类未来的重大关系。

2. 技术价值的研究的重要性将得到提高

由于对技术本质的更深刻了解，学者们会重新思考技术的价值问题，这也是人与技术的关系研究中不可回避的问题。人们已经放弃了技术“价值中性论”的观点，倾向于技术负载价值。伴随着世界范围反技术思潮的出现，如何认识技术的价值，技术与人的关系到底是怎样的，都将成为人们亟待解决的问题。人类对技术的重新评估将会成为全社会关注的热点，而这一转向的意义是巨大的。对技术的评估将是未来技术发展的前提，因而随着研究的深入，这一领域的重要性愈发明显。

3. 技术伦理问题的研究将呈现活跃趋势

随着我国进入世界贸易组织（WTO），我国与世界各国的联系和交往更加密切，世界范围的新科技革命也势必更加直接地影响我国的发展，尤其是生物技术和信息技术的充分展开，许多新的研究领域的出现，由此引发的社会和文化的广泛影响，将深刻地影响人们的传统伦理价值观念。同时有些技术的延伸运用，将危及人类自身的安全，人对作为人的主体资格的惶惑，都将引发社会的极大关注。所有这些都要求技术哲学家进行深刻的思考，从而为未来技术哲学的发展提供广阔的天地。过去面对克隆技术、人类基因组技术和机器智能等对人类的挑战，学者们都进行了分析和探讨。但由于这些技术的许多方面还没有充分展现，因而对它的探讨还处于初级阶段。随着21世纪科技发展速度的加快，这些新技术的多层面特性将被人们揭示，因而学者们的认识会有质的变化，并努力揭示它对人类社会心理的深层影响和对文化观念的巨大冲击，并试图为人类自身的出路寻找一种关怀。

4. 技术创新仍然是技术认识论和方法论研究的核心问题

随着未来新技术的出现，技术创新对人类知识结构的改善和改造人本身都将具有重大的意义。基于技术的认识论和方法论问题与传统哲学又有所不同，揭示技术创新规律依然是新时代对学者们的迫切要求。过去许多学者对技术的方法论问题进行了研究，但问题是如何把这些方法加以凝练和提升，这就成为学者们必须认真加以对待的问题。

5. 技术哲学与我国实际相结合的研究领域

（1）预计不久我国可持续发展理论的构建将初步完成，它更大的发展方向是与我国实际的密切结合，并走向应用阶段。随着21世纪我国经济的迅速发展，各项政策的制订将更多取决于可持续发展的理论成果。因而，如何将可持续发展理论内化于我国的发展之中，将成为学者关注和研究的热点。相信这一领域会涌现出众多成果，为政府决策提供切实可行的理论支持。

（2）随着国家创新体系工程各项研究的深入，内部作用机制的阐明，其将完成理论框架的构建，并将有部分成果应用于实践。但是，我们也应该看到，在国家创新体系的创建中，还存在许多有待解决的难题：国家的作用是什么？产—学—研—政府的关系如何形成良性的作用循环？国家在提供制度创新时，如何能保证产—学—研所导致的技术创新与知识创新的交易费用最低，也即制度创新与技术和知识创新相匹配？这期间衡量和检验的标准如何确定？等等。

6. 技术与社会的关系问题仍将是STS研究的热点

随着21世纪生物技术、纳米技术和信息技术的迅猛发展，它带来的广泛而深远的影响，不能不在学者的关注之下。因而，STS的研究在这一领域将向纵深发展，这也是国际上的一种趋势，不过今后学者们将不再更多地从宏观的视角，而是转向微观的视角去剖析问题，这种转向将具有巨大的现实性和指导性，因而问题的研究也将具有更大的范围和可操作性，将会出现有质量的新成果，同时也为STS的基础理论的构建，提供一个坚实的基础。另外，科技与社会建制问题将会出现“降温”现象。随着我国科技体制改革的完善，市场经济体制的进一步成熟，很多关系的理顺，将导致这一领域的浅层问题逐渐减少。学者们将发掘出有价值的关于科技与社会建制的深层问题，为我国科技的发展提供良好的建制保障。

7. 关于科技的社会问题的重要性将越来越突出

学者们会从更深的本质上看到科技所引发的社会问题，它的研究也将趋向于多维度，从本质上探讨这些问题的深层含义，而不是目前的简单的好、坏，为人们正确认识科技与社会提供理论上的指导。有理由相信这是今后的一个理论热点。观察的视角将有所变化，反映在从历史和文化的角度看科技与社会，这也是过去我国STS研究最为薄弱的领域之一，而它对STS整体理论框架的构建又是基础性的。这是一项难度比较大的研究工作。相信今后这一领域会有重要成果问世，它也将变成学者关注的热点之一。

8.STS 与我国实际相结合的研究

我国把开发大西北作为国家的一项重大战略，这项决策的实施为我国 STS 的研究提供了一个广阔的空间和大发展的良好契机。如何把 STS 理论应用到这个广大的领域，也成了我们亟待解决的问题。因此，中国的 STS 研究与西部大发展的有机结合就成了一个有重大现实意义的课题。如何协调和寻找适宜的文化系统、技术系统和经济系统的支持，就成为 STS 研究的一个有发展前途的领域。同时，如果此项工作做得好，也为世界 STS 研究提供一个落后地区成功实施 STS 战略的有重大理论价值和实际价值的成功范例，也将是中国 STS 研究走向成熟的标志，相信这一领域有许多问题等待着学者们的研究。另外，市场经济条件下我国的产业政策、高科技政策及如何利用高科技发展我国的产业问题，将构成 STS 研究与我国实际结合的重要领域。

三、科学思想史

1. 将科学思想史研究与科学哲学研究相结合，同国际接轨

科学史与科学哲学结合的最佳切入点就是科学思想史研究。科学史家和科学哲学家的相互分离与不合作在西方学术界是众所周知的。科学史家只从历史维度研究科学，科学哲学家只从哲学维度研究科学，这样一来他们之间的分歧就是不可避免的了。20 世纪 90 年代特别是近几年以来，科学史家和科学哲学家都呼吁彼此之间进行合作、交流甚至融合，其合作的切入点即科学思想史。西方不少科学史家同时也是科学哲学家，科学哲学家同时也是科学史家，单向度的科学史家和科学哲学家越来越少了。新一代的科学史家和科学哲学家更是兼二者于一身，他们的研究有时很难说清是科学史还是科学哲学，但都可归结于科学思想史。美国众多大学建立科学史与科学哲学系或中心，为这种结合奠定了人才的基

础。国内在这方面做得还很少，同时见长于科学思想史与科学哲学的人也不多见，但发展趋向十分明显。不少大学的科学技术哲学博士点也加强了这方面的人才培养。因此，未来科学思想史与科学哲学研究必将更好地结合。

2. 内部思想史与外部社会史研究相结合

科学思想不是凭空产生的，肯定有其赖以生长的外部社会环境。自20世纪80年代以来，在西方的科学社会学、科学社会史、知识社会学和STS的研究中也纷纷闯入科学思想史的领地。科学思想史研究不再为科学史家所独占。从社会学的维度研究科学思想有助于弄清科学思想产生的根源，从而有利于科学思想的挖掘和研究。将内部思想史研究与外部社会史相结合，可以避免对科学思想空洞的抽象或“合理的重建”，20世纪60年代外史研究兴起和自80年代以来综合研究的兴起均是科学思想史和外部社会史研究结合的具体反映。这种结合在西方特别是美国特别明显，国内的研究也初露端倪。科学思想史研究要同国际对话，必须走与外部社会史相结合的道路，这是一条既曲折又充满光明的道路。

3. 专题思想史研究与综合思想史研究相结合

专题思想史研究，如光本质的历史研究、氧化论的历史研究等属于案例研究。这种实证性的研究是有相当难度的，但极有价值。整体的科学思想史就是由每一个专题思想史构成的。因此，专题思想史研究对于综合思想史研究是十分必要的。专题思想史研究需要深厚的科学知识功底，而综合思想史研究则需要具备深厚的哲学和历史功底。我们的研究人员在这方面还欠缺，今后需大力补课。因为“结合”不是简单相加，要确实将科学的、历史的和哲学的东西相融合，做到科学与哲学的统一，历史与逻辑的统一，实证研究与哲学分析的统一。

4. 科学思想史研究与技术思想史研究相结合

科学与技术相互促进，相互依存，科学思想与技术思想相得益彰，科学思想史与技术思想史（或技术哲学）自然应得到结合。这种结合有利于弄清科学思想如何促进技术思想的发展，反过来，也有利于弄清技术思想是如何促进科学思想发展的。近代由技术产生科学和现代由科学产生技术的历史表明，科学思想与技术思想的确是不可分割的，那么，我们的研究也就没有理由将二者分开。

5. 科学家的科学思想研究与哲学家反思科学的思想研究相结合

科学家的科学思想是相当丰富的，整个人类的科学思想就是由每一位科学家的思想组成的。这方面的研究已相当深入和广泛，但与哲学家们反思科学的思想进行结合研究的并不多见。中外哲学家，特别是科学哲学家们对科学思想的产生、发展、意义等及其发展规律有着深刻的见解，例如，将两种研究相结合，对于两种研究都将有着很大的促进作用。二者的结合也会产生意想不到的效果。尽管中外科学哲学家们在他们的研究中也不时引出科学家的思想，但他们仅把科学家的思想当成论证他们所构造理论的例子。显然，这种“引入”不是真正的结合，真正的结合还有待时日，还需我们付出很多努力，在什么基点上结合，怎样结合都还值得研究，但可以肯定，二者的结合是不可避免的。

6. 中国科学思想史研究与西方科学思想史研究相结合

关于中国科学思想史的研究，不仅中国学者进行了广泛而深入的研究，而且西方学者也进行了更广泛、更深入和更系统的研究。在这一领域中，中国学者是不及西方学者的。相反，中国学者对于西方科学思想史的研究远不及西方学者对中国科学思想史的研究。至今，我们对于西方科学思想史的研究还不曾有像样的论著问世。这固然与我们的科学思想史研究起步晚不无关系，但我们不够重视西方科学思想史研究，常常只满足于追求“中国第一”的观念恐怕是更深层的原因。因此，今后我们必须加大西方科学思想史研究，力争补上这一领域研究的空白点。

科学争论与科学史研究*

科学争论广泛存在于科学史之中。然而，无论关于科学的传统看法还是现代观点——哲学的、史学的抑或社会学的——都相对忽视或没有恰当理解科学争论之于科学史研究的意义。事实上，无论人们如何定义科学争论，本质而言，“争论是科学知识集合生产的一个整体的组成部分；关于概念、方法、解释和应用的分歧，是科学的真正生命线和科学发展的最重要的创造因素之一”。因此，“一项科学争论就是一个具有丰富内涵的科学的历史实在。……当我们研究和判定一场科学争论的开端、演进过程及其结构时，必须参照的是大量历史的或现实的记录，而不仅仅是纯粹的逻辑推论”①。

如何对待这一“历史实在”，从何种意义、何种视角及何种程度反映此历史实在，对科学史研究者而言，既是一种挑战，更是一个机会，是

* 本文发表于《科学技术与辩证法》2002年第4期，作者赵乐静、郭贵春。

① 郭贵春. 科学争论及其意义. 自然辩证法通讯. 1991,(3)：22-28.

在科学史研究不断为辉格与反辉格解释、内外史之辩、规范与描述之争等问题困扰之时，打开的又一扇理解的窗户。

一、科学史研究为何应当关注科学争论

1. 简短的历史回顾

毋庸置疑，科学是一种在争论中达成一致的活动和过程。然而，在一些强调科学知识累积性增长的传统哲学家眼中，事情却并非如此。他们认为，科学从基础到结论是一个可靠、稳妥的过程，并不存在本质上的不一致和争论。另一些传统研究者则认为，虽然科学不大可能是这种纯逻辑的过程，但科学争论并不是科学所独有的现象，它同样存在于人类生活的其他领域，研究科学争论对理解科学并不具有特别的意义。因为在他们看来，科学家往往是通过直觉、猜想等方式先得到假说，尔后以实践检验其真伪的。在此过程中，虽然可能出现批评，但由于反驳的证据通常是确定、明晰的，故而不会产生长时间的争论。

这种知识观也深深地影响着科学史研究。不仅早期科学史研究者如普利斯特里、休厄尔如此，科学史的主要奠基人萨顿，也把科学，或者说“实证知识的获得和体系化”看作是“人类唯一的真正累积的和进步的活动”[①]。因而，萨顿在其科学史研究中，不但将占星术、炼丹术、观相术和释梦术当作伪科学而不予考虑，甚至将盖伦的生理学理论亦斥之为荒谬。他指出：“读者将会在我的这部著作中找到占星术和其他谬见的简短的历史；我并不打算用任何完美的方式去讲述这一历史，因为错误的历史是无止境的，这也是很自然的。此外，既然我决心要解释人类文明进步的趋势而不是退步的趋势，所以我就把这些谬误留在它们适合的背景之中了。事实上，它们从来也不代表人类努力的主流，倒是很像海洋底层的潜流。”[②] 以此实证主义和乐观的进步思想为指导，萨顿在科

① 萨顿. 科学的历史研究. 北京. 科学出版社，1990：145.

② 萨顿. 科学的历史研究. 北京. 科学出版社，1990：150.

学史研究中较少注意有关科学争论的研究。此后，思想史学派倡导的概念分析方法逐渐为人们所认可。柯瓦雷的《伽利略研究》就显示了一种新的编史学方法论。这种方法论认为："科学本质上是对真理的理论探求，科学的进步体现在概念的进化上，它有着内在的和自主的发展逻辑。"[①]不过，尽管柯瓦雷也注意到了一些"超科学的思想、哲学、形而上学和宗教的思想"对科学思想的促进作用，但却容不下那些在他看来不利于科学进步的东西。因此，尽管萨顿和柯瓦雷对科学史研究方法的认识差异颇大，但他们在希望借重科学史以显示科学进步这点上，并无太大不同。例如，柯瓦雷对牛顿遗留下来的数十万字的炼金术手稿，就采取了"视而不见"的态度。柯瓦雷的这种观点，也限制了他从更广泛背景考察科学争论的可能性。类似地，无论是反对科学史中辉格解释的巴特菲尔德，还是为辉格解释辩护的霍尔，实质上都并未走出萨顿、柯瓦雷关于科学史应当展示科学进步高度一致性的天地。特别是巴特菲尔德，虽然他在 1931 年出版的《历史的辉格解释》一书中，批判了那种"参照今日来研究过去"的编史方法[②]，从而深刻地揭示了史学研究中的某种内在困境，但他自己写出的科学史名作《近代科学的起源》却是一本典型的辉格式作品[③]。概言之，可以说内史论者更多关注的是构筑一幅前后一致的科学进步图像，而较少考虑，或即便是注意到了科学演进中的争论，也只是先入为主地肯定或否定了争论的某一方。虽然库恩提醒内史论者，在重构历史的过程中，"科学史家应当特别留意他的对象的明显错误，这不是因为错误本身而是因为这些错误揭示了更多的实际思想，而不只是给出科学家如何记录下现代科学依然保留的那些结论和论据"，但实际情形仍然难尽人意。同时，在主张对科学发展作一种外在的、社会学解释的科学社会史研究传统中，无论是马克思主义传统，还是德国社会学传统，也因为关注重点的不同、研究方法的限制，没有对科学争论在科学史上的地位和作用进行深入地考察。而在由

① 吴国盛. 科学思想史指南. 成都：四川教育出版社，1997：9.

② Butterfield H. The whig interpretation of history. http://www. eliohs. unifi. it/testi/900/butterfield.

③ 巴特菲尔德. 近代科学的起源. 张丽萍，郭贵春等译. 北京：华夏出版社，1998.

默顿开创的科学社会学家的科学史研究中，虽然默顿对科学发现中的“优先权之争”进行了解释，并在一定程度上揭示了通过科学争论理解科学运行的可能性，但因其过多诉诸心理因素，从而忽略了更深层次的分析。[①]

2. 库恩之后

一般而言，可以认为库恩的工作，对科学史家关注科学争论研究起到了推动作用。其《科学革命的结构》所提出的科学发展模式，揭示了科学的连续性和非连续性假设的问题根源，并指出：科学革命时，包括语言框架、背景信仰等在内的“范式”的不同，都将引发不同理论拥护者的冲突和争论。同时，库恩的思想还激发了“对一个以历史为基础的科学知识的社会学兴趣”[②]，即聚集在科学知识社会学（SSK）旗帜下的爱丁堡学派及巴斯学派、约克学派和巴黎学派的研究。科学知识社会学在重新估量迪尔凯姆、舍勒和曼海姆知识论之后表示：以往的“社会学家已习惯性地认为科学知识具有特殊的认识论地位，所以他们把科学知识的成果和合法化当作知识社会学中的一个特例。科学知识的内容被排除在了社会学分析之外，因为存在着这样的一个假定，即科学家通过一定的方法能保证他们的结论是由自然界本身的性质决定的”[③]。借助维特根斯坦后期哲学与库恩的理论，科学知识社会学家在其“强纲领”中明确宣称，“应当把所有知识——无论是经验方面的知识，还是数学方面的知识——都当作需要调查研究的材料来对待”[④]。这意味着，无论社会科学知识，还是关于自然的科学知识，其知识主张都是身处一定语境的人们争论、磋商的结果。如同社会科学等人类其他知识形式一样，自然科学知识也是社会地决定的。由此，科学知识社会学家开创了区别于拉卡托斯

① Merton R. Priorities in scientific discovery//Storer N. Sociology of Science: The Oretical and Empirical Investigations. University of Chicago Press, 1977：286-324.

② 麦克劳德. 科学社会史及内在论者和外在论者之争. 王开恩译. 科学学译丛，1989,（2）：10-14.

③ 马尔凯. 科学与知识社会学. 林聚任等译. 北京：东方出版社，2001：155.

④ 布鲁尔. 知识和社会意象. 艾彦译. 北京：东方出版社，2001：1.

等人关于对科学史进行理性重构的科学史的“社会重构”[①]，以及对科学活动进行人类学分析的新领域，并使科学争论之于科学史研究的意义得以充分体现。

不过，科学知识社会学对待科学知识的相对主义态度，也受到了众多批评。例如，劳丹对布鲁尔、夏平都曾进行过激烈地批评。他在《进步及其问题》中指出：“正如社会史家夏平所说，‘好的’历史学家必须‘力图把思想上的冲突归结为社会群体中相竞争群体之间的冲突’。这种信念只能看成是纯先验的偏见，因为信奉这些信念的历史学家中，没有一个为之作过辩护，甚至连装门面的辩护也没有。”[②]针对“夏平力求为把科学理论选择归结为简单的社会冲突而辩护”的做法，劳丹问道：“他（夏平）真能认为：与信念的思想动机相比，信念的‘社会动机’更为人熟知和更已知吗？”[③]同时，劳丹阐述了自己的科学编史学思想。他指出，应当区分“科学史本身（可初步近似地看作是按年代排列的以往科学家的种种的信念）与关于科学史的著作（即历史学家对于科学所作的描述性和说明性的陈述）之间的区别。……这一重大区别常常为人们所忽视……因此，我将使用‘HOS_1’指实际的科学史，用‘HOS_2’指历史学家的科学史著作”[④]。并且，他还特别强调，“必须特别注意影响当时科学争论的各种因素，因为正是在这些因素中，历史学家才能发现什么是公认的经验问题和概念问题，才能明了这问题的重要程度。通过实际案例的详尽分析（而不是所谓的合理重建），历史学家（或当代科学家）通常才能确定相互竞争研究传统或同一研究传统内的相互竞争理论经修正后的进步程度”[⑤]。

那么，科学史研究为什么应当重视科学争论呢？我们认为，原因至少有如下几点：首先，争论对科学理论的形成、评价及演化而言是

---

① Shpain S. History of science and its sociological reconstructions//Cohen R S. Materials on Ludwik Fleck. D. Reidel Publishing Company, 1986.

② 劳丹. 进步及其问题. 刘新民译. 北京：华夏出版社，1999：221.

③ 劳丹. 进步及其问题. 刘新民译. 北京：华夏出版社，1999：222.

④ 劳丹. 进步及其问题. 刘新民译. 北京：华夏出版社，1999：160.

⑤ 劳丹. 进步及其问题. 刘新民译. 北京：华夏出版社，1999：128.

必不可少的。因为，“客观来说，科学事实乃至科学理论都是历史的产物。真正有生命力的科学应当是一项不断探索的事业，一场令参与者激动不已的历险……科学家并非纯粹理性化的研究机器。他们也有自负、贪婪、好斗、嫉妒和追名逐利的时候；他们也会像普通人那样灰心盲从，感情用事。他们是一群有血有肉的活生生的人。在此意义上，科学史又是一部交织着科学家爱恨情仇、荣辱成败的生动画卷”①。其次，分析库恩的作品不难看出，科学正是通过典型争论的汇集而导致革命的。因而，对促使革命发生的科学争论进行深入细致地研究，有助于我们把握科学变革的更为本质的东西。一些争论研究者也声称：“争论对科学革命的发生而言，异常重要。争论可以被看作是较其他社会–历史变量更能反映科学活动实际的‘直接文本’。”②最后，由于争论研究是一种综合、整体的方法，是对某一特定时期、特定环境、特定思想或理论的系统考察，因而，它在一定意义上可以作为对自然科学（广义而言也可包括技术科学）所进行的社会科学研究的某种检验手段或“实验”。无论从科学知识社会学对科学知识形成的争论研究，还是其他侧重科学知识应用的争论研究，如英吉尔哈德和卡普兰编辑的《科学争论：科学技术活动中的争论及其解决案例分析》，都可以看出这点。

二、争论分析方法

基于研究视角、目的和专业背景等方面的差异，已发展了种种不同的争论研究分析方法。厘清各类方法及其间差异，既能使人们更好地评价、理解既有的关于科学争论的研究成果，同时也有助于阐明争论分析对于科学史研究的意义。

关于争论的哲学、社会学、史学乃至人类学的分析方法，已有研究

① 赫尔曼. 真实地带：十大科学争论. 赵乐静译. 上海：上海科学技术出版社，2000：导言.

② Dascal M. The study of controversies and the theory and history of science. Science in Context, 1998,11(2): 147-154.

者进行了归纳，如凯切尔简要地分为“理性的”与“反理性的”[①]，而马丁等人则划分为：实证论的、社会结构论的、科学知识社会学的及群体政治学的。[②]虽然这种区分未必与科学争论研究的现实完全相符，但作为某种启发性的“理想类型”，有其合理的一面。本文根据马丁等人的分类（但所涉及内容并未限于其所述），以下主要介绍前三种，且论及重点为科学知识社会学的争论分析方法。

1. 实证论的争论分析法

实证论方法，是指研究科学争论的社会科学家认为：自然科学不同于社会科学，某一时期科学知识的当时状态代表了关于自然界的真理，至少是最接近真理的。而且，由于社会因素并不影响关于自然界知识的真理性，故而没有必要考察科学家为什么“信其所信”这样的问题。从以上假设出发，实证论者在研究科学争论时，主要以一定时期内科学界占统治地位的科学学说为依据。这可以说是社会科学家讨论科学争论时最普遍的一种做法——他们充当了正统自然科学的辩护者和支持者。例如，在英吉尔哈德和卡普兰编辑的文集中，科学争论研究者们将科学争论区分为两类：认知方面的争论（关于知识的争论）和社会方面的争论（涉及非科学因素）。就认知争论而言，当不同科学家似乎都拥有有效的证据时，争论通常可用实践检验的方式解决。大多数情况下，一旦出现客观的实验，争论便会结束。例如，光的“粒子说”与“波动说”之争，在持续了相当长时间后，最终在更全面的证据面前，论战双方达成了共识。与此相反，社会方面的争论却可能长时间地持续下去。对此，实证论者认为，不能对涉及社会方面的科学争论采取“马后炮式”的解释，而应当依据当时的主流科学理论，分析引起争论的社会原因。结果，这种分析事实上变成了对那些与正统观点相左学说的“错误分析”。对实证

---

① Kitcher P. Patterns of scientific controversies//Machamer P, Pera M, Baltas A. Scientific Controversies: Philosophical and Historical Perspectives. Oxford University Press, 2000：21.

② Martin B, Richards E, et al. Scientific knowledge, controversy, and public decision-making//Jasanoff S, Markle G E, Petersen J C, Pinch T(eds.).Handbook of Science and Technology Studies，Newbury Park: Sage, 1995.

论者而言，在科学探索过程中，因经验证据不足或矛盾而产生的科学争论是可以理解的“合法”冲突。而随着证据的增多，一旦这种不确定性被消除，大多数科学家便会停止争论。对于那些极少数无视证据，依然固执己见的科学家，实证论者倾向于从认识因素之外找原因。如他们会问：这些“顽固”分子能从继续争论中获得哪些社会的、经济的或心理的好处呢？由于没有平等地对待争论的胜利者与失败者，因而，实证论者在一定程度上降低了这种争论分析的客观性。以此方法分析、评价历史上的科学争论，至少可能出现如下问题。其一，容易导致史料及其选择的不对称性。因为，争论中获胜一方所留下的史料通常都会多于失败的一方。并且，后来人也更多地认同获胜一方的“话语权力”，更愿意相信他们说话的真实性。而往往将失败一方的表白视作非认知因素的辩解。其二，容易导致历史的辉格解释。因为，虽然实证论者分析科学争论时坚持以当时的正统科学为前提，但从更长时期来看，对所谓“正统”科学的界定本身就有“将今论古”之嫌。其三，实证论科学史家的研究对象，过分倚仗于自然科学家的“规定”。特别是科学史家往往在视正统科学为理性化身的前提下，以消极的眼光看待非正统、非主流科学家及其工作。这将可能导致对新的科学思想孕育、生长及完善的过分简单化理解。

2. 争论的社会结构分析法

社会结构法是运用诸如阶级、国家、家长制等社会结构概念，对科学争论予以解释和说明的方法。在此，社会结构主要指人的社会组织方式。如果根据马克思有关阶级、资本主义和国家等范畴分析科学争论，则科学争论可在一定程度上被理解为某种体制冲突、阶级斗争的结果或表现。例如，环境运动兴起之初，围绕环境保护的科学依据曾发生激烈的争论。某些此类分析者断言，提倡环保是资产阶级企图保护其既得利益的表现，是麻痹工人阶级、阻止工人阶级追求富足物质生活的伎俩。当然，马克思的阶级分析法也可能成为推进环境保护运动者的同盟军。例如，另一些分析者通过考察“污染的产业”的角色，或通过分析资本主义农业所导致的耕作单一化，大量使用人工肥料、杀虫剂和除草剂等问题，阐明环境保护运动的合理性。在国家层面上，社会结构分析法还可用于分析如核电站、大型水库等设施建立时所引发的科学争论。女性主义使用诸如性别、家长制等结构手段，也能解释医学、生育技术等方面的科学争论。一般而言，结构分析法有较多社会批判的意味（如对汽车安全性的分析），但有时也可能是建设性的，如推进环境运动那样。同时，结构分析法并不特别关注所争论问题的解决。因为它通常将有关科学推广应用时所遇到的争论，归因于统治社会结构的“霸权”。

3. 科学知识社会学争论分析法

如前所述，科学知识社会学（SSK）否定自然科学知识优越于其他知识类型的观点。该学说认为，科学知识的形成或关于科学知识的“争论结束”，并非严格地由经验证据决定，并非源于与自然界的相符，而只是科学共同体竞争、协商的产物。因此，在科学知识社会学家及赞同其观点的科学史家看来，科学争论是理解科学家与自然界关系的重要中介，研究科学争论能使共同体之外的人们更好地把握科学知识构造的社会过程。相对于实证论者分析科学争论时“一边倒”的做法，科学知识社会学的强纲领在研究科学争论及相关问题时，尤其强调“对称性”，即“应当对真理和谬误、合理性或者不合理性、成功或者失败，保持客观公正的态度”，以及“就它的说明风格而言，它应当具有对称性。比方说，同一些原因类型应当既可以说明真实的信念，也可以说明虚假的信念”①。

就科学知识社会学争论分析的整体研究而言，爱丁堡学派从因果性与宏观社会因素的角度，进行了大量有价值的历史案例研究。例如，在《利维坦与真空泵》中，夏平从社会思潮、政治利益等方面，详尽地分析了波义耳与霍布斯就“充实主义”与“真空主义”所展开的争论。而巴斯学派从“经验相对主义纲领”（EPOR）出发，通过对科学争论的“田野调查”，揭示了“科学的社会构造过程”。其领军人物柯

① 布鲁尔. 知识和社会意象. 艾彦译. 北京：东方出版社，2001：8.

林斯更是以争论的社会研究而著称。与爱丁堡学派有所不同，虽然柯林斯也坚持“经验证据与科学方法论规则不能必然地解释为何特定的知识主张被接受或拒斥，而社会原因却能做到这点”，但他所求助的社会原因，却不如强纲领那般“宏观”。柯林斯将争论分析的重点，直接指向相对微观的科学家小群体中的权宜判断与协商之上。[①]其研究还表明，科学争论甚至在某种程度上成了决定科学家小群体存在的前提条件。柯林斯的工作也丰富了库恩科学革命的思想，他在库恩的常规科学向科学革命的一系列转化中，增加了“科学争论”的环节。并且，柯林斯不仅研究了新旧范式转换前的重大理论之争，也描述了常规时期的一般科学争论。他甚至通过对“灵学实验”的考察，讨论了科学发展的所谓“超常”状态。

科学知识社会学研究科学争论的第三种途径，是拉图尔等人的“科学人类学”方法。拉图尔既不满意柯林斯过度的相对主义，也对其分析争论偏重于物理科学存有疑问。他指出，科学家群体已成为“现代文明的新部落”。后来，他应美国索尔克研究所格列明教授之邀，对这一著名实验室进行了为期两年（1975 年 10 月至 1977 年 8 月）的人类学考察。当时，围绕 TRF（H）（即促甲状腺释放因子）的研究，有两个实验室展开了竞争。它们分别由格列明教授和萨里教授领导，主要就 TRF（H）的结构、作用等问题进行研究和争论。1977 年，格列明与萨里共享了当年的诺贝尔生理学医学奖。拉图尔在考察中发现，TRF（H）的提取极为困难，研究中很难获得一个可以作为标准的样本。他注意到，该研究所用的生物学方法，是某种社会、政治协商的结果。不同研究小组之间科学争论的解决，有赖于竞争者所使用的修辞战略。在 1987 年出版的《行动中的科学》一书中，拉图尔借用海德格尔“技科学”的概念，把科学争论形象地称作“技科学的战争”。他还指出：技科学时代的科学争论，不同于大发现时代的争论，最主要的区别在于前者并不存在一个广为科学共同体所接受的标准。因此，技科学时代的科学家“是说服和被说服

① Golinski J. Making Natural Knowledge: Constructivism and the History of Science.Cambridge: Cambridge University Press, 1998.

的作者和读者”，他有理由“把实验室生活描绘成通过‘文学标记’说服的组织活动”[①]。例如，在《实验室生活》中，他引用了两名科学家的这样一段对话：

甲：对于矮态病状来说，既然存在着新的矫正方法，你怎么还那样说呢？

乙：新的矫正方法？你怎么知道有，是编造的吧？

甲：我是在报纸上看到的。

乙：是吗？我敢肯定，这是一家喜欢渲染的副刊。

甲：不，我是在《泰晤士报》上看到的，而且作者不是新闻记者，而是一位拥有博士学位的人。

乙：他很可能是位失业的物理学家，也许他连DNA和RNA的差别也不知道呢！

甲：但他参考了《自然》杂志上发表的由诺贝尔奖得主安德鲁·萨里博士和他的六位同事写的论文。

乙：噢！你本该先说这些的。这有很大不同，是的，我猜想也是这样。[②]

显然，谈话伊始，甲说服不了乙。随着争论的展开，甲与“博士”“诺贝尔奖得主”等力量不断结盟，从而对乙的影响力逐渐增强，直至赢得争论。

此外，关于科学争论的研究，约克学派的马尔凯等人倡导的“言谈分析法”（discourse analysis），在强调科学家话语多变性的基础上，讨论了科学交流与争论时的语境依赖性。马尔凯在分析围绕脉冲星发现展开的争论时指出：“存在于科学共同体中的标准化的口头表述的规范形式，为科学家提供了根据不同的社会背景能灵活地应用于专业研究活动的全部条目（repertoire）或词汇。……对科学家们选择某一口头表达而不是其他形式有重要影响的可能是他们的利益和目标。可以说，对某位科学

① 赵乐静，浦根祥. 给我一个实验室，我能举起世界. 自然辩证法通讯. 1993,（5）.

② Latour B，Woolga S. Laboratory Life: The Construction of Scientific Facts. Princeton: Princeton University Press, 1986.

家或某个科学家群体而言，这些利益会随社会背景的变化而变化。”[①]他还在《科学社会学》一书中表示：“研究网络中的科学的一致性，至少在相当程度上，可以通过由那些抱有同样目的而同时又存在一定利益冲突的人们之间的非正式协商而达成。”[②]

总体而论，科学知识社会学争论分析法并没有某种统一的研究范式，但就本文所论及的关于科学争论之于科学史研究的意义而言，大致可将其视作一个整体。它对科学史研究的启迪表现在如下几点。其一，科学知识社会学强调争论分析对称性的思想，对科学史研究极富启发性。笔者以为，无论人们如何批评科学知识社会学，但它要求争论分析者对称、公正地对待争论各方的呼吁无疑是合理的（尽管连他们自己也未能完全做到这点）。诚然，科学知识社会学所言的对称性是基于科学知识的相对主义假设而存在的，但这并不意味着对称性原则本身有问题，因为它并未排除对真理、理性之类真实信念的说明。其二，科学知识社会学争论分析拓展了科学史研究的时间维度。按常规理解，科学史研究应当面向过去。然而，柯林斯指出：“现代科学哲学已允许将‘时间’维度增加到对科学知识性质的描述中”，而且，“或许是因为科学体制的地位已经变得过于独立了，以至于曾经存在于科学和更广泛的社会之间的联系网络如今已变得相当松散。（不过）我认为，更主要的原因在于，越接近于当代科学的历史，我们就越无法做到‘以木见林’”[③]。这将改变那种“只关注历史的过去，以便回溯性地检查那些现已完全结束并写在教科书中的发现和争论”的状况，使科学史研究同样适用于“行动中的科学”。事实上，科学知识社会学争论分析法特别适用于那些尚在进行中的科学争论的研究。因为，这将使社会学家、科学史家有机会直接面向那些正在形成中的科学，即通过追踪科学争论由始至终的整个过程，更好地了解科学活动的真实情形。其三，科学知识社会学争论分析法推进了修辞学在

① 马尔凯. 科学与知识社会学. 林聚任，等译. 北京：东方出版社，2001：93.

② Mulkay M. Sociology of Science: A Sociological Pilgrimage. Maidenhead: Open University Press, 1991: 82.

③ 赵万里. 科学的社会建构——科学知识社会学的理论与实践. 天津：天津人民出版社，2002：161.

科学史研究中的应用。无论是拉图尔与伍尔加效法德里达而将科学家的实验室生活称为“文学标记”（literacy inscription）的活动，还是马尔凯的“科学的社会修辞学”[①]，抑或柯林斯对科学家谈话、论文的区分，都显示出深深的修辞学意蕴。在一定意义上，这可以理解为科学哲学的“修辞学转向”在科学知识社会学、科学史研究领域的某种呼应或反映。这对开阔科学史研究视野，寻求科学史新的解释方式，无疑有着深远的意义。因为，“修辞学既是一门学科，又是一种使各个学科可被概观的视界。作为一门学科，它具有解释学的任务并生成知识；作为一种视界，它具有批判和解放的任务并生成新的观点”[②]。并且，“修辞学方法将历史的、社会的、文化的和心理的要素渗入了科学研究的语境之中”[③]。

三、几点启示

1. 争论分析与辉格解释

在《哲学与自然之镜》中，罗蒂意味深长地指出：“当我们诉说关于人类祖先如何艰难地逐渐攀升至我们现在所站立的（可能是虚假的）山顶这一辉格故事时，我们需要使某些事情贯穿故事的始终。正如当今物理科学断言的那样，自然力是如此之强大，物质又这般渺小，人类能走到这一步，已是所能达到的最好选择了。”[④]的确，在经历数十年的思考与实践之后，目前人们大都承认，科学史研究中极端辉格或极端反辉格式的编史学都是不可取的。正确的态度是：“应在这两种倾向之间保持一种适度的平衡，或者说保持某种‘必要的张力’。”[⑤]应当说，科学知识社会学争论分析法所倡导的对称性原则，对于保持这种“必要的张力”具有一定的积极意义。但事实上，柯林斯、夏平等的争论研究却又显示出某

① 马尔凯. 科学与知识社会学. 林聚任等译. 北京：东方出版社，2001：83.

② 郭贵春. 后现代科学哲学. 长沙：湖南教育出版社，1998：32.

③ 郭贵春. 后现代科学哲学. 长沙：湖南教育出版社，1998：33.

④ Rorty R. Philosophy and the Mirror of Nature. Princeton: Princeton University Press，1979：344.

⑤ 刘兵. 历史的辉格解释与科学史. 自然辩证法通讯，1991,（1）.

种不对称性。我们认为，他们实际上走了一条近似“用辉格方式得出反辉格结论”的道路，即：首先，通过宣称对称性而模糊了自然科学知识与人类其他知识类型的界限。进而，在争论研究中强化社会因素对科学知识的构造作用，这意味着又产生了某种不对称性。最后，得到某种反辉格的解释。例如，夏平和沙弗尔在《利维坦与空气泵》的分析中，正是通过“解构实验在当代科学中的基础合法性”，而“摧毁（了）被传统哲学家和史学家所主张的科学合理性信念”[①]。简言之，科学知识社会学争论分析所进行的这种“矫枉过正”的处理，可能有助于维持科学史“辉格－反辉格”解释的某种必要张力。

2. 争论分析与内外史之辨

科学史研究中的内外史之争，业已呈现出由内而外、相互融合的趋势与特征。在此转变过程中，科学知识社会学，特别是其争论分析法，起到了某种中介作用。就内外史概念而言，库恩在为《国际社会科学百科全书》撰写“科学史”词条时，区分了科学的“内部史”与“外部史”。他总结说，内部编史学家应当将他所知道的科学撇置一边。他的科学必须从他所研究的时期的教科书和杂志中得到并应洞悉其所赖以发生的固有传统。外部史的方法，则是把“科学放在文化背景中加以考察”，从而“加深对其发展和影响的理解”。库恩列举了外部史的三种典型代表，即科学机构（建制）的历史、科学影响的思想史，以及科学建制与思想对某一领域综合作用的历史（如默顿对 17 世纪英格兰的研究）。[②]事实上，库恩一系列作品的深远意义，在于其宣告了内史、外史之间并不存在泾渭分明的界限。受库恩影响颇重的科学知识社会学的研究路径，在一定程度上正好起到了沟通“内史”“外史”的桥梁作用。其中，争论分析的作用尤为突出。因为，争论分析不仅关注观念对知识主张的影响，而且也强调社会因素之于科学知识的作用。对这类研究者而言，内、外因素的区别已失去意义。在分析科学争论、凸现科学历史的过程中，科

① 赵万里. 科学的社会建构——科学知识社会学的理论与实践. 天津：天津人民出版社，2002：189.

② 吴国盛. 科学思想史指南. 成都：四川教育出版社，1997：8-18.

学知识社会学分析者并不事先预设和区分影响科学知识的成因，而是“随着分析的进行，我们开始逐步相信，我们希望得到的解答的那些问题没有被先前的作者们系统地提出”（夏平在谈到其选择有关波义耳气体力学实验时所言）①。当然，科学知识社会学这种综合内外史的战略，在修辞学意义上讲，是以“有理由”（the reasonable）代替“有理性”（the rationality）为基础的。②例如，虽然科学知识社会学与默顿学派都关注科学发展的社会－文化动力问题，但他们对待科学合理性或科学知识本性的态度，却是截然不同的。因此，在一定意义上，科学知识社会学是用相对主义消解了科学理性旗帜下的内外史观点之争。

3. 争论分析与历史实在

如前所述，科学争论及一般科学活动，都是某种有着丰富内涵的历史实在。然而，这种实在却并不完全是劳丹所言的 HOS_1。科林伍德曾经指出：“从概念上说，历史思维是对事实世界的领悟。实际上，这是思维给它自身提供了一个并未得到确定的现实世界：在这个世界里，真理与谬误总是无法区分地混淆在一起。因此，实际的历史思维的对象并不是一个‘既定’的对象，而是永远处于不断被确定过程的东西。像有时看到的那样，用哲学观点去思考历史，以为这种对象就是历史学家寻求的实在，那是本末倒置。”③就此而论，劳丹所言的 HOS_1，即“近似地可被看作是按年代排列的以往科学家的种种信念”，仍然是有待确定的东西。因此，有必要寻求一种能够反映这种“永远处于不断被确定过程的东西”的新视界。赖欣巴哈曾言：实体的存在是在相互关联中表达的。或者说，“理论实体的意义是在特定的语境中实现的”，且“不同的本体论态度是与不同的语境观相关联的。人们在不同语境中确立自身对象的本体论性，语境不同，定义实体的意义就不同……语境在自然而又生动的人类语言

① 赵万里. 科学的社会建构——科学知识社会学的理论与实践. 天津：天津人民出版社，2002：184.

② 郭贵春. 后现代科学哲学. 长沙：湖南教育出版社，1998：33.

③ 转引自：袁江洋. 科学史的向度. 自然科学史研究. 1999，18（2）.

活动中有着不可磨灭的本体论性”[①]。从语境观点来看，由于“语言不再是一种反映或表达思想的媒介，而是思想本身，是确定的客观实体，是一种不断进化的‘实在’”，因而，我们不妨说：科学史研究所能面对的“历史实在”，实际上是一种“语境实在”。而且，这同时也指明了研究科学史（包括科学争论）的方法论，即“人们是根据语境关联的整体性、公共实践的具体性和对话结构的要素性而不是严格的逻辑推演”[②]来研究科学史的。据此而言，科学知识社会学及其争论分析方法，在某种程度上，正是体现了这种研究方法的转变，有一定的借鉴价值。

总之，争论分析，特别是科学知识社会学所倡导的争论分析法，对当今科学史研究的影响确实存在，不容忽视。虽然其基础与出发点未必牢固，但确有独到之处——特别是将其置于更广阔的哲学、社会学思潮背景的情况下，更是如此。

① 郭贵春. 后现代科学哲学. 长沙：湖南教育出版社，1998：88-89.

② 郭贵春. 后现代科学哲学. 长沙：湖南教育出版社，1998：64-65.

美国工业实验室的研究传统及其变迁*

近代科学技术的职业化、体制化，相当程度上起因于科技对经济发展影响力的不断增加。作为现代科研体制重要组成部分的工业实验室，正是此三者有机结合的生动体现。围绕对科学与技术、研究与发展、长期与短线等问题认识的改变，工业实验室百年来的研究传统也经历着相应的演进。

一、美国工业实验室的研究传统

在现代工业社会中，德国是最先在企业里系统地利用受过高级训练的科学家和博士学位获得者的国家。19 世纪 60 年代，德国染料制造商采取了一个“决定性的步骤”①，即建立他们自己公司的实验室，在实验室

---

* 本文发表于《科学学研究》2003年第1期，作者赵乐静、郭贵春。

① 约翰·齐曼. 元科学导论. 刘珺珺等译. 长沙：湖南人民出版社，1988：183-184.

中雇佣完全是学术性质的科学家进行独立的研究工作，以便发现新的产品和流程。因此，工业科学成为所有以科学为基础的工业部门的主要工具。德国的 BAYER、HOECHST 和 BASF 等化工、制药公司，率先开展了现代意义的工业研究。例如，拜尔公司 1880 年雇佣的化学家为 8 人；1885 年为 29 人；1888 年形成了以卡尔·杜思堡（Carl Duisberg，1861—1935）为核心的研究小组，该公司 1891 年投资 150 万马克创办现代化的工业实验室，且“它比（当时）世界上任何一所大学实验室更先进”[①]。

直至 19 世纪的最后 25 年，美国工业界除了偶然求助于科学家之外，大多数工业资本家还只满足于为一些分散的、无组织的研究者提供某种“马后炮式”的支持。20 世纪初，美国工业实验室开始迅速崛起。意识到工业研究重要性的美国工业企业先后大规模组建自己的研究部门，并雇佣大量科学家。事实上，首先进行这种尝试的企业大都本身就是从实验室中生长出来的企业。例如，美国最早的工业实验室——通用电气实验室，便是从爱迪生的“发明工厂”转变而来的。1895 年，通用电气雇用了数学家斯泰因梅茨（C. Steinmetz，1865—1923），并因此在研究与专利方面大获成功。在通用电气的领导人认识到电气工业的兴起正是源于法拉第、亨利和麦克斯韦等科学家的基础研究、科学发现之后，1900 年 11 月，他在伊利河畔斯泰因梅茨住所后院的车库里，创立了通用电气自己的中心实验室，这也是美国第一个现代意义上的工业实验室，当时被称为“神奇之屋”（house of magic）[②]。1902 年，里斯成立了东方实验室，后来归入杜邦公司。1913 年，米斯创建了柯达公司的大型工业实验室。1917 年，威斯汀豪斯电气公司建成独立从事研究的实验室。堪称世界工业研究组织典范的贝尔实验室，是始于 1904 年美国电话电报公司（AT&T）的研究组织，并在 1925 年由 AT&T 与西方电气公司各出资 1900 万美元，购买重组为贝尔实验室。正如著名经济学家弗里曼（C. Freeman）指出的那样，19 世纪末期，研究与发展的制度化乃是公司竞争

① 刘立. 论工业中的科学制度化和科学职业化. 科学技术与辩证法，1996，(5).

② Buderi R. The once and future industrial research//Teich A H，Nelson S D，Lita S J. AAAS Science and Technology Policy Yearbook 2002. Forthingcoming，2002.

和改变技术方式中最主要的变化。

历史地看，大多数美国大企业的中心实验室建立之初，就担负着双重任务：首先，是借助科学、技术改进已有产品、完善生产流程；其次，发现、探索有助于新产品开发的科学原理与自然规律。当时许多公司相信，在企业中设立至少一个与商业相对分离的中心实验室，是确保公司技术竞争力的重要机制。工业实验室的奠基者们认为：基础研究对企业的持续发展至关重要，是企业活力的源头所在。对工业研究的先驱者而言，“工业实验室所从事的研究与其他学术机构并无本质不同，都遵循相同的科学规范和运作程序。因此，当时实验室管理者关注的重点，主要在于科学家的动机与激励问题”。与此看法相适应，那时的科学家在选题、获取研究资助和工作方式等方面一般都具有较大的自主权。特别是一些财力雄厚的大公司，对基础研究的重要性与可能的巨大回报更表现出卓越的洞察力。杜邦公司创立者之一皮埃尔·杜邦（Pierre S. Dupont）明确表示：“任何时候我们都必须重视可能带来巨大回报的研究。”但应当明白的是，推进这种研究需要极大的财力、人力的支持，并且可能会苦苦等待许多年。1930 年，杜邦公司在其研究部主任史汀厄（C. M. A. Stine）的呼吁下，大力加强基础研究，建立了大型实验室“理论堂”（purity hall），从催化剂、胶体化学和聚合物化学等方面开展探索研究。即使在之后不久的世界经济萧条期，杜邦公司的领导人拉蒙·杜邦（Lammott Dupont）还是坚持并强调基础研究的重要性，并表示：“加强研究比向股东发放红利更为重要。”杜邦公司这种优越的研究条件与重视基础研究的氛围，吸引了华莱士·卡罗瑟斯（Wallace Carothers）博士从哈佛大学进入杜邦公司从事研究。在杜邦公司不懈地对基础研究的大笔投资支持并耐心等待十多年后，卡罗瑟斯博士终于研究出高分子聚合物尼龙，从而为杜邦公司带来了滚滚财富。

贝尔实验室从其创立之初，就始终把基础研究置于极其重要的地位。事实上，在贝尔实验室成立之前，一直存在着两种研究路线之争。一条是以卡尔蒂（J. J. Carty）为首的主张企业研究开发应以获取专利为主的观点；另一条是以朱厄特（B. Jewett）为代表的主张从基础研究、科学发现入手，从根本上占领技术开发制高点的思路。由于朱厄特担任了该室第一任总裁，其“以基础科学研究推动应用的指导思想”得以确立，并赢得了绝大多数研究人员的支持。1932 年，朱厄特在题为“利用基础研究的成果于通信领域”的讲演中指出，“基础”这个词应当理解为：它不仅囊括了所有普通应用它的部分，而且还囊括了通信领域中对于科学的应用来说是基础性的所有科研部分。在朱厄特看来，工业研究实验室，特别是贝尔实验室搞基础研究，不止应当关注与技术应用有关的基础知识，而且必须探索创造或改进通信结构所需要的一切新知识。他把贝尔实验室的基础研究和发展的这一新方针与 AT&T 新总裁吉弗尔德的总指导原则融合在一起，并在最后指出：“在通信领域中，基础研究工作的行为和对这种工作成果的利用，是通过提供基础科学和科学训练的最佳结合，并与能够朝着这件事的最佳商业导向结合到一起来控制的。”[①] 在朱厄特的领导下，贝尔实验室不仅使有线和无线电话取得了突破性的改进，发明了电话号码系统、无线电广播、电视、有声电影、电动留声机、人工喉和高速潜艇电话电缆等，而且，戴维森（C. J. Davison）还因发现电子衍射现象，证实了德布罗意的物质波理论，为该室赢得了第一个诺贝尔物理奖。此后，在历任总裁的不懈努力下，贝尔实验室始终坚持以基础研究促进技术发展的战略和方针，取得了一个又一个的科学突破，创造出诸如晶体管、光通信、孤子通信、微波激射、激光和蜂窝移动电话等众多新技术、新产品，被誉为“世界 R&D 的象牙塔”。在贝尔实验室近 80 年的历史上，共有 11 位科学家因其在该室的工作而获得诺贝尔奖；有 9 人获得美国国家最高奖——国家科学奖，5 人荣膺国家技术奖，4 人获计算机领域的图灵奖。此外，贝尔实验室及其研究者还赢得了世界范围内众多的荣誉。这一切，无疑在很大程度上归功于它对基础研究的重视，归功于其对科学、技术与经济关系的深刻体认。安德森（P. W. Anderson）曾在庆祝他获诺贝尔奖的会上表示：“在贝尔实验室有我以前从未见过的学术气氛。”而华裔科学家朱棣文在其诺贝尔奖讲演中也说：

① 阎康年. 贝尔实验室：现代高科技的摇篮. 保定：河北大学出版社，1999：74.

“贝尔实验室是研究的伊甸园。”这种传统，在1996年AT&T被一分为三，贝尔实验室归属朗讯科技公司后，在市场导向运作得到更多强调的情况下，得到了新的发展与表现。

总的来说，在相当长一段时期内，工业实验室受到了各自所属公司的慷慨资助，并成为确保企业长期发展战略的核心部门。公司高层管理者普遍认为，企业成功的关键在于对工业研究不计短期直接回报的慷慨投资。正是通过支持工业实验室，公司变得更具竞争力和吸引力。贝尔如此，杜邦、通用电气、通用汽车、美孚、道氏化学、施乐、IBM和柯达等何尝不是这样。杜邦公司从一个火药制造商变成了拥有大量发明的巨型化学公司。IBM从一个生产打字机的小厂发展成了全球最重要的办公技术提供者，其实验室成为了创造Fortran语言、关系数据库、D-RAM芯片、RISC芯片设计和算机网络等重要技术的超级帝国。同时，美国工业实验室还走出了19位诺贝尔奖获得者。除前述贝尔占据11席之外，IBM先后有5名科学家夺冠，通用电气有2人、杜邦有1人获奖。的确，正如美国著名科学社会学家巴伯所言：“大工业研究组织可能是美国工业研究群体中最成功的例子，它为其支持者获得了大笔财富。”并且，“美国工业科学不仅对社会福利作出巨大贡献，而且对于构成科学整体之基础的概念框架的直接促进也作了巨大贡献”①。

二、美国工业实验室研究传统的变迁

美国工业研究重视基础科学的传统虽然取得了辉煌的业绩，但就整体状况而言，并非所有工业实验室所进行的研究都像杜邦、贝尔等实验室那样在科学、技术与商业诸方面都大获成功。例如，RCA（美国无线电公司）曾在无线电、电视领域做出过开创性的贡献并建立戴维·萨尔诺夫（David Sarnoff）实验室以促进技术转化，但并未在磁带、磁盘方面占据市场领先地位。施乐的PARC（Palo Alto Research Center）成功地

① 巴伯.科学与社会秩序.顾昕等译.北京：生活·读书·新知三联书店，1991：187，197-199.

开发出计算机办公系统，但却没有转化为个人计算机（PC）。特别是20世纪70～80年代，美国在高技术领域遭遇来自日本和欧洲的强烈竞争，其产业界在晶体管、无线电、电视、磁带录像机、传真机、数控机床，以及钢铁、汽车等领域先后失去二战以来的技术与市场领先地位的严峻现实，促使美国人深刻反省、调整其科技政策。首先，是对投资研究的公司疏于利用其成果问题的检讨。他们重新审视布什在《科学——疆界无限的前沿》中倡导的（或者说人们后来更多关注的）有关研究、开发与市场的“线性转换”模式，即先通过基础研究发现新事实、产生新理论，然后由应用研究获得具体的知识，进而由发展研究转化为产品与工艺。一些研究者指出，这种简单的直线式途径固然对突出基础研究的重要性有益，但若处理不好各个环节的衔接，则会影响转化的有效进行。其次，人们从熊彼特的创新理论中认识到，促进经济发展的创新之路并非只有基础科学突破一条源流，而是包含了不同层面的多种途径。因而，许多企业，特别是大企业的领导及其工业实验室负责人开始寻求更为有效、全面的工业研究战略。最后，在企业重组中重新定位。20世纪80年代，美国大约有一半的大公司进行了重组，资本额达5000亿美元，尽管其中50%的企业重组后失败，但面临激烈竞争的美国企业仍然不断地重新“洗牌”。[①] 在此过程中，许多工业实验室也经历着巨大的改变。工业实验室更直接地与开发、工程和制造相关，商业的考虑往往超过对基础科学研究的重视。美国工业研究所（IRI）1997年进行的一项调查表明，接受调查的实验室研发主任们对其工作重要性的排序为：首先，最重要的任务是确保R&D对经济增长的贡献；其次，维持长期－短期R&D目标的平衡；再次，整合协调技术规划与商业战略的关系；最后，保证持续的技术创新。[②] 下面，我们简要地考察一下这种研究传统的改变。

① Sifonis J. The impact of technology on restructuring//Rock M，Rock R.Corporate Restructuring. New York：McGraw-Hill，1990：253-259.

② Industrial Research Institute. The biggest problems technology leaders face. Research Technology Management，1998，(5).

（一）经费来源分散化

过去，工业实验室研究经费来源比较单一、集中，主要由公司及其各商业部门分担，研究被公司当作应对未来的重要组成部分。那时，只要科学家能够说明其研究所能产生的知识最终将有助于公司，通常都会获得支持，商业上的要求只是作为背景因素而存在。近一二十年来，经费来源制度发生了重大改变，工业实验室与商业间的伙伴关系已成为当代工业研究的重要特征。例如，通用电气、朗讯、施乐、柯达及IBM这些高技术公司都已改进了它们的资助制度。其实验室以往通过商业合同所获资助不足总经费的三分之一，如今都已超过一半。其他的工业实验室走得更远，来自公司的拨款可谓杯水车薪。绝大部分研究经费，要靠实验室与公司内部、外部的合同项目来获得。特别是计算机办公设备与电信领域的实验室，其所受到的失去集中拨款的冲击较化学、制药行业实验室更为严重。主要原因在于，与需要较长期研究的后者相比，IT业、电信业更关注短期效益。事实上，在研发投入被视作成本之后，资助从一开始就非常关注这种投资的可能收益、考虑制造的可能性、商业前景、竞争分析乃至利润分配的比例。如今，许多实验室管理者清楚地认识到，要想吸引商业资助，最好的办法就是设法向其表明你能比别的实验室做得更好、更能满足其经济要求。

（二）研究活动市场化

经费支持的市场化机制，使工业实验室日趋通过市场化运作维持生存和寻求发展，从而把“技术顾客”看作是实验室的“上帝”。以往工业实验室有独立于技术变迁与顾客需求的自主性，科学家从选题、研究到出成果受到商业因素的影响很小。科学家及研发管理人员很少直接与技术顾客发生关系。如今，工业实验室的各类人员都开始意识到，必须最大限度地满足顾客的需要。这意味着，科学家必须学会与形形色色的人打交道。过去，科学家只需与同行，以及同样受过严格科学或工程训练的管理者接触。如今，一些工业实验室的研究者自称“半是科学家、半是商人”。他们表示：直到20世纪80年代，我们讲的还是“专业术语”，但如今却常常与商人为伍了。以往，实验室管理者的工作仅限于评估项目、配置设备和安排技术人员，而不直接介入研究。如今，虽然科学家仍是研究的主要力量，但更多的人对研究的整个过程有了发言权。特别是委托方的商业经理，由于他们清楚委托项目的应用领域、既有产品的长处与弱点、竞争对手的状况、从实验室应得到什么、已有技术如何开发乃至材料的选择、工人的操作等细节问题，最重要的是，商业经理是研究的付费者，因此他们对工业研究的影响日益增强。好在这些商业经理绝大多数都具有科学和技术背景，如果不过分极端地追求利润的话，通常还是能得到科学家的认同。

（三）基础研究与应用研究模糊化

由于研究是在市场拉动之下进行的，已经很难在基础研究、应用研究之间划出一条截然分明的界线了。在具体研究中，表现为某种以实际任务而非科学兴趣为导向划分研究阶段的趋势。这种趋向打破了以往基础研究—应用研究—开发研究的单向直线模式，而力争从研发的各个环节寻求创新之机。正如一位管理者所言：“我们是一个团队。科学家与工程、制造和市场专家一起工作……从项目开头直至结束。”一位科学家也表示：“在我们团队中，基础研究已变成了应用研究……也许在有的群体中仍有基础研究与应用研究的区别，但在我们这里，已经很难区分基础研究与应用研究了。”[①]这种模糊化还在一定程度上表现在产业界及其工业实验室与大学的合作之中。大学是美国基础研究的最重要力量，是应用研究的第二大产生地。大学基础研究经费占美国基础研究总投入的50%，应用研究也占相应总经费的15%。传统上，尽管美国大学接受企业赞助的历史已经很长，但其学术研究与企业商业活动少有往来。然而，从1980年《拜杜法案》（*Bayh-Dole Act*）颁布以后，情况有了很大改变。特别是

---

① Varma R. Changing research culture in U. S. industry. Science，Technology & Human Values，2000,（4）: 395-417.

1986年出台的《联邦政府转让法令》更进一步规定："大学有权获得其研究成果的专利权，而赞助公司则可免付专利使用许可费。"[①]在这些利益激励下，产业界及工业实验室与大学的合作表现出前所未有的协调。一方面，大学不再刻板地固守"纯学术性"而无视学术研究可能的经济潜力，不再斤斤计较于研究是否基础抑或应用，甚至主动寻求与产业界的联合。另一方面，产业界及其所属实验室更是主动出击，不以基础、应用之分，而以商业需要为标准加强与大学的互动。随着如生物、信息和材料等高新技术的兴起，科学与技术、基础研究与应用研究之间的界限越来越模糊，科学研究的商业化趋势日益突出。[②]

（四）研究成果采购的国际化

世界经济的全球化，世界范围内可资利用的科学、工程人力资源的增加及日益发达的通信手段，为美国工业实验室的研究开启了又一扇便利之门。在时间成为全球化市场运作至关重要的因素后，许多企业及其中心实验室，往往更愿意从企业外部，特别是外国公司购买研发成果，因为这样做不仅可以有效缩短研究周期，还可以降低研究的风险与成本。例如，美国本土软件开发的成本是希腊的三倍多、印度的四倍多，微软在印度三个地方建立了微软大学高技术实验室，为其Windows NT的研发提供源代码。IBM则把爱尔兰作为其技术开发地。而波音公司依赖其设在日本的航空开发中心，进行波音777的设计与生产。据统计，全球企业间R&D合作项目1977～1985年仅有175件，而1985～1988年的数量陡然增加到1000多件。此外，美国的许多大制药公司还热衷于资助国内外的中小型生物制药公司为其进行研究。在此全球化战略的背景下，美国众多工业实验室的职能也在发生着转换。它们往往将那些投资大、风险高、耗时多和原创性强的研究，通过商业运作转移到企业外部。

---

① 赵乐静. 论科学研究中的利益冲突. 自然辩证法研究，2001,(8).

② Caulfield T，Jones W. The Commercialization of Genetic Research：Ethical，Legal and Policy Issues. New York：Kluwer Academic，Plenum Publishers，1999.

总而言之，美国工业实验室研究传统的演变，既是科技进步、市场竞争等因素使然，更是其诞生伊始便固有的“两条研究路线”之争此消彼长或融汇并蓄的体现。例如，美国化学协会会长李特儿在1913年的致辞中曾表示：我们绝大多数人都相信，单纯为科学而科学就像为艺术而艺术或为文学而文学一样毫无意义，而且极为有害。另外，即使是前述所言与朱厄特重视基础研究意见相左的卡尔蒂，1916年在美国电气工程师协会的主席演说中，虽然用大量的篇幅批驳了那种认为工业界应允许有纯科学研究的观点，但他也承认“纯科学总的来说所做的贡献对于整个工业界是具有不可估量的价值的”①。可以说，正是在这种貌似相反、实则相通的张力作用下，美国工业研究弛张有度地应对着环境的变化。在经历了19世纪70年代的市场衰退，80～90年代“出卖明天的种子”式的大幅削减基础研究经费浪潮之后，美国产业界变得更加成熟起来。工业实验室的科学家越来越清醒地意识到，远离市场之地未必就是基础研究的理想殿堂，兼顾商业需要并不必然意味着丧失研究的学术性。而大公司领导人及其工业实验室管理者面对“不创新，就灭亡”的激烈竞争环境，也希望从更高层次把握先机。他们真切地感受到，工业研究中许多重大的课题，都带有基础研究的性质，涉及大量的学术问题。为了满足未来的发展需要，研究工作必须深入到更广泛的科学领域里去。正如一位管理者所言：最好的研究人员首先要忠实于他自己的专业而不是忠实于公司，否则必然会使研究成果平平淡淡。并且，工业研究“在小范围内看貌似杂乱，但从大范围看则井然有序”。或者说，虽然每个研究人员都享有很大的自由，但研究人员本人及他们周围的环境所形成的良好氛围，却足以使研究工作严格地保持明确的目的性。

当前，我国的科技发展、经济建设正处在转型的关键时期，一些大企业的工业研究已粗具规模。如何应对全球范围内日益激烈的科技、经济等领域的竞争，如何构筑民族工业广泛稳固、弹性适宜的研究建制，

① 凯福尔斯，斯托尔乔. 美国科学家论近代科技. 范岱年等译. 北京：科普出版社，1987：191-192.

如何培育一批具有世界竞争力的工业实验室，是我们必须直面的迫切任务。他山之石，可以攻玉，对美国工业实验室研究传统变迁的历史考察，可能有助于我们更好地把握现在，以便从某种相对合理的平台开始工作。

科学史与科学社会学的联系 *

1978 年，美国社会学家比弗（D. de B. Beaver）在谈到科学史与科学社会学之间可能的联系时，曾模仿拉卡托斯（I. Lakatos）受康德（I. Kant）启示所言的“没有科学史的科学哲学是空洞的，没有科学哲学的科学史是盲目的”，来谈论科学史与科学社会学的关系。他写道：“没有科学社会学的科学史是近视的，没有科学史的科学社会学是肤浅的。”[①]当然，比弗所言的科学社会学，主要是指以默顿学派为代表的“建制化科学社会学”。事实上，自 20 世纪 80 年代以来，随着科学知识社会学、建构主义及科学人类学等相关研究领域的崛起，科学社会学自身所涵盖的内容、涉及的问题、研究的重点和提问的方式，也都经历着相应的转变。因而，要想全面理解科学史与科学社会学的关系，就不能仅仅将科学社会学局限于默顿学派的思想，而必须同时关注科学知识社会学等相关内

* 本文发表于《科学》2003年第6期，作者赵乐静、郭贵春。

① 比弗. 科学史与科学社会学间可能的关系. 宋怀时译. 科学学译丛，1988，(4).

容。或者说，应当同时对科学建制与科学知识（不仅从形式上而且从内容上）都进行社会学研究，并由此谈论其与科学史可能的关系。

一、科学史与科学社会学的历史渊源

毋庸置疑，科学史是一个远比科学社会学有着更悠久学术传统的领域。但正如库恩（T. Kuhn）指出的，科学史作为一门独立的专业学科，依然是正从漫长而多变的史前期浮现出来的一个新领域。一些研究者甚至认为，作为一个具有足够专业研究人员的实体已确立的学科，科学史实际上是和科学社会学在同一时期产生的，即在经历了长期的孕育发展后，随着大科学的兴起，在第二次世界大战后才成长和繁荣起来。

在此过程中，比利时科学家萨顿（G. Sarton）在推进科学史建制化方面，可谓居功至伟。1912 年，萨顿创立国际性科学史杂志《爱西斯》（*ISIS*）。并且，萨顿自躲避第一次世界大战逃到美国之后，由于他的不懈努力，使科学史在美国逐渐赢得了独立的学科地位。之后，随着第二次世界大战战火的蔓延，与萨顿实证主义编年史传统风格迥异、注重概念分析的思想史方法，也由科瓦雷（A. Koyrè ）带到了美国，并迅速引起了“广泛的注意和模仿”。

与此同时，20 世纪科学编史学，还存在着与上述两类方法并行的第三种方法——社会史方法。“社会史方法有两个思想来源，一是马克思主义传统，二是德国社会学传统。这两个都支持对科学的发展作一种外在的、社会学的解释。”[①] 前者的出现，以 1931 年苏联科学史家黑森（B. Hessen）在第二次国际科学史大会上发表的论文《牛顿〈原理〉的社会经济根源》及论文集《十字路口的科学》为标志。这次会议及黑森的工作，还激发了剑桥大学的一批左派著名科学家研究科学史的兴趣，其中的佼佼者有贝尔纳（J. D. Bernal）、李约瑟（J. Needham）、霍尔丹（J. B. S. Haldane）、霍格本（L. T. Hogben）、斯诺（C. P. Snow）、普赖斯（D. J.

---

① 吴国盛. 科学思想史指南. 成都：四川教育出版社，1997.

de S. Price）及科学新闻工作者克鲁瑟（J. G. Crowther）等。他们并非正统的马克思主义者，但其研究科学史、科学与社会关系的方法却受马克思主义的影响颇深，故而邦格（M. Bunge）称其为“马克思主义者科学社会学家”[①]。

而另一派是科学社会学家的科学史研究。其开创性工作是 20 世纪 30 年代默顿（R. K. Merton）对科学所进行的历史、社会学的研究。历史地看，也许可以说，萨顿及其学生默顿在哈佛大学的相互影响，表现了科学史与科学社会学两门学科间的一种最初关系，人们往往将科学社会学看作既是科学的历史社会学，又是科学的社会史。因此，概括地讲，科学社会学的诞生在一定程度上曾受益于科学史的激励。

二、内外史之争与默顿的工作

一般而言，在将科学史区分为内史、外史的研究者看来，科学内史学家主要关注科学思想的产生、科研手段的发展及研究结果被接受的缘由与形式，外史学家主要对有关科学活动的社会因素感兴趣。库恩在 1968 年指出，看来同时存在两种不同的科学史，他们虽然偶尔出现在同一本书中，但极少有稳固和富有成效的接触。依然处于支配地位的通常被称为“内部方法”，关注作为知识的科学实体；其最新对立面通常被称为“外部方法”，关注科学家作为一个社会群体在一个更大文化中的活动[②]。极端地讲，科学的内容对于内史学家是主要的，对于外史学家是次要的。科学的社会环境对于外史学家是主要的，而对内史学家则是次要的。

值得注意的是，就内史研究而言，尽管编年史传统、实证主义分析方法及概念分析方法相互之间差异颇大，但它们在将科学视作人类理性之光辉典范方面，却如出一辙。例如，萨顿与柯瓦雷虽然因对科学知识

---

① Bunge M. A critical examination of the new sociology of science (Part 1). Philosophy of the Social Sciences, 1991, 21(4): 529.

② 吴国盛. 科学思想史指南. 成都：四川教育出版社，1997.

内部结构理解的不同，而各自坚持相去甚远的编史纲领，但“他们都试图通过科学史来揭示科学之进步”[①]。另外，默顿虽然也对科学发展持一种连续线性积累的知识观，但却更看重“科学的体制化目标就是扩充确证无误的认识”。众所周知，近代科学出现于17世纪的英国是一个历史事实。但以往的学者多从历史学角度进行解释。默顿在其博士论文《17世纪英国的科学技术与社会》中，开科学社会学先河，把科学视作一类人类活动，探讨其自主化、建制化过程，并考察了科学与其他社会制度（如经济、军事和宗教等）之间的关系。默顿指出：17世纪的工匠传统和培根（F. Bacon）所提倡的实验科学有力地推动了近代科学的实质性变革并使科学更具实用价值。同时，他提出的有关清教主义促进英国近代科学制度化的观点，即所谓“默顿命题”，一直是科学史界与科学社会学领域最具争议的论题之一。笔者以为，这场交织着科学内外史之辩的论战，也在一定程度上反映着科学史与科学社会学的区别与联系。

1959年，科学史家吉里斯皮（C. C. Gillispie）对因默顿等工作而影响渐强的外史研究表达了他的担忧。在他看来，科学凭借客观性将真理从谬误中分离出来而获得进步。因此，科学在两方面呈现给历史。一是科学本身的演化，二是科学对文化的调节。科学思想的进化把科学进步和自然联系起来，故而它是严格、精确的，但科学思想的文化历史却难尽人意。吉里斯皮认为：“由于科学是面向自然的事业，因而其内容不能由科学家的社会关系所决定。至多，这种关系只可能影响科学的风格和步调（在由科学逻辑依赖性所制约的限度内）以及影响到它的发展步骤。”

另一位著名内史论者霍尔（A. R. Hall）在其1963年发表的著名论文《再访默顿或17世纪的科学和社会》中，对以默顿命题为代表或受其启发而发展出的编史思想及科学与社会的互动研究提出了严厉批评[②]。在霍尔看来，社会和经济解释只告诉人们关于科学的运动，而没有说明作为关于自然界知识系统的科学的真实情形。霍尔在比较了发表时间仅相

①② 吴国盛. 科学思想史指南. 成都：四川教育出版社，1997.

差一年的默顿的论文及柯瓦雷的《伽利略研究》对科学史的影响后指出："外在主义的历史说明作为一种社会学说明，倾向于把科学的观念发展限制在相当狭窄的范围内……（而）思想的变化是一种必须在思想史中来寻求对其说明的变化；就此而论，科学史完全与哲学史类似。"[①] 实际上，霍尔早在 1954 年论《科学革命》的教科书中，就已经反复论证了思想因素比社会因素更本质地规定科学发展的命题。

然而，尽管内史学家竭力想维护科学史研究的"正统"，但科学外史的研究，却在经历了一个短暂的低潮后，伴随着科学社会学的茁壮成长得到更多的响应。霍尔通过考察 1953 ～ 1963 年的《爱西斯》和《科学编年史》的内容后发现，研究者对科学的社会解释的兴趣在经历了短暂下降后，科学史的研究更多地开始注重科学组织（包括学会和大学），科学职业，科学的学科、专业和研究大纲，以及与更广泛的社会发展相关的科学。简言之，默顿开创性的工作不仅为科学社会学奠定了基础，同时也为科学史的研究提供了新的范例。

正如科恩（I. B. Cohen）所言："默顿的《17 世纪英国的科学技术与社会》于 1938 年发表以来的半个世纪里，至少在两个知识领域成为经典：定量科学史和科学社会学。"而库恩 1968 年在论述科学史的发展时亦指出，默顿提出了一种关于"大文化"如何影响科学发展的概念，在一定程度上改变了过去科学史只强调思想史的弊端，也纠正了一些所谓的唯物主义者过分强调社会经济因素的决定作用的错误，从而为科学史的发展开辟了某种新的视界。

三、科学史与建制化科学社会学的互动

科学史与建制化科学社会学作为不同学科，其间的某些差异固然是显著的[②]。但由于其研究对象的同一性及学科间固有的历史渊源，又是可以比较的。并且，就两学科的历史演进而言，其间的借鉴、融通也是存

① 吴国盛. 科学思想史指南. 成都：四川教育出版社，1997.

② Hess D J. Science Studies：An Advanced Introduction. New York：New York University Press，1997：52.

在的。

首先，两学科的差异主要表现在时间、基本分析单元及学科形象方面。通常来说，除了撰写现代科学史及少数专门领域的研究外，正统科学史很少研究“新近的过去”的科学。按照比弗的考察，很少有科学史研究在时间上达到第二次世界大战末期，而科学社会学中的大多数工作，则更多地集中于比较现代的科学活动。笔者以为，这种不同在很大程度上是由科学史与建制化科学社会学研究对象的差异而造成的。

一般而言，建制化科学社会学家，侧重科学家群体、建制及科学自主结构等方面的研究。科学史家虽然不排除对群体的研究，但更多关注科学家个体及其思想，或者个别科学家之间的关系。科学社会学主要借助统计概括手段，达到与现代科学以统计为基础的相类似的真理。而科学史则旨在找出更多个别、特定的发现。

就学科形象而言，如同大多数历史学家一样，科学史家，特别是内史学家，更倾向于将他们的学科看作是人文科学而非社会科学的一部分，特别重视哲学的、思想史的研究。科学史研究的文献引证模式也更接近于人文科学的做法，并不“厚今薄古”——这与科学社会学研究中更注重“现时”的风格形成鲜明对比。而大多数建制化科学社会学家，都将自己的研究归入社会科学范畴。

其次，两学科可能的关系与互动。历史表明，科学史家直接通晓科学社会学的最明显益处是获得新的眼光，从而发现新的历史见解和研究领域。对于科学社会学家而言，历史资料将有助于引进问题、确立新的研究方向、扩大概念的使用范围及提高概念的准确性，使社会学理论更严密、更具普遍性。客观而论，建制化科学社会学家与外史学家的互动，比与内史学家的互动更为频繁、有效。在科学外史与建制化科学社会学中，定量研究与科学的社会理解为两门学科的合作提供了更广阔的天地。由于传统科学史相对忽略“公众对科学活动态度”及其对科学发展的影响方面的研究，因此，两学科的协作可以促使人们更好地了解科学知识在整个社会中的传播与融合。例如，科学外史有助于帮助建制化科学社会学建立理论模型，而建制化科学社会学家的理论观点则能够帮助科学外史学家估价公众态度对科学家个体与群体职业化的作用。

此外，科学内史也并非对建制化科学社会学毫无启迪。实际上，建制化科学社会学的一大弊端，就是它总以避免直接涉及科学的内容而处理自己的问题。因而，正如许多批评者指出的，建制化科学社会学研究若不包括科学的内容，“科学”这个字眼在建制化科学社会学中也就失去了意义——因为其分析也许可以适应于其他任何事物。因此，科学内史学家注重科学的内容、注重科学家“所思”与“所言”之间差别的做法，对建制化科学社会学真实反映“科学”的实际，无疑极具借鉴价值。

20 世纪 80 年代后期，默顿抛开科学知识具体内容与概念范畴，集中考察科学家的社会角色与社会结构，受到了激烈批评。一批受库恩重构科学知识历史图景激励的研究者，大胆对一般社会学理论和知识社会学进行了批判和挖掘，开创了科学社会学研究的新局面。相应地，科学史与科学社会学间的关系也呈现出新特征。

四、科学史与科学知识社会学

如前所述，建制化科学社会学忽视科学的内容而专注于对科学知识生产结构的社会学描述。科学内史学家虽然注重科学的内容，但又坚持认为，科学知识是纯粹理性的产物，从而阻断了科学知识与更广泛文化背景的联系。另一方面，传统知识社会学在肯定“只要思想的社会根源没有弄清，便不可能恰当地理解它”的同时，长期以来将思想信念分为截然不同的两种：一方是数学和自然科学，另一方包括宗教、道德、实际智慧及各门社会科学。数学和自然科学被认为是质朴的，不为任何利益上的考虑所影响，而社会科学等学问则是怀疑的、意识形态的、受主观思想和利益影响的。

曼海姆（K. Mannheim）在对自然科学进程采取连续积累假设的基础上，详细地说明了自然科学与文化科学的区别。他认为，在人类知识史上，自然科学是一个由不完善到完善的持续进步过程。但对文化科学的历史而言，早期工作却并不简单地为后期工作所超越，也不能轻易说早期的错误后来被纠正了。库恩对科学知识积累解释的批评，为打破以往关于自然科学和文化科学泾渭分明的界限，开辟了新路。例如，爱丁堡学派的巴恩斯（B. Barnes）指出："科学没有任何特权。因为其信念与实在或理性有一致的相应联系，因而其亚文化传播过程与其他领域所采取的相比，没有更重要之处。"也即是说，科学不应该被认为似乎在认识上优于其他任何信念或知识体系。

在科学知识社会学研究者，特别是爱丁堡学派看来，社会因素对科学知识内容的影响不仅存在，而且是决定性因素。布鲁尔（D. Bloor）颇为自信地表示："如果社会学不能贯穿始终地用于解释科学知识，这种社会学将是平庸的。"在其强纲领（科学知识社会学的最基本理论预设）中，布鲁尔宣称对科学知识内容的解释应当遵循因果、公平、对称及反身四项原则。正如格林斯基（J. Golinski）指出的：20 世纪 80 年代中期，强纲领为科学知识社会学研究提供了重要启示，并随着在此纲领指导下出现的杰出科学史经验案例研究而声势渐大，涌现出一批新型的优秀科学史家。例如，夏平（S. Shapin）和沙弗尔（S. Schaffer）的《利维坦与空气泵》，就被认为是因"解构了实验在当代科学中的合理性概念"，而"摧毁了传统哲学家和史学家主张的科学合理性概念"的卓越作品。

与此同时，巴黎学派、约克学派和巴斯学派等也都以各自对科学的解释，采取了人类学的、本土方法论的思路及行动者分析网络、言谈分析及争论分析等方法，对科学知识的社会构造过程及诸多科学史实，进行了有创见的描述与重构。当然，上述各学派科学观、科学史观仍然是有差异的。例如，拉图尔（B. Latour）、卡伦（M. Callon）所倡导的行动者网络理论，便对爱丁堡学派、巴斯学派所依赖的认识论相对主义与社会实在论的思想提出了挑战。在拉图尔看来，科学家与工程师在创造自然知识的同时，也在重构着社会世界。因此，求助于社会学的范畴解释科学实践是不恰当的。正确的方法应当是如人类学家那样，跟随被研究的科学家、工程师进入他们的研究场所，考察他们处理物质的、社会的和语言的实体或事宜的方式。

科学知识社会学，或者说后库恩科学社会学旗帜下各种流派的研究及其间的争论，对科学史的研究产生了相当的冲击。格林斯基在其《构造自然知识：建构主义与科学史》一书中表示："这些争论在科学史家看来似乎过分抽象，但这并不意味着与科学的历史实践没有联系。相反，这些争论涉及了作为科学家社会化集体活动的诸多方面，如专业、建制、同行群体和研究团队，甚至国家与国际间的共同体问题。虽然以往的相关研究对其中某些因素有过关注，但整合二者或更多变量的研究还不多见。"

科学知识社会学虽未有直接统一的研究范式，但就其对科学史研究的影响而言，主要有如下几方面的启迪。

首先，科学知识社会学，特别是强纲领所推崇的对称性原则，对减少以往科学史研究"以成败论英雄"式的史料选择方法所引起的"信息缺失"，意义重大。在爱丁堡学派看来，对科学进行社会学研究，没有必要陷入真理合理性究竟意味着什么这类难以说清的问题之中。这样的问题对信念存在的解释而言是多余的。因为事实上，人们并没有把科学史分成两种。一种是真理的积累史，而另一种专门记录错误的思想。

其次，科学知识社会学拓展了科学史研究的时间维度。传统科学史更关注"过去的时光"，但随着对科学知识内容及其生成过程研究的深入，科学史家在处理现代科学历史方面有了更好的研究视角。因为，现代科学史之所以"难写"，就在于如柯林斯（H. Collins）所言的："越接近于当代科学的历史，我们就越无法做到'以木见林'。"而科学知识社会学，特别是其将科学争论作为独特方法的案例研究，使科学知识社会学家、科学史家有机会直接面向那些正在形成中的科学：即通过追踪科学争论的全过程，更好地了解现代科学活动的真实情形。这样，可在一定程度上改变以往科学史只关注过去的状况，从而有效扩展科学史研究的时间界限。

最后，科学知识社会学促进了科学史研究中的修辞学转向。无论是本土方法论者加芬克尔（H. Garfinkel）从"生活世界"出发对科学事实与理论陈述的阐释，还是拉图尔与伍尔加（S. Woolgar）效法德里达（J. Derrida）将科学家的实验室活动称为"文化标记"过程的描述，抑或马尔凯（M. Mulkay）、吉尔伯特（G. N. Gilbert）“科学的社会修辞学”及柯林斯对科学家谈话、论文的区分，都显示出一种深深的修辞学意蕴。这些做法，对开阔科学史研究视野，寻求科学史新的解释方式，无疑有着深远的意义。

总之，在从传统向现代的转变中，科学的社会学研究与科学史研究相互间的渗透、融合可谓大势所趋，与日俱增。对此，美国著名科学社会学家巴伯（B. Barber）指出：“本世纪70年代至80年代，科学社会学在作为一门专业成熟的同时有了重要的组织化发展，这领域一个重要的新工作主体出现了……欧洲人工作的一个重要特征是，他们不仅熟悉科学的组织方面，而且熟悉它的实质性理论和方法……欧洲人发展的这种研究的另一个特点在于，它把科学哲学、科学史和科学社会学带进了最紧密、最有效的互动之中。”[①]今天看来，可以肯定地说，这种互动已然结出了丰硕的成果。

① Barber B. Social Studies of Science.New Brunswick: Transaction Publishers，1990：15.

也论科学哲学研究的方向

——兼与吴彤教授商榷*

拜读了吴彤教授在《哲学动态》2003年第6期上发表的《论科学哲学研究的方向》一文（以下简称“吴文”）后，我们很受启发，并认为这是一篇十分重要的文章。因为它直接引发了对什么是科学哲学研究的方向这一问题的重新反思。但是，我们同时也认为，“吴文”仅凭国内外几份科学哲学研究方面的刊物刊用自然科学哲学问题类论文的比率，以及摘取部分学者强调研究自然科学哲学问题的重要性的言词，就笼统而简单地把科学哲学研究的主流定位于自然科学哲学问题研究的观点，值得商榷。

一、科学哲学的研究传统

在科学研究的进程中，任何一门学科的诞生都有其萌芽、孕育、形成、演进与发展的历史过程。科学哲学也不例外。历史地看，传统的科学哲学是指现代西方科学哲学。它是沿着西方哲学的发展脉络，作为一门哲学学科而出现的。它的前奏源于孔德的实证主义，直接的思想渊源主要来自马赫的经验主义、彭加勒的约定主义和罗素与维特根斯坦的逻辑原子主义。它的诞生主要归功于石里克、卡尔纳普、赖欣巴赫和亨普尔等逻辑实证主义代表人物的杰出工作，主要以 20 世纪初兴起的以相对论和量子力学为核心的科学与技术革命为起点，是科学与技术高度发展的产物。在此之前，虽然有些科学家与哲学家也关注自然科学中的哲学问题、科学方法论和科学认识论的研究，但是这种关注还不足以明确地形成公认的科学哲学学科。

从这个意义上讲，就像"虚拟实在"（virtual reality）作为网络技术的产物，是计算机工作语境中的一个专门名词，我们不可以超出计算机工作的范围，把"虚拟实在"任意地延伸外推到任何打上人工烙印的其他领域，使其涵盖人造的每一件事情一样，"科学哲学"（philosophy of science）一词的出现和使用，是与自逻辑实证主义以来的科学哲学所造就的研究传统密不可分的。如果我们任意地超出西方科学哲学的研究传统，把科学哲学研究的主流，理解成通常意义下的自然科学中的哲学问题的研究，那么，我们将会失去这个学科应有的约束力和研究传统。因为这样做有可能带来的严重后果是，首先，有可能把在特定条件下产生出来的专门名词进行语义与语用的扩大；其次，有可能把科学哲学分解为各门自然科学分支学科的哲学；最后，给人以忽视正在兴起的社会科学哲学问题研究之嫌疑。我们认为，科学哲学的发展与研究离不开各门分支学科中的哲学问题的研究。但是，所有这些研究综合起来，无论如何不可能等同于科学哲学。从学科性质来看，虽然自然科学由物理学、化学和生命科学等学科所组成，然而，在整体意义上，却不允许把科学哲学相应地分解为特殊的物理哲学、化学哲学和生物哲学等。

科学哲学的研究传统是科学哲学家在对逻辑实证主义的思想与概念体系的批判与改造的过程中逐渐形成的。逻辑实证主义以“拒斥形而上学”为标志，以对科学命题的逻辑分析和语言分析为手段，以经验的可证实性或经验的可检验性为标准，以归纳逻辑为基础，建立了一套关于科学哲学的研究规范。之后，波普尔在批判逻辑实证主义观点的基础上，以猜想与反驳为核心所阐述的科学发展模式，把科学哲学研究的视角由重视静态的理论结构的分析，转向了关注动态的科学知识的增长。1962年，库恩的《科学革命的结构》一书的出版，既标志着逻辑实证主义的彻底衰落，也标志着科学哲学研究中的历史主义学派的诞生。历史主义学派的一个最基本的特征是，以整体论思想为基点，运用历史分析的方法，主张将科学哲学与科学史结合起来，从科学发展的实际历史中揭示科学发展的真实过程。

自后历史主义以来，随着后现代文化思潮的不断扩张，当社会建构论者把科学探索作为一种社会活动重新概念化时，他们以非充分决定性论题为背景，阐述了科学知识产生过程中内含的社会人文因素所起的作用；揭示了内在于科学活动当中的政治因素。他们把科学知识理解成社会建构的产物，或者政治谈判的结果，认为科学的成功并不是由能够获得真理的科学方法所决定的，而是由各种社会、文化和政治因素决定的，是一种主体间性的认识，而不是真理性认识。这些观点进一步强化了库恩范式论中的相对主义成分。这种理论与观察的分离、经验与解释思想的分离，在新的层次上助长了经验的自主性特征。与过去所不同的是，在这种科学背景之下成长起来的新一代科学哲学家，不是重新返回到逻辑经验主义的哲学阵营，而是成为一种新形式的怀疑主义者或不可知论者；他们不再是立足于本世纪初兴起的语言或概念分析的传统，而是在认识论的立场上论证自己的观点。

在这种背景下，当代科学哲学的研究主要集中于科学的实在论与反实在论两大阵营之间的较量与争论。科学实在论者以坚持理性主义为出发点，试图对科学的目的、科学产品、科学进步、科学活动和科学的成功进行实在论的解释。认为科学理论是对这个世界的内在本质的描述，科学理论向我们讲述了一个与我们的观察与经验相关的世界的真实故事；而反实在论者则持截然相反的观点。他们虽然不否认独立于人心的客观世界的存在性，但是，他们却从许多视角证明，科学理论并不是对这个世界内在本质的描述。近些年来，随着双方论争内容的不断升级，争论焦点的不断集中与转移，辩护视域的日益扩展与交融，论证方法的相互渗透与借鉴，不同立场之间开始出现了兼容并包的趋势，正在逐渐地形成可以直接对话的基本前提，从而把当代科学哲学的研究放置于一个更加开放、更加宽泛的语境中，重新对科学的本性、科学知识的生产过程、科学目的的实现及科学图像进行思考。

科学哲学的这条历史发展脉络，体现了哲学研究方法的三大转向在科学哲学中的渗透：一是以逻辑实证主义为代表的哲学研究中的语言学转向；二是以库恩为代表的哲学研究中的解释学转向；三是以当代科学实在论与反实在论之争为核心的哲学研究中的修辞学转向。那么，对这些转向本身进行历史追溯与系统的研究，或者更确切地讲，对科学哲学的基础性问题的研究，也就自然而然地归属于传统的科学哲学研究的主流范畴了。毫无疑问，这些研究不但没有改变科学哲学的研究传统，而且将这种传统以更加明确的形式体现出来。正如作为“吴文”引证材料之一的曹天予先生的那篇文章中所指出的：“20 世纪科学哲学的主流是在分析哲学的框架中发展起来，经历了逻辑经验论、后经验论等阶段。进入 80 年代以后，它汇合了现象学、解释学与实用主义哲学，取以新康德主义语用学形式出现的实践哲学（主客体辩证理解）为其理论基础。”① 科学哲学的这种研究传统在科学哲学的传播与教学过程中，体现得尤为明显。

二、科学哲学的传播与教学

科学哲学之所以能够作为一门学科出现，是与当代科学与技术的高度发展密切相关的。自 20 世纪以来，人类社会进入一个由科学与技术所

① 曹天予. 西方科学哲学的回顾与展望. 自然辩证法研究，2001,（11）：5.
经我们核实查对，“吴文”把曹先生的这篇的注释写成是2000年第11期，是有误的。

包围的时代。新技术革命编织了现代人的整个生活方式，进化论、量子力学和相对论等理论向我们讲述了一个有时很难令人相信或难以理解的远离日常经验的故事，描述了一幅与过去的理解截然不同的世界图像。科学的成功和它在我们生活中的重要地位是不容置疑的。科学哲学家试图对“科学的本性是什么？”“科学是怎样运行的？”诸如此类的在科学的范围内不可能回答的问题作出解释。

在 19 世纪的哲学训练中，像穆勒（J.Mill）和惠威尔（W. Whewell）那样的著名科学哲学家，在众多的认识论者和形而上学家中间是十分罕见的。然而，今天，至少在以英语为母语的国度里，实际上所有的哲学系都有专门从事科学哲学教学的教师和进行科学哲学研究的学者。科学哲学课已经成为本科生的必修课。相关的著作、会议、刊物和专门的协会更是丰富多彩。[①] 一般说来，一门学科只有在一个共同体的支撑下形成了特有的范式或研究传统的条件下，才有可能作为课程进入传播与教学的行列。国内外现有的科学哲学的教学内容，基本上是按照上述科学哲学的研究传统或发展脉络展开的。例如，牛津大学的哲学系、剑桥大学的科学史与科学哲学系开设的科学哲学课程就是如此。据张华夏教授去年在美国访问时了解到的情况介绍，美国比较通用的一本科学哲学读本是由苛莱（R. Klee）著的《科学哲学导论》[②]，该书以免疫学领域内的案例为出发点，阐述的问题却是传统的科学哲学问题，而不是某门自然科学中的哲学问题。案例分析不过是为阐述抽象的科学哲学观点提供实证性支持。国内的科学哲学教程大多数是在十多年前引进与介绍西方科学哲学研究时编写的。这些教程虽然有的把科学哲学的起源追溯到远古时代，但是其核心部分是以介绍西方科学哲学的各种流派为主的。现在，这些教程都太陈旧，已经远远跟不上西方科学哲学的发展步伐，有必要编写或引进新的版本。但是，从体例上看，一本科学哲学教程，无论如何不可能是一本研究各门自然科学哲学问题的简单汇编，而应是有着一套专

① Newton-Smith W H. A Companion to the Philosophy of Science. Blackwell Publishers Ltd，2001：6-7.

② Klee R. Introduction to the Philosophy of Science：Cutting Nature at Its Seams. Oxford University Press，1997.

门的话语系统、特殊的研究风范和问题域的一个开放体系。自然科学前沿中的哲学问题的讨论，为科学哲学研究提供了扎实的理论基础或丰满的现实案例，有助于把科学哲学的研究推向新的层次，也有助于把科学哲学问题的阐述引向深入，是科学哲学研究赖以生存与发展的基石。

科学哲学的传播与教学离不开各门特殊科学中的哲学问题的研究成果。两者之间的关系更像是一栋宏伟的大厦与支撑该大厦的地基之间的关系。离开扎实的地基，当然难以耸立起宏伟的大厦，然而，大厦的功用与核心却并非就是地基本身。正是在这个意义上，我们同意“吴文”的观点，也认为自然科学哲学问题的研究，对于传统的科学哲学研究而言，是十分重要的，是基础性或奠基性的，是必不可少的。然而，科学哲学研究的目的并不在于关注一个个孤立的自然科学哲学问题本身，而在于对科学认识的目的、科学知识的生产、科学活动、科学进步、科学方法、科学实验、科学观察、科学工具和科学的成功等问题的说明与理解。从一开始科学哲学家对这些问题的研究，就成为科学哲学研究的主流。当然，对这些问题的阐述不可能游离于自然科学哲学问题的研究之外。这也是关于自然科学哲学问题的研究类文章，在科学哲学研究的刊物中始终占有较高比率的主要原因之一。

可见，从科学哲学的研究传统和它的传播与教学来看，具体的自然科学哲学问题的研究是科学哲学研究的基础与前提，是推动科学哲学研究的手段，而不是最终目的。牛顿 - 史密斯在他主编的《科学哲学指南》一书的前言中谈到“什么是科学哲学”问题时指出，期望依据现有的概念给出科学哲学的有启发性的特征是困难的，比较有效的做法是，思考科学哲学家实际上所关心的事情和所做的事情，并据此来回答问题。接着，他分别陈列和简要讨论了科学哲学家所关心的几个问题。这些问题包括：关于科学目的、科学方法和科学工具的争论；关于科学产品（即理论内容）、科学建制、科学进步和科学成功的说明。他指出，“科学哲学是追求对科学目的、方法、工具和产品的理解”，其中，“关于科学目的的争论是当代科学哲学研究中的主要问题之一”。对这些问题的回答，

“需要建立科学与哲学之间的联盟”①。

如果按照“吴文”的说法，把这些研究理解成是“纯而又纯的”科学哲学研究的话，那么，应该承认，这种“纯而又纯的”的科学哲学研究，自始至终都没有把自然科学哲学问题的研究置于科学哲学研究的外围，而是作为科学哲学研究的基础来对待的。至于科学与社会关系的研究是不是科学哲学，这要视具体研究的内容来定。如果是从社会学的视角来研究科学哲学家关注的问题，那么这种研究应该属于科学哲学研究的范畴。

事实上，随着科学与技术的高度发展，对科学与技术的各种元理论研究之间存在着许多交叉。把科学作为一个整体，从哲学层面上进行反思与研究的科学哲学，同科学与社会关系的研究之间，既有交叉也有区别，不能一概而论。科学哲学与自然科学哲学问题的研究之间的关系，则是整体与部分、一般与个别之间的关系。科学哲学除了包括自然科学哲学之外，还包括社会科学哲学。科学哲学问题的涵盖域，取决于我们对“科学”一词的理解所延伸的程度。但是，不管科学哲学家对这些问题给出多么新颖的求解，科学哲学的研究传统和传播与教学已经内在地决定了科学哲学研究的方向。

三、科学哲学研究方向的多元性

综上所述，科学哲学的产生是对自然科学哲学问题研究的一种现实的超越，而不是简单的抛弃。超越的本性恰恰在于，后者将会作为前者的“基因库”，在最基本层次上被保留下来，而不是被无原则地丢弃。随着科学与哲学的不断发展，科学哲学也会随时对传统的问题给出全新的回答。因此，它始终是一门处于发展中的学科，是一个兼收并蓄的、分层次的和多元化的开放体系。科学哲学的基础理论研究强调与突出的主要是对作为整个科学的逻辑性、规范性、方法论性和哲学性的系统思考；

① Newton-Smith W H. A Companion to the Philosophy of Science. Blackwell Publishers Ltd，2001：12.

自然科学哲学问题研究所强调与突出的则主要是具体学科的个体性、现实性、前沿性和多样性。当然，这两个层次之间不存在泾渭分明的界线，后者是前者的现实基础，前者是后者的理性升华。正是在这个意义上，我们重申，"吴文"强调把科学哲学研究的问题域，肢解为特殊的自然科学哲学问题的研究，并把这些研究定位于科学哲学研究的核心的做法，是值得商榷的。这种观点既有可能把社会科学哲学问题的研究消解掉，也有可能在一定程度上丢掉科学哲学研究的哲学性、方法论性和多元性，使科学哲学的研究退回到 20 世纪之前的分散状态。

如何理解和翻译“Science and Technology Studies”*

在欧美学术界，“Science and Technology Studies”有的简写为S&TS，有的简写为STS。为了与更加常用的STS（Science，Technology and Society）简写区别开来，本文采用美国康奈尔大学和斯坦福大学的用法，把“Science and Technology Studies”简写为S&TS，把“Science，Technology and Society”简写为STS。当前，国内学术界对S&TS的译名问题正处于热烈的讨论之中。我们认为，对S&TS的翻译不是一件想当然的事情，更不是一件人云亦云的事情，而是建立在如何理解S&TS的基本内涵和主要研究范围的基础之上的。只有搞清楚S&TS产生的历史背景，特别是弄明白S&TS学者在这一名称下面所展开的研究活动的范围和内容。然后，再结合我国的研究传统，在尽可能不改变其内涵与性质的前提下，赋予其名称，才是行之有效的翻译方法。毋庸置疑，在正式

* 本文发表于《自然辩证法通讯》2004年第1期，作者郭贵春、成素梅、马惠娣。

的或者说是公认的译名还没有形成之前，多方位、多视角地商谈与切磋，是一件十分有意义的事情。因此，为了有助于明确 S&TS 的研究规范和基本内涵，为了促进国内学术界在译名问题上尽快达成共识，本文就我们对 S&TS 的理解和可供选择的译名谈几点看法，欢迎同行学者与专家给予批评指正。

一、历史背景：S&TS 强调对科学与技术的人文社会学思考

任何一个新的学术研究领域的突现和一门新的学科体系的诞生，都是时代与社会发展的产物。几个世纪以来，随着科学与技术的突飞猛进，科学与技术在公众领域内（public domain）的霸权地位越来越突出，它不仅营造和改变着我们的生活世界，而且潜移默化地装饰与描写着我们的生活方式。特别是随着科学探索的不断深入，深奥的科学越来越成为客观、公正、求真的化身，成为神圣不可侵犯的一块净土；同时，随着科学文化的高度扩张，科学家一直扮演着真理的发现者和知识权威的角色。科学权威成为实验、基金、职务晋升和课程设置等一切与科学活动相关的事情的操纵者。20 世纪 40 ～ 50 年代处于鼎盛时期的逻辑实证主义，更是使科学哲学的研究一度成为哲学研究的主流，其结论是把形而上学斥之为无意义的和非科学的活动，排斥在哲学研究之外。

在科学主义的哲学思潮越演越烈的背景之下，从 20 世纪 50 ～ 60 年代开始，一方面，社会分析家（social analysts）普遍地把他们研究问题的目标瞄准了对科学成功的理解和说明，而不是对科学基础的质疑。在逻辑实证主义者看来，对于社会学家和一般公众而言，经受良好的科学训练，是一个人在他自己的研究领域内，甚至是在别的领域内，处于权威和决策地位的一种表达。然而，当社会学家直面科学研究的整个过程时，以库恩与费耶阿本德为代表的后实证主义者所倡导的观点，不仅使逻辑实证主义的哲学见解彻底陷入了学术困境，而且他们开始对知识的客观性基础提出质疑，开始对科学家在研究活动中所扮演的权威角色产生怀疑。另一方面，他们也注意到，无论是从饥饿到战争的威胁，还是从环

境的退化到农药通过农产品对人体带来的危害，所有这些社会问题或者是由科学与技术发展所引起的，或者需要进一步借助于科学与技术的手段来解决。这些事实要求我们必须从社会与人文科学的视角，对科学与技术的发展重做慎思。正是这些慎思本身，为 S&TS 的产生提供了学术背景。

到 20 世纪 70 年代，一条主线是，以罗马俱乐部成员为代表的一系列研究报告，直接引发了人们对工业时代的环境污染、可持续发展、人类的生存与生活质量以及资源等一系列重大社会问题的全球性关注。另一条主线是，作为“社会建构论”的一个重要变种的科学知识社会学（SSK）的研究表明，在传统的关于科学与技术的争论中，关于科学方法、科学实验、科学观察和科学理论的争论是不充分的，有必要在这个闭合的网络中加入额外的非科学的因素。特别是，当社会学家把科学探索作为一种社会活动重新概念化时，他们更注重研究科学知识产生过程中内含的社会人文因素所起的作用；注重揭示内在于科学活动当中的政治因素（如在公共咨询中的政策制定）产生的影响。在整体意义上，强调科学知识的社会建构性将意味着，一方面，科学家在社会中的特殊地位受到了威胁；另一方面，需要对贴有专家标签的正统的专家意见（legitimated expertise）进行重新评价。社会科学家不相信有什么智慧能够被垄断，也不相信有什么知识领域是专门保留给拥有特定学位的研究者的。科学知识社会学的产生、相关刊物与学会的相继诞生，以及 STS 研究项目的启动，对 S&TS 的产生与发展起到了关键的作用，使它作为一种学术运动开始引起学术界的关注。

自 20 世纪 70 ～ 80 年代以来，在 S&TS 领域内不断增加的研究人员，已经形成了他们重构知识的社会价值或政策关注（policy concerns）的表达方式。不断增加的科学、技术与社会方面的研究项目和研究成果更是表明，科学与技术并不是一个孤立于各种社会因素而独立地发展的封闭体系，而是会强烈地受到政治、经济、法律、教育、文化甚至宗教等许多人文社会因素影响的开放体系。在某种意义上，越是深奥的技术性的科学（technoscience），越会强烈而直接地受到各种人文社会因素的影响，以致一些科学知识社会学家把科学知识理解成是偶然的或社会谈判的结果。为此，S&TS 学者所处理的主要问题之一是如何重建专家科学，使其向着更加民主、在环境与社会的意义上更具有可持续性和更可取的文明方向发展。欧洲的 S&TS 学者所建构的“技术评价体系”就是向着这一趋势发展的一个具体事例。与激进的后现代主义者相比，S&TS 学者的目的不是“反科学”或“反技术”，而是试图揭示出，对科学研究纲领、技术设计以及与此相关的社会过程的选择，是一个困难而复杂的问题，应该引起公众与决策层的注意。

到 20 世纪 80 年代末，S&TS 逐渐由潜学变成显学。其具体表现形式是，在欧美国家的许多大学里，相继设立了 S&TS 或者 STS 系和研究所。1995 年，由科学的社会研究学会（Society for Social Studies of Science）编辑出版的《S&TS 手册》（*Handbook of Science and Technology Studies*）基本上反映了与 S&TS 相关的主要研究领域。经过十多年的发展，这些大学里已经拥有了侧重点有所区别的从本科生到博士研究生的课程设置，出现了一批专门的 S&TS 学者。其规模与建制足以与较早成立的科学史与科学哲学系相比拟。但是，他们之间的研究传统与规范、课程设置、培养学生的目标，以及项目来源等却是不相同的。

二、研究范围：S&TS 突出多学科和跨学科之间的交叉研究

在当前的美国大学里，既有 S&TS 系，也有 STS 系。单纯从语义学的意义上来理解，S&TS 应该比 STS 包括的内容更丰富。但是，在实践的意义上，从它们设置的课程和制订的学生培养计划来看，两者的目的与内涵是基本相同的。例如，康奈尔大学是在过去 STS 研究的基础上，于 1991 年正式成立了 S&TS 系。这个系向大学生和研究生所提供的教育是，促进和加深学生理解科学与技术塑造世界的方式，同时，理解被历史、政治和文化所塑造的科学与技术，从而为学生解决现在和未来遇到的问题，提供一种综合的思维方式。据康奈尔大学的 S&TS 网页中介绍，他们的 S&TS 系“是目前世界上对科学、技术与社会进行交叉研究的最强和最

重要的场所之一”[①]。斯坦福大学于1971年创建的STS计划的宗旨是，专门从事社会中科学与技术研究的教学与考察。关注伦理、美学、公共政策、政治、文化变迁、经济发展、科学史、技术史、医学史及工程史等和科学与技术之间的交叉研究，试图从多学科和跨学科的视角，为学生提供在社会中对科学与技术现象的基本而全面的理解。[②]

从整体意义上看，不论是S&TS系，还是STS系，它们对本科生的要求主要是，希望学生通过相关课程的学习，增进对科学技术的社会和文化的理解，提高参与决策的能力。这些课程是为那些希望毕业后从事法学、公共政策或公共管理工作的学生设计的。同时，也是为那些希望进一步熟悉科学、技术、工程和社会等问题的科学家、工程师和社会科学家所设计的。在不同的大学里，虽然设置课程的侧重点和承担的研究项目有所不同，但是大多数课程与讲座主要集中在下列几个方面：科学与技术的社会研究简介；科学与技术的公众传播；社会中的技术；西方文明中的科学；20世纪的科学；知识与社会；生物医学伦理；疾病与文化；知识与政治学；生物技术与法律；工程学中的伦理问题；法律、科学与公共价值；知识、技术与特性；国际科学史；科学社会学；创新理论与政策；技术的社会建构；美国的环保政治学；科学、技术与劳动；科学、技术与环境；科学、技术与汽车文化；科学与人类的本性；科学哲学等。在这些课程设置中，科学哲学和科学史是以基础理论课的身份出现的，其地位与作用类似于在物理系开设数学课，在化学系开设普通物理学课。

目前，S&TS和STS学者所进行的研究项目和刊发的论文主要集中于下列几个方面：当代科学技术的伦理问题；科技传播问题；政府在科学技术的使用与发展中的作用问题；遗传工程的政治学问题；生物技术与法律之间的相互作用问题；科技与性别问题；科学技术与知识的政治学问题；等等。这些研究项目和论文的一个最突出的特点是，注重在社会语境中重新思考与反思科学技术，强调多学科研究的相互渗透和相互交

① http://www. sts. Cornell. edu/programintro. php.

② http://www. Stanford. edu/group/STS/stsfaq. html.

叉。其目的在于，通过把科学与技术置入一个更大的社会文化背景之下的研究，在真正意义上，改变过去几个世纪以来简单地把科学知识理解成是与社会活动无关的客观而公正的绝对真理的认识；明确科学与技术在思考方式、历史发展、社会建制、竞争机理以及表达方式等方面的异同之处；揭示科学和技术与社会、文化、经济和政治之间的内在相关性，追求以多种方式刻画、评价和解释科学与技术活动。

S&TS 的研究者主要来自具有自然科学与工程技术基础的人文科学、社会科学和行为科学领域。近些年来，他们更加关注科学研究中，解释的灵活性、科学家的参与、兴趣、社会技术网络（sociotechnical networks）、边缘学科之间的交叉、与科学和技术相关的政治决策、科学与技术的传播、专家咨询与鉴定的合理性及基金的运作等问题。围绕这些研究基本形成了三种不同类型的研究群体：学者（scholars）群体；决策者（policy-makers）群体和实践者（activists）群体。其主要特征如表 1 所示。①

表1　三者的主要特征

项目	学者方向的S&TS（Scholar-oriented S&TS）	决策者方向的S&TS（Policy-maker-oriented S&TS）	实践者方向的S&TS（Activist-oriented S&TS）
研究者的基本投入	奖学金	政府和专家顾问系统	彻底的社会改革
选择题目和方法的关键标准	知识分子的重要性	政府官员的优先权	社会和环境问题
主要读者	学者	决策者	实践者、公众
典型风格	学术性、博学的特征	官僚政治特征	可读性、交叉性
典型的传播渠道	杂志、图书和会议	报告、政府和新闻发布会	图书和电子媒体

像任何一个分类系统一样，上述分类也只是为未来的研究实践和讨论提供一个富有启发性的基础，在一定程度上，反映了 S&TS 领域内三类群体之间的相互依赖性和不同的侧重点。事实上，他们之间没有严格的分界线，研究群体之间也不是相互排斥的。从 S&TS 系的课程设置、学生

① Woodhouse E，Hess D，Breyman S，Martin B. Science studies and activism. Social Studies of Science，2002，32(2)：311.

的培养目标、S&TS 学者所从事的研究项目，以及与此相关的刊物的办刊宗旨，至少从不同的层面反映了 S&TS 在欧美国家的研究范围。这些研究范围与科学技术哲学和科学技术史既有相互交叉的部分，也有互不相干的部分。如果说，科学技术哲学与科学技术史更注重科学技术发展的内在逻辑的话，那么，可以认为，S&TS 则更强调科学技术发展过程中必然受到的社会、经济、文化、政治，甚至宗教等因素的影响。S&TS 并不关注科学概念的提出与意义的演变、某一具体学科发展中所遇到的概念难题的解决，以及自然科学中的哲学问题。因此，S&TS 没有也不希望涵盖科学技术哲学与科学技术史的全部内容。这也许正是在欧美国家为什么会有科学史与科学哲学系和 S&TS 系共存的原因所在。

三、内涵与翻译：S&TS 可意译为“科学与技术的人文社会学研究”

从 S&TS 产生的学术背景和研究范围来看，S&TS 是在科学与技术的哲学、历史和社会学研究的基础上诞生的一种新型的学术研究领域。或者说，S&TS 相当于到目前为止被视为是独立研究领域的科学技术哲学、科学技术史和科学技术社会学研究的一种交叉汇流（confluence）。这种已经出现的新的汇流或混合（hybrid）的目的在于，努力把科学与技术的“网络（network）”理解成是它对整个文化的全面渗透，以及同时被这种文化所铸造；强调把科学与技术置于复杂的西方社会建制的互语境化（intercontextualization）的过程中进行考察。一方面，科学与技术变成了类似于外来文化研究的人类学分析的对象，在这里，经济、宗教信仰等整合成一种全球的文化观念；另一方面，S&TS 为对科学与技术的这种社会分析提供了新的会聚点（venue）。S&TS 的最重要的论点是认为，自然界的研究与社会研究是必然而内在地联系在一起的，它们不仅在通常的社会意义上相互交织，而且它们的信仰系统也是相互依赖的。S&TS 领域内的一个重要的发展是，打破了传统的学科界线，对把科学理解成是自主而客观的神圣观点提出了新的挑战。[①]

从这个意义上看，S&TS 是以多学科、跨学科和交叉为主的一个新型的研究领域，而不是传统的科学技术哲学、科学技术史和科学技术社会学等学科的简单组合。因此，把 S&TS 翻译为“科学技术学”，把科学技术哲学、科学技术史、科学技术社会学、科技政策或科技传播等理解为是“科学技术学”的二级学科的观点[②]，是与 S&TS 的宗旨和内涵不相符的，甚至可以说是对 S&TS 意义的一种误解。然而，如果说，这些误解还有可能通过对 S&TS 的基本内涵的讨论，在达成一致性理解的前提下得以消除的话，那么，近年来，国内自然辩证法界的一些学者不顾 S&TS 之译名还在讨论之中的事实，也缺乏对国外 S&TS 的产生背景和研究范围的系统考察，而是高举与国际学术界接轨的旗帜，直接把“科学技术学”当作一个定论的名称，试图通过构造它的学科体系，来实现自然辩证法学科建设的第二次调整，倡导把“科学技术哲学”调整为“科学技术学”的观点[③]，以及强调在 S&TS 的主题下，造一个对科学技术的元理论研究的“大锅”的看法[④]，则是一种严重的错误导向。

这是因为，如果不去认真地考察国外学者使用 S&TS 这一术语的基本内涵与研究范围，而是仅以满腔热情取其名而忘其义来谈自然辩证法学科建设的做法，是绝对不可取的。当然，如果是在摒弃已有的学术传统与研究背景的前提下，试图把对科学技术的所有的元理论研究，都归属于所谓的“科学技术学”的一级学科的名下，则是与我国的自然辩证法学科建设和 S&TS 的译名问题完全无关的另一回事。[⑤] 从前面的分析中，我们不难看出，S&TS 虽然是从已有的传统学科基础上诞生出来的，但是，这就像我们不可以把物理化学或生物化学的产生，理解为是凌驾于物理学与化学或生物学与化学之上的高层次学科一样，也不应该把 S&TS

① Tauber A I. Science and the Quest for Reality. New York：New York University Press，1997：1-2.

② 曾国屏. 论走向科学技术学. 科学学研究，2003,（1）：1-7.

③ 张明国. 从“科学技术哲学”到“科学技术学”：实现自然辩证法学科建设的第二次调整. 科学技术与辩证法，2003,（1）：5-12.

④ 刘华杰. 多管齐下研究科学. 自然辩证法研究，2002,（1）.

⑤ 限于篇幅，关于自然辩证法学科建设与S&TS 之间的关系问题，我们将另文讨论。

理解为是凌驾于科学技术哲学、科学技术史和科学技术社会学之上的一级学科。

在此我们强调指出，本文的作者之一马惠娣于1998在美国的麻省理工大学、康奈尔大学和斯坦福大学进行学术访问时，曾专门向这些大学里的S&TS或STSS（Science，Technology and Society Studies）方向的教授请教过S&TS与STS和STSS之间的区别与联系的问题。当时，这些教授给出的回答是，这三个领域所关注的问题基本是相似的，在内涵上没有实质性的区别，只不过是不同的大学有不同的特色，有不同的重点，形成不同的风格。这些研究的共同点都是强调这一研究领域的交叉性和跨学科性的特色，突出人文学科和社会科学对科学与技术研究的渗透。这说明，在美国教授的心里，S&TS并不是比STS和STSS高一层次的一个新学科，或者说，他们并没有把S&TS理解为是涵盖了科学哲学、技术哲学、科学社会学和STS或STSS的一个新学科。

综上所述，S&TS被视为是相互独立的传统学科交叉渗透之后出现的一个新的研究领域。就目前的发展状况而言，它的目的既不是讨论西方科学发展的历史进程，也不是草率地总结科学的发展与运行机制，而是强调把科学放在一个更加宽泛的智力与文化语境（intellectual and cultural context）中，进行跨学科的思考。应该承认，随着科学与技术的高度发展，学科间的交叉渗透会越来越明显。交叉学科的出现是科学研究向着综合化方向与专门化方向同时发展的一个具体表现，它一方面有利于进一步规范已有的传统学科的学科边界，另一方面，更是学术繁荣的主要象征。有鉴于此，我们认为，从S&TS的基本内涵和研究范围出发，建议把S&TS间接地意译为“科学与技术的人文社会学研究”。这个译名既与我国已经公认的STS的研究范围相一致，而且明确地表明，S&TS的核心与宗旨是强调从人文社会学的视角，对科学与技术进行多维度、跨学科的批判与思考，突出自然科学、工程技术与人文科学、社会科学之间的整体性与内在相关性。

量子计算动摇了丘奇－图灵论点吗

——兼纪念图灵逝世50周年*

20世纪30年代初提出的丘奇－图灵论点，是判定什么是计算、什么问题是可计算的和什么问题是不可计算的这一切问题的最根本原则或标准。电子计算机诞生后，丘奇－图灵论点还成了刻画电子计算机计算能力的最基本的理论依据。70年过去了，尽管新型的计算范例不断涌现，例如，神经网络计算、遗传计算、进化计算和DNA计算等，但它们除了在计算复杂性方面（计算效率）较优，并没有从根本上动摇丘奇－图灵论点。

自20世纪90年代以来，一种全新的更具挑战性的计算范例——量子计算机出现了。它是不是超越了丘奇－图灵论点的界限呢？是不是可以计算丘奇－图灵论点认为不可能计算的问题呢？对此，人们产生了不同的看法：一种看法认为，量子计算并没有超越丘奇－图灵论点的界限，

* 本文发表于《科学》2004年第6期，作者郝宁湘、郭贵春。

只不过量子计算有着电子计算机不可比拟的计算效率；另一种看法认为，量子计算超越了丘奇-图灵论点的界限，量子计算机能够计算电子计算机或图灵机所不能计算的一些问题。

笔者认为，理解量子计算机的本质需要一个过程，因为这里面有些关键的问题不是靠哲学思辨能够解决的，而是需要严格的数理逻辑证明。另外，在理解量子计算机本质的过程中，必然涉及量子力学本身以及它与经典力学关系的一些问题，而对这些问题的认识，至今都有众多分歧。这无疑增加了理解上的困难。

一、计算的实质

为了回答本文的基本问题，首先要对计算的本质有个明确界定，以及对近些年不断涌现的新的计算范例在计算理论上的意义有个正确的评价。

丘奇-图灵论点，即凡是可计算的函数都是一般递归函数（或是图灵机可计算函数等），这一论点标志着人类对可计算函数与计算本质的认识达到了空前的高度，它的提出确立了计算与可计算性的数学含义，是数学史上一块夺目的里程碑。正如莫绍揆教授所言，有了这个论点，就可以断定某些问题是不能能行地解决或不能能行地判定的。对于计算机科学，丘奇-图灵论点的意义在于，它明确刻画了计算机的本质或计算能力，确定了计算机只能计算一般递归函数，对于一般递归函数之外的函数，计算机是无法计算的。许多新型计算，除了计算效率较优外，并没有从根本上动摇丘奇-图灵论点。

那么，我们应该怎样理解或评价这些不断涌现的新的计算范例在计算理论上的意义呢？对此，笔者已在《理解计算》中有过论述[①]，其基本思想是：首先，这些新的计算范例的不断涌现是计算方式不断进化的表现。计算方式是一种历史的结果，而非计算本性的逻辑必然。也就是

① 郝宁湘. 理解计算. 科学，2004，55(4)：33.

说，计算之所以为计算，在理论层面上只在于它具有一种根本的递归性，或在于它是一种可一步一步进行的符号串（信息）变换操作。至于这种符号变换的操作方式如何，以及符号的载体或其外在表现形式如何，都不是本质性的东西，它们无不是一种历史的结果，无不处于一种不断进化的过程之中。新型计算机的不断涌现只是计算方式不断进化及其多样性的表现（至少在目前如此）。其次，计算方式的历史性、多样性反观了计算本性的逻辑必然性、统一性。由丘奇－图灵论点所揭示的计算本质，不仅包括数值计算、定理推导等不同形式的计算，还包括了 DNA 计算机、量子计算机等新型计算机的计算。这说明不同形式的计算、不同“计算器”的计算，在计算本质上是一致的，这就是递归计算或图灵计算。

图灵——现代计算机理论的奠基者

图灵（A.Turing），1912 年 6 月 23 日出生于伦敦，他被认为是 20 世纪最著名的数学家之一。

1936 年，图灵做出了他一生最重要的科学贡献，他在其著名论文《论可计算数在判定问题中的应用》中，描述了一种理想的通用计算的机器——后人称之为“图灵机”。这篇论文被誉为现代计算机原理的创始之作。图灵还从理论上证明了这种理想计算机的可能性。尽管图灵当时还只是在“纸上谈兵”，但其思想奠定了整个现代计算机科学的理论基础。

通过长期研究和深入思考，图灵预言，总有一天计算机可通过编程获得能与人类竞争的智能。1950 年 10 月，图灵发表了题为“机器能思考吗”的论文，在计算机科学界引起巨大震撼，为人工智能的创立奠定了基础。图灵还设计了著名的“图灵测试”。

身为一名数学家，在第二次世界大战中图灵前往英国外交部承担“超级机密”研究工作，即主持对德军通讯密码的破译。他被看成是一位天才解密分析专家。

图灵在他生命的最后时光，由于他同性恋的性倾向而备受折磨。1952 年因一偶发事件，使他的私生活曝光于大众，政府也取消了他在情报部门的工作。他的脾气变得躁怒不安，性格阴沉郁悒。1954 年 6 月 8 日，人们在图灵的寓所发现了他的尸体。他服用了沾过氰化物的苹果。

为了纪念这位计算机科学理论的创立者，美国计算机协会于 1966 年设立了“图灵奖”，专门用来奖励那些对计算机科学研究与推动计算机技术发展有卓越贡献的科学家。这是计算机科学领域的“诺贝尔奖”。美国国家科学院院士、中国科学院外籍院士姚期智（1946—）是首位获得图灵奖的华裔科学家（2000 年度）。他的主要贡献在于量子计算、量子密码等领域。

丘奇（A.Church，1903—1995）是世界著名逻辑学家。他提出了一般递归函数的概念，几乎同时图灵提出了图灵机的概念。1937 年，图灵证明了他的论点与丘奇的论点是一回事。当时许多人对丘奇论点表示怀疑，由于图灵的思想表述得如此清楚，从而消除了这些人的疑虑。

笔者认为，丘奇－图灵论点对计算本质的抽象，有着极其高度的普适性。这种高度的普适性根源于可计算理论本身是一门高度抽象的形式化的数学理论。大家不要忘了，以丘奇－图灵论点为基石的可计算性理论是在电子计算机诞生之前的20世纪30年代提出的，即它不是在对任何具体的计算机进行总结与抽象的基础上提出的，而是从纯粹的数理逻辑的角度提出的。笔者相信，让众多科学家惊叹的“数学在自然科学中那不可思议的有效性”在计算机科学中也会有同样的体现。

最后，我们还要强调这样一种认识：计算的实质只是一个理论层面上的问题，即与现实没有直接关系的一个形式化的数学问题，它超越于任何现实的具体计算，是对各种具体计算高度的数学抽象。相反，计算方式则是一个现实层面上的具体问题，它与任何具体的计算设备直接相关，是一种历史的结果，并且随着历史的发展而不断进化。从现实层面上讲，计算包括两方面的内容：信息的表征和信息的加工。而从理论层面上讲，计算就是一个方面的内容——符号或信号的变换。笔者认为，这两个不同层面上的问题不能混为一谈。而事实上，在人们谈论量子计算是否动摇了丘奇－图灵论点时，是有着混淆两类不同层面问题之嫌的。

二、量子计算的特点

下面来分析一下量子计算的实质与特点。简单地讲，量子计算机就是实现量子计算的机器。量子计算机是以量子态作为信息的载体，其信息单元是量子比特，它是两个正交量子态的任意叠加态，实现了信息的量子化。直观地讲，一个简单的量子比特是一个双态系统，如半自旋或两能级原子：自旋向上代表0，自旋向下代表1；或基态代表0，激发态代表1。与经典比特不同，量子比特不但可以处在0或1的两个状态之一，而且一般地可以同时处于两个态的叠加态，即$|\varphi>=c_0|0>+c_1|1>,|c_0|^2+|c_1|^2=1$。经典比特可以看成量子比特的特例（$c_0$=0或$c_1$=1）。由$L$个量子位组成的量子寄存器能够一次存储$2^L$个“数字”，即量子寄存器随着位数的增加能够指数

地增加存储的数据量。信息一旦量子化，量子力学的特性便成为量子信息的物理基础，信息的演变遵从薛定谔方程，信息传输就是量子态在量子通道中的传送，信息处理（计算）是量子态的幺正变换，信息提取便是对量子系统实行量子测量。

那么，到底什么是量子信息呢？它是一种本质上不同于经典信息的信息吗？还是仅为信息的量子表征呢？对此，笔者之一已撰文指出：量子信息实质上就是信息的量子表征，而不是本质上不同于经典信息的另一种信息。人们所谓的量子信息与经典信息有着本质的区别，这只能是在信息表征方式意义上而言。

从现在的研究状况来看，笔者认为，量子信息就是用量子态表示信息。量子信息单元的叠加态并不能或并没有反映出信息本质的区别。量子叠加态只是能表示多个数（即它可以同时表示 0 和 1），对量子叠加态的操作，也只是意味着对多个数同时多路操作运算，即所谓“量子并行计算”。说得更具体点，对于一个 L 个物理比特的存储器，若它是经典存储器，则它只能存储 2 个可能的数当中的任一个；若它是量子存储器，则它可以同时存储 2^L 个数，而且随着 L 的增加，其存储量子信息的能力将指数上升。另外，量子计算机在实施一次的计算中可以同时对 2^L 个输入数进行数学运算。其效果相当于经典计算机要重复实施 2^L 次操作，或者采用 2^L 个不同的处理器实行并行操作。由此可见，信息的量子表征只是在信息的存储、处理（计算）以及传输方面区别于并优越于信息的经典表征。由此，我们也进一步看到，信息的表征方式是多种多样的，既可以是经典的，也可以是量子的。但信息的本质是不因表征方式的变化而变化的。当然也不可否认，量子信息与经典信息相比，由于它的表征方式发生了重大变化，因而具有了许多量子力学的特性，如量子纠缠、量子不可克隆和量子叠加性等。

正如经典计算机建立在通用图灵机基础之上，量子计算机亦可建立在量子图灵机基础上。量子图灵机可类比于经典计算机的概率运算。通用图灵机的操作是完全确定性的，用 q 代表当前读写头的状态，s 代表当前存储单元内容，d 取值为 L，R，N，分别代表读写头左移、右移或不动，则在确定性算法中，当 q，s 给定时，下一步的状态 q'，s' 及读写头的运动 d 完全确定。我们也可以考虑概率算法，即当 q，s 给定时，图灵机以一定的概率（q，s，q'，s'，d）变换到状态 q'，s' 及实行运动 d。概率函数 X（q，s，q'，s'，d）为取值 [0，1] 的实数，它完全决定了概率图灵机的性质。

量子图灵机非常类似于上面描述的经典概率图灵机，现在 q，s，q'，s' 相应地变成了量子态，而概率函数 X（q，s，q'，s'，d）则变成了取值为复数的概率振幅函数 X（q，s，q'，s'，d），量子图灵机的性质由概率振幅函数确定。正因为现在的运算结果不再按概率叠加，而是按概率振幅叠加，所以量子相干性在量子图灵机中起本质性的作用，这是实现量子并行计算的关键。说得简单点，量子计算机能做到如此高效，得益于量子叠加效应，即一个原子的状态可以同时是 1 和 0，更确切地说，原子可处于 0 和 1 的概率各为 1/2 的叠加态。采用 L 个量子位可以一次同时对 2^L 个数进行处理，一步计算完成了电子计算机 2^L 个数计算。由于量子态具有叠加性，一个幺正操作同时作用在各叠加态上，从而达到并行计算的效果。这里，各叠加分量在统一的操作下以各自的路径独立演化，每一个分量上完成的变换就相当于一台传统计算机的工作。最后，各分量之间通过不同概率将结果同时输出。因而，一台量子计算机等价于多台传统计算机的功效。也就是说，量子计算机的计算本质依然是图灵计算或递归计算，在这一点上，量子计算机与电子计算机有着共同的计算本质。

三、为什么有人认为量子计算动摇了丘奇－图灵论点？

那么，为什么现在有人认为量子计算动摇了丘奇－图灵论点呢？他们的理由是什么呢？或者说他们有些什么样的具体实例呢？目前，有人提到的实例主要是以下三个：①有人认为，1989 年在纽约 IBM 研究所建成的量子计算机就完成了一件图灵机所不能完成的任务——量子密码术。②也有人认为，量子计算机中实现的随机数是真正的随机数，是传统计算机无法实现的，传统计算机实际上产生的是伪随机数。③超距传送的量子计算实现是另一个实例。至于为什么这三个实例就表明量子计算动摇了丘奇－图灵论点，则均没有一个合理的说明，更谈不上严格地证明它们是一种非递归问题。因此，如今认为量子计算动摇了丘奇－图灵论点的人，无不是一种想当然的观点，其原因主要是把现实问题与理论问题混淆了，把量子力学本身的特点强加给了理论计算。

在回答“量子计算是否动摇了丘奇－图灵论点”这个问题时，一定要明确它只是一个理论层面上的问题，而不是现实层面上的问题。在现实层面上，由于计算复杂性的原因，量子计算机确实可以计算一些由传统的电子计算机所不能计算的问题。笔者认为，在理论层面上，量子计算能否动摇丘奇－图灵论点，关键在于能否证明它可以计算非递归函数。能，则表明量子计算超越了丘奇－图灵论点的界限；不能，则表明量子计算依然受丘奇－图灵论点的制约。因此，任何声称量子计算超越了丘奇－图灵论点界限的人，都必须严格证明量子计算机解决了一个非递归性的问题，否则这种声称就是无意义的或值得怀疑的。自丘奇－图灵论点提出后，人们不是已确证了许多不可计算的问题吗？如一阶逻辑的判定问题、丢番图方程的整数解问题、群论上的字问题和四维流形的同胚问题等。如果哪一天量子计算机能够解决这么一个非递归问题，那么人们一定会接受量子计算动摇了丘奇－图灵论点的观点。可是目前还没有。

下面，本文分别讨论一下那三个实例的实际意义。量子密码术是密码术与量子力学结合的产物，它利用了系统所具有的量子性质。首先想到将量子物理用于密码术的是美国科学家威斯纳（S. Wiesner）。他于1970年提出，可利用单量子态制造不可伪造的“电子钞票”。量子密码术并不用于传输密文，而是用于建立、传输密码本。根据量子力学的不确定性原理以及量子不可克隆定理，任何窃听者的存在都会被发现，从而保证密码本或加密信息的绝对安全。也就是说，量子密码并不是一种加密算法，它只是通过公开信道，借助量子力学原理来建立只有A、B双方才知道的随机数序列的一种手段（如果有人窃听，A、B可以通过某些手段知道）。这里完全不是一个算法的问题，根本谈不上对丘奇－图灵论点的动摇，而只是实现了经典技术不能实现而由量子技术实现的一种通信手段。

有人认为，量子计算机中实现的随机数是真正的随机数，是传统计算机无法实现的，传统计算机实际上产生的是伪随机数。笔者认为，即便这一说法是正确的，它也没有构成对丘奇－图灵论点的动摇，因为传统计算机无法实现的并不等于图灵机不能实现。前者是一个现实层次上可否实现的问题，后者是一个理论层次上能否实现的问题。传统计算机（电子计算机）实际上产生的是伪随机数，并不等于图灵机在理论意义上不能产生真正的随机数——如果产生真正的随机数是一个递归问题。另外，如何理解量子计算机中实现的随机数，其实也是一个问题，因为对量子力学的不确定性或随机性的认识至今还是有争议的。

超距传送的量子计算被看作是动摇丘奇－图灵论点的另一个案例。笔者认为这也是一个误会，超距传送的量子计算并不是一种新的算法，而是实现量子通信的一种新的量子技术——利用量子纠缠加速经典信息的传送，它实际上就是量子态的超距传送，即实现量子态从一个粒子到另一个粒子的转换。按照贝内特（C. Bennett）提出的方案，其基本思想是：为实现传送某个物体的未知量子态，可将原物的信息分成经典信息和量子信息两个部分，它们分别经由经典信道和量子信道传送给接收者，经典信息是发送者对原物进行某种测量而获得的，量子信息是发送者在测量中未提取的其余信息。接受者在获得这两种信息之后，就可以制造出原物的完美的复制品，在这个过程中，原物并未被传送给接受者，它始终留在发送者处，被传送的仅仅是原物的量子态，发送者甚至可以对这个量子态一无所知，而接受者是将别的物质单元（如粒子）变换为处于与原物完全相同的量子态，原物的量子态在发送者进行测量及提取经典信息时已遭破坏，因此，这是一种量子态的隐形传送。最终恢复原物量子态的粒子也可以不必与原物同类，只要它们满足相同的量子代数即可，由于经典信息对量子态的隐形传送是必不可少的（否则将违背量子不可克隆定理），而经典信息传递速度不可能快于光速，因此，量子隐形传送也不会违背相对论的光速最大原理。

由上论述可见，我们尚不能断言量子计算动摇了丘奇－图灵论点。其实，笔者在与一些从事量子信息、量子计算研究的人士的通信中了解到，他们大都认为："大量的问题需要讨论，有些问题过早下结论可能不是太妥。"有的人直接指出：量子计算机不可以解决图灵机原则上所不能解决的问题。量子计算可以针对某些特殊的难解问题来加速计算。经典图灵机理论上也可做这类问题，只是从计算资源（解决问题所用的时间和空间资源）上来讲，要随问题的难度指数上升。对于图灵机所不能解决的问题，量子计算机同样不能，它只能解决"可计算的函数"问题。至于有人说量子计算机可以解决经典图灵机不能解决的问题，应该正是指那些用目前的经典算法来算会随问题难度增加而呈现指数加速的问题。

最后应提到的是，在 1990 年以后，有研究者开始另辟蹊径，不是局限于传统的逻辑手段，而是开始尝试"以自然为基础"的探索工作，研究方法除了借助计算机外，还引进了量子物理和生物学的"自然机制"，试图将"计算"的概念从经典的图灵可计算概念进一步拓展，倡导一种"自然机制＋算法"的研究模式，采取一种新的方法论策略：将能够归约到算法层面的问题，采用算法来实现；不能归约到算法层面的问题，采用某种自然机制实现。大家知道，计算或算法是有严格的数学含义的，它是以递归函数、丘奇－图灵论点为基础的。但笔者不知道这里所说的"自然机制"是一个什么概念，它具有什么样的数学含义？如果它没有严格的数学含义，或只是一个思辨性的哲学概念，那么它就不是一个与计算相关联的科学概念。如果是这样，那么又如何能运用它"将计算的概念从经典的图灵可计算概念进一步拓展"？至少目前世人还没有看到超越丘奇－图灵论点的一种新的"计算"。

试论科学哲学的“心理转向”*

综观20世纪科学哲学的发展，可以说它呈现了一幅波澜壮阔、犬牙交错的繁杂图景。其进步与走向生动地与科学哲学的特定流派和相关问题的提出、展开、演进以及求解紧密地联结在一起。透过其主要流派的更迭与发展，我们会自然地发现，科学哲学的理性发展有着其显然的、清晰的脉络，即以“语言转向”“解释转向”和“修辞转向”这三个环节为基点和中枢，展示了哲学思潮演化的历史进程、趋势定向和理性重建的模型及各种特征。[①] 这其中，无论是“语言转向”（linguistic turn）过程中从逻辑化、形式化的语言分析到心理意向建构的理论、方法发展倾向与对心理意向因素的态度由否定、拒斥到肯定、引入的根本性转变，还是“解释转向”（interpretive turn）把心理解释的意向重建作为解释事业重要特征的根本宗旨，抑或是“修辞转向”（rhetorical turn）强调心理重

---

* 本文发表于《自然辩证法研究》2005年第4期，作者王姝彦、郭贵春。

① 郭贵春. 后现代科学实在论. 北京：知识出版社，1995：11.

建与语言重建的统一的基本立场，所有这一切都标识和展现出科学哲学运动过程中朝向心理学转变的发展趋向。此外，诸如意向分析等心理学方法在科学及其哲学探讨中凸显出的愈来愈重要的方法论意义，以及对心理意向的文化说明在整个科学哲学的说明中及其在科学共同体层面构筑科学争论、科学交流、科学评价的对话平台中所起到的必不可少的基础作用，也都在另一方面进一步映射出科学哲学研究对心理因素分析的依赖性。由此可见，“心理转向”（psychological turn）已经并且正在成为继“语言转向”之后科学哲学理论发展和演变的又一重要趋向性特征。

一、“心理转向”的动因

从总体上讲，科学哲学“心理转向”的发生并非偶然，也不是一蹴而就的，而是有其深刻的历史的、现实的根源。要言之，这一人类哲学理性的又一次进步归根结底是由语言哲学发展过程中的内在压力、科学发展所产生的外在动力以及西方科学哲学发展在后现代景观下的客观要求所决定的。具体地讲，主要体现在如下几个方面。

（1）对语言哲学指称、意义等理论自身困境的消解是“心理转向”的内在要求 。

20 世纪的“语言转向”使得哲学家们不约而同地把关注的焦点投射到语言之上。语言哲学因此成为哲学、科学研究的一个重心。但是，这种以分析哲学为中流砥柱的“语言转向”由于推崇科学主义的极端观念和形式理性的绝对权威，反对一切与心理过程相关的因素在哲学探讨中的应用，因而带有了不可避免的局限性。面对重重困难对语言哲学发展所造成的压力，人们越来越清醒地意识到，当“语言和意义不能再承载语言转向所要求的重负”时，不矫正“语言转向”的极端歧途，便会约束哲学的真正进步。[①] 为此，应当在更宽的科学与哲学基底上探寻一条包

① Hiley D R.The Interpretive Turn. New York: Cornell University Press，1991：1.

容性更强的出路，而不能继续抱残守缺、故步自封。事实正是如此，语言哲学中的一些基本理论如指称理论、意义理论，便以意向性为切入点，在心理的层面找到了新的发展方向。

就指称理论而言，在早期的分析哲学家那里，心理观念严格地被排斥在其理论域面之外。任何主观的心理参与均会使得指称打上随意性和模糊性的烙印。然而，这种思想指导下的无论是“内在论”的摹状词理论，还是“外在论”的历史因果理论，皆因未考虑作为语言指称直接依据的心理意向，而未能得到满意的答案。由此可见，只有让“心理实在”重新回到指称研究的领域中来，指称问题才能得到有效的解决。后期意向论的指称理论的建立正是这一转变的具体体现。至于意义理论，其境遇也是如此。从传统的意义理论到实在论的意义理论以及反实在论的意义理论直至意向论的意义理论的发展进路，也深刻昭示了其对心理因素从先排斥到后接纳的演变特征。总之，语言哲学发展的压力最终导致关于语句意义、指称等问题的研究皆愈来愈指向关于信念、欲望等命题态度的心灵哲学问题。[①] 这种“转向”中的“转向”深刻揭示了科学哲学主题由语言转向心灵的趋向性特征。因此，从根本上讲，科学哲学的“心理转向”是对“语言转向”的修正与超越，是消解语言哲学诸理论困境的内在要求与必然结果。

（2）20 世纪的科学在心理学、计算机科学、神经科学、认知科学等领域的空前发展及其取得的研究成果为科学哲学的“心理转向”提供了外在的动力。

外在大环境特别是科学环境的转变，为心灵的探索提供了强有力的工具、灵感与典范，这在很大程度上加速了心灵议题跃登为哲学舞台上的主角之趋势。例如，“科学思维的本质”“科学家的动机形成”“如何理解科学家的推理过程”以及“支撑科学研究的心理过程与机制”等过去在科学哲学那里被认为只是一个“黑箱”而无从考察的问题，正是在心理学、认知科学及计算机科学等领域找到了强有力的方法论支持。又如，

① Burge T. Philosophy of language and mind：1950-1990. The Philosophical Review，1992：1.

认知神经科学中的功能定位理论与神经元理论为感、知觉等心理现象的脑机制探索打下了坚实的理论研究基础，并为其提供了有效的研究条件与途径。再如，数字计算机在其发展过程中产生了许多与心的研究相关的思想火花，并在此基础上进一步拓宽了对心进行哲学研究的理论域面。此外，认知科学的一些新进展为研究心灵问题提供了新的模型与假设，并为哲学中关于心的古老话题注入了新的活力与生机。总之，有关心灵的科学在其自身发展的同时，也为科学哲学的"心理转向"提供了强大的动力。

另外，与心灵相关的科学在近几十年来的发展突出地体现了哲学与科学之间整体互动的微妙关系与态势。因为在它发展过程中引发的许多有争议的问题都是在其自身范围内无法解决的，必须将之诉诸更多的哲学层面，才能获得全面而深入的细致考察。这也内在地要求科学哲学把注意力转移到心灵问题上来。换句话说，一系列属于心理学范畴的基本问题无论在本体论、认识论还是在方法论上，先天便有着哲学的本质，没有哲学的渗透，没有始终翻新的哲学努力，这些问题是无法解释的。事实上，近几十年来的哲学正是在对心灵的各具体科学的哲学反思中获得了蓬勃发展，并且在其影响下，科学哲学的内涵和外延也在不断地拓展和延伸。显然，认知心理、计算机和神经等科学同哲学之间的这种密切的关系也内在地推动了科学哲学主题向心灵的靠拢与转变。由此可见，科学哲学的"心理转向"也是科学理性进步的又一深刻体现。

（3）"心理转向"是科学哲学发展在后现代景观下与后现代性相结合的客观要求与特定结果。

在科学哲学的历史进程中，由于具有后现代性趋向的认识论和意义理论在各方面的扩张和渗透，科学哲学的各个领域都自然而又必然地、自觉而又不自觉地打上后现代性的烙印。首先，科学哲学的后现代性趋向基本要求便是将对科学的理解与认识建立在科学之历史的、社会的、文化的和心理的层面。由于上述诸因素在心理意向层面上的内在联系，因而心理学成为科学哲学思维当然的组成部分。其次，"心理转向"的一个重要结果便是将人文精神引入科学精神当中，从而在科学哲学研究中推进了科学主义与人文主义的相互渗透与融合。这在本质上与后现代科学哲学运动的最集中的趋向性特征，即科学主义与人文主义在某种程度上的相互接纳和合流是极为吻合的。最后，具有后现代性的科学哲学消解了以现代逻辑主义为中心的权威主义和教条主义，并反对科学研究活动的规则和目的“立法”，而把研究的焦点集中于科学的语境之上。这在立意上也与“心理转向”的宗旨是同性的。显然，二者在上述各方面的一致性使得科学哲学的“心理转向”成为后现代景观下的一个理所当然的选择。

总之，“心理转向”是在更广阔的科学实践与哲学探索的背景下，在充分汲取科学与哲学理性进步成果的基础上，在顺应哲学的后现代发展趋向的过程中，对之前科学哲学研究中所存在的片面性与狭隘性的批判、挑战、修正与超越，是探索科学哲学未来发展趋向的一次全新尝试，也是科学哲学摆脱某些偏激束缚的可能的且较为理想的出路。不言而喻，它的产生是哲学与科学逻辑的发展，是时代前进自然而又必然的趋向。

二、“心理转向”的本质特征

从本质上讲，科学哲学的“心理转向”不惟是从语言到心灵的主题性转变，心理学及其相关方法在科学及其哲学研究中凸显出的认识论功能与方法论意义也是这一转向的重要体现。具体地讲，其特征主要表现在如下几方面。

（1）伴随着“后现代”科学实在论的认识论扩张，“科学心理认识论”的历史重建是科学哲学“心理转向”的标志性特征。

作为科学心理学的延伸，科学心理认识论主要是致力于科学主体的心理结构及其行为的个体性研究。由于其与孕育它的心理学、科学哲学等“母学科”有着密不可分的互动联系，因而科学心理学研究在科学哲学的诸研究域如科学创造、科学发现和科学解释的一系列环节中都有着同样鲜明、同样重要的认识论功能与方法论意义。这就是说，作为科学研究的重要的元方法论之一的心理分析方法对于把握科学规范和科学价值具有重要的作用。但是，正是这样一种重要的科学认识方式在20世纪上半叶盛行的逻辑实证主义那里遭到了无情的打击和极端不合理的排斥，逻辑理性主义的蔓延抑制并且束缚了科学心理认识论在上述研究领域内中所具有的实际功能，因而它被粗暴地划出了认识论探索的整个疆域。

庆幸的是，随着逻辑实证主义的衰落以及“后现代”科学实在论的认识论扩张，科学认识论逐步走出了片面的误区，开始出现向多元化发展的局面。这一到更具体、更广阔的域面去重构科学认识论的框架，使得心理的分析又重新被纳入到科学认识论的建构中来。科学心理认识论在此重获新生，并进而作为一种方法论的原则潜在地渗入到科学研究的整个操作过程之中，成为探索创造性科学活动本质特征的强有力手段之一。可以说，科学心理认识论在科学心理学与科学哲学中的历史重建在根本上“拓展了应用心理学概念理解科学的真正意义”，从而表明“科学心理学作为一门独特研究领域的时代已经到来”[①]。正是在这个意义上，它成为科学哲学“心理转向”的最重要的标志性特征之一。

（2）心理意向解释战略地位的重新确立是科学哲学“心理转向”在科学解释向度上的集中体现。

科学解释作为科学哲学研究的一个重要内容，其正统理论与标准观点以逻辑实证主义为基础，以完全形式化的逻辑重建纲领作支撑，以“科学解释是由普遍律所作的论证”为核心的逻辑分析观点。这种完全形式化解释模式将科学解释等同于用普遍性的经验定律对个别性的经验事实的覆盖，从而使科学解释成为一种与人的需要、目的和心理动机无关的纯粹的逻辑论证或推导过程。很显然，意向解释方法在逻辑实证主义科学哲学的统治时代是没有任何“合法的”、科学的地位的，因而也是常常被排除在科学解释应有理论之外的。与心理意向相关的“提供理由”

① Gholson B. Psychology of Science. 1989：1.

式的解释因其缺乏必要的“似规律”的联系特征，也同追求“单纯理性说明”的陈述原因式的解释在理论与实践上均显得格格不入。也就是说，对心理意向分析持反对态度的学者将心理意向分析方法同科学解释完全割裂开来的依据便是因为他们将解释的重心放在了“说明原因”与逻辑重建上，并进一步认为“存在于世界之中并为科学解释提供基础的关系应当是因果关系”①。

但是，上述追求形式理性的科学解释模式因其片面地将科学与价值、认识与实践、方法与信念等割裂开来看待，片面地否定包含心理因素在内的常识解释与人文社会科学解释的合理性，从而陷入了脱离生活实践的解释困境。正是这种困境内在地促使科学解释逐渐向语用维度的靠拢。而从某种意义上讲，科学解释“语用学转向”的过程，恰恰就是心理意向解释方法在科学解释中的地位得以重新确立的过程。因为，其在语用维度上的解释超越了科学逻辑的严格界限，并可在特定的信念、态度等心理状态的基础上作出有意义的判断和分析。它在一定程度上反映了特定的心理价值取向。正是在这个意义上，我们有理由相信“心理分析的实践在本质上是解释的事业”②。没有心理解释的解释实践是不完备的。也正是基于这一点，“心理转向”在科学解释层面上是对逻辑实证主义“说明域”的全新超越，是由“单纯理性的说明”走向意向分析等心理解释的全面实践。而在此过程中，心理意向的重铸又反过来成为“心理转向”的一个重要的功能表现及其目的的完成。

（3）以对心理意向性的文化说明为基点，依托特定的科学语境，构筑科学争论、科学发现、科学评价的思想平台是科学哲学“心理转向”的基本要求，是其内在特征的深层体现。

随着科学哲学向人类心灵层面的日益推进以及心灵哲学和科学心理学的日益规范和成熟，具有一般哲学方法论特征的语境论和语境分析方法成为说明与科学争论、科学发现相关的科学理论评价问题最优的思想

① Salmon W C. Scientific Explanation and the Causal Structure of the Word. Princeton: Princeton University Press，1984：121.

② Roth P A.Interpretation as explanation.IT，180.

平台。然而，语境不仅包括客观的语言环境，还内在地蕴含了共同生成科学假说之意义的主体心理意向。因此，在以语境为依托的科学哲学说明中，试图避免任何意向性的概念都是没有任何出路的。这就是说，孤立于任何科学共同体来评价、争论科学理论是否是“真的”“有意义的”或“可确证的”是没有丝毫意义的。科学表述的规范特性只能是被语言共同体认可的表述特性，而得到共同体的认可是共同体集体心理意向的实在说明。换句话说，科学发现、科学争论、科学理论评价及其可接受性论证在本质上是要依赖于科学共同体在特定语境中形成的集体心理意向。这种以共同体最大限度的认可为评判理论合理与否的判据的科学说明在本质上是一种文化的、非引证性的说明。可以说，对心理意向的文化说明以及语境方法在科学哲学研究中的全面深入在本质上已深深嵌入了“心理转向”的全过程之中。它不仅仅是“心理转向”的内在要求，也是伴随其发生的重要特征表现。

三、“心理转向”的意义

科学哲学研究重点由语言到心灵的转变，不仅为我们提供了一个理解和把握科学哲学发展脉络的基本思路，更重要的是，它打破了“语言学转向”导致的对形式理性的绝对权威和科学主义的极端观念的推崇的极端倾向，进一步消解了理性主义与非理性主义的极端对立，为科学主义与人文主义、英美哲学及欧洲大陆哲学的合流提供了中介与桥梁，并在根本上促成哲学重心由语言哲学向心灵哲学的转变。

（1）消解了理性主义与非理性主义在科学研究中的对立。

“语言学转向”高举的理性主义大旗曾经很自然地将一切具有主观特点的非逻辑的、非理性的因素绝对地排除在科学之外。这种反心理主义、反非理性主义的立场将逻辑看作是客观的、公共的以及数学化的，而将心理过程贬斥为主观的、私人的和非理性的，因而是不精确的。诚然，强调理性在科学认识中的积极作用是无可厚非的，但认同理性因素的同时却否定非理性因素则是不符合事物的发展规律的。这就是说，非理性因素对于科学的发展（尤其是在科学发现、科学创造等方面）与理性因素一样有着不可或缺的作用。毋庸置疑，科学哲学的“心理转向”打破了理性主义与非理性主义在逻辑实证主义那里对立的僵化界限。在尊重理性的前提下，它将心理活动等非理性因素重新引入科学研究中来，使科学研究在理性因素与非理性因素形成一定张力的基础上，通过理性因素对非理性因素的规范和定向作用，以及非理性因素对理性因素的诱导、补偿和调节作用，也就是在理性因素与非理性因素的相互关联中走上一条科学的、合理的发展道路。换句话说，科学哲学的“心理转向”在本质上实现了科学实践的“理性与非理性”统一。

（2）标识了科学主义价值取向的不断“弱化”与“开放”，进一步推进科学主义与人文主义、英美分析哲学与欧洲大陆哲学从极端对立的分裂关系走向相互渗透、相互融合的新局面。

众所周知，“语言转向”的根本特点就是用现代逻辑技术进行语言分析。这种极端追求“形式理性”，试图建立一种唯一的科学主义语言的构想所导致的后果便是将所有的概念和陈述符号化，进而用数学的推演来代替哲学的思想。这无疑在根本上加剧了科学主义与人文主义、英美哲学与欧洲大陆哲学的现代分裂。但是，科学发展的事实表明，仅仅在科学主义的框架内，奉行僵化的“形式理性”教条，不但不会有益于科学的发展，反而会阻碍科学的进步。因此，在这样的背景下，汲取和融合某些人文主义的有效研究方法和价值观念，便成为科学哲学可选择的一条途径。“心理转向”恰恰迎合这一时代要求。随着“心理转向”的全面扩张，心理学方法在获得“合法”地位的同时也逐渐渗入了自然科学、社会科学和人文科学的各个领域。一方面，它在科学主义精神中引入了人文主义精神，弱化了科学主义的规范理性，形成一个开放的科学价值系统。另一方面，它又像一座思维的桥梁，成为当代科学主义和人文主义这两股思潮之间相互渗透和融合的媒介。也正在这个新的基底上，英美哲学与欧洲大陆哲学开始消解对抗，增进对话，找到了二者相互接纳、合流的关键点。

（3）促成了哲学重心由语言哲学向心灵哲学的转移。

如前所述，伴随着“心理转向”，语言哲学在其发展后期的理论中已融入了诸如意向性等鲜明而深刻的心理成分。这是因为，对人类言语行为的说明必然地也必须要设定某种内在心理机制在其中。由此可见，“心理转向”预示了语言哲学向心灵哲学的转变的趋向性与可能性。在“心理转向”的过程中，心灵哲学已不仅仅像法哲学、历史哲学等那样是用哲学方法研究一个特定课题的部门哲学。从更深远的意义上讲，它已深深嵌入作为一个整体的哲学之中。与哲学的更基本的部分，如形而上学、认识论形成更为密切的联系。基于这一点，如果说语言哲学曾经取代认识论成为哲学中的重心与基础的话，那么心灵哲学则成为当今哲学领域内重心中的重心，基础中的基础。

综上所述，“心理转向”是在“语言转向”“解释转向”与“修辞转向”的推动下以及在“后现代主义”思潮的影响下，科学哲学对自身的理论形式、研究方法和认识空间所作的有益的变更与改进。毫无疑问，它已经不可逆转地成为科学哲学极其重要的方法论基础。作为一种重要的方法论手段，它不仅为哲学发展提供了丰富的思路，而且，它还将给整个哲学研究带来了根本性、创造性和启迪性的影响。

中国科学技术哲学的演进与定位*

在科学技术已经成为人类生存方式中不可缺少的一个组成部分，甚至已经成为推动人类文明演进的主导力量的今天，对科学技术的研究与发展进行全方位的哲学反思，便自然而然地成为一个重要的时代主题突现出来。这既是由当代科学技术发展的时代主导性决定的，也取决于哲学研究的时代敏感性。“科学技术哲学”作为哲学的一门分支学科，是对整体的科学与技术及其各门分支学科所涉及的哲学问题进行反思与批判的哲学学科，是当前非常活跃的一个学科研究领域，它的演变与发展显著地体现了哲学研究的时代精神。

一、科学技术哲学产生的历史背景

我国“科学技术哲学”的发展至今已有近百年的时间。但是，从学

---

* 本文发表于《自然辩证法研究》2006年第8期，作者郭贵春、成素梅、邢如萍。

科建设的渊源关系上来讲，它是从传统的“自然辩证法”的基础上演变过来的，是对“自然辩证法”学科的继承与发展。“自然辩证法”作为一门学科的诞生可以追溯到恩格斯未完成的手稿，“自然辩证法”一词是手稿中一束札记和论文的归类标题。1925 年，这些手稿冠名为“自然辩证法”，以德、俄文对照本的形式在苏联首次正式出版。这部手稿包括 2 个计划草案、10 篇论文、169 个札记和一些不完整的片断，内容涉猎广泛，包括科学史、自然观和方法论，还有相当多的对各门自然科学的哲学解释。恩格斯在手稿中表现出来的思想相继引起世界各国科学家和哲学家的关注与研究。手稿的出版开辟了马克思主义哲学研究的新领域，也成为自然辩证法这一研究领域的经典性读物，成为自然辩证法学说创立的标志。

我国自然辩证法研究的广泛传播与系统发展是中华人民共和国成立之后的事情。截止到“文化大革命”之前，推动自然辩证法研究与传播有以下两个标志性事件。

其一，国内大学相继开设了自然辩证法课程并招收研究生。北京大学哲学系于 1953 年开始招收首届自然辩证法研究生，并邀请苏联专家担任导师，于 1955 年开设“自然和自然发展史”课程，该课程的提纲包括：①绪论；②物理世界；③生物世界；④人。其他一些大学也相继开办了马列主义夜大，为自然科学教师讲授《自然辩证法》《唯物主义和经验批判主义》等马列经典著作。1958 年，中共中央高级党校开办了自然辩证法研究班，学员有 70 余名，1961 年 1 月结业。1961 年，中国人民大学招收了自然辩证法专业三年制研究生 10 余名。1962 年，北京大学和中国科学院哲学研究所联合招收四年制研究生 8 人。当时这个专业要求非理科生要到一个理科系学习两年自然科学基础课，学理科的学生到哲学系学习两年哲学基础课。在 20 世纪 60 年代初，北京大学、中国人民大学、北京师范大学、复旦大学、华东师范大学、哈尔滨工业大学和厦门大学等相继成立了自然辩证法教研室（组），主要是为哲学系本科生、理工科研究生和教师开设自然辩证法课程。北京几所高校的自然辩证法教研室还编写了他们自己内部使用的教材。这种局面一直维持到“文化大革命”

开始。

其二，1956年，国务院组织科学规划委员会制定《1956—1967年科学技术发展远景规划》时，把自然辩证法研究远景规划作为哲学社会科学的组成部分，由于光远主持制定。该规划草案说明指出："在哲学和自然科学之间是存在着这样一门科学，正像在哲学和社会科学之间存在着一门历史唯物主义一样。这门科学，我们暂定名为'自然辩证法'，因为它是直接继承着恩格斯在《自然辩证法》一书中曾进行过的研究。"说明中还指出，当时甚至有人主张将这门学科暂定名为"自然科学和数学中的哲学问题"的看法，并提到开展这种科学研究的关键在于哲学家和自然科学家之间的密切合作，规划草案还制定了九类研究题目。此外，为了有助于在国内顺利开展自然辩证法的研究工作，该规划在开展工作的措施方面做了明确的规定，其中有两项重要规定：一是在中国科学院哲学研究所成立自然辩证法研究组；二是由自然辩证法研究组创办《自然辩证法研究通讯》刊物（该刊物于1956年10月正式出版发行，到"文化大革命"停刊共刊出27期）。[①] 从严格意义上讲，自然辩证法研究组的成立是自然辩证法专业的第一个专门研究机构，而该杂志的创办使得自然辩证法研究群体有了进行信息交流和展示自己研究成果的平台。

该规划草案中拟定的自然辩证法研究的九类题目分别是：①数学和自然科学的基本概念与辩证唯物主义的范畴；②科学方法论；③自然界各种运动形态与科学分类问题；④数学和自然科学思想的发展；⑤对于唯心主义在数学和自然科学中的歪曲的批判；⑥数学中的哲学问题；⑦物理学、化学和天文学中的哲学问题；⑧生物学、心理学中的哲学问题；⑨作为社会现象的自然科学。

这些题目在当时只是意向性和指导性的。第九个题目虽然是后来补充的，但是，在规划制定以后，学术界研究和讨论最多的也是这个题目，包括自然科学与政治的关系、自然科学与生产的关系、自然科学与群众的关系和自然科学与哲学的关系。其次是关于科学方法论和认识论的研

① 龚育之. 自然辩证法在中国. 北京：北京大学出版社，1996.

究，还有关于生产实践和技术发展的辩证法的研究及关于自然界的辩证法的研究。这个时期，自然辩证法领域内的研究工作的展开和研究队伍的扩大主要是通过吸引和组织广大自然科学工作者参加自然辩证法的研究。

1976 年“文化大革命”结束，党的十一届三中全会开辟了我国社会主义建设的新局面。在新的历史背景下，我国的自然辩证法研究也进入新的时期。1977 年 12 月，我国制定全国科学技术发展的长远规划，自然辩证法和科学技术史研究被列为其中重点项目之一，《一九七八—一九八五年自然辩证法研究规划纲要（草案）》所拟定的自然辩证法研究的九个主要论题分别是：①自然辩证法方面马克思主义经典著作的研究和宣传；②深入批判“四人帮”，批判资产阶级唯心主义和形而上学；③编写自然辩证法综合性著作；④科学技术史的研究；⑤科学方法论的研究；⑥各门自然科学中的哲学问题的研究；⑦总结运用自然辩证法解决实际问题的经验；⑧科技教学中的哲学问题的研究；⑨国外自然科学哲学研究资料的翻译。[①]

可以看出，本次规划所给出的研究范围，在内容与侧重点方面，与《1956—1967 年科学技术发展远景规划》草案中拟定的九个题目有所不同，研究范围有所拓展，内容更加深入，并且突出了教材编写和翻译外文文献的工作。1979 年，中国科学院创刊了《自然辩证法通讯》杂志，由于光远任主编，李宝恒任副主编。1981 年 10 月，中国自然辩证法研究会成立后，并于 1985 年创办了《自然辩证法研究》杂志，由丘亮辉任主编，贾云祥任副主编。1984 年，山西大学与山西省自然辩证法研究会联合创办了《科学技术与辩证法》，由张家治任主编。另外，还创办了《自然辩证法报》（由《自然辩证法研究通信》改名）《医学与哲学》和其他一些刊物。到目前为止，《自然辩证法通讯》《自然辩证法研究》和《科学技术与辩证法》是该研究领域的主要刊物。

自然辩证法研究会的成立是“文化大革命”后中国自然辩证法界的

---

① 龚育之. 自然辩证法在中国. 北京：北京大学出版社，1996.

一件大事，它不仅为加强我国自然辩证法研究和学科发展奠定了基础，而且通过所主办的刊物起到了引领学术研究方向的作用。另一件大事是教育部和国家教育委员会把自然辩证法课程指定为高等学校理工农医类硕士研究生马克思主义理论课，全国大部分高校建立了自然辩证法教研室（组），进一步推动了教师队伍建设，深化了自然辩证法的研究进程。自《中华人民共和国学位条例》于1981年实施以来，我国先后批准了自然辩证法硕士学位单位28个，博士学位授予单位4个（分别是中国社会科学院研究生院、吉林大学、中国人民大学和北京大学）。自然辩证法研究队伍得到了不断壮大。

到20世纪80年代下半叶，我国自然辩证法研究经历了风风雨雨和各种坎坷，在摸索中不断前进，在继承苏联传统和针对我国现实问题两者相结合的过程中形成了自己的明显特色，它既不同于苏联的研究内容，也逐步摆脱了他们思维模式的影响。苏联学界所说的自然辩证法主要指自然界的辩证法或恩格斯的自然辩证法思想①。在我国，由于科学技术与生产之间的关系越来越密切以及研究工作的进一步拓展，我国的自然辩证法研究已经逐步形成了一个学科群。科学方法论、自然科学中的哲学问题、科学思想史、科学学、科技政策、科技规划和科技管理等方面的研究，为我国的自然辩证法事业贴上了“大口袋”的标签，凡是涉及科学技术但又不属于自然科学专业研究的内容，原则上都被划归为自然辩证法的研究领域。

随着自然辩证法研究的不断深入，关于自然辩证法发展史的研究也提到了议事日程上来。从20世纪80年代初到现在，相继有取名为自然辩证法或科学技术哲学发展史与学科建设的著作和论文面世。1983年，知识出版社率先出版了由自然辩证法研究会自然辩证法研究资料编辑组编写的《中国自然辩证法研究历史与现状》；1988年，中国人民大学出版社出版了黄顺基和周济主编的《自然辩证法发展史》；1995年，中国大百科全书出版社出版了《自然辩证法百科全书》；1996年，江西科学技

① 《自然辩证法百科全书》编辑委员会. 自然辩证法百科全书. 北京：中国大百科全书出版社，1995：522.

术出版社出版了于光远撰写的《一个哲学学派正在中国兴起》；同年，北京大学出版社出版了龚育之编著的《自然辩证法在中国》；2002年，哈尔滨出版社出版了由中国自然辩证法研究会与中国科学院研究生院合编的《自然辩证法走进新世纪：首届全国自然辩证法学术发展年会文集》；另外，还有许多散见于各种杂志的相关论文。这些著作的出版与论文的发表分别从不同的侧面对我国自然辩证法和科学技术哲学的发展历史作了系统的回顾，翔实有序地揭示了我国自然辩证法和科学技术哲学的研究特色，并集中探讨了学科建设问题。

二、科学技术哲学的发展与定位

“自然辩证法”和“科学技术与当代马克思主义革命”分别作为理工农医类硕士与博士研究生的马克思主义理论必修课，不仅意味着我国已经培育出一批专门从事自然辩证法教学与研究的人才，而且不断有各种版本的自然辩证法教材出版，到20世纪末，几乎到了有多少个研究生院，就有多少个版本的自然辩证法教材的程序，更重要的是，自然辩证法的研究内容也随着时代的发展而不断地丰富与拓展，逐渐地超越了其预定范围；此外，我国自然辩证法学界与其他国家，尤其是西方各国有了频繁的学术交流，为了能与国际接轨，学科名称应有一定的规范性，能与学科研究内容和研究性质相符；还有，从起源上讲，自然辩证法原本是马克思主义哲学的一个分支，但是，在学科分类时，却与马克思主义哲学平行，并列为哲学的二级学科，的确有些不妥。1987年，国务院学位委员会在组织修改研究生学科目录时，将自然辩证法正式更名为“科学技术哲学（自然辩证法）”，并成为哲学的二级学科来建设。同年，自然辩证法研究会加入了国际科学哲学与科学史联合会科学哲学分会，查汝强当选为国际科学哲学与科学史联合会科学哲学分会执行委员。后来，邱仁宗当选为国际科学哲学和科学史联合会理事、国际生命伦理学会理事。

到目前为止，尽管学术界关于“科学技术哲学”与“自然辩证法”

的关系、学科建设及学科定位等问题一直在讨论当中[①]，但是，在现实的学科发展过程中，“科学技术哲学”这个名称一旦被提出，便沿着自身的学术规范与学理脉络得到了不断的发展，主要体现在下列几个方面。

第一，从学科建设的规范化程度来看，随着学科名称的更改，原先以“自然辩证法教研室（组）”为名称的大学研究机构，也相应地更名为“科学与社会研究所”“科学技术与社会研究中心”“科技哲学教研室”“科学技术哲学研究中心”以及“科学史与科学哲学系”等名称。现在除了主要的刊物名称和学会名称仍然保留之外，各所大学的研究机构名称已经全部根据自己的研究特色更名。此外，由于在科学技术哲学领域内，研究主题层出不穷，研究重点丰富多彩，不同的大学根据自己的实际研究情况，选择各具特色的研究方向，来突出自己的研究重点和研究内容，在整体上出现了“割地为据”的研究局面。就目前拥有科学技术哲学博士学位授予权的各个研究机构而言，有的机构主要突出科学哲学研究；有的机构主要突出技术哲学研究；有的机构主要突出科学的人文社会学研究；有的机构则主要突出科学技术与社会的研究。这种局面表明，由于科学技术哲学研究侧重点的不同，已经形成了不同的研究群体与“研究核心”。

2000 年，教育部为了进一步推动与加强科学技术哲学的学科建设，经过公开竞争和评选，正式批准“山西大学科学技术哲学研究中心”成为教育部人文社会科学重点研究基地，其目的在于，经过若干年的重点建设，使重点研究基地成为全国科学技术哲学研究的人才培养中心、学术交流与资料信息中心、科学研究中心以及咨询服务中心。特别是近些年来，随着全国科学技术哲学专业的硕士点与博士点的大幅度增加，硕士研究生与博士研究生人数的逐年扩招，科学技术哲学研究呈现出一派学术繁荣和生机勃勃的景象，说明已经形成了比较规范的教育体制。与 20 世纪 50 ～ 70 年代主要依靠自然科学工作者和哲学家“联盟”从事自然辩证法研究的状况不同，现在，不仅科学技术哲学研究所涉及的论题

① 中国自然辩证法研究会与中国科学院研究生院编. 自然辩证法走进新世纪. 哈尔滨：哈尔滨出版社，2002.

越来越多样化，远远超出了自然辩证法的研究传统，而且研究队伍越来越专业化与国际化。

第二，我国的“科学技术哲学”虽然是 1987 年由对“自然辩证法”的更名而来，是一个具有中国特色的名称，因为在国外，只分别有科学哲学与技术哲学，还没有将两者合起来的研究文献。但是，名称一旦出现，其直接的学术渊源却可以脱离自然辩证法的发展历史追溯到 20 世纪初甚至更早时期[①]。当然，大规模的发展离不开改革开放以来对国际上优秀文明成果的译介工作。从 1981 年商务印书馆以“汉译世界学术名著丛书”重印其自 50 年代以来不断选译的西方学术著作之后，大型的“走向未来”“当代学术思潮译丛”“现代西方学术文库”“二十世纪西方哲学译丛”“哲人石丛书”和“开放人文”等一系列与科学技术哲学研究相关的国外名著的翻译出版，不仅极大地活跃了我国科学技术哲学的研究思路，而且拓宽了研究视野，形成了引进与输出并重的局面。

邱仁宗与美国的罗伯特·柯恩合作主编的英文著作《科学哲学中的实在论与反实在论》(*Realism and Antirealism in the Philosophy of Science*)、范岱年与罗伯特·柯恩合作主编的英文著作《中国对科学和技术的历史与哲学研究》(*Chinese Studies in the History and Philosophy of Science and Technology*)在波士顿科学哲学丛书中出版，表明了中国学者的科学技术哲学研究成果开始有了一定的国际影响。《中国对科学和技术的历史与哲学研究》和霍布金斯大学莱曼·米勒（Lyman H. Miller）在研究了 20 世纪 80 年代中国自然辩证法界的学术论战后写成的《毛后中国的科学与歧见》(*Science and Dissent in Post-Mao China*)更表明了中国的科学技术哲学工作已经引起了国际同行的兴趣，并成为国际同行进行学术研究的对象[②]。

第三，就科学技术哲学的学术研究而言，与 20 世纪 80 年代主要集中于自然观、科学方法论、自然科学中的哲学问题及科技与社会研究相比，自 90 年代以来，学术界一方面继承与发扬自然辩证法的研究传统，

① 任元彪. 20世纪中国科学技术哲学简述. 自然辩证法研究，2002,(4)：19-20.

② 任元彪. 20世纪中国科学技术哲学简述. 自然辩证法研究，2002,(4)：22.

另一方面，出现了更加专门化与多元化的研究局面。在评介西方科学哲学、技术哲学和科学知识社会学等最新研究成果的基础上，量子力学哲学、生命科学哲学、生态哲学、信息哲学、科学伦理学、科学主义与人文主义、科学知识社会学、科学实在论与反实在论、后现代主义科学哲学、英美新实用主义哲学和女性主义认识论等构成了新的研究主线。

与此同时，技术哲学的研究也在逐步走向深入，不仅其论域空间不断明朗，而且论题也日益丰富，由早期主要立足于中国现实来研究和讨论技术与文化、技术与经济、技术与社会、技术与政治等具体问题，转向对技术本质、技术认识论、技术价值论、技术伦理学、科学哲学与技术哲学之间的异同关系、科学与技术之间的异同关系等理论性问题的研究，并且在这些研究的基础上，生长出社会技术哲学与工程技术哲学。此外，科学技术与社会研究、科技战略与政策研究仍然是研究热点，其中，涉及高科技伦理、科教兴国、可持续发展、西部大开发、国家创新体系、科技创新、知识经济、产业结构调整及建立和谐社会等与时代密切相关的论题。在这种背景下，科学技术哲学在自然辩证法传统的基础上陆续分化和形成了一系列专门的学科分支，起到孵化器的作用，培育了新的生长点。例如，未来学、科学学、科技政策和科技管理等学科相继独立，自立门户，并且成立了相应的学术研究机构和研究刊物，例如，中国科学学与科技政策研究会和《科学学研究》杂志、中国软科学研究会和《中国软科学研究》杂志，等等。

第四，从教材建设上来看，在已经出版的为数不多的几本以“科学技术哲学”冠名的教材或教学参考书中，比较有影响的两本教材分别是：1991 年黄顺基、黄天授和刘大椿主编的《科学技术哲学引论——科技革命时代的自然辩证法》(以下简称《引论》) 和 2001 年刘大椿著的《科学技术哲学导论》。《引论》明确地把科学技术哲学定位为，以现代科学技术革命提出的新问题为依据，以马克思主义的观点与方法为指导，是自然辩证法在新的历史条件下的发展，是科技革命条件下的一门新学科，它反映的科学技术领域内的两个最引人注目的趋势是：其一，在科学与技术整体化的同时，出现了自然科学与技术科学的整体化；其二，在社会化大生产发展的同时，出现了自然科学与社会科学的合流[①]。接着，作者为了与自然辩证法的自然观、认识论和科学观三个组成部分相对应，并根据传统哲学研究的三个主要部门，即本体论、认识论和价值论，把科学技术哲学分为三大篇，分别是科学技术本体论、科学技术认识论、科学技术价值论。第一篇主要是对天然自然、人工自然、人与自然问题的讨论；第二篇包括的五章内容分别是：科学的性质与方法，科学发现、进步与合理性，技术的本质与结构，技术开发及其实现，系统思想和系统科学方法；第三篇的主要聚焦点是：科学技术与人类文明，科技进步与社会变革，科技革命与未来观，科技发展战略。

可以看出，《引论》虽然在内容上增加了对科学与技术的元理论思考的成分，但是，它的副标题已经表明，它还没有完全脱离自然辩证法的框架。所以，如果说，1991 年的《引论》一书在编写内容上还主要是哲学标题与自然辩证法内容的嫁接的话，那么，时隔十年之后，作为专著型教材的《科学技术哲学导论》一书则在内容的编排上迈出了实质性的一步。该书第一句话就把科学技术哲学定位为“对科技时代提出的科技及其相关问题、要求和挑战的哲学回应”[②]。与《引论》相比，这一定位已经摆脱了已有“自然辩证法”教材框架的束缚，试图从哲学的高度对科学技术发展本身进行反思。作者指出，当代科学技术哲学的研究，“要特别重视理论研究的针对性和思想深度。这包括两个方面：第一，把对科学技术的哲学思考与科学技术的现代化发展相联系，致力于阐明当代科学技术发展的前沿，努力弘扬科学精神和树立科学意识，促进有利于科学技术发展的社会体制和思想规范的建立。第二，把科学技术发展与经济起飞、社会进步和文化繁荣统一起来，结合我国现实，就科学技术与经济、社会和文化相联系的各个方面进行哲学层次的思考，在我国现代化转型中，确立科学技术的应有地位，建立有助于技术创新和高科技产

① 黄顺基，黄天授，刘大椿. 科学技术哲学引论——科技革命时代的自然辩证法. 北京：中国人民大学出版社，1991.

② 刘大椿. 科学技术哲学导论. 北京：中国人民大学出版社，2001：1.

业化的机制，迎接知识经济的到来”[①]。全书围绕这一定位把近期科学技术哲学的主要研究领域与内容概括为：①综合研究；②自然科学哲学问题研究；③自然观研究；④科学哲学与科学方法论研究；⑤技术哲学与技术方法论研究；⑥技术科学和工程技术的哲学问题研究；⑦科学技术与社会研究；⑧科学与文化研究；⑨科技思想史研究；⑩科学技术哲学名著与科学技术哲学史研究。

不难发现，这些内容已经基本上囊括了目前科学技术哲学专业研究的所有论题，确实比过去突显了科学哲学与技术哲学的内容，弱化了过去在自然辩证法教材中占有主要地位的自然哲学、科学、技术与社会等方面的内容。与《引论》相比，《科学技术哲学导论》一书不仅在书名中取消了“自然辩证法”的字样，而且在内容上突出了对科学认识活动、科学方法、技术创新以及科技运行的支撑体系等问题的系统分析，体现了科学技术发展的时代性与现实性，是对“科学技术哲学”教材框架的一种非常有意义的探索，同时，也为转型时期解放思想和推进思维发展与学科建设起到了积极作用。

毫无疑问，“科学技术哲学”既不是“自然辩证法”的简单延伸，更不是对“自然辩证法”名称的单纯更换，或者说，它已经在框架体系与学科内容等方面发生了实质性的变化。早在 1995 年，陈昌曙曾在《科学技术哲学之我见》一文中，从学科名称的内涵与意义、学科分类及涵盖的学术交流活动三个方面，阐明了把“自然辩证法”更名为“科学技术哲学”所具有的必要性之后指出，“在我们的学科目录中，可以把科学技术哲学与自然辩证法作为同一的东西看待，但从学科的内容、层次看，似乎这两者又不是完全同一的；如果把当今出版和习用的《自然辩证法讲义》《自然辩证法概论》原样不动地就换成为《科学技术哲学讲义》《科学技术哲学概论》则未必相宜。科学技术哲学总应该有更深的哲学思考和更多的哲学色彩，而不全等于科学观与技术观”[②]。他主张“科学技术哲学”可能需要写出诸如“从哲学的观点看……”之类的内容，例如，“从

① 刘大椿. 科学技术哲学导论. 北京：中国人民大学出版社，2001：12.

② 陈昌曙. 科学技术哲学之我见. 科学技术与辩证法，1995,（3）：2.

哲学的观点看基础科学与技术科学”“从哲学的观点看科学技术化、技术科学化与科学技术一体化”，等等。并且他认为，“尽管科学与技术之间有着原则性的区别，尽管科学哲学与技术哲学有较多的差异，统一的科学技术哲学仍是可以设想的”①。

这种观点突出地强调了“自然辩证法”与“科学技术哲学”之间的差异性，为厘清学科建设的思路赋予了深远的影响。但是，我们不能把“科学技术哲学”仅仅理解为一门单纯的课程。长期以来，我们所使用的“科学技术哲学”这个名称主要是指一个学科领域。从现实意义上看，作为一个学科领域的“科学技术哲学”是一个非常庞大的学术研究领域，不仅它的形成与发展需要有一个长期探索、研究和争论的过程，而且这个学科本身就具有开放性与时代性。这种现状说明，试图编写一本涵盖所有研究内容的“科学技术哲学”教材几乎是不可能的。然而，如果我们退一步，不求全面只求特色的话，我们还是认为，每一个学科领域之所以能够存在，都必然有其自身特有的学理规范和其他学科领域所不可取代的学术基点，科学技术哲学也不例外。因此，从科学技术哲学发展的学理规范出发，基于多年来学术界以“科学技术哲学”为名所进行的研究活动与研究内容，着手编写一本哲学性较强的“科学技术哲学”教材，还是切实可行的。

三、一种尝试性的基本框架

本文认为，把“科学技术哲学”作为一个学科领域来理解的“科学技术哲学”教材的主要任务应该是为非科学技术哲学专业的人士了解与掌握科学技术哲学专业的核心内容与学术要旨，提供浓缩精华的可用读本，这种情况类似于普通物理学与高等数学分别是为非物理学专业和非数学专业的人士所准备的道理一样。

这种想法已经在应北京师范大学出版社邀请所编著的《科学技术哲

① 陈昌曙. 科学技术哲学之我见. 科学技术与辩证法，1995,（3）：3.

学概论》一书中体现出来。这本书除了绪论之外主要包括：科学哲学的元理论研究、数学哲学与各门自然科学哲学研究、技术哲学研究、社会科学哲学研究以及科学、技术与社会研究五个方面的内容。其中，数学哲学与各门自然科学哲学是“科学技术哲学”最基本的内容；科学哲学与技术哲学是“科学技术哲学”最核心的内容，是对科学与技术的全方位的哲学审思；社会科学哲学是对科学技术社会化的结构与制度等问题的批判与审思，是广义的科学技术哲学不可或缺的一个基本内容；科学、技术与社会属于科学技术哲学的应用研究。

《科学技术哲学概论》一书的基本框架只是一种学术性的探索，旨在抛砖引玉。

科学哲学在中国的现状与发展*

科学哲学作为一门学科，在西方产生于20世纪初，以逻辑经验主义为代表，后历经批判理性主义、历史主义，到现在的科学实在论与反实在论之争，已有近100年的历史。中国的科学哲学研究可以追溯到20世纪40年代前后洪谦先生等对逻辑经验主义的引进和评价。新中国成立以后，中国的科学哲学研究从内化于自然辩证法的研究当中，到20世纪80年代末90年代初对西方科学哲学的引介和评价的热潮，再到现在人们开始反思科学哲学的本质问题和中国的科学哲学发展中存在的一系列问题，经历了一个艰难和曲折的过程。

科学哲学的研究可以分为两部分：科学哲学的基础理论研究和具体科学问题的哲学研究。一般地讲，前者是指对科学说明、科学推理、科学评价、科学发展模式、观察与理论等的研究，还可以包括著名科学哲学家的思想和理论研究；后者是指数学、物理学、生物学和心理学等具

* 本文发表于《中国科学基金》2007年第4期，作者郭贵春、程瑞。

体科学理论本身的哲学研究。科学哲学的基础理论是具体科学的哲学问题研究的全面概括和整体升华；具体科学问题的哲学问题研究是科学哲学基础理论研究的基础和源头。目前，中国的科学哲学在基础理论研究和具体科学的哲学研究方面都取得了显著的进步，正处于寻找自己的发展之路的关键的转折时期，我们有必要回顾历史，总结经验，积极寻求新的理论生长点。

一、科学哲学基础理论的研究现状

历史地看，一般意义上的科学哲学是指现代西方科学哲学，它是沿着西方哲学的发展脉络，作为哲学的一门分支学科而出现的。它的基础理论研究的是由学科群提出的问题，这些问题主要包括：科学的哲学基础、科学知识的产生机制、科学理论的变化与进步模式、科学语言与科学概念的内在本性、科学目标与科学方法的合理性地位等，而不是像物理哲学、化学哲学和生物哲学等学科那样，思考由一门学科提出的问题。因此，思考科学哲学的未来发展，必须立足于这一基础。

如上所述，科学哲学在20世纪的进步和走向生动地与科学哲学的特定流派和相关问题的提出、展开、演进以及求解紧密地联结在一起。国内科学哲学对于科学哲学的引进一般是以西方科学哲学的流派和科学哲学核心问题为主的。例如，1980年李宝恒和纪树立翻译的历史主义代表人物库恩的《科学革命的结构》就是我国第一部完整的科学哲学译著，此外还有卡尔纳普、波普尔、拉卡托斯、费耶阿本德、劳丹和夏皮尔等人代表作的翻译版。国内的科学哲学教材大多也是在沿袭流派和核心问题两方面展开的，前者是沿着历史的脉络，以对各个时期代表人物的思想介绍为主，后者则从横向展开，对科学哲学自诞生以来所关注的问题进行介绍和评述等，如江天骥的《当代西方科学哲学》、舒炜光与邱仁宗主编的《当代西方科学哲学述评》等。近些年来，从后一方面展开的较多，并且能够从一个更高的角度研究科学哲学的发展，同时融汇自己的独立研究的成果。例如，张华夏和张志林的科学说明问题的研究和笔者的科学实在论研究等,《关于科学说明的十个问题》《实在与过程：本体论哲学的探索与反思》《当代科学实在论》和《科学实在论的方法论辩护》等一系列论文和著作的发表和出版，代表了国内科学哲学的一种发展态势：我国的科学哲学研究已经开始从单纯介绍国外学派演变为对科学哲学理论问题的独立研究。

在科学哲学基础理论研究中，很重要的一点就在于，面对当代科学哲学发展现状、困境和趋势的认识，人们开始采用新的方法论，从新的视角关注并研究科学哲学的核心问题。那么，我们应当从一个什么样的基点上去求解科学哲学的难题，奠定科学哲学发展的出发点呢？如何把科学之社会的、历史的、文化的和心理的层面统一到一个不可还原的、整体的基点上去呢？这是探索当代科学哲学发展趋势的一个无法回避的问题。笔者经过多年潜心研究认为，当今科学哲学在某种程度上衰落的主要原因就在于，科学哲学在近 30 年的发展中，失去了能够影响自己同时也能够影响相关研究领域的发展范式。因为，一个学科一旦缺少了范式，当然也就失去了凝聚自身学科、同时能够带动相关学科发展的能力，所以它的示范作用和地位就必然地要降低。因而，努力构建一种新的范式去发展科学哲学，在这个范式的基底上去重建科学哲学的大厦，去总结历史和重塑它的未来，就是相当重要的了。分析 20 世纪科学哲学的历程，逻辑实证主义侧重于符号化的系统的形式语境的研究，历史主义强调了整体解释的社会语境，具有后现代趋向的后历史主义则注重于修辞语境，这三种语境分别与科学表征、科学评价和科学发明密切联系在一起。因而，如果我们在此基础上升华和构建一个“语境论”的研究纲领，在“语境”的基底上重建科学哲学，那么在理论上就有可能把科学研究中的历史、社会、文化，甚至心理等因素统一到一个不可还原的层面，从而摆脱困惑西方科学哲学界的科学主义与人文主义之间的冲突，将科学理性与人文理性融为一体。通过“语境”研究纲领，有助于厘清科学哲学的发展脉络，总结科学哲学的发展特征，从而作为一种思维平台，把握主流思想的逻辑路径和探索面向未来的演变趋势。

二、具体科学问题的哲学研究趋向

在西方科学哲学中，具体科学问题的哲学研究占有很大的比重，是科学哲学研究的重要组成部分。在国内，数学和自然科学中的哲学问题，尤其是科学前沿的哲学问题，在20世纪50～60年代和80～90年代也曾经引导了自然辩证法的研究，但90年代以后，由于纯科学的自然科学领域发展状况、学科高度分化与自然科学领域问题的艰深等原因，自然科学的哲学研究一度低落。但是，这一问题始终是科学哲学的重要研究对象，并且在本世纪越来越受关注，因为在科学哲学的研究中，对传统问题的阐述不可能游离于具体科学问题的哲学研究之外，具体科学问题的哲学研究是科学哲学基础理论研究的现实基础，它所强调和突出的，主要是具体学科的个体性、现实性、前沿性和多样性。目前，随着具体科学研究的突飞猛进，具体科学的哲学问题的探究，也拓展到了生物哲学、认知科学哲学等领域。另外，近几年，对于社会科学哲学的研究也逐渐开始。这些问题的讨论，为科学哲学理论基础提供了丰满的现实案例，有助于把科学哲学的研究推向新的层次，也有助于把科学哲学问题的阐述引向深入，是科学哲学研究赖以生存与发展的基石。

具体来讲，第一，传统的数学哲学与物理学哲学仍然是具体科学问题的哲学研究中的重要部分。其中，数学本体论问题和数学语义学问题是当代数学哲学研究的主流，数学知识论问题的研究也得到数学哲学家的重视。物理学哲学关注的重点在于量子测量、量子场论等的哲学研究，以及物理学理论的解释问题，探讨的问题包括绝对性与相对性、决定论与非决定论、定域性与非定域性等。同时，广义相对论和量子引力的时空问题也逐渐成为物理学哲学讨论的热点问题。第二，生物学、信息科学等具体科学的突飞猛进也致使一些科学哲学工作者把目光转向了新兴的生物学哲学、认知科学、信息哲学、复杂性哲学和其他具体科学哲学。例如，生物学哲学中生命的本质与定义、生物科学与社会科学的综合性和分子生物学符号的操作性问题等都是目前的热点问题。认知科学的研究也在深入，有观点认为，认知科学将继物理科学、生命科学之后，成为科学哲学研究的又一焦点和动力。第三，近几年在国内开始兴起社会科学哲学的研究，涉及社会学、管理学、经济学、政治学、文化学和大众传播学等学科。社会科学哲学的元理论、当代社会科学哲学的发展趋势、社会科学哲学与科学实践等都将成为社会科学哲学发展的重点。社会科学哲学的兴起彻底改变了传统科学哲学家诸如卡尔·波普尔等把社会科学排除在科学哲学研究的范围之外的片面性，是科学哲学研究视野拓宽的一个表现，必将给科学哲学界带来新的机遇与挑战。

三、中国科学哲学的发展之路

中国的科学哲学从 20 世纪 80 年代开始，用 20 年的时间走过了西方百余年的发展历程，现在回想起来，有很多问题值得大家深思。国内科学哲学一方面要继续弥补历史造成的传统步子和基础的欠缺，另一方面要追踪国际科学哲学最新发展的前沿，更重要的是，它要在自身的基底上探索可被接受的形式和特点。英美科学哲学与欧洲大陆科学哲学一直沿着他们自己的研究路径发展，经历了 20 世纪的辉煌，但科学哲学的发展在经过传统哲学的全面否定和对科学发展模式的体系建构后，目前处于反思与探索并重的发展阶段。当他们陷入困境，寻求出路之时，我们没有必要回避中国科学哲学发展的特色问题。中国科学哲学现在面临着一个发展的机遇，要取得更加卓越的成就，成为世界科学哲学研究的重阵，中国科学哲学工作者必须更加深入地考虑中国科学哲学的发展之路。

（一）坚持科学哲学基础理论研究

科学哲学的研究对象决定了它的发展特征：它总是要在科学与哲学的不断发展中随时对自身的传统问题给出全新的回答。因此，科学哲学始终是一门处于发展中的学科，是一个兼收并蓄的、多元化的开放体系。在科学哲学基础理论的研究中，我们不能满足于介绍和评价，而是要有问题意识，具备分析论证的能力，要从认识论和方法论上开辟新的领域，进行独立研究和理论创新。这个过程的目标和难点在于：第一，重铸科学哲学发展的新的逻辑起点；第二，构建科学实在论与反实在论各个流派之间相互对话、交流、渗透与融合的新的平台；第三，探索各种科学方法论相互借鉴、相互补充和相互交叉的新基底。

近几年，国内科学哲学基础理论中的学派意识和具体科学哲学研究中语境分析方法等的兴起为科学哲学的发展注入了现实的力量，已经在形成一种用基础理论的创新去指导具体问题研究，用具体问题的研究去论证基础理论的规范发展模式，这种模式终将会引导中国科学哲学的发展之路。

（二）追踪具体科学领域前沿

具体科学问题的哲学是科学哲学思想得以升华的基础和源头，因此，一定要坚持深入地开展具体科学问题的哲学研究，为科学哲学基础理论的发展提供有力的支持和获取更多的灵感。在这个过程中，要特别注意把握学科前沿，因为在科学发展的前沿，哲学思考往往起到关键的作用。例如，在量子引力的研究中，对时空本质的哲学思考就决定了物理学家对理论方向的选择。因此，只有把握学科前沿的理论才能把握具体科学的哲学发展特点，只有明确了具体科学的哲学发展特点，才能明确科学哲学的整体走向。所谓“前沿”，就是近期科学发展的最新成果或进展。这一点与研究者的基本训练和素质相关联，因此，加强科学哲学工作者的科学素养，是科学哲学研究进步的关键。

（三）坚持弘扬科学理性，防止学科边缘化

我们不可否认国内科学哲学研究所取得的进步和卓越成就，但同时也要认识到，在科学哲学研究表面繁盛的后面，也隐藏着深刻的学科边缘化的危机：中国当下人文主义盛行，科学哲学的发展面临着前所未有的消解科学理性的围剿。如果没有科学理性作基础，那么人文主义的发展就会走向它关怀的反面，但是无论科学哲学如何发展，科学理性都不

应当被消解。科学哲学应当永远高举科学理性的旗帜，固守坚持科学理性，反对科学主义，坚持人文理性，反对人文主义的目标，持续地弘扬科学理性的精神。在这个过程中，必须通过对国际科学哲学发展趋势的把握，以科学哲学核心理论的研究为基础，以科学哲学学科规范性的建设为目标，把中国科学哲学研究引入到主流发展的轨道上。只有这样，才能形成和创建科学哲学研究的中国特色，使我国的科学哲学研究早日跻身世界先进行列。

科学技术哲学的现状与发展*

我国的“科学技术哲学”从学科建设的渊源关系上来讲，是从传统的“自然辩证法”基础上演变过来的，是对“自然辩证法”学科的继承与超越；从研究对象上来讲，是对作为整体的科学与技术及其各门分支学科所涉及的哲学问题进行反思与批判的一门学科，是很有发展前途的一个研究领域；在学科建设方面，科学技术哲学作为哲学的一个分支学科，与哲学的其他七个分支学科（马克思主义哲学、中国哲学、西方哲学、逻辑学、美学、伦理学和宗教学）一样，也拥有了一支庞大的专业研究队伍、几种专门的学术期刊以及规范的学科建制、明确的学会章程。无论从科学技术哲学研究领域的开放性与动态性上看，还是从丰富多彩的研究主题与各具特色的研究队伍来看，科学技术哲学都是非常独特的，它不仅有助于我们深化对传统哲学基本问题的理解，而且架起了使抽象的哲学思维与具体的科学技术发展相结合的桥梁。

---

* 本文发表于《科技哲人2007》2007年，作者成素梅、郭贵春。

一、科学技术哲学的机构设置

自从 1987 年国务院学位委员会在组织修改研究生学科目录时，将“自然辩证法”正式更名为“科学技术哲学（自然辩证法）”，并成为哲学的二级学科建设以来，虽然学术界关于“科学技术哲学”与“自然辩证法”的关系、学科建设及学科定位等问题一直在讨论当中[①]，但是在现实的学科发展过程中，“科学技术哲学”这个名称一旦提出，它便沿着自身的学术规范与学理脉络得到了进一步的发展，呈现出新的研究局面。

我们仅从机构设置来看，随着学科名称的更改，原先统一以“自然辩证法教研室（组）”为名称的大学研究机构，都相应地根据自己的研究特色，相继更名为“科学与社会研究所”“科学技术与社会研究中心”“科技哲学教研室”“科学技术哲学研究中心”以及“科学史与科学哲学系”等。现在，除了《自然辩证法研究》《自然辩证法通讯》和《科学技术与辩证法》这三大刊物（学会）名称仍然保留之外，各所大学的研究机构的名称基本上都进行了更名。这说明，“科学技术哲学”这个名称已经得到了大家的普遍认可。

2000 年，教育部为了进一步推动与加强科学技术哲学的学科建设，正式批准“山西大学科学技术哲学研究中心”成为科学技术哲学学科的教育部人文社会科学重点研究基地。其目的在于，经过若干年的重点建设，使重点研究基地成为全国科学技术哲学研究的人才培养中心、学术交流中心、资料信息中心以及咨询服务中心。经过几年的建设，其也确实取得了很大的进展。特别是近些年来，随着全国科学技术哲学专业的硕士点与博士点的大幅度增加，硕士研究生与博士研究生人数的逐年扩招，科学技术哲学研究呈现出一派学术繁荣和生机勃勃的景象。这种状况反映出科学技术哲学专业已经有了规范的教育体制。与 20 世纪 50 年代至 70 年代主要依靠自然科学工作者和哲学家“联盟”从事自然辩证法

---

① 详见中国自然辩证法研究会与中国科学院研究生院. 自然辩证法走进新世纪. 哈尔滨：哈尔滨出版社，2002.

研究的状况不同，现在不仅科学技术哲学研究所涉及的论题形式多样，远远超越了自然辩证法的传统研究领域，而且研究队伍也越来越专业化、国际化。

二、科学技术哲学的研究内容

从科学技术哲学的学术研究主题来看，与 20 世纪 80 年代主要集中于自然观、自然哲学、科学方法论、自然科学中的哲学问题及科技与社会研究相比，自 90 年代以来，学术界一方面继承与发扬自然辩证法的研究传统，另一方面，出现了更加专门化与多元化的研究局面。以对《自然辩证法研究》杂志从 1998 年到 2002 年用稿率的统计分析结果为例，可以大致说明，近些年来科学技术哲学研究重点的转移与调整情况。在图 1 中，五组柱状图中的每一组分别代表 1998 ～ 2002 年自然哲学、科学哲学、技术哲学、科学思想史和科技与社会五个栏目的用稿率。从平均水平来看，科学哲学和科技与社会的研究一直占主导地位；自然哲学和科学思想史的研究基本保持在较低的层次。①

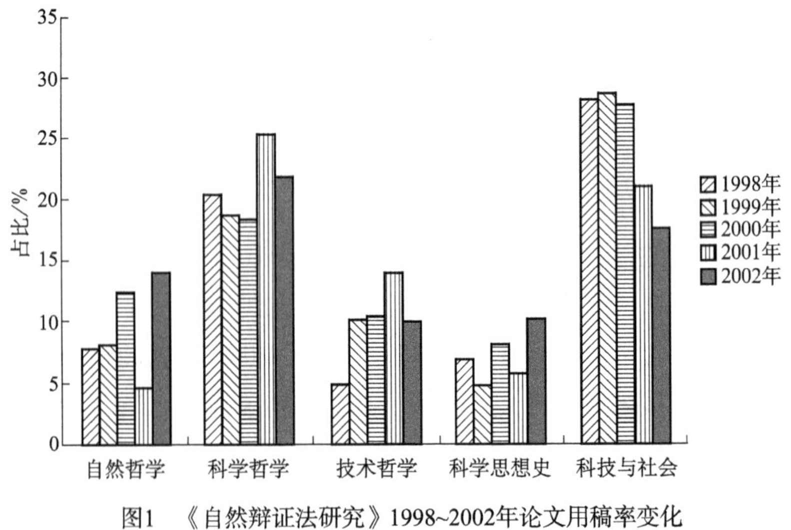

图1 《自然辩证法研究》1998~2002年论文用稿率变化

① 成素梅，李洪强. 自然辩证法研究统计分析. 自然辩证法研究，2003,（11）.

具体来讲，其一，学术界在追踪与评介西方科学哲学与技术哲学等最新研究成果时，认知哲学、量子力学哲学、生命科学哲学、生态哲学、心理学哲学、信息哲学、科学伦理学、科学主义与人文主义、科学知识社会学、科学实在论与反实在论、虚拟实在论、后现代科学哲学、新经验主义与自然主义和女性主义认识论等构成了新的研究主题；其二，技术哲学的研究也在逐步走向深入，不仅其论域空间不断明朗，而且论题也日益丰富，由早期主要立足于中国现实来研究和讨论技术与文化、技术与经济、技术与社会、技术与政治等具体问题，转向对技术本质、技术认识论、技术价值论、技术伦理学、科学哲学与技术哲学之间的异同关系、科学与技术之间的异同关系等理论性更强的基本问题的研究，并且在这些研究的基础上，生长出工程技术哲学与社会技术哲学等；其三，作为科学技术哲学研究的一种延伸或应用，科学技术与社会研究、科技战略与政策研究仍然是研究的热点，其中，涉及高科技伦理、科教兴国、可持续发展、西部大开发、国家创新体系、科技创新、知识经济、产业结构调整、科学发展观及和谐社会的建立等与时代密切相关的论题。这种状况说明，科学技术哲学的研究主题既随科学技术的发展而变化，也随社会的发展而变化。

三、科学技术哲学的教材建设

“科学技术哲学”既不是“自然辩证法”的简单延伸，更不是对“自然辩证法”名称的单纯更换。1995 年，陈昌曙曾在《科学技术哲学之我见》一文中，从学科名称的内涵与意义、学科分类和涵盖的学术交流活动三个方面，阐明了把“自然辩证法”更名“科学技术哲学”的必要性后指出：“在我们的学科目录中，可以把科学技术哲学与自然辩证法作为同一的东西看待，但从学科的内容、层次看，似乎这两者又不是完全同一的；如果把当今出版和习用的《自然辩证法讲义》《自然辩证法概论》原样不动地就换成为《科学技术哲学讲义》《科学技术哲学概论》则未必相宜。科学技术哲学总应该有更深的哲学思考和更多的哲学色彩，而不全等于科学观与技术观。”[①]这种观点是有合理性的。从已经出版的为数不多的几本以“科学技术哲学”冠名的教材或教学参考书的内容来看，确实是如此。这里主要对三本教材进行比较：第一本是1991年由黄顺基、黄天授和刘大椿主编的《科学技术哲学引论——科技革命时代的自然辩证法》（以下简称《引论》）[②]；第二本是2001年由刘大椿著的《科学技术哲学导论》（以下简称《导论》）[③]；第三本是2006年由郭贵春和成素梅主编的《科学技术哲学概论》（以下简称《概论》）[④]。

1991年的《科学技术哲学引论》把科学技术哲学分为三大篇，分别是科学技术本体论、科学技术认识论和科学技术价值论。第一篇主要是对天然自然、人工自然及人与自然问题的讨论；第二篇包括的五章内容分别是：科学的性质与方法，科学发现、进步与合理性，技术的本质结构，技术开发及其实现，系统思想和系统科学方法；第三篇的主要聚焦点是：科学技术与人类文明，科技进步与社会变革，科技革命与未来观，科技发展战略。与不计其数的自然辩证法教材的体例相比，《引论》虽然在附标题中把科学技术哲学理解为是科技革命时代的自然辩证法，但是它增加了对科学与技术的元理论思考的成分，从而为后人从“自然辩证法”框架到“科学技术哲学”框架的进一步探索提供了思维导向。

2001年的作为专著型教材的《科学技术哲学导论》一书在内容的编排上迈出了实质性的一步。作者把近期科学技术哲学的主要研究领域与内容概括为十个方面：①综合研究；②自然科学哲学问题研究；③自然观研究；④科学哲学与科学方法论研究；⑤技术哲学与技术方法论研究；⑥技术科学和工程科学的哲学问题研究；⑦科学技术与社会研究；⑧科学与文化研究；⑨科技思想史研究；⑩科学技术哲学名著与科学技术哲学史研究。不难发现，这些内容已经基本上囊括了目前科学技术哲学专

---

① 陈昌曙. 科学技术哲学之我见. 科学技术与辩证法，1995，(3).

② 黄顺基，黄天授，刘大椿. 科学技术哲学引论：科技革命时代的自然辩证法. 北京：中国人民大学出版社，1991.

③ 刘大椿. 科学技术哲学导论. 北京：中国人民大学出版，2001.

④ 郭贵春，成素梅. 科学技术哲学概论. 北京：北京师范大学出版社，2006.

业研究的所有论题，与过去相比，确实突显了科学哲学与技术哲学的内容，弱化了过去在自然辩证法教材中占主要地位的自然哲学、科学、技术与社会等方面的内容。与《引论》相比，《导论》一书不仅在书名中取消了“自然辩证法”的字样，而且在内容上突出了对科学认识活动、技术哲学、技术创新以及科技运行的支撑体系等问题的系统分析，体现了科学技术发展的时代性与现实性，是对“科学技术哲学”教材框架的一种非常有意义的探索。

2006 年，作为 21 世纪高等学校教材中哲学基础理论系统教材之一的《科学技术哲学概论》，在编写体例上和编写内容上又进行了更加大胆的探索，第一次提出了把科学技术哲学作为一个研究领域来理解的观点，试图在不失科学技术哲学的应用性的前提下，有重点地突出科学技术哲学的哲学性。该书共分五章内容：①数学哲学与各门自然科学哲学；②科学哲学；③技术哲学；④社会科学哲学；⑤科学技术与社会。其中，数学哲学与各门自然科学哲学是“科学技术哲学”最基本的内容；科学哲学与技术哲学是“科学技术哲学”的核心内容，是对科学与技术的全方位的哲学审思；社会科学哲学是对科学技术社会化的结构与制度等问题的批判与审思，是广义上的科学技术哲学不可或缺的一个基本内容；科学技术与社会是科学技术哲学的应用研究。《概论》的编写肯定留有缺憾，也遗漏了一些内容，但是，仍然不失为体现科学技术哲学研究的开放性与动态性的一种有益的探索方式。

四、科学技术哲学的学科建设

明确讨论科学技术哲学的学科建设问题的一个基本前提是首先对科学技术哲学的学科定位达成共识。只有定位明确，才能措施得力；只有措施得力，才能促进发展。从科学技术哲学的机构设置、研究内容和教材建设的现状来看，科学技术哲学作为哲学的一门分支学科，其定位是十分明确的。在这个定位的前提下，自然科学哲学问题与科学思想史研究是科学技术哲学研究的基础或前提，科学技术科学哲学和技术哲学是科学技术哲学研究的核心或重点，其他方面的研究则属于科学技术哲学研究的延伸或应用。因此，我们认为，在科学技术哲学的学科建设中，着重强调加强科学哲学与技术哲学的基础训练与队伍建设，强调在与国际科学哲学与技术哲学研究保持相一致的条件下，努力在观念创新与方法创新等方面形成自己的研究特色，是非常迫切而重要的。

这是因为，只有这样，才能体现科学技术哲学的哲学性，才能突出科学技术哲学在学科建设中的核心地位，才能使科学技术哲学的学科建设更规范、更经典，才能使科学技术哲学的研究不会由于暂时的淡化而消失，才能使我国的科学技术哲学研究尽快摆脱单纯引进评价的局面。2006 年，我们在接受《社会科学报》的特约记者计海庆的采访时，他问了这样一个问题："近年来，学术界中越来越多的注意力正在移向'对技术本身和由它的应用引发的各种问题的反思'上，而科学哲学的研究似乎不很'景气'，您怎么看待这种从'科学'到'技术'热点的转移？"这是一个很好的问题，也是值得我们深思的问题。从学科发展的动态性看来，学术界出现从对科学的哲学反思向对技术的哲学反思的转移，这种现象既是必然的，但同时也是暂时的。①

任何一门学科的产生与发展都有一个从旺盛到稳定的过渡时期。科学哲学的旺盛时期是在 20 世纪的六七十年代，到目前为止，世界上所有的哲学系都设有专门的科学哲学教授席位，有专门的杂志与稳定的研究队伍，这说明科学哲学已经进入了成熟期。就进入成熟期的学科而言，学术界对相关论题的研讨已经比较深入，研究规范也已经形成，从事这方面的研究不仅需要有扎实的自然科学功底和深厚的哲学基础，更需要有执著而严谨的探索精神与奉献精神，而且也相应地增加了进行突破性与创新性研究的难度。在这种背景下，学人把研究视角转向比较年青的、更容易出成果的技术哲学领域，这是非常自然的一件事。但是，这并不意味着科学哲学的衰落，可以肯定，随着技术哲学理论研究的不断深入，随着科学技术化和技术科学化趋势的日益明显，科学哲学与技术哲学的

① 成素梅. 强调语境化不意味着科学进步无规则. 社会科学报，2006-06-29.

交叉研究会越来越多。比如说，对“人工实在”的研究，对“测量中介”的作用研究，对新技术带来的哲学问题的研究等，这些问题既是科学哲学问题，也是技术哲学的问题。因此，技术哲学的研究必然会在一定程度上丰富与发展科学哲学的研究视野。我们应该从科学哲学与技术哲学暂时“分离”的现象背后，看到深层次上所蕴涵的交叉融合和相长发展的可能性。

总之，在科学技术哲学的学科建设中，进一步明确学科定位，加强学术队伍的哲学基础训练，是我们永久的任务。

当代科学哲学的现状及发展趋势*

怎样认识、理解和分析当代科学哲学的现状，是我们把握当代科学哲学面临的主要矛盾和问题、推进它在可能发展趋势上获得进步的重大课题，有必要将其澄清。

如何理解当代科学哲学的现状，“仁者见仁，智者见智。”明尼苏达科学哲学研究中心于2000年出了一部书——《明尼苏达科学哲学研究》（*Minnesota Studies in the Philosophy of Science*），书中有作者明确地讲道：“科学哲学不是当代学术界的领导领域，甚至不是一个在成长的领域。在整体的文化范围内，科学哲学现时甚至不是最宽广地反映科学的令人尊敬的领域。其他科学研究的分支，诸如科学社会学、科学社会史以及科学文化的研究等，成了作为人类实践的科学研究中更为有意义的问题、更为广泛地被人们阅读和论争的对象。那么，也许这导源于那种不景气的前景，即某些科学哲学家正在向外探求新的论题、方法、工具和技巧，

* 本文发表于《哲学动态》2008年第9期，作者郭贵春。

并且探求那些在哲学中关爱科学的历史人物。”[①]从这里，我们可以感觉到科学哲学在某种程度上或某种视角上地位的衰落。而且关键的是，科学哲学家们无论是研究历史人物，还是探求现实的科学哲学的出路，都被看做是一种不景气的、无奈的表现。尽管这是一种极端的看法。

那么，为什么会造成这种现象呢？主要的原因就在于，科学哲学在近 30 年的发展中，失去了能够影响自己同时也能够影响相关研究领域发展的研究范式。因为，一个学科一旦缺少了范式，就缺少了纲领；而没有了范式和纲领，当然也就失去了凝聚自身学科、同时能够带动相关学科发展的能力，所以它的示范作用和地位就必然地要降低。因而，努力地构建一种新的范式去发展科学哲学，在这个范式的基底上去重建科学哲学的大厦，去总结历史和重塑它的未来，就是相当重要的了。

换句话说，当今科学哲学是在总体上处于一种“非突破”的时期，即没有重大的突破性的理论出现。目前，我们看到最多的是，欧洲大陆哲学与大西洋哲学之间的相互渗透与融合；自然科学哲学与社会科学哲学之间的彼此借鉴与交融；常规科学的进展与一般哲学解释之间的碰撞与分析。这是科学哲学发展过程中历史地必然地要出现的一种现象，其原因就在于：第一，从 20 世纪的后历史主义出现以来，科学哲学在元理论的研究方面没有重大的突破，缺乏创造性的新视角和新方法。第二，对自然科学哲学问题的研究越来越困难，无论是什么样的知识背景出身的科学哲学家，对新的科学发现和科学理论的解释都存在着本质把握的困难，它所要求的背景训练和知识储备都愈加严苛。第三，纯分析哲学的研究方法确实有它局限性的一面，需要从不同的研究领域中汲取和借鉴更多的方法论的视角；但同时也存在着对分析哲学研究方法的忽略的一面，轻视了它所具有的本质的内在功能，需要对分析哲学研究方法在新的层面上发扬光大。第四，试图从知识论的角度综合各种流派、各种传统进行科学哲学的研究，或许是一种有意义的发展趋势，在某种程度上可以避免任一种单纯思维趋势的片面性，但这却是一条极易走向“泛

---

① Minnesota Studies in the Philosophy of Science，Volume ⅩⅤⅢ，Logical Empiricism in North America. Minnesota: University of Minnesota Press，2000：6.

文化主义”的路子，从而易于将科学哲学引向歧途。第五，由于科学哲学研究范式的淡化及研究纲领的游移，导致了科学哲学主题的边缘化倾向；更为重要的是，人们试图用从各种视角对科学哲学的解读来取代科学哲学自身的研究，或者说把这种解读误认为是对科学哲学的主题研究，从而造成了对科学哲学主题的消解。

然而，无论科学哲学如何发展，它的科学方法论的内核不能变。这就是：第一，科学理性不能被消解，科学哲学应永远高举科学理性的旗帜；第二，自然科学的哲学问题不能消解，它从来就是科学哲学赖以存在的基础；第三，语言哲学的分析方法及其语境论的基础不能被消解，因为它是统一科学哲学各种流派及其传统的方法论的基底；第四，科学的主题不能消解，不能用社会的、知识论的和心理的东西取代科学的提问方式，否则科学哲学就失去了它自身存在的前提。

在这里，我们必须强调指出的是，不弘扬科学理性就不叫“科学哲学”，既然是“科学哲学”就必须弘扬科学理性。当然，这并不排斥理性与非理性、形式与非形式、规范与非规范研究方法之间的相互渗透、相互融合和统一。我们所要避免的只是“泛文化主义”的暗流，而且无论是相对的还是绝对的“泛文化主义”，都不可能指向科学哲学的“正途”。这就是说，科学哲学的发展不是要不要科学理性的问题，而是如何弘扬科学理性的问题，以什么样的方式加以弘扬的问题。中国当下人文主义的盛行，并不证明科学理性不重要，而是在科学发展的水平上，由社会发展的现实矛盾激发了人们更期望从现实的矛盾中，通过人文主义的解读，去探求新的解释。但反过来讲，越是如此，科学理性的核心价值地位就越显得重要。人文主义的发展，如果没有科学理性做基础，那就会走向它关怀的反面。这种教训在中国的社会发展中是很多的，比如，毛泽东批评“马寅初人口论”时，最重要的理由就是“人是第一可宝贵的”。在这个问题上，人本主义肯定是没错的，但缺乏科学理性的人本主义，就必然地走向它的反面。在这里，我们需要明确的是，科学理性与人文理性是统一的、一致的，是人类认识世界的两个不同的视角，并不存在矛盾。在某种意义上讲，正是人文理性拓展和延伸了科学理性的边界。但是，人文理性不等同于人文主义，这正像科学理性不等同于科学主义一样。坚持科学理性反对科学主义，坚持人文理性反对人文主义，应当是当代科学哲学所要坚守的目标。

我们还需要特别注意的是，当前存在的某种科学哲学研究的多元论与 20 世纪后半叶历史主义的多元论有着根本的区别。历史主义是站在科学理性的立场上，去诉求科学理论进步纲领的多元性；而现今的多元论，是站在文化分析的立场上，去诉求对科学发展的文化解释。这种解释虽然在一定层面上扩张了科学哲学研究的视角和范围，但它却存在着泛文化主义的倾向，存在着消解科学理性的倾向性。在这里，我们千万不要把科学哲学与技术哲学混为一谈，这两者之间有着重要的区别。因为技术哲学自身本质地赋有着更多的文化特质，这些文化特质决定了它不是以单纯科学理性的要求为基底的。

在世纪之交的后历史主义的环境中，人们在不断地反思 20 世纪科学哲学的历史和历程。一方面，人们重新解读过去的各种流派和观点，以适应现实的要求；另一方面，人们试图通过这种重新解读，找出今后科学哲学发展的新的进路，尤其是科学哲学研究的方法论的走向。有的科学哲学家在反思 20 世纪的逻辑哲学、数学哲学及科学哲学的发展，即"广义科学哲学"的发展中，提出了存在着五个"引导性的难题"（leading problems）：

第一，什么是逻辑的本质和逻辑真理的本质？

第二，什么是数学的本质？这包括：数学命题的本质，数学猜想的本质和数学证明的本质？

第三，什么是形式体系的本质？以及什么是形式体系与希尔伯特称之为"理解活动"（the activity of understanding）的东西之间的关联？

第四，什么是语言的本质？这包括：什么是意义、指称和真理的本质？

第五，什么是理解的本质？这包括：什么是感觉、心理状态及心理过程的本质？①

① Shauker S G. Philosophy of Science，Logic and Mathematics in Twentieth Century. London：Routledge，1996：7.

这五个“引导性的难题”概括了整个20世纪科学哲学探索所要求解的对象及21世纪自然要面对的问题，有着十分重要的意义。从另一个更具体的角度来讲，在20世纪科学哲学的发展中，理论模型与实验测量、模型解释与案例说明、科学证明与语言分析等，它们结合在一起作为科学方法论的整体，或者说整体性的科学方法论，整体地推动了科学哲学的发展。所以，从广义的科学哲学来讲，在20世纪的科学哲学发展中，逻辑哲学、数学哲学、语言哲学与科学哲学是联结在一起的。同样，在21世纪的科学哲学进程中，这几个方面也必然会内在地联结在一起，只是各自的研究层面和角度会不同而已。所以，逻辑的方法、数学的方法和语言学的方法都是整个科学哲学研究方法中不可或缺的部分，它们在求解科学哲学的难题中是统一的和一致的。这种统一和一致恰恰是科学理性的统一和一致。必须看到，认知科学的发展正是对这种科学理性的一致性的捍卫，而不是相反。我们可以这样讲，20世纪对这些问题的认识、理解和探索，是一个从自然到必然的过程；它们之间的融合与相互渗透是一个由不自觉到自觉的过程。而21世纪，则是一个“自主”的过程，一个统一的动力学的发展过程。

那么，通过对20世纪历程的反思，当代科学哲学面向21世纪的发展，近期的主要目标是什么呢？最大的“引导性难题”又是什么呢？

第一，重铸科学哲学发展的新的逻辑起点。这个起点要超越逻辑经验主义、历史主义和后历史主义的范式。我们可以肯定地说，一个没有明确逻辑起点的学科肯定是不完备的。

第二，构建科学实在论与反实在论各个流派之间相互对话、交流、渗透与融合的新平台。在这个平台上，彼此可以真正地相互交流和共同促进，从而使它成为科学哲学生长的舞台。

第三，探索各种科学方法论相互借鉴、相互补充和相互交叉的新基底。在这个基底上，获得科学哲学方法论的有效统一，从而锻造出富有生命力的创新理论与发展方向。

第四，坚持科学理性的本质，面对着前所未有的消解科学理性的围剿，要持续地弘扬科学理性的精神。这一点，应当是当代科学哲学发展的一个极关键的东西。同时，只有在这个基础上，才能去谈科学理性与非理性的统一，去谈科学哲学与科学社会学、科学知识论、科学史学以及科学文化哲学等的流派或学科之间的关联。否则的话，一个被消解了科学理性的科学哲学还有什么资格去谈论与其他学派或学科之间的关联?

总之，这四个从宏观上提出的“引导性难题”既包容了20世纪的五个“引导性难题”，同时也表明了当代科学哲学的发展特征就在于：一方面，科学哲学的进步越来越多元化。现在的科学哲学比之过去任何时候，都有着更多的立场、观点和方法；另一方面，这些多元的立场、观点和方法又在一个新的层面上展开，愈加本质地相互渗透、吸收与融合。所以，多元化和整体性是当代科学哲学发展中一个问题的两个方面。它将在这两个方面的交错和迭加中，寻找自已全新的出路。这就是为什么当代科学哲学拥有强大生命力的根源。正是在这个意义上，经历了语言学转向、解释学转向和修辞学转向这“三大转向”的科学哲学，而今走向语境论的研究趋向就是一种逻辑的必然，成为了科学哲学研究的必然取向之一。

科学实在论的进步及其走向

——访郭贵春教授*

郭贵春，男，1952年生，1981年毕业于山西大学哲学系，获硕士学位，现为山西大学常务副校长、哲学系教授。代表性专著有：《当代科学实在论》、《科学知识动力学》、《后现代科学实在论》、《后现代科学哲学》（待出版）等。合著8部，发表论文近80篇。

记者：从您的著述来看，您似乎对科学实在论（其中涉及语言哲学和后现代科学哲学）情有独钟，并进行了长期的研究和积累。您能否谈一谈在您自身的学术成长中，是如何形成这一特色或学术风格的？

郭：我对于科学实在论确实是钟爱的，而且在将来很长的一个时期里，它仍将是我的主要研究方向。至于我个人的这种研究趋向是如何形成的，原因很多，但主要根源于我两次赴英国剑桥大学留学和深造。1986～1988年，我留学于英国剑桥大学科学史和科学哲学系，受到了英美科学哲学传统的强烈震撼；特别是接触了许多著名的科学哲学家，如黑塞（M. Hesse）教授、雷德黑德（M. Redhead）教授、霍斯金（M.

Hoskin）博士、贾丁（N. Jardine）教授和帕皮诺（D. Parpineu）教授等，尽管他们有着各自不同的特点，但基本上都是科学实在论者或倾向于科学实在论。因而，剑桥大学科学史和科学哲学系里那些著名学者们的整体风格和研究趋势对我产生了极大的影响。对此，我还是要深深地感谢他们。

记者：那您当时是怎样看待科学哲学，特别是科学实在论的呢？

郭：从总体上讲，我觉得随着当代自然科学越来越远离经验的发展，科学理论的构造、解释和评价问题便在科学哲学研究中愈来愈具有了突出的地位。在这样一个总体框架中，科学实在论作为当代西方科学哲学发展中的一种最有前途的哲学运动，已成为科学理性发展历程中自然而又必然地加以面对的一种思潮。而且，无论是在国内还是国外，科学实在论都越来越受到了更多的科学家、科学哲学家以及哲学家们的重视。正是在这个意义上，客观地去介绍当代科学实在论的历史和现状，系统地评述它在科学发展中的理性地位，具体地分析它与其他科学哲学流派之间的相互批评和相互借鉴的趋势，内在地揭示它作为一种方法论原则在科学研究中的意义，合理地阐述它所具有的科学认识论的特征，深刻地批判它所存在的褊狭、缺陷和谬误，便成为我研究科学实在论的一个宗旨。

另外，从更广阔的视角看，对科学哲学及科学实在论的研究，对促进整个民族的科学理性思维，加强自然科学家、科学哲学家和哲学家之间的联盟，激励我国科学哲学的研究走向世界，推动东西方科学文化思想之间的相互了解和交流，均是十分有益的工作。

记者：的确是非常有意义的。那么，科学实在论是什么时候产生的？您又如何看待它的发展呢？请谈谈您的见解。

郭：像许多西方科学哲学流派一样，科学实在论的产生与发展同样有着它孕育和生成、进步和曲折、批评和反批评的复杂而又生动的历史。正是在这样的历程中，它形成了自身的特征、形式和发展趋向，从而将坚持和弘扬科学理性作为其奋进的一项重要的历史使命。原子实在论作为 19 世纪科学哲学运动中的一个重要流派，是继古希腊的素朴实在论、中世纪的经院实在论和近代以牛顿为代表的机械实在论之后，历史地产生出来的第一个真正的、科学的实在论形式。它一出现，便在19世纪的科学发展中显示了自身独特的意义和影响，并为尔后科学实在论的发展奠定了一种确定的方向。

但是，由于不同的科学实在论者研究、解释和评价科学理论的角度和方法不同，叙述各自立场和观点的体系之间的差异，以及科学实在论理论内容和层次结构的区别，导致了科学实在论自身在形式上的多样性，从而在其发展过程中，特别是在与反实在论的长期惊心动魄的论争中，显现出科学实在论生长的生命力及其进步的丰富性，同时也营造了波澜壮阔的科学哲学运动的历史。

记者：科学实在论的发展对其自身来说有什么意义呢？

郭：科学实在论发展的历程深刻地表明，科学实在论的对象领域不是狭隘的，而是广阔的。从可直观的客体一直到现代科学、数学、逻辑学、语言学、社会学和精神哲学，都在拓展了的实体概念基础上，构成了它的研究范围；科学实在论的表现特征不是单纯的，而是丰富多彩的，例如，它包括本体实在论、认识实在论、目的实在论、方法实在论、指称实在论、语义实在论、关系实在论以及系统实在论等；科学实在论的本质不仅仅表现于可观察的物质实体，更重要的是一方面表现于抽象的形式化体系，另一方面表现于远离经验的微观世界之中；科学实在论的理论不是纯粹地以归纳逻辑为方法的思想体系，而是一种容纳各种科学方法的、立体网状结构的科学哲学体系。一句话，朝着立体的、整体的和综合的方向发展，是科学实在论的时代特征。

记者：根据您的见解，伴随着原子实在论的诞生开始了真正的科学实在论发展的历史。那么，在科学实在论运动到目前为止的进程中，它的进步和曲折是不是共生的？或者说，是否也经历了某些不同的发展阶段呢？

郭：的确如此。但这是一个“仁者见仁，智者见智”的问题。就我个人的拙见，到目前为止，科学实在论的发展经历了三个重要的阶段：

（1）从原子实在论诞生到19世纪和20世纪之交。这一阶段，科学实在论以“不要怀疑实在”作为反对一切反实在论者的鲜明旗帜，在牛顿的经典理论框架内，将原子论作为一种有效的科学方法论运用于化学、物理学及其他学科之中。这一方面促进了化学、物理学及整个近代科学的进步，准备和酝酿了即将到来的物理学革命；另一方面引申了科学理性思维的深度，为抛弃旧的理论框架，接受新的观念，既催化着科学武器的批判，又锻造着批判的哲学武器。

（2）从20世纪初期到逻辑经验主义的全面衰落。这一阶段，伴随着“语言学转向”，是以逻辑经验主义为核心的分析哲学运动如日中天的“统治”时期，科学实在论处于被压抑的状态，它不得不在相对论和量子力学理论的全新基础上，去改变自己原有的存在方式和形态，作出其发展趋向的新抉择。无论如何，“语言学转向”运动播下了科学实在论全面复兴的星火，激发了科学实在论者抛弃传统实在论的机械性和教条性的决心，促进他们从反实在论及其他哲学派别中汲取合理的方法论成分，从而不断地变更自身的理论形式。尤为重要的是对形而上学本体论的反思和语义分析方法在实在论立场上的移植、运用和批判性借鉴，表明了科学实在论是在比较成熟的科学主义的理性基点上，迈开了它全面复兴和发展的步伐。

（3）从20世纪中叶的“解释学转向”到90年代的中后期。这一阶段，“解释学转向”的宗旨，就是要把人类的行为、科学、文化或整个历史时期作为本文来阅读，强调作为对话的个体和共同体之间的协调和互补，从而在一切本文的社会性意义上超越“语言学转向”的狭隘性和片面性。“解释学转向”作为一种运动的深入发展，在更广阔的时间序列和社会空间上影响了科学实在论的进步。特别是科学实在论者们更自觉地意识到，在科学哲学与社会科学哲学、语言分析与解释实践、科学技术与人类知识的社会化等之间存在着结构统一性和意义的一致性。因而，许多科学实在论者选择了知识整体化和自然主义的认识论趋向，强化了科学实在论与社会语言学、认知心理学和科学社会学相互融合的研究趋势。由此，科学实在论作为一种科学哲学思想和科学方法论的形式，不断地扩张并越来越渗入了人类知识的更为广阔的领域。“解释学转向”深刻地表明，由逻辑经验主义“统治”的衰退而逐渐全面展开的科学实在论的“复兴时期”已经历史地结束；一个将从结构、功能和意义上，对整个西方科学哲学的进步产生重大影响的“后现代发展时期”已经自然而又必然地开始。在这里，从某种意义上讲，科学实在论“全面复兴”的完成和逐步走向后现代发展的趋势是一体化的。

在此，必须强调指出的是，以上这三个阶段的划分并不具有绝对的意义，它只是相对地表明了在科学实在论发展历程中不同时期的几个总体发展趋向。事实上，它们之间存在着相互交错、相互渗透发展的状况。

记者：近年来，您对科学实在论及整个科学哲学发展的后现代趋向尤为关注。对这一点，您能不能做些说明?

郭：1992 ～ 1993 年，我以访问学者身份第二次到英国剑桥大学深造。在这一年多时间里，我的导师剑桥大学达尔文学院院长劳埃德教授对传统科学主义的批评和对后现代人文主义的热情，对我有某种程度的感染。

更主要的是，当我对当代科学实在论的发展趋向做进一步的深入研究时，我发现 20 世纪 80 年代末 90 年代初出现的本世纪哲学发展中的第三次转向——“修辞学转向”，酿就了科学哲学领域中的“科学修辞学转向”。这一转向的目的，是要把科学修辞学作为一种确定的科学研究方法，充分地揭示科学论述的修辞学特征，从而在科学论述的境遇、选择、分析、操作、发明和演讲中，给出战略性的心理定向和更广阔的语言创造的可能空间。这一转向作为一种运动的兴起，促使科学实在论者们更进一步排除存在于理性与非理性、语言的形式结构和心理的意向结构、逻辑的证明力与论述的说服力、静态的规范标准与动态的交流评价之间的僵化界限，进一步消解单纯本体论立场的独断性，强调心理重建与语言重建的统一。这深刻地表明，科学实在论在已经相当进步了的基底上，正不断地充实和完善自己，特别是在研究的视界上，正在更自觉地由外在走向内在，由宏观走向微观，由粗犷走向细腻，由狭隘走向广阔，显示了科学实在论自身所具有的创造性的生命力。更重要的是，它显示了科学实在论在反本质主义、基础主义和表征主义的基础上，进一步推动了英美哲学和大陆哲学、科学主义和人文主义相互渗透、相互融合的后现代科学哲学的发展趋向。这一点，激发了我对科学实在论及整个科学哲学后现代发展趋向进行研究的愿望。

记者：当前，后现代主义是一个十分引人注目并众说纷纭的话题，那么，您认为它与科学实在论及科学哲学的后现代发展之间是一种什么样的关联呢？怎样理解后现代性呢？

郭：这的确是一个关键性的问题。简单地讲，要注意这样几点：

第一，从本质上讲，后现代主义是一种反科学主义的“理智运动”，一种新的“文化经验”，一种批判性的“解构战略”。“后现代主义”一词，就是表征文化领域中的这种后现代性运动及其现象，以区别于现代性的运动及其现象。后现代科学实在论就是这种普遍的后现代运动在科学哲学领域中的某种渗透和映射的结果，它与后现代主义是有联系的，但又不等同于后现代文化或艺术中的任何特殊的人文主义流派，它有着其自身独特的性质、形式和特征。

第二，后现代科学实在论及后现代科学哲学意指科学实在论及科学哲学发展中的后现代趋向，而不是任何确定的“组织形态”或贴有标签的“理论模式”。事实上，它是一种“无形的”思想倾向或方法论趋向，它的存在性恰恰就在这些倾向或趋向之中。

第三，评价当代科学实在论是否具有后现代趋向性的标尺，是看它在发展中是否产生或具有某种渗透着后现代性研究方法的转换、趋向的调整及认识论基点的重新定位。所以，后现代科学实在论仅仅是一种科学哲学的“研究战略”，而不是任何固定不变的教条或模型。

第四，提出“后现代科学实在论”及“后现代科学哲学”的概念，是为了把科学实在论及科学哲学的发展放到整个后现代科学、文化和社会的大背景中去进行思考，从而更准确地把握当代科学实在论进步的某些时代的本质特征，而不是其他。

记者：当今，后现代主义受到了来自各个方面的批评，这除了其理论的歧误之外，一个重要的原因就是忽视了科学所具有的时代特征。那么，您如何评价后现代主义的现状和科学实在论的后现代走向呢？

郭：尽管后现代主义如日中天的辉煌时期已经消逝，但后现代主义的浪潮并未完全退去，它对人类理智运动所产生的那些时代的影响，将会继续发生它潜在的正负方向的效应。从我们所谈论的问题的视角看，后现代主义导致了这样几种倾向：①极端的相对主义。后现代主义以朝向元叙述的怀疑为基底，在多维的和不稳定的空间中，将叙述与科学认识割裂开来，使任何事件都自主地运行，完全是一局没有规则的游戏。②具有某种古代诡辩论的特征，溢发着对哲学理性的嘲讽和亵渎。③反实在论的立场。后现代主义从否定中性存在的视角出发，把一切表征、一致和指称都看作是依赖于概念框架而生成和变动的，而且这些变动本身并非朝向实在的收敛运动，而是根据文化发展的趋向而社会地发散的。

科学实在论的后现代发展，正不断地走向“体系开放”“本体弱化”和“意义建构”这三个最基本的趋向性上。这既是后现代科学实在论所具有的“后现代性”的时代特征，又是其得以生存和发展的途径；后现代科学实在论的各种弊病、特征及其有意义的前景，均体现在这些趋向的统一之中。尽管科学实在论也不可避免地存在着某些需要加以分析和批评的时代缺陷，尤其是内在化的和片面自然主义的趋向，但在这一过程中，它没有导向狭隘的解构主义，也从未放弃对于真正科学理性的追求，却是值得我们借鉴的。这也从一个方面喻示我们，在泛文化主义盛行之时，仍然保持理性的头脑，高举“科学与民主”的旗帜，是一项多么必要而又必然的事业！

欧洲大陆和英美哲学传统之间的区别、关联与融合

——记与德国哲学家沃尔夫冈·诺义萨教授的谈话*

2004 年 7 月 1 日至 9 月 4 日，笔者在德国进行了为期两个月的学术访问。在此期间，笔者与凯瑟斯劳腾（Kaiserslauten）大学的哲学教授沃尔夫冈·诺义萨（Wolfgang Neuser）（以下简称“诺”）就当前欧洲大陆哲学，特别是德国哲学的某些本质特征和发展趋势做了多次交谈。现将主要内容整理出来供大家参阅。

郭：诺义萨教授，您早年毕业于历史悠久的海德堡大学，先获得物理学学位，然后追随世界著名的哲学家伽达默尔攻读哲学，获博士学位，之后一直从事哲学研究至今。就您的背景来讲，您对欧洲大陆哲学、特别是德国哲学有着较深透的研究，因此，我十分想与您交流一下关于英美哲学传统与欧洲大陆哲学传统之间的关联和区别这个问题。

诺：我知道你为什么对这个问题感兴趣，因为你受过英国剑桥大学的教育。我们一般将英美哲学传统称之为“大西洋传统”（Atlantic tradition)。在大西洋哲学传统与大陆哲学传统之间确实存在着十分鲜明的区别。尽管这种区别的根源是非常复杂的，但我认为其中一个非常重要的原因是对维特根斯坦哲学的不同解读。大西洋传统更多地强调维特根斯坦哲学中的“概念”，而大陆哲学传统则注重的是这些“概念”背后的东西。

郭：您所指的“概念”背后的东西是什么？是指相应的“行为”还是相关的“社会背景”？

诺：更确切地说，应当是“文化”。也就是说，大西洋哲学更多地强调了概念在形式上的逻辑化和理性化，而忽视了这些概念形式背后的语言的“文化”或者“文化传统”；而大陆哲学恰恰是注重了这些“文化”或“文化传统”。这种注重正是人文哲学的精髓。

郭：是否可以这样说，您认为大西洋哲学更多地强调了维特根斯坦的“前期”哲学，而大陆哲学则更多地注重了维特根斯坦的“后期”哲学。

诺：是的。尤其是在20世纪大部分时间里它表现得非常突出。

郭：在历史上，德国出了许多世界著名的大哲学家，可以说是一个充满了理性的民族。您强调大陆和德国哲学家对概念背后文化特征的关注，是否会导致削弱对逻辑理性的关注和研究？

诺：德国哲学家并不是不关注大西洋传统式的逻辑理性，而仅仅是认为它缺乏对哲学概念背后的文化或文化传统的研究和关注。事实上，大陆哲学家并不排斥逻辑，但逻辑只是哲学理性对世界进行重建的一部分，而不是全部。给逻辑形式以“适当”的理性地位，并不是对逻辑理性的消解。只要我们在哲学的概念中可以重建对象世界，就是捍卫理性。另外，一切哲学问题都必须在特定的语境基底上进行回答，也就是说，理性意味着在特定的语境下对相关问题做出论证或回答。这是一个非常重要的概念，也是大西洋哲学传统与大陆哲学传统的重要区别之一。

郭：您的意思是说，大西洋哲学是在逻辑形式的基底上去构建哲学理性的大厦，而大陆哲学则是在语境的基底上去构筑哲学理性的大厦。

诺：对。

郭：但逻辑理性并不排斥语境，离开了语境，逻辑理性也是不可能存在的。所以，大西洋哲学家并不否认语境。您怎样看待这两者之间的关系呢？

诺：你的意见是对的。但是，一方面，大西洋哲学传统的提问方式是在逻辑形式要求的原理上提出的，他们注重的是“premise”，是逻辑的前提。而在大陆哲学家普遍地看来，这个前提很可能是“空的”，因此，其提出的问题可能是一个“空问题”（empty problem）。所以，哲学家们必须“走出逻辑”，走到逻辑之外，从心理的、社会的、文化的乃至形而上学的层面去提哲学的问题。另一方面，大陆哲学家讲的语境，不是纯数学、纯科学和纯逻辑形态的语境；而是一个历史的、社会的和文化的语境。从这个角度讲，大陆哲学家的语境概念比大西洋哲学家的语境概念更为宽泛和丰富。即使他们考虑同一个问题，也会有着完全不同的视角。只有确定合理的提问方式，才能真正地理解对象世界的本质和给出真正理性的回答，而真正的哲学理性就是对本质的理解和回答。

郭：在和您的交往中，我很少听到您谈论大西洋哲学家们所重视的“方法论”角度的问题。是这样吧？

诺：是这样的。大陆哲学家们更注重“存在”（being）的问题，即本体论意义上的存在。

郭：这不正是大西洋哲学家们称之为“形而上学”的东西吗？

诺：是的。因为形而上学（包括辩证法）就是哲学，或者说是哲学的核心。你能想象没有形而上学的哲学吗？而且，大西洋的分析哲学传统与大陆哲学传统的特征根本不同。后期维特根斯坦的哲学主要是解释语境的，不仅限于命题的逻辑分析。传统地讲，从笛卡儿之后，大陆哲学就开始思考主体的内在问题，而不是外在的东西。所以，大西洋哲学所注重的仅是传统哲学中的一小部分，更多的是数学的或形式体系的东西。说到这里，应当说马赫是一个重要的分界人物，他在某种程度上导引了大西洋哲学的研究趋势。另外，在纳粹时代，许多德国哲学家去了英国和美国，淡化了两种哲学传统的划界。但是，在德国，形而上学始终是哲学的根本，这个传统没有变。从方法论的视角讲，大西洋哲学是一种逻辑的分析，而大陆哲学是一种历史的分析。这种区别可以说始于1850年左右，到1900年前后就更加鲜明。尤其对美国哲学来讲，实用主义才是它的更根本的传统。

郭： 您的意思是说，形而上学（包括辩证法）是具有更广阔内容的方法论研究。

诺： 就是这个意思。因为大陆哲学传统突出了知识的本质问题。比如说，我们提问“为什么物理学是这样的？”“科学知识为何如此？”等。事实上，科学家也希望理解宇宙、时间和空间的本质，爱因斯坦的相对论的时空观不就提出了这样的问题吗？你不能从形而上学的本体论意义上理解最基本的时空观，又怎么去理解爱因斯坦的相对论的时空观呢？所以，科学的方法论最终要回到形而上学，现代科学的理解要回到康德。另外，大陆哲学的方法论研究还要提出这样的问题：“什么是人的自由？”“人为什么而生存？”等。这也同样是方法论的问题。哲学不能只在方法论上提出科学的、逻辑形式的问题，那样的话哲学就太狭隘了。

郭： 事实上，无论是大西洋传统还是大陆传统，在方法论的认识上本质地并无差异，所不同的只是理解方法论的层面和范围不同而已，不能说他们在方法论本身的理解上是不同的。

诺： 也可以这么讲。但是，他们的既定目标不同，这是因为他们的研究原则不一样。一般地讲，大西洋哲学家们更容易产生个人区别于他人的研究思路，获得不同的观点和看法，从而形成自己的研究特色。而在德国的哲学家中，共同的学术规范性很强，一旦一种学术规范被建立，它就很难被打破。尤其对年轻的哲学家们来说，他们必须遵循特定的研究传统，接受相关学术规范的训练和熏陶。因为，在德国哲学家看来，没有传统的思维不是真正的思维。所以，在德国哲学界，你持一种什么样的具体哲学观点并不重要，重要的是你继承了哪一种哲学传统。例如，在海德堡大学，有黑格尔、费希特、韦伯、海德格尔、伽达默尔和哈贝马斯一直到现在所形成的哲学传统，或者说由他们所形成的哲学派别及其不断的融合，有着它内在的传统力量和规范要求，不是任何一个人想改变就能改变得了的。现在海德堡大学已经有600多年的历史，在海德格尔之前几乎所有的哲学家都没有结过婚，都献身于他们热爱的哲学事业。这种哲学事业的研究趋向性是不可能轻易被改变的。

郭：您这么讲加深了我对大陆“传统”的理解。可是，在大陆哲学特别是德国哲学发展中，并不缺乏敢于冲破传统的人。比如著名的哲学家尼采，他就“怀疑一切”。

诺：在德国，更多的哲学家们只是将尼采看作思想家，而不是学术型的哲学家（academic philosopher）。本质上他的著作更像“文学”而不是“哲学”。在他的头脑中没有原则的约束和限制，就是没有学术规范和学术传统。很多人受到尼采思想的影响，但并不接受他的研究方法，因为他的研究方法不是学术型的。所以，在大陆哲学特别是德国哲学中，这个传统就是学术型的研究方法的传统，而不仅仅是一些闪光思想的堆积。康德之所以被德国人始终看作是伟大的哲学家，就是因为他是一名真正的具有研究方法论传统的学术型的哲学家，是一个典范。当然，在德国哲学界也存在着各种不同的学派，比如，柏林大学就不同于海德堡大学。不同的学派有不同的研究方法的传统。在这种传统中，人们更注重大哲学家个人的品格及其影响，并努力地从大哲学家个人的品格和学术风格中去弘扬这种研究规范，从而发展和发现自己。这就是为什么在德国哲学家中，人们总是问“你是谁的学生”，而不会问“你是什么哲学观点”的缘故。而在这一点上，大西洋哲学家们的发问方式恰恰相反。

郭：伽达默尔的解释学是当代大陆哲学的典型代表之一，您作为伽达默尔的学生，在这方面一定有深刻的领悟。

诺：解释学的确是相当重要的，这也正是大陆哲学区别于大西洋哲学的鲜明特色之一。伽达默尔一年多前刚去世，他活了103岁。他已不能再解释他的哲学了，这需要我们继承他的传统去努力地工作。我们需要继承伽达默尔的不仅仅是解释历史和社会，更重要的是一种方法论，即从更深的层面上去认识和研究本质问题，尤其是当代技术与本文的关系问题。一定要解释清楚，为什么某种东西是合理的，为什么历史会如此地发展。在这一点上，海德格尔的思想也要继承，因为他是我的老师的老师。换句话说，就是要用这种方法论去解释存在，去发现和寻找存在的原因。从“海德格尔－伽达默尔”到现在的传统，就是探究存在。所以，解释学是集中在人类历史和人类社会各个要素及其结构上的理解方式，是一种理解、说明和解释存在文本的方法。任何文本都是社会文本的一部分，所以这种方法对于人类思想和社会的各个方面都具有普遍的意义。我特别需要强调的是，解释文本就是要解释存在，“超越文本，走向存在”正是伽达默尔解释学的本质，也恰是他超越维特根斯坦的根本之点。

郭：在解释学的问题上，您怎么看待哈贝马斯的思想呢？

诺：伽达默尔和哈贝马斯都是我就读海德堡大学时的老师，哈贝马斯也是伽达默尔的学生，他后来离开了海德堡大学。伽达默尔强调解释学的理论性，而哈贝马斯更注重解释学的实践性，但他们都有着相同的形而上学的传统，都注重从更广阔的领域去解释概念，都从解释学的角度去看待一切哲学的本质问题。按照德国哲学的传统，我必须再说一遍“我是伽达默尔的学生”。

郭：我非常明白您的意思。我总觉得在大西洋哲学与大陆哲学之间并不存在不可逾越的障碍。无论是科学理性还是人文理性都是人类思想中的精髓，所不同的只是研究的层面和视角不同，完全可以架一条由此及彼的哲学方法论的桥梁。对此您怎样看？

诺：要想超越这两种传统之间的“断裂”只有一条可能的途径，那就是用新的方法去解释新的问题。首先，我们必须超越维特根斯坦和伽达默尔，要站在他们两个人之上，因为从他们各自的哲学前提来说这是很困难的，这种结合不是他们自己的愿望。他们一个限于概念，一个超越于概念。但是，我相信世界的哲学事业正在进步，发现新的结合的方式不是不可能的。

郭：这么说，您不否认我们试图在语境的基底或平台上去构架大西洋哲学传统与大陆哲学传统之间相互融合或渗透的探索了？

诺：语境的确是一个重要的范畴和有意义的方法论支点，但它必须与存在的概念相一致。只有在一个相关的语境中，才能发现事物的本质和存在。能否在一个语境中把维特根斯坦和伽达默尔结合起来？他们有不同的传统，我觉得只能是部分的结合，比如这样一个图示。维特根斯坦是纯理性的，但伽达默尔不是纯理性的，或者说理性的层面、视角和意义不同。伽达默尔不会纯理性、纯分析地去理解语境，他要超越概念去理解语境，这就是解释学的本质。当然，我们必须超越他们去发展哲学。另外，黑格尔的辩证法自然是伟大的重要的哲学传统，运用这种辩证法可以解决很多问题。辩证法也可能是我们超越维特根斯坦和伽达默尔而走向统一语境的方法论或视角之一。

郭：从大西洋哲学的视角来看，胡塞尔是一位杰出的德国哲学家，同时也是大陆哲学传统的主要代表人物之一，但是在我同您的交往当中却从未见您提到过他的名字。您能谈谈这是为什么吗？

诺：胡塞尔的自然意识（natural consciousness）与世界之间的关系问题，存在着许多的争论。在德国，他的哲学思想对于伽达默尔学派的传统来说，没有太大的影响。他们之间没有冲突，但影响各归各的，研究也各归各的，而且，现象学的观点在解决许多哲学问题时过于激烈，并不是唯一让人们感兴趣的。不过，用现象学的方法去分析问题，具有一定的普遍性，所以他在法国的影响比在德国还大。尤其是对法国的后现代哲学的发展影响更大，他的思想是法国的现代哲学的重要来源之一。

郭：后现代哲学也是大陆哲学传统发展的一个重要组成部分，您怎么看待它？

诺：对于“坚持传统、注重范式”的德国哲学家来讲，时髦的“后现代主义”纯粹是无稽之谈（nonsense）。当然，我并不否认后现代主义有它合理的方面，但它不应进入纯学术的哲学研究传统之中，不应进入纯学术研究的视界。根本的问题在于，后现代哲学根本不真正理解什么是传统哲学，他们对于哲学理性和哲学传统的抛弃过于简单化了。利奥塔在给法国政府写的极有影响的报告中第一次使用了“后现代主义”这个概念，所以后现代主义本质上是一种思想运动，而不是纯学术的哲学运动。我认识利奥塔，熟悉利奥塔，很了解后现代主义的本质。我特别要强调的是，我们继承古代的大陆哲学传统，是一种理性建构的表现，因为理性是建立在传统之上的？你根本不可能彻底抛弃它。反之，我们必须在传统理性的基础上去重建一切。后现代主义要解构一切理性的重建，那不是无稽之谈是什么？他们批判世界理性是不对的。总之，对于德国哲学家来说，他们不想解构什么，他们是想保持传统，所以他们不想要后现代主义。

郭：我觉得后现代主义（postmodernism）和后现代性（postmodernality）是两个概念。后现代主义确实是一股极端的思想运动，但后现代性作为一种理性重建的方法论视角，理应进入哲学的世界，并成为继承和发扬哲学传统的新平台。否则的话，传统哲学理性的重建就会成为一句空话。因为当代哲学的发展，不能不回答从后现代性视角所提出的一切哲学难题。

诺：当然，后现代性与后现代主义是不同的。后现代性是可接受的，用后现代性作为方法论的视角去分析哲学和研究哲学也是可接受的。不过，就我个人的看法而言，我觉得用“后传统”（post tradition）比用“后现代性”更有意义。这一点需要我们进一步的探讨。

郭：刚才我说到了，我们试图在语境的基底或平台上去构建大西洋哲学与大陆哲学之间的相互融合与渗透。事实上，我们也试图在语境的基底或平台上，引入语义学、语用学、修辞学和隐喻学等分析的方法作为具体的方法论的支点，去实现这种融合与渗透。对此，您有什么看法？

诺：只要我们站在语境的基础上去看待哲学的发展，就不可避免地要应用语言哲学的分析方法。此外，语义学、语用学、修辞学和隐喻学的分析方法都是与语言哲学相关的非常重要的分析方法。比如说，在量子力学关于不可观察世界的研究中，海森堡对量子世界中的不可观察性的讨论，就提出过著名的隐喻分析的方法论思想。“哲学难题的求解，最终必然要归结到语言分析上去”，这是你说过的见解，我完全同意。但是，在德国哲学中，这些研究方法都有着各自的不同的传统，都只是求解难题的一部分，而不是全部。

郭：那么，您能否说一说在德国哪些问题是当前哲学研究中的“热点”问题？

诺：在德国的哲学中，不同的学派有着不同的热点问题。但无论什么样的热点问题，都必须在传统的基础上来研究。所以，从我们的研究来讲，“形而上学”和“知识论”是讨论最多的。我所说的形而上学不是古典的，而是现代主义、现代语境基础上的方法论研究。而知识论对于推进哲学的理解和交流非常重要，它包括对知识的信仰、不同领域知识之间的相互渗透和融合等。同时，涉及环境与人类生存关系的生物哲学，涉及道德问题的科学伦理学，涉及人类社会进步的文化哲学，涉及自然科学元方法论解释的自然科学哲学问题等。可以说，这些都是我们讨论较多的“热点”问题。

郭：我理解您所讲的“形而上学”不是指单纯本体论意义上的研究，而是泛指哲学的最基本的元理论的研究。明确这一点非常重要，因为元理论的研究永远是哲学家根本的方面。

诺：我非常同意您的这个说明。另外，我还必须强调的是，系统解释历史上所有重要的哲学家的思想，即哲学史的研究，始终是德国哲学家最重视的工作，是德国哲学存在的基础，因而它当然永远是“热点”。在我们的哲学传统中，3/5 的研究是哲学史，1/5 的研究是对科学技术的哲学分析，1/5 的研究是宗教哲学、艺术哲学和文化哲学等。这就是为什么大西洋哲学（特别是美国哲学）对德国哲学的发展影响不大的根本原因。因为，在他们看来是问题的东西，在我们看来不是问题。不过，德国也有许多不同的哲学学派，不同学派的人会有不同的看法。我只是表达了我的看法，但对别人的看法，包括你的看法，我也非常感兴趣。

郭：是的，无论是大西洋哲学、大陆哲学（包括德国哲学），还是它们之间的相互融合和渗透的各种哲学观点都不是唯一的和一成不变的，都需要我们进行不断交流和讨论，以推进世界哲学事业的发展。

德国科学哲学的发展与现状

——访汉斯·波塞尔教授和李文潮教授*

当代科学哲学的发展正处于转型期，传统科学哲学的内在矛盾越来越尖锐，新的科学哲学传统的建立正处于探索之中。在这种背景下，为了全面了解德国科学哲学的研究与发展状况，我们对德国柏林理工大学哲学系的汉斯·波塞尔（Hans Poser）(以下简称“波”）教授和德国自由大学哲学系教授、大连理工大学特聘教授李文潮（以下简称“李”）先生进行了专访。

问：英美科学哲学界普遍认为，科学哲学产生于孔德的实证主义，形成于逻辑经验主义，您是否同意这种说法？

波：一般认为，科学哲学起源于孔德的实证主义是分析哲学的看法，分析哲学的典型特征是坚持经验主义传统，从经验主义中寻找起源，这样，很容易追溯到孔德。

* 本文发表于《哲学动态》2006年第11期，作者郭贵春、成素梅。

李： 德语中科学哲学这个概念叫做“wissenschaftstheorie”，大约形成于20世纪中期。按照通常的看法，这个概念是对英美语言中“philosophy of science”的翻译。假如这样的话，那么科学哲学一词就是首先在英美世界流行的。不过人们在德语中为什么没有直接使用“wissen-schaftsphilosophie”或者“philosophie der wissenschaften”？我猜测在把英语中的“philosophy of science”引到德语中时，人们也许想到了德国哲学中的古典传统，譬如，费希特的“知识学”[《全部知识学基础》(1794年)、《知识学第一导论》(1797年)]。只是这样一来，德语概念提供的信息便与英语中的“philosophy of science”有所不同：强调传统、强调对科学活动中的认识论与方法论的探讨、把科学哲学看作是哲学中的一个分支即认识论。波塞尔先生那本《科学，什么是科学》(上海三联学术文库，2002年5月第1版，同年12月第2版）一书的德文题目就叫做“wissen-schaftstheorie”，而不是“科学哲学”。为了体现与英美意义上的“philosophy of science”的不同，我便干脆译作这个书名。

今年(2005年)第3期《哲学信息》(*Information Philosophie*)刊登了一篇德国比勒费尔德大学哲学教授卡里尔(Martin Carrier)从哲学的角度反思应用研究的文章，我注意到了作者通篇没有使用wissenschaftstheorie这个词，而是直接用与英美概念对应的wissenschaftsphilosophie即philosophy of science。我觉得，这不仅是一个概念上的变化，它说明了德语科学哲学研究界有向英美靠拢的趋向。一方面，科学在现代的发展与变化也确实要求我们走出比较狭隘的带有德国传统的科学认识论；另一方面，其也说明了英美哲学对仍很传统的德国哲学的影响与压力。

问： 尽管如此，是否可以说从欧洲大陆的科学哲学的发展状况来看，人们并不认为科学哲学起源于实证主义，而是另有开端?

李： 不能说另有开端。我们完全可以说，作为一门学科，科学哲学形成于逻辑经验主义，但这种形成有其前史，或者说是一个漫长的历史发展所导致的结果。很早以前，科学的概念、科学的分类、科学中的认识原理、方法以及科学中使用的语言就是哲学家们和自然科学家们关注与反思的对象。这是科学哲学与技术哲学的不同之处。技术受到哲学反思是19世纪才发生的，而科学本来就是哲学的一部分。牛顿还把自然科学理解为自然哲学，把自己的那本代表作叫作《自然哲学的数学原理》，技术哲学奠基人恩斯特·卡普（Ernst Kapp）的一部早期著作叫作《哲学或比较地理学》（*Philosophie oder vergleichende Erdkunde*，1845年）。哲学与科学的分离是后来的事情，是近现代实验科学的兴起所导致的结果之一。

波：英美学派的看法是把实证主义和逻辑经验主义放在一条主线上进行考察。欧洲大陆可能更注重于历史发展。譬如，对近现代科学的反思在牛顿和莱布尼茨时已经开始了，他们所讨论的空间、时间及万有引力等问题，都不是严格意义上的物理学问题，而是物理学中哲学问题或者方法论问题。

李：为了方便起见，可以把维也纳学派当做现代科学哲学的开始。此前的可以叫做古典科学哲学，二者差异非常明显。

问：意思是说，随着科学的诞生，就已经开始了对科学的哲学反思?

波：可以这么说。至少在近现代科学开始时，就有了对科学的哲学反思，譬如，欧洲哲学史与科学史上理性主义与经验主义之间的争论就是一个明显的案例。牛顿所代表的经验主义是英国皇家学会的理想；莱布尼茨代表的则是欧洲大陆自笛卡儿以来的理性主义。这种理性主义直接影响了狄德罗等人。到了19世纪，实证主义和经验主义也在欧洲大陆占有重要的地位。不过就在当时，人们已经发现无法把有生命的存在单纯地还原于无生命的物质范畴，其已经揭示出经验主义的困难。譬如，法国哲学中就展开过关于生命活力问题的讨论；迪昂（Pierre Duhem，1861—1916）、彭加勒等人都对经验主义提出过质疑与批判。

18世纪末精神科学的兴起（主要指把文化和历史作为科学来对待或理解）导致了语言学的兴起，语言学又提出了如何对待精神科学的问题，这可追溯到宗教改革。宗教改革提出的一个问题是，如何理解宗教中的文本。这是一个新的认识论方面的问题。这条线索经过德国古典唯心主义导致了伽达默尔的诠释学传统的形成。这样，到了19世纪末，实际上已经出现了三个方向：对经典物理学的哲学反思；对生命力的科学反思；对精神科学的讨论。在以上三条线索中，以经验为基础的物理学范式当然在科学中处于主导地位，但这种范式在 19 世纪就遭到了批判。例如，康德指出，用物理学中的解释模式无法说明动物的行为，法国浪漫派也对从无机物到有机物转化的物理学说提出了质疑。特别是达尔文的进化论，给自然科学中的因果解释模式提出了新的挑战，即如何对待变异问题。所以，我们可以说最晚从达尔文开始，人们被迫需要在物理学的解释模式之外，寻找其他的解释模式。

诠释学传统比经验主义传统更早，当时诠释学作为一种方法论起源于文艺复兴时期路德的新教改革。问题是，从一开始欧洲大陆对科学的理解就与英美传统对科学的理解有所不同，英美传统理解的科学是开始于伽利略的自然科学，而欧洲大陆传统所理解的科学不仅指实验科学，而且是一个很宽泛的概念，包括自然科学、社会科学和精神科学。所以，科学哲学不仅指关于自然科学的哲学，而且还包括了历史哲学和文化哲学，正因为如此，才先后出现了对近代科学的上述三种并行的反思方式。如果只单纯地把科学理解为自然科学的话，至少有三分之一的大学就该关闭了。不过，这只是一个理解问题。

李：我做几点补充。对近代自然科学进行系统反思与解释，应该是培根在 1620 年写成的《新工具论》。从历史发展的角度看，“新”当然是针对亚里士多德的“旧”《工具论》而言的，如同培根的面向未来的《新大西岛》是对柏拉图的神话中的大西岛的批判一样；与培根的设想相对立的，是笛卡儿的理性主义观点，意思是恰恰因为经验是不可靠的，所以科学的基础位于清晰的理性认识之中。这是在认识论方面两大方向的开端，即经验主义（洛克、贝克莱和休谟）与古典理性主义（笛卡儿、莱布尼茨）。大约一直到 18 世纪上半叶，对（自然）科学中的认识问题的思考基本上还是哲学中的认识论中的一个不太主要的方面，也就是说科学中的认识论问题还没有成为一个专门的系统性的研究领域。随着实验科学在 19 世纪的大规模发展，科学认识的特殊性愈来愈明显。

另外，波塞尔先生在上面使用的科学概念相当宽泛，从而把科学哲学研究的对象扩展到了与自然科学并行的精神科学以及历史科学。在德语中，“知识”（wissen）一词构成了“科学”（wissenschaft）一词的词根。这样，只要是知识带有一定的系统化，就成了科学，科学就是一个陈述系统。这就是康德在《自然科学的形而上学起源》中所说的“每一种学问，只要其任务是按照一定的原则建立一个完整的知识系统的话，皆可被称为科学”。我们当然可以或者必须区分自然科学、技术科学、社会科学和精神科学，但既然这么区分了，就不能说这个才是科学，那个不是，也不能把科学哲学单纯理解为自然科学哲学。

以卡尔纳普为代表的逻辑实证主义科学哲学确实忽视了最晚在 19 世纪初兴起的精神科学和历史科学，从而也忽视了起源于 17 世纪的诠释学传统。精神科学以及历史科学的研究对象是文本以及历史事件，诠释学认为，不同学科研究不同的对象，而针对自己的研究对象而言，精神科学及历史科学与自然科学同样“精确”。

逻辑实证主义忽视的另一点是科学史。科学史的研究表明，在其历史过程中，自然科学所使用的方法框架同样发生了变化，自然科学中的陈述以及基本观点均受到其所处的历史条件的限制。这样，在处理自然科学的时代限制即历史性时，我们便需要另外一种工具，即诠释理论。从某种意义上，以上两个忽视导致了库恩对维也纳学派的批判。在这方面也有两点值得引起注意。一是科学哲学的研究对象应该也可以包括精神与历史科学，二是为了比较准确地把握（自然）科学的进展以及其理论与方法的形成，有必要借助于诸如心理学、历史学、语言学、社会学、美学、伦理学和哲学等精神科学。

问：在欧洲，科学哲学是何时成为一门显学的？在德国讲科学哲学是从维也纳学派开始讲起吗？

波：从学科建制上讲，在欧洲有专门的科学哲学教席的时间并不长。科学哲学作为一门学科，始于 20 世纪 60 ～ 70 年代。早期研究科学哲学的人都不是科学哲学家，而是哲学家或科学家，科学哲学家出现于 20 世纪 60 年代之后。但是，科学哲学本身的发展有很长的历史，是逐渐地展现出来的，很难说从何时突然出现的。不过，在德国讲授科学哲学，一般是从维也纳学派开始讲起。

从这个意义上讲，我们可以认为，科学哲学是从维也纳学派凸显出来的。维也纳学派的诞生为后来科学哲学的发展提供了一个批判的对象。例如，库恩对维也纳学派的批判，他把文化背景与历史的视角引到科学哲学的研究中来。库恩于 1962 年出版的《科学革命的结构》一书的观点来自 20 世纪 30 年代的弗莱克（L. Fleck），这本书是从诠释学的视角批判了逻辑经验主义的科学哲学体系。

李：弗莱克在 1935 年发表了《科学事实的产生与发展——思维方式与思维群体学说引论》一书（1980 年再版）。这种现象说明，一个学说的产生与影响依赖于外部的大环境。

问：如果把英美科学哲学传统理解为经验主义传统，那么是否可以把欧洲大陆的科学哲学理解为人文主义传统？德国的科学哲学有哪些流派呢？

波：英美科学哲学传统确实属于经验主义传统。至于是否可以用人文主义来概括欧洲大陆的科学哲学传统，则似乎值得商榷。这种说法过分宽泛，另外也很难把欧洲大陆的科学哲学归结为某一种传统，因为它既有历史传统，也有文化传统。就德国而言，科学哲学的研究在 20 世纪 70 年代比较活跃，且并存着下列四种研究传统：分析哲学传统；法兰克福学派；诠释学传统；操作主义传统。而且，这四种传统之间时常进行相互争论。例如，法兰克福学派从批判的视角，运用批判方法论，对卡尔纳普和波普尔的观点进行了批判，但是，这个学派本身最初并没有提出任何建设性的观点与主张，直到哈贝马斯才从批判的角度发展到了建设性的角度，提出了商谈理论。这个理论对重新解决当代科学哲学的一些问题很有启发作用。

在科学哲学的四个传统中，分析哲学传统比较强，德国有分析哲学学会，成员也较多。其他三种传统对科学一直保持一种开放性的态度，这种开放性也就决定了它们不像分析哲学那么教条，目前，这些传统之间的区分已经不太明显，出现了某种融合的趋势。

问：德国当代科学哲学的发展状况如何？

波：在 20 世纪 60 ～ 70 年代，科学哲学作为一门新诞生的学科，对德国整个哲学界都有很大的吸引力，曾引起了哲学家们的普遍关注。80 年代以来，科学哲学的研究不像 70 年代那么活跃，它已经发展成为与逻辑学、认识论一样的一门普遍的、稳定的哲学分支学科。不过，与 70 年代相比，当代科学哲学家关注的问题域已经发生了转变，主要关注身心问题、认知过程与认知形式问题、自由意志问题、本体论问题以及形而上学（包括科学实在论与反实在论）等问题。

李：我也认为，科学哲学的研究视域应该随着时代科学研究的变化而变化。换句话说，当代的甚至未来科学哲学必须面对已经变化了的科学的性质，有必要首先探讨当代的所谓的高科技与过去的科学研究有什么不同之处。这是一个大的话题，也许下面还会讲到。我在这里想对波塞尔指出的当代科学哲学家关注的问题域已经发生了转变这个现象做几点补充。波塞尔所指出的身心问题、认知过程与认知形式问题、自由意志问题等实际上已经不是一般意义上的科学哲学所要讨论的，因为科学本身在这里不是主要的研究与反思对象，科学活动也不在考察之列。但也许正因为如此，这是一个非常值得关注、因为非常“德国”的一个现象。不难看出，这里提出的几个问题，都是非常古典的西方哲学传统中的核心问题，而不是自然科学甚至也不是社会科学中所要讨论的。身心问题涉及灵魂与肉体的相互关系，前提当然是认为有这么一个与肉体对立的实体存在着。莱布尼茨提出的先天和谐理论（模式）本来就是要解决这个问题的。自由意志也是（西方）哲学中的一个关键问题，如何回答这个问题，决定着如何看待基督教中的原罪论，如何解释人的行为，其在法律及伦理中的重要性更是非常明显。

能否借助于科学（譬如神经科学）中的研究成果解决哲学中的这些问题？科学中的发现在多大程度上构成了对传统哲学理论的挑战？研究这类问题的哲学家能否与科学家一起探讨这些问题？ 我想这三点是波塞尔先生试图指出的。

从目前的状态来看，两家（科学家与哲学家）还是争论多合作少。我想以自由意志这个问题为例简单说明一下，因为这个问题的讨论在德国非常激烈。不来梅大学脑研究中心的罗思（Gerhard Roth）教授从自己的专业出发，认为人有意志（想做什么，想得到什么），但意志是自由的却是一个幻想（尽管是美好的幻想）。一个人做出决定的过程是一个复杂的生理机制过程，经验以及无意识活动起着关键的作用，而这些活动属于因果性的，因而不是自由的。罗思的反对者是著名的哈贝马斯。2005年第 1 期的《哲学信息》专门为这场争论组织过一个笔谈，参加者是四位著名的哲学教授，如贝克尔曼（Ansgar Beckermann，比勒费尔德大学）、特腾斯（Holm Tetens，柏林自由大学）、西巴斯（Gottfried Seebass，康斯坦茨大学）、沃尔默（Gerhard Vollmer，布伦瑞克大学）。

哈贝马斯于 2005 年 11 月 11 日在东京的讲演就是针对这个问题的。抛去其论证不计，我觉得哈贝马斯对这场争论的历史地位的评价是值得注意的。他认为，这是 19 世纪以来自然科学与哲学的争论的继续。因为这一次也是自然科学研究中的重大发现使古老的哲学命题重新变得非常有现实性，核心仍然是在一个因果组成的世界观里人是否还有选择的空间。

这些问题没有引起我们多大的关注，可能是因为在我们的传统文化中没有提出类似的哲学命题。

问：应该如何评价科学哲学中的分析传统？

波：分析哲学开始于维特根斯坦的语言哲学，维也纳学派只是吸收了维特根斯坦的早期思想，这与维特根斯坦离开维也纳有关。其实，科学哲学的分析传统把形而上学问题看成是无意义的观点是站不住脚的。无论在经验上，还是在逻辑上，形而上学问题都是有意义的，这是不争的事实。我认为，在科学哲学中很重要的问题是本体论问题，奎因首先注意到这个问题；还有认识论的问题，如康德关于认识何以可能的问题。但从分析哲学的传统来看，这些问题似乎都是无意义的。

科学离不开形而上学，波普尔没有否定形而上学。但在科学中，形而上学不能像过去那样，只追求所谓的绝对真理，而是应该为我们提供一种秩序，运用这种秩序，对科学知识进行分类。从库恩开始，形而上学问题变成了一个值得研究的问题。科学实在论与反实在论之间的争论，说明了形而上学问题的重要性，也揭示了科学哲学中分析传统的局限性。

就科学的合理性而言，把形而上学引入科学并不是使科学变成非理性。例如，波普尔与哈贝马斯寻求真理的过程是相互对立的，但是，他们都必须回答为什么要选择方法的问题，在回答这样的问题时，形而上学的论证在科学中就显得很重要。

如何定义科学也很重要，是把科学定义为叙述性的，还是逻辑论证和可检验性的。如果把科学看成是知识或一种认识，那么，科学哲学就要讨论或反思认识的标准问题或形成知识的过程。科学理论的形成，有一系列前提条件，我们把这些条件称为本体论问题，不同学科的本体是不同的，揭示这些本体之间的关系问题，也是科学哲学应该关注的问题。

李：谈到分析哲学，倒让我想起了所谓的爱尔朗根学派。分析哲学影响到科学哲学，似乎是偏重于对科学活动（包括理论建构）的描述性分析，爱尔朗根学派则试图提出一种规范性要求，因而其理论出发点常常也被称为建构主义或者建设性科学哲学（konstruktive wissenschaftstheorie）。科学中的研究对象并不是纯粹的自然产物，而是经过“建构”形成的，是着眼于一定目的人的行为活动的产物。行为活动中则含有行为规则，要考察行为规则，则必须考虑现象学所说的“生活世界”。

问：在德国，胡塞尔的现象学与海德格尔的存在主义哲学对科学哲学的发展产生了什么样的影响?

波：目前，现象学在国际上属于显学，研究者比较多，现象学的主要对象是历史、文化和语言，在现象学中关于科学技术的讨论属于边缘地带，因为现象学家是把科学技术作为一种文化现象来考察的。很难说，现象学对科学哲学产生过什么影响。在 20 世纪 30 年代胡塞尔曾研究过代数，当受到弗雷格的批判之后，他放弃了这个方向的研究。贝克尔曾用现象学的方法研究数学，但是，也没有大的进展。近年来，在德国好像有重新复兴现象学在 20 世纪 30 ～ 40 年代研究方法的趋势。

李：贝克尔是胡塞尔的学生，曾从现象学的角度研究过非欧几何。其主要贡献是指出了数学科学与生活世界以及人类学之间的依赖关系。

波：海德格尔对德国的科学哲学研究没有产生任何影响，在技术哲学界，虽然有几个人研究他的技术哲学，但是，他们并不是主流。海德格尔属于哲学家，在哲学界占有重要地位，但是，海德格尔的技术哲学在技术哲学界并不占有主流，海德格尔的技术哲学只不过是众多观点之一，是对技术提出的一些形而上学的思考而已。

我认为，对德国的科学哲学有影响的倒是法国的保德利安。保德利安关于观察与理论关系问题的研究，在德国的讨论比较多。库恩和弗雷格主要强调科学形成的社会条件，保德利安则主要强调科学心理学，即强调科学家个人在理论形成过程中所起的作用。此外，费耶阿本德是一位思想非常敏锐的科学哲学家，他对科学哲学提出了中肯的批判，从而产生了非常大的影响，我在讲课时，建议学生在读费耶阿本德的著作之前，应先读波普尔和库恩的著作，这样，不至于误解费耶阿本德，有人甚至错误地把他看成是后现代人物。

李：现象学以及海德格尔的哲学思想确实没有对严格意义上的或者说古典的德国式科学哲学产生什么影响，但是，不能因而忽视他们对这种古典式科学哲学向现代的转变所产生的巨大作用；如果把这里所说的“古典”理解为“现代”的话，那么，现象学及海德格尔对从现代到后现代的转变起了一定的作用。

我在上面提到的“建设性科学哲学”，实际上就是 20 世纪 20 年代形成的现象学与生命哲学相互交叉的一个产物。

在德语语境中，人们一般情况下不把他们对科学的思考看作科学哲学，而是叫作科学批判。胡塞尔的现象学强调“生活世界”的独特性，为什么独特？就是因为通过科学中的概念以及科学性的语言无法把握生活世界，而科学性的概念与语言却受到“生活世界”的影响。海德格尔的科学哲学思想未能产生影响的一个原因是，海德格尔的科学哲学属于非正统的“另类”科学哲学，譬如，对逻辑经验主义以来的科学哲学非常重要的科学发现、科学认识过程和科学进步等问题就不是海德格尔的兴趣所在。作为试图把握“存在”的哲学家，海德格尔思考的对象是科学与哲学的关系（哲学是科学的基础）、现代科学的本质特征（“数学因素”“科学不思”即所有科学都不能研究自己的领域）、技术与科学的关系（前者支配着后者的发展、现代科学研究的企业特点）等。而学界对海德格尔的科学哲学，尚未有深入的研究。我只能想起唯一的一本专著，即 2000 年出版的格雷兹布鲁克（T. Glazbrook）的《海德格尔的科学哲学》（*Heidegger's Philosophy of Science*）。

问： 波塞尔先生在上面提到了费耶阿本德，似乎不把他看做后现代科学哲学的一个主要代表人物，那么，如何理解费耶阿本德关于"怎么都行"的方法论呢?

波： 费耶阿本德的科学哲学主要针对库恩与波普尔，是对他们的批判，因而不能把他看作是后现代的代表人物。当然，说费耶阿本德是否后现代，取决于如何理解后现代这个非常模糊的概念。后现代起源于建筑。在建筑学中，后现代指的是创新性。如果把后现代理解为创新性，那么，费耶阿本德就属于后现代。费耶阿本德是用非常科学的分析方法，在批判库恩和波普尔思想的基础上，对分析性的科学哲学提出了自己的看法。费耶阿本德与波普尔和库恩在关于真理的标准上有分歧。如果把反对方法、反对真理、反基础主义和反本质主义作为后现代的主要特征，那么，在这个意义上，可以把费耶阿本德归于后现代。不过，这只是一个标签而已。费耶阿本德本人所关心的问题，不是现代与后现代的问题，而是他批判性地指出了，从卡尔纳普到库恩对科学的理解太窄，而并不是有意识地从后现代的视角来研究问题。还有，费耶阿本德是一个非常严谨的科学家，他只是指出不要把科学当作新的意识形态或新的宗教来对待，应该从怀疑的角度看待问题。这里体现的是科学家的态度，不是后现代的态度。费耶阿本德本人不一定承认自己是一位后现代主义者。费耶阿本德是一位聪明而幽默的人，他反对人们把他归为某一种类型。

李： 我想间接地回答这个问题。2005 年 9 月底在柏林召开了第 20 届德国哲学大会，会议的主题是"创造性"（kreativitaet），为了把问题说清楚，我也使用"创新性"这个说法。这是一个在现实中用得很多的概念。我个人的感觉是，大家都这么说，但几乎都不知道具体的意思是什么。我曾在一个开题报告会上建议取消这一条。避开新不一定就是好这一点不说，假如 50 篇硕士论文中有一篇在一个问题上有创新性，那么我们的研究也会快得连研究者自己都跟不上。不过言归正传，严格意义上创新性可以说是“违反规则”，有意或无意地与现有的传统的方法与思路作对。在这种情况下，人们没有必要询问“点子”是什么地方来的，这样的点子往往就是灵感。关键是“行”；“行”就是解决了问题，取得了突破。用费耶阿本德的话说，就是 anything goes！从这个角度看，这句话的意义不是“意义”上的什么都行，更不是指科学知识的任意性，而是指研究方法上的创新性。

问：那么如何定义科学哲学？或者说科学哲学的研究对象、研究范围是什么？

波：从古典意义来讲，科学哲学研究的对象应该是科学研究中的方法论问题，即对认识的说明与辩护问题，或认识的方法论问题。例如，在科学研究中经常需要逻辑，需要观察与归纳。但是，随着科学的发展，科学家发现并没有一种通用的逻辑，而是有多种不同的逻辑计算方法，特别是对逻辑本身的说明问题，是一个难以解决的问题。人们还发现，当科学哲学把归纳法作为一个原理对待时，并不能对归纳原理进行说明，这样，就需要找出其他原理或方法对科学进行辩护。后来，科学哲学家又发现，理论与观察之间的关系很复杂，远远没有原来理解的那么简单，观察总是渗透着理论。

特别是进化论提供的模式与因果性说明与概率说明模式都不相同。现在，我们必须放弃古典的设想，不能期望从几个基本陈述或公理出发推导出其他的科学陈述或认识，因为我们面对的是复杂性问题，复杂性问题带来的困难是可以在一种势态中或一种现象中产生新的结构，这是古典科学研究所没有注意到的新问题。还有关于应用科学的问题。可以明显地看出来，当前，应用科学的作用越来越大，应用科学的目的与走向都来自于科学外部，我想上面提出的这几点可能不仅仅是科学哲学的研究对象或范围，而是面临的新问题。

李：最后这一点实际上涉及了对当代科学的认识，从这一认识出发可以确定科学哲学研究对象与范围。我在一篇文章中（《哲学研究》2005年第10期）曾经指出，科学的功能与结构已经变化了，具体的科学活动也与过去有很大不同；而不管是科学的自身理解还是社会，特别是以科学为研究对象的诸如科学哲学以及科学社会学等却在很大程度上还是仍然以古典科学（经典物理学）作为研究的出发点的。简单来说，现代的科学活动有以下几个变化或者说特点：科学研究的动力已不是纯粹的认识，甚至对真理的追求，而是可能的实际应用，科学家以及社会面对“科学”研究时经常考虑的是科学研究所可能带来的，因此也是假设的经济效益；科学研究（其中包括基础研究）正在不断地以可能的实际应用甚至具体的产品开发为导向，研究与应用之间的时间与空间距离越来越短，因为社会希望越短越好。这里发生的变化是科学研究的“导向”“功能”“目的”与“用途”的变化；（现代）技术虽然不是应用自然科学，但当科学研究几乎完全依赖技术性的实验时，科学就带有技术的特征（科学的技术化）；许多（假如不是所有的话）高新技术或多或少都是处在科学与技术之间的某个位置上；不管是从概念上还是在实践中，要对基础研究、应用研究与技术开发做出明确的古典意义上的区分已不再可能；还有，在现代社会，科学研究已不再是个人的私人研究，而是在团队、项目、国家控制和巨大投入等形式中才能实现的。

这些都对科学哲学提出了新的挑战，同时也构成了加大科学哲学研究力度的重要理由。譬如，我们可以探讨古典理想中的研究自由这个问题，但也应该进一步探讨在现代的科研机制中科学家作为个人即权利与义务的载体如何保持其自由探索精神这个课题；与此相关的是在现代科学与技术伦理讨论中非常关键的责任问题，因为自由总是与责任连在一起的，而责任说到底总是某个具体的个人应当承担的（直接的或间接的）责任。研究与实验对象发生了本质的变化，其中既涉及本身作为价值载体的生命个体（有些是可能的载体，所以更有必要探讨），也包括了人类（包括未来人类）赖以生存的环境生态基础。也就是说，在某些情况下，科研自由作为一种相当重要的价值，会与其他同样重要的价值之间发生冲突；着眼于科学研究中的技术应用性导向，推动研究发展的已不再是纯粹的知识兴趣或者对真理的追求；在很大程度上，科学研究实际上受制于来自诸如经济、政治和社会等科学外部的影响。这些影响是否，以及在多大程度上会损害与干涉科学研究中提出的认识的知识价值与真理价值，尚是一个有待探讨的问题，因为应用兴趣与知识兴趣之间的冲突似乎是难免的。

总之，现代高科技的突出新特征，是基础研究的开展同时与技术上的扩展、创新或重构紧密地联系在一起，即现代科学研究与现代技术开发相互融合而一。这一基于应用基础研究的高科技发展新范式，以不同于以往的作用方式深刻地影响到我们的外部自然界、经济活动、社会交往和生活世界各个领域，并且在确定涉及这些领域的高科技战略和潜在实践的指导思想时已经体现出来。在高科技时代，某些可能实现的技术干预，为基础研究提供了新对象、新课题和新问题，而基础研究反过来也向新的特殊技术转化与拓展。虽然这种模式同样存在于传统的基础研究和技术中，但现今技术是如此的高度综合，而且需要消耗大量的自然、经济和社会资源，因此要求人们对其价值和所带来的负担做出进一步的评估或辩护。

问：在当代科学哲学的英语文献中，“context”这个词出现的频率很高，特别是在当代认识论与认知科学的研究中，出现了“contextualism”的论点或流派，在德语文献中，“context”或“contextualism”出现得多吗？

从历史的发展来看，卡尔纳普很早就注意到了语用学的问题。在英美的科学哲学传统中，“context”这个词主要强调的是科学研究中的社会因素与历史因素；而在德国，“context”这个词似乎主要还是限制在语言学中。“contextualism”强调每一学科都有自己的“context”，观察与理论在不同学科中有不同的解释。我认为，对于探索当代科学哲学的发展来说，“contextualism”可能是一个非常有希望，能带来新视角的一种方法，但是，究竟它会带来什么，现在还很不明确，也看不出来，需要进行专门研究。

李：在语言学中，还有“context”这么一个概念，用来表示语言以及文本内部的结构与联系。把这个概念引入科学哲学的讨论之中，使之与“context”（语境）相得益彰，应该是一个有前途的进路，也能够为反思当代科学提供一个有力的模式。

语境论的科学哲学研究纲领

——访郭贵春教授与成素梅教授*

问：近些年来，从语境论的视角研讨科学哲学问题，似乎已经成为山西大学科学哲学研究群体的主要特色，例如，“语境与当代科学哲学的发展”“语境论的真理观”“语境实在论”“语义学研究的方法论意义”“科学隐喻的方法论意义”“当代数学哲学的语境选择及其意义”和“量子时空引力的语境分析”一系列论文，似乎都内在地贯彻了语境论的思想。请谈一下选择语境论的视角来探讨科学哲学问题的理由。

郭贵春（以下简称“郭”）：怎样认识、理解和分析当代科学哲学的现状，是我们把握当代科学哲学面临的主要矛盾和问题、推进它在可能发展趋势上获得进步的重大课题。反思20世纪科学哲学的整个发展历程，我们发现，当代科学哲学面临着四个“引导性难题”：其一，重铸科学哲学发展的新的逻辑起点。这个起点要超越逻辑经验主义、历史主义和

* 本文发表于《哲学动态》2008年第5期，作者为《哲学动态》期刊记者。

后历史主义的范式。我们可以肯定地说，一个没有明确逻辑起点的学科肯定是不完备的。其二，构建科学实在论与反实在论各个流派之间相互对话、交流、渗透与融合的新平台。在这个平台上，彼此可以真正地相互交流和共同促进，从而使它成为科学哲学生长的舞台。其三，探索各种科学方法论相互借鉴、相互补充和相互交叉的新基点。在这个基点上，获得科学哲学方法论的有效统一，从而锻造出富有生命力的创新理论与发展方向。其四，坚持科学理性的本质，面对着前所未有的消解科学理性的围剿，要持续地弘扬科学理性的精神。这一点，应当是当代科学哲学发展的一个极为关键的东西。同时只有在这个基础上，才能去谈科学理性与非理性的统一，去谈科学哲学与科学社会学、科学知识论、科学史以及科学文化哲学等的流派或学科之间的关联。否则的话，一个被消解了科学理性的科学哲学还有什么资格去谈论与其他学派或学科之间的关联?

这四个从宏观上提出的“引导性难题”内在地体现了20世纪科学哲学两个极其鲜明的特征：第一，科学哲学的进步越来越多元化所提出、求解和涉及的一系列理论难题，均在一定意义上与语境问题本质地相关，即试图从不同的语境视角去重构或重解这些难题。第二，多元的立场、观点和方法又在一个新的层面上展开，愈加本质地相互渗透、吸收与融合，通过“再语境化”的途径以朝向后现代性发展的趋势，抛弃一切单纯形式的、经验的、范式的或框架的依托，而转向将所有科学之历史的、社会的、语言的和心理的层面统一到一个不可还原的、整体的语境基点上去。因此，经历了语言学、解释学和修辞学“三大转向”的科学哲学，而今走向语境论的研究趋向是科学哲学发展的一种逻辑必然；或者说，把“语境”构建为科学哲学理论未来发展的生长点，不仅是战略意义的选择，而且具有重要的理论价值。把语境作为语形、语义和语用结合的基础，从语境的基底上透视、扩张和构建整个科学哲学的大厦，是回答了以什么样的形式、什么样的方法以及什么样的基点或核心去决定科学哲学未来走向的一个重大理论问题。这一回答与语境本身所具有的内在本质是分不开的。

成素梅（以下简称“成”）：其实，郭贵春老师早在1997年就在《哲学研究》杂志发表了《论语境》一文。这是国内哲学界从哲学的视域中关注“语境”问题的第一篇文章。这篇文章为进一步构建语境论的科学哲学研究纲领提供了很重要的方法论启迪。

就“语境”概念而言，汉语中的“语境”概念与英文中的“context”一词相对应。“context”有两种含义，其一，指话语、语句或语词的上下文或前后关系或前言后语。可替换术语是“linguistic context”“co-text”。其二，指话语或语句的意义所反映的外部世界的特征，说明言语和文字符号所表现的说话人与周围世界的方式，可扩展为事物的前后关系、境况，或者扩展到一个特定“文本”、一种理论范式以及一定的社会、历史、政治、经济、文化、科学和技术等诸多要素之间的相互作用和相互联系。可替换术语是“environment”“context of situation”。

各门学科运用语境概念的历史都可以追溯到远古时代，但是，直到20世纪60年代以来，关于语境的元理论研究才引起了社会科学研究中许多分支学科的关注，功能语言学中的“语域”、语义学中的“语义场”、心理学中的“语意情景”、语法学中的“语法场”、现象学中的“视域”、科学哲学中的“观察渗透理论”、科学说明中的“整体观的意义理论”和库恩的“范式理论”等，所有这些概念与观念所强调的都是语境理论在本学科中的具体应用。这种在研究方法上的巧合绝不是偶然的，但是，从这些共同的方法中抽象出共性的方法论特征，并在关注这些方法论特征的基础上，意识到语境分析方法论的重要性，却需要独特的学术眼光。

问：这就是说，从语境论的视角研究科学哲学问题是在20世纪科学哲学发展历程的基础上总结出来的，是科学哲学演进逻辑的内在要求，那么，“语境”的本质是什么呢？

郭：“语境”至少有下列四个方面的内在本质：其一，语境是一种具有本体论性的实在。正像所有实体的存在都是在相互关联中表达的一样，语境作为一种实体是在诸多语境因素及其相互关联中实现的，并由此构成了整个科学哲学理论分析的十分“经济”的基础。其二，语境是在一切人类行为和思维活动中最具普遍性的存在，它不仅把一切因素语境化，而且体现了科学认识的动态性。这是因为，一旦消解了语境与实体的二元对立的僵化界限，一切认识对象便都容纳于语境化的疆域之内，并在其中实现它们现实的具体意义。同时，“所有的语境都是平等的”。因为语境本身并不具有任何超时空的特权或权势，因而科学的平等对话的权利更有益于人们去面对科学真理的探索及其富有规律性的发展。其三，语境作为科学哲学的研究基底具有方法论的横断性。在一切科学研究中，证据绝对不等同于方法，而方法必然要超越一切特殊证据的背景要求的狭隘性。因而，对所有特殊证据的评判只有在语境的横断性的方法论展开中，才能获得更广阔的意义和功用。在这里，语境在某种意义上的超验性与它的方法论的横断性是一致的。其四，语境绝非一个单纯的、孤立的实体，而是一个具有复杂内在结构性的系统整体。语境从时间和空间的统一上整合了一切主体与对象、理论与经验、显在与潜在的要素，并通过它们有序的结构决定了语境的整体意义。语境的实在性就体现在这些结构的现存性及其规定性之中，并通过这种结构的现实规定性展示它一切历史的、具体的动态功能。

总之，语境的本体论性与结构性决定了语境的灵活性与意义的无限性，它有可能为科学实在论取消一元论哲学的特权，摆脱二分法的固有困惑，走出追求终极真理的困境，在多元背景下重新审视科学，提供方法论的启迪。

成：近十年来，山西大学科学哲学研究群体在郭老师的语境论思想的指导下，分别从当代数学的元理论层面、量子测量解释的多元性、量子时空观的演变、科学发展的整体性与模型化趋向、科学隐喻问题、科学修辞战略和心理意向性问题等方面揭示了语境论的方法论优势。这些研究成果已经内在地表明，在科学研究活动中，任何一种关涉理解的活动都必然与语境相关。正如解释学家海德格尔曾指出的那样，理解需要以“前有”“前见”和“前设”所构成的“前结构”为中介。“前有”是指由理解者所处的文化背景、知识状况、精神物质条件及其心理结构的影响而形成的东西，这些东西虽不能条理分明地给予清晰的陈述，但是，却决定着他的理解；“前见”是从“前有”中选出的一个特殊角度和观点，成为理解的入手处，通过“前见”，外延模糊的“前有”被引向一个特殊的问题域，进而形成特定的见解；“前设”是理解“前有”的假设，从这些假设得出“前有”的结果。在这里，海德格尔所说的“前有”“前见”和“前设”说明了理解语境的存在性。只有在理解语境中，理解者才能通过特有的约定形式对可能的意义进行意向的说明、重构与筛选。特别是当一个理解对象从一种时空向另一种时空变换时，其指称与意义的同一性与非同一性，正是由语境结构的具体性所给定的。语境的结构性确保了意义由现象到本质、由一般到特殊的飞跃。因此，理解活动本质上是创造意义的活动，而不是对本文的内在意义的还原。理解语境所体现出来的是一种理解对象与理解者直接当下的背景信念、价值取向和时空情景相关的真理性对话，而不是对对象固有特性的终极揭示。

在语境的理解活动中，“超语境”与“前语境”的东西没有直接的认识论意义，任何东西都只有在“再语境化”的过程中融入新的语境之中，才具有生动的和现实的意义。从这个基点上讲，语境的本质就是一种“关系”。也就是说，在语境的意义上，任何东西都可解构为一种关系，并通过这种关系理解其内在本质。而这种关系的设定则依赖于特定语境结构的系统目的性。这是因为，关系的趋向性的确定就是一种结构性的变换。同时，从关系的视角看，语境也是一个“结”，或者说，是一个必需的联结点。一切人类认识的内在和外在的信息，都只有通过语境才能得以联结、交流和转换。或者说，“再语境化”是一个“意义的创造性”的问题，它集中体现了人类思维和认识的发展程度和时代特征。各种相关要素只有在被语境和“再语境化”的过程中，才能必然地带有语境的系统性和目的性，而不会孤立地作为单纯的要素存在。与此同时，各种要素被语境化与“再语境化”的过程，也将语境本身历史化与过程化了。

问：根据您的观点，在语境的基底上构建整个科学哲学大厦和重解科学哲学论题，有什么样的独特优势呢？

郭：首先，从本体论意义上来看，语境是科学理解活动最“经济的”基础。可以把它看成是用“奥卡姆剃刀”削去不必要因素的最直接的阐释基底，而不需要在形式上再做抽象的本体论还原。这是因为，在语境中理解对象，不是将对象特性与意义的表达仅仅作为终极真理的载体来看待，而是强调理解的当时性与相对性。这种理解避免了单纯真值理解的狭隘性，而且，从多重语境因素及其相互关联中理解对象，会使对对象的理解更加丰富或更加丰满。所以，从整体论的意义上讲，语境的本体论性既是一种有原则的“撤退”，同时，也是一种方法论性的“前进”；它在减少“还原”的同时，原则性地扩展了“意域”。

其次，在某种程度上，对语境的本体论性是一种关于意义的最强“约定”，它构成了判定意义的“最高法庭”。因为只有在这个“法庭”之内，一切语形、语义与语用的法则才是合理地可生效的。在一个确定的语境内，人们可以通过特有的约定形式对可能的意义及其分布进行不同意向的说明和重构，甚至导致不同范式之争。但是，语境的本体论性的本质决定了不可能通过任何形态的约定，去生发或无中生有地构造意义。这就是说，语境的本体论性决定了它的约定性，而语境的约定性只是展示了意义的各种可能的现实性，不是它的本质的存在性。因此，语境的本体论性作为一种关于意义的“最高约定”，涉及了主体的一致性评价问题。然而，值得注意的是，主体间的信仰的区别并不等同于特定语境下的意义的不同，信仰问题是一个潜在的背景趋向问题，而意义问题则是一个特定语境下各要素之间的协调和一致性的问题。两者虽然是相关的，但是，却有着本质的区别，不容混淆。语境的本体论性的现存性与约定的相对性之间既相互统一，又相互矛盾。正是这种矛盾推动了科学理解的深入展开。

再次，语境的本体论性是它的实在性的具体化。这种具体化是时间和空间上的具体化。它要求获得时间、空间以及在其间一切可观察的和不可观察的整个系统集合。这一集合包含对象的整个可测度的运动轨迹、因果链条或合理的可预测性。当然，这一点可以是直接的或潜在的、显形的或隐形的，但绝对不是现存的。同时，这种具体化表明，任何一个有意义的语境都不是偶然的、绝对无序的，在它们的现象背后隐含着不可缺少的规律性和必然性；或者，反之，任何一个有意义的语境都不是完全必然的、绝对有序的，在它们的背后也同样隐含着必然的统一。即便是在以形式体系表现的科学语境中，“任一语境所需要的定律也都不能唯一地决定那些抽象的实体”，决定这些实体的必然是一个具体的系统集合。所以，这种具体化是要创造一种确定意义的环境，而这种环境必然能够突破逻辑本身的自限、形式表征的自限，甚至是人类理性的自限。这是因为，人们不可能在形式上求得完备的表征。而语境对于特定命题意义的规定性，只在于它的内在的结构系统性。

最后，语境本体论性的根本意义是要克服逻辑语形分析与逻辑语义分析的片面性，从而合理地处理“心理实在”的本质、特征及其地位问题。命题态度作为讲话者对其提出的命题所具有的心理状态，譬如信仰和意愿等，是心理表征的对象。从语境的本体论性上讲，这种对象性就是一种实在性，即承认实在地存在着具有意向特性的心理状态，并且这种状态是在行为的产生中因果性地蕴含着的。而且，这种实在的意向性同样具有语义的性质，即使是在表征科学定律的符号命题中也同样存在着意向特性；同时，那些在因果性上具有相同效应的心理状态，在语义上也是有价值的。从这一点上讲，“关于命题态度的实在论，其本身事实上就是关于表征状态的实在论”。这样一来，就可将外在的指称关联与内在的意向关联统一起来，扩张和深化实在论的因果指称论，展示实在论发展的一个有前途的趋向。

语境本体论性的这些基本特征表明，语境不是一个单纯的、孤立的概念，而是一个具有复杂结构的整体系统范畴。这种整体论的语境观又恰恰是立足于实在论的立场上，去消解传统认识论中将主体与客体、观察陈述与理论陈述、事实与价值、精神与世界、内在与外在等进行机械二分法的方法论途径，它正是要从实在的语境结构的统一性上去解决认识的一致性难题。因此，在语境的基底上构建整个科学哲学大厦具有传统的科学哲学研究进路无法比拟的独特优势。

成：语境论的科学哲学进路还有下列三大优势：在认识论意义上，它比较容易理解为什么后来被证明是错误的理论，却在当时的研究语境中曾起到过积极作用这个沿着传统的科学哲学思路所无法回答的敏感问题，有助于解答科学实在论面临的非充分决定性难题，从而为科学实在论坚持的前后相继的理论总是向着接近于真理的方向发展的假设提供了很好的辩护，也有力地批判了各种相对主义的科学哲学对科学实在论的质疑，更用不着担心会出现理论间的不可通约现象。在科学史上，后来证明是错误的理论，并不等于是一无是处的理论，反过来说，科学史已经表明，即便是正确的理论也会有一定的适用范围。在方法论意义上，比较容易理解关于科学概念与科学观点的修正问题，科学研究越抽象、越复杂，研究中的人为因素就越明显，科学家之间的交流与合作就越重要，科学研究的语境性特征也就越明显。在价值论意义上，能更合理地理解与反映科学的真实发展历程。语境论的科学观作为反基础主义和反本质主义、消解绝对偶像、排除唯科学主义等的必然产物，在科学实践中结构性地引入了历史的、社会的、文化的和心理的要素，吸收了语形、语义和语用分析优点，借鉴了解释学和修辞学的方法论特征，超越了逻辑经验主义所奠定的僵化的科学哲学研究进路，架起了科学主义与人文主义、理性主义与非理性主义、绝对主义与相对主义沟通的桥梁，因而是一种更有前途且更富有免疫力的新视域。

目前，从语境论的视角来构建科学哲学的大厦，已经引起了国际学术界的关注。我去年在美国斯坦福大学哲学系访问期间曾就这个问题与帕特里克·苏佩斯（Patrick Suppes）和海伦·朗基诺（Helen Longino）进行过讨论，他们都认同从语境论的视角重新理解科学哲学论题是可行的。特别是海伦·朗基诺对我们的观点非常感兴趣，她将于今年九月份访问山西大学，期间，我们将就语境论的科学哲学研究进路进行更深入的探讨。目前，就国际科学哲学界而言，虽然大家都在潜意识地从语境论的视角思考问题，但是，明确地把语境论作为一种世界观与方法论贯穿于科学哲学研究的始终，形成一个有特色的纲领，还处于广泛的探索之中。

我在斯坦福大学图书馆里只查到了一本与语境论相关的科学哲学著作，即《语境实在论：现代科学的一种形而上学框架》，是 1986 年出版的。该书首先用了近五分之四的篇幅立足于哲学史对传统知识论的局限性进行了考察，最后一章取名为“语境实在论”。作者在这一章中指出，正像所有的科学知识都是以研究方法与研究语境为前提的一样，试图对当代科学知识做出形而上学概括的任何一个人都必须意识到，超越自己所处时代的有限预设是多么困难。物理学、有机化学和分子生物学等学科的发展已经范例性地说明了科学现象的产生、科学概念的理解、科学理论的传播和科学实验的实施等的条件性与时代性。“朴素的或常识的实在论者”认为，日常的宏观世界是真实的世界，科学的物理实在观是可疑的或假想的：“激进的批判实在论者”则把对世界的科学表征接受为真实的，把日常的宏观世界看成只是一种主观现象。这两种立场虽然都适当地处理了我们今天所理解的世界的复杂性，但是，都是相当片面的。无法穷尽的、不可还原的语境概念不要求把实在塌缩为某一个维度来理解。然而，该书对“语境实在论”观念的论证是非常宏观的，没有提供微观框架。从这个意义上来看，我们的探索与研究是超前的。

问：既然从语境的基底上重构科学哲学大厦是科学哲学自身发展的逻辑必然，那么，语境论科学哲学研究纲领的核心要点有哪些呢？

郭：语境论是一种世界观与方法论，强调从综合的和动态的视角考察科学及其发展。语境论的科学哲学研究纲领主要由语境论的科学观、语境论的实在观和语境论的真理观所构成。

语境论的科学观强调把科学放在现实的社会、文化和历史等多元语境中来理解，把科学看成是依赖于语境的产物。这种观点既不需要担心由于一旦发现科学知识的语境性与可错性，便会盲目地走向非理性主义的科学观，也不需要在排斥人文文化的前提下来捍卫科学实在论。相反，这种科学观有助于把多学派的各种观点联系起来，为真正地架起科学主义与人文主义沟通的桥梁提供可能。

语境论的实在观不再是从科学的纯客观性与绝对真理性出发，而是从科学的语境性与可错性出发，在科学知识的去语境化与再语境化的动态发展中，阐述一种语境论的实在论立场。这种立场一方面能够包容反实在论的各种立场，使它们成为理解科学过程中的一个具体环节或一种视角，得以保留；另一方面，也不等于把科学研究看成如同诗歌或散文等文学形式那样，是完全随意的主观创造和情感抒发。在科学研究实践中所蕴含的主观性，总是要不同程度地受到来自研究对象的信息的约束，是建立在尽可能客观地揭示与说明实验现象和解决科学问题的基础之上的。

语境论的真理观不再把真理理解为科学研究的结果，不再把单一的科学研究结果看成纯客观的，或者说，不再把纯客观性作为科学研究的起点，而是把真理理解为科学追求的目标，把科学研究结果看成主客观的统一。这样，就有可能把已有的这些真理论看成是从不同视角对真理的多元本性的揭示，看成互补的观念科学理论的发展变化、科学概念的语义与语用的不断演变、运用规则的不确定性、科学论证中所包含的修辞与社会等因素，不仅不再构成关于科学的实在论辩护的障碍，反而是科学理论或图像不断逼近实在的一种具体表现，使科学研究中蕴含的主观性因素有了合理存在的基础，并成为科学演变过程中自然存在的因素被接受下来。

成：对于当代科学哲学的研究而言，语境论的科学哲学研究纲领不仅提供了一套全新的思维方式，更重要的是，它有助于我们解放思想，更合理地理解与把握当代科学发展的内在本质，有助于我们在与国际科学哲学研究的主流趋势保持一致的前提下，形成中国科学哲学研究的特有风格，有助于改变中国科学哲学研究长期以来处于引进介绍阶段的局面，是一个值得进一步深入细致地研究的有前途的方向。

问：语境论强调把科学研究中的所有因素都语境化，那么，这将如何避免陷入相对主义呢？

郭：这是理解语境论科学哲学研究纲领必须应该讲明的一个很关键的问题。语境论既强调科学认识的条件性与过程性，也强调科学真理发展的动态性与开放性。但是，强调认识与真理的条件性不等于走向任何一种形式的相对主义。这是因为，相对主义最典型的特征是突出理论、方法或价值之间的不可比性或相对性，而条件性不等于不可比性或相对性。强调动态性意味着，在科学研究实践中，现存的真理论只代表了主客观相互作用方式中的两种极端的理想状态，而实际存在的却是许多中间状态，这些中间状态体现了不同程度或不同层次的主客观的统一。因此，我们应该始终在一个动态的、开放的和主客观统一的语境中理解科学的发展。科学的形象既不是像真理符合论所要求的那样是对世界的镜像反映，也不像各种形式的主观真理论所描述的那样，是社会运行的产物或主观意愿的满足，而是关于世界机理的一种整体性模拟。模拟活动的表现形式体现了理论模型描述的可能世界与真实世界之间的相似性。所以，语境论的真理观使真理成为一个与科学研究过程相关的程度性概念，而不再是一个与科学研究结果相关的绝对性概念。

总之，语境论的科学哲学研究纲领是在反叛传统思维方式的基础上形成的。它一方面维护了科学认识的客观性；另一方面，也容纳了科学认识的社会性与建构性。从而使科学认识的社会化与符号化过程有机地统一起来，把逻辑和理性从它们先前高不可攀的高度降低到历史和社会的网络当中，把作为一个维度和一种影响的心理、社会和文化等因素从科学的对立面融入理性的行列。

成：在科学哲学中，“相对主义”是与“绝对主义”相对应的，这是两种极端的观点，语境论的进路正是试图为融合这两种极端的观点提供一个合理的平台，开辟一条有能力融合各种对立观点的中间之路。它既不像绝对主义那么教条地维护科学的客观性，反对科学的社会因素和主观性成分，也不像相对主义那么灵活地抛弃科学的客观性，夸大范式之间的不可通约性或科学研究过程中内含的社会因素。如果说，绝对主义的科学哲学观是在以牛顿力学为基础的宏观科学研究范式的基础上成长起来的，相对主义的科学哲学观是立足于当代科学发展的新特征对这种绝对观点的反叛的话，那么，语境论的科学哲学观是在以量子力学为基础的微观科学研究基础上成长起来的一种更加理性的观点，是一种有助于超越宏观认识的盲目性与教条性，能够更加真实地反映科学本性的一种新立场。

凝思深重　落笔沉稳

——读“认知与方法丛书”*

以陶德麟先生为顾问、张巨青和刘文君教授为主编的“认识与方法丛书”（以下简称丛书），作为国家级科研项目“现代科学方法论问题”的综合研究成果，由浙江科技出版社出版了。这对于广大致力于学习、掌握和探讨相关问题的读者来说，堪称一件欣慰之事。

丛书以一组著作的方式，从现代科学认识论与科学方法论的结合上，对某些理论难题作了较系统、深入和细致的研究。其中有史有论、有介有评、有分析有综合、有发散有收敛，不拘一格，寓鲜明的逻辑性、整体性、合理性和目的性为一体，使科学方法论研究的功能和意义获得了内在的一致和实现。从总体上讲，它具有显著的理论意义和应用意义，其基本特点就在于：①科学性和新颖性——运用辩证发展观创造性地探讨了现代科学发展的新情况和新问题，并对此作出了认识论和方法论的

* 本文发表于《科学技术与辩证法》1991年第2期，作者郭贵春。

概括和说明。②启发性与深刻性——既具体地分析和批判了现代西方流行的科学认识论与科学方法论思潮，同时也恰当地评价了其中合理的成分。③普适性和实用性——运用浅显的语言与典型的案例，阐明了科学认识中具有最普遍意义且相当深奥的哲理性问题，适合不同专业和不同文化层次的读者。

在“丛书”的十本分册中，从形式和内容上均各有所侧、各具千秋。令人贯而读之，既觉层层相关，不忍中止；又觉丰富饱满，异彩横生。然而，它们共同的特征却在于，都以不同的视角挖掘和展现了现代科学认识论和科学方法论中的精髓和前沿问题，这无疑对于推动我国理论界向更高层次发展具有十分现实的意义。

伴随着当代科学语言（如物理学的形式化系统）越来越远离经验的发展以及技术语言（如计算机的语言系统）日趋朝向实践的应用，语言哲学的研究已愈益成为哲学深入发展的前沿课题。从某种意义上讲，没有语言哲学的精深探讨，哲学的现代化无疑是一句空话。所以，从句法学、语义学和语用学的辩证结合上，去把握当代哲学的本质便是自然而又必然的了。历史地看，虽然任何试图仅仅通过语言哲学的详尽形式分析来摆脱哲学的困境并解决一切难题的企图，都作为一种“幻想”而破灭了。但是，语言哲学的研究，特别是其中的语义分析方法的运用，都作为一种有效的哲学方法，具有普遍的认识论意义。因此，立足在辩证唯物主义的立场上，注重从语言哲学的对象、结构、功能及其方法论意义的统一性上，去分析和把握具体问题在科学认识过程和认识结构中的地位和作用，是一项极其重要的开拓性工作。在这一方面，《关于世界的问答——科学说明》《科学的难题——悖论》等分册均从不同的角度给予了适当的阐释和说明，这是值得赞赏的。

现代逻辑方法无论是在广度还是深度上，都拓广了传统逻辑的范围、形态和功能。它运用现代逻辑的概念工具、形式化手段和推理方法，在科学理论的构造和解释评价、科学实验和测量的规划设计、科学研究的具体实践（操作）过程中，获得了充分的运用和实现，以一条逻辑的主动脉存在和渗透于整个科学认识的全过程。所以，逻辑方法并不是纯粹形式化地孤立的，它总是与特定的理论背景密切相关，从而具有深刻的和广阔的语义空间和语义结构；它的展开是对真理性条件的逻辑预设，从而在真理性条件和真理性之间，从形式的或实际的操作意义上构造了一条由此达彼的桥梁；它的运用就是要揭示特定研究对象之间的内在因果关联，展示由双值因果关系向多值因果关系、由显性因果关系向隐性因果关系、由定性因果关系向定量因果关系的转变；它的功能体现于它在科学研究过程中具有方法论的联网功能，从而使各种研究方法相互关联、相互补充和融为一体。所以，逻辑方法在整个科学认识过程中具有内在的一致性、相关性和整体性。在这一方面，《科学理论模型的建构》《科学逻辑导论》《科学推理的逻辑导论》《科学定律的发现》和《逻辑与历史——现代科学方法论的嬗变》等分册，都作了合理的、令人信服的论证和解释，颇为读者倾心。

20 世纪以来，科学与哲学在更高水平上获得了它们的辩证统一，欧洲大陆哲学与英美哲学研究的传统不断地相互影响、相互渗透和相互促进，东西方文化的汇流也显示出与日俱增的趋向和优点。随着各种不同方法、模式、形态或结构之间的相互论争和相互批评的合理性程度的强化，它们之间的相互借鉴，相互汲取和相互融合的趋向和成效也已成为历史的必然。因此，当代科学认识论与科学方法论的研究也日趋由单一进入到多元化、由浅层进入到深层、由经验进入到理性、由狭域进入到广域，从而使科学认识论与科学方法论的研究真正成为主体网状的结构系统。在这个结构系统中，本体论与方法论、经验主义与理性主义、科学主义与人文主义、自然科学方法与社会科学方法均失去了它们传统的片面疆界，而充分显示出了它们在整个人类的科学知识、科学认识和科学方法研究中的整体化或一体化。对于这一趋向的研究，无疑是当代马克思主义理论家们的重要任务之一。在这一方面，《认知的两极性及其张力》《解自生之谜》和《人与自然的对话——观察与实验》等分册，均从不同的科学认识层面上揭示和分析了这种趋向和结构，并给出了生动应用的具体范例，实为难能可贵。

正像任何完美的璧玉也难免有其瑕疵一样，丛书也存在美中不足之处。例如，其整体论域还不够宽广、某些分册之间在特定的问题上尚有重复之嫌，一些分册的引文参考资料不够详尽等。然而，无论如何，我们愿为这套丛书的出版叫好，并同意陶德麟先生在“序”中所做的评价：应该说，它在新中国成立以来国内出版的以探讨科学认识论和科学方法论为内容的著作中，是富有特色而又比较全面的一种。

探索科学编史学的开拓之作

——《克丽奥眼中的科学——科学编史学初论》*

科学编史学，顾名思义，是对科学史进行编史学研究。刘兵的专著《克丽奥眼中的科学——科学编史学初论》(山东教育出版社，1996年12月出版）一书（以下简称《初论》) 在占有丰富和翔实的国外资料的基础上，对科学编史学的若干重要问题，特别是科学史的前沿性理论问题和科学史的研究方法与研究实践问题进行了比较深入的探索，这在国内尚属首次，填补了国内在这一研究领域的空白，是一部理论视野开阔，视角新颖的科学编史学的学术著作。其特点主要表现在以下几方面。

一、《初论》对科学编史学的几个有争论的重要问题作了澄清

作者在说明了“编史学、科学史和科学编史学”三个概念，论述了

* 本文发表于《科学技术与辩证法》1997年第4期，作者魏屹东、郭贵春。

科学史的兴起和从学科史到综合史（通史）的发展过程的基础上，重点论述了内史与外史及其关系、辉格式科学史与反辉格式科学史及其关系、科学哲学与科学史的关系和科学革命的突变与连续问题，并从这几个方面作了较系统深入的分析，颇有见地。

首先，关于内史与外史及其关系是科学史研究中的一个重大问题。《初论》的作者在这一问题上提出了自己独特的看法。作者认为，传统的科学史研究如萨顿的实证主义科学史和库瓦雷的观念论的科学史都属于内史，与之相应的科学史观为内史论。内史论认为，科学主要是一种至高无上的、理性的和抽象的智力活动，而与社会的、政治的、经济的和军事的环境无关。很显然，内史论关注的是科学自身的独立发展，注重科学发展中的概念框架、方法程序和理论阐述等。这是科学史研究的主流。作者认为，以这种方法研究科学史相对来说更合适。与之相对的观点即外史论，它是一种新的科学史研究传统，作为内史的补充和完善是完全必要的。外史论认为，社会、文化、政治、经济和军事等环境对科学发展的方向和速度有重大影响，因而在科学史研究中应把科学的发展置于更复杂的背景中才是更合理的。作者进一步认为，内史与外史有明显的区别，研究角度不同，关注的重点不同，但它们一方面各自都具有自身的价值和重要性，因而无所谓谁劣谁优；另一方面也都有自己的不足和片面之处，只有将二者结合起来相互补充才是科学史研究的正确方向。

其次，《初论》对辉格式和反辉格式的科学史作了详细说明。辉格式和反辉格式的科学史是科学编史学中两种相对立且有争论的倾向和观点。前者是按照今日之科学知识标准或观点编织科学史；后者是按照过去科学知识标准或观点编织科学史。作者在对各种辉格式和反辉格式的科学史观点作了考察后，站在历史与逻辑相统一的高度对这一争论作了评价，认为这两种编史方式在编织历史时都发挥着重要作用，也都有可取与不可取之处，但将二者完全绝对化是不合理的，二者应有机结合。因为辉格式编史学家是不自觉地以今日来评判历史，无法将自己从他所处的时代中隔离出来，因而也就无法避免当代的标准。作者还进一步认为，最好的办法应是两种倾向之间保持一种适当的平衡或“必要的张力”，只有这样，才能真正理解和把握科学的历史；西方科学史研究的发展经历了从辉格式到反辉格式再到两者的统一过程，这是一个新的辩证发展过程。作者由此联系到目前中国科学史研究的情况，认为研究中国科学史的科学史家有意或无意地以西方科学成就为标准，而较少以所研究时期中国特定的环境与价值为标准或以“爱国主义”作为首要标准来力图证明“中国第一”的人，实际上都具有很强的辉格式倾向；而研究西方近现代科学史的科学史家涉足科学家研究的较多，研究方式也相当辉格式。作者一针见血地指出，中国的科学史研究缺乏的正是反辉格式的意识或研究方法，我们应补上这一课。这些见解对于我国的科学史研究无疑具有启迪作用。

再次，《初论》对科学哲学与科学史的关系作了深入探讨。二者是“权宜的婚姻”，还是“必要的补充”，这是科学编史学中的又一重大问题。科学哲学家往往对科学史表示极大的关注，讨论科学史对科学哲学的作用；而科学史家对科学哲学则表现出空前的冷漠，提出尽快将“哲学的求婚者打发走”。这说明二者的双向关系是多么的不对称，表现出“一头热”的尴尬局面。因为科学史家认为，科学哲学家写的科学史不是历史，而是哲学，由于缺乏历史的训练，构建的理论框架往往不符合科学史实际；科学哲学家则认为，纯科学史家写的科学史缺乏哲学之洞见，往往是历史事件和人物事迹的堆积。科学史与科学哲学之间的这种鸿沟如何填平？作者在综合了各种观点后提出：我们至少应接受这样的观点即科学史研究不应完全不受科学哲学的指导，但问题是要受一种新的批判的哲学的指导；科学史就是科学史，科学哲学就是科学哲学，二者在相互独立前提下相互补充和借鉴是有益的。不过我们也应看到，科学哲学与科学史的重要性恰在于“不符”。科学哲学的价值正在于与历史的不符才成为历史分析的工具。如果科学哲学家和科学史家的口味一致，其结果便是二者的合二为一和学科界线的消失。这极有辩证的味道，的确，一味强调二者的“相符”，会抹杀二者的特质。

最后，《初论》以较大篇幅论述了科学革命的突变与连续问题。科学革命是科学史中的概念，作者对此作了历史的考察，并将科学革命与内史论和外史论的观点结合起来分析，这有一定的新意。作者在对库恩的科学革命观和柯恩的科学革命判据作了评述后，将科学革命的分析与中国科学相联系，讨论了著名的“李约瑟难题”。评论中不乏灼见，读后使人颇受启发。

二、《初论》对女性主义与科学史的关系作了开拓性探试

女性主义与科学发展问题是目前西方科学史界的一个研究热点。既为热点，自有其重要性，其重要性就在于这一问题涉及“社会性别”（gender）与科学发展的根本性问题。例如，为什么科学家几乎全是男性？女性对科学的贡献到底有多大？假如离开女性科学能否发展到今天的水平等问题，均是这一重大问题的推论。仅从这一点来讲，这一问题便值得深入研究和讨论并引起人们的普遍关注。难怪作者不惜笔墨对女性主义产生的背景，由男性科学史观到女性科学史观的转变等作了详述。在此基础上，作者煞费苦心地将这一问题同近代科学的起源问题联系起来，这显然是一个很有兴趣且非常重要的研究课题，具有不言而喻的重要意义。

作者还通过对当代科学史的案例研究对这一问题作了充分论证，得出了耐人寻味、发人深省的结论：女性主义的科学史研究在本质上有一种科学批判的取向，这与目前西方科学史界存在的某种后现代主义潮流是一致的。它为科学史研究提供了新的视角、新的问题和新的分析维度。女性主义的编史学还构成了一组新的、有潜在力量的科学史研究方法。它与马克思主义取向的、科学社会史的方法有许多共同之处，也吸收了这一领域中不断增加的语言分析方法。

三、《初论》突出了科学编史学中的方法论意义

作者用了占全书三分之一多的篇幅论述了科学史研究中的计量方法、

格/群分析方法和传记方法，其目的旨在展示科学史研究方法论的重大意义。

首先，作为历史学的一个特殊分支的科学史，定量研究方法是其一个强有力的发展方向。引入计量方法，是为了使科学史研究更加“科学”“精确”和“客观”。但如何在科学史研究中运用计量方法却不那么容易，这涉及计量指标的选取、数学模式的构建和计量过程中主观性的克服等关键问题，作者对这些问题均做了讨论，极有助于在科学史研究中运用计量方法。

其次，将格/群分析方法用于科学史研究具有全新的意义。“它山之石，可以攻玉”，格/群分析方法是20世纪70年代末在人类学中新出现的方法，将它移植到科学史研究中是丰富科学史研究的一个重要而崭新的途径。作者在论述了格/群理论的基础上，探讨了如何将格/群这两个独立变量应用于科学史的问题。这是一个不好解决的难题，因为要把这一方法应用于科学史，首要的问题是要结合科学史的具体特点在两者之间找到联系。尽管难，作者还是作了尝试，提出如何对格/群进行定义，如何用格/群描述复杂的社会环境等问题及设想，这些都是很有启发作用的。

最后，《初论》对科学史的传记方法作了十分详细的描述。科学史是人物和事件构成的历史，因此，对人物进行传记性研究便显得既重要又不可或缺。作者从一般传记方法入手，对心理传记法和集体传记法作了深入而充分的讨论。从三个不同层面和不同角度对科学史中如何运用这些方法、应注意的问题进行了精辟论述，堪称是具有启示性的研究成果。

四、《初论》揭示了科学史的教育功能及意义

爱因斯坦曾说，“用专业知识教育人是不够的。通过专业教育，他可以成为一种有用的机器，但是不能成为一个和谐发展的人”。科学史的诸多功能中，教育功能是公认的最重要的一项。因而，作者用最后一章来

阐述科学史的教育功能，可谓用心良苦。作者在介绍了国外科学史教育的发展情况后，提出了科学史对科学教育本身、对文理结合、对科学与社会关系的理解、对培养学生的社会责任心等所具有的功能。这些都是很有启发和教育意义的，值得我们重视。

此外，《初论》在写作上线条清晰，逻辑性强，视角独特，言简意赅，内容充实，可读性强，充分显示出作者所具有的自然科学、哲学、历史和语言方面的深厚功底。

当然，《初论》中的某些观点和提法，有待商榷。有些论述分析显得薄弱，尚需加强。尽管如此，该书仍不失为一本好的学术专著。

回眸历史慨而慷

——《自然辩证法通讯》计量学分析*

《自然辩证法通讯》(以下简称《通讯》)是由中国科学院主管，中国科学院研究生院主办，中国科学院自然辩证法通讯杂志社编辑、出版的学术性、理论性的刊物。该刊囊括科学哲学、科学史学和科学社会学等诸多学科，是连接自然科学、社会科学和人文学科的纽带，沟通科学文化和人文文化的桥梁。

2003年1月10日,《通讯》迎来了她25周岁的生日。20多年来，她以厚重的学术底蕴和新颖的思想张力吸引和教导了不少学子；20多年来，她以严谨的风格和满腔的热情审视和传播着时代的精华；20多年来，她以高昂的姿态和宽容的胸怀探索和导引着学术的走向。回眸过去的风风雨雨，她携带丰富、宽广、深邃和庄重的特点，无时无刻不在为我们的学习和研究默默地做着贡献（图1）。

---

* 本文发表于《自然辩证法通讯》2003年第3期，作者贺天平、郭贵春。

图1　1979 年创刊号封面，只有一个标题

一、历史沿革

新中国自然辩证法事业草创于 20 世纪 50 年代。当时，由中国科学院哲学研究所自然辩证法组编辑出版了一份期刊——《自然辩证法研究通讯》，为我国早期自然辩证法事业的发展起到了积极的宣传和推动作用。这个刊物 1957 年创刊，1960 年停刊，1963 年又复刊，1966 年彻底停刊。之后的 10 年间，我国处于一种特殊的状态之中，科学界一度处于万马齐喑的沉闷局面。当然，自然辩证法事业也难逃这个大环境的影响，进入几乎停滞的阶段。

1976 年之后，随着社会环境的好转，自然辩证法事业渐渐地恢复了它原有的生机和活力。1977 年 10 月 19 日，由李昌、于光远和钱三强三人联名向“方毅同志和邓副主席”提交“请示报告”，拟由中国科学院筹备出版《自然辩证法通讯》杂志。此件经“华主席、党中央批准”，成为我国“弘扬科学精神、撒播人文情怀”的一支新秀。1978 年 3 月 2 日，中国科学院正式发出“关于成立《自然辩证法通讯》杂志社的函”，成立杂志社，负责该杂志的编辑出版工作。1979 年 1 月 10 日，《通讯》创刊号出版（图 1）。第一年的《通讯》为季刊，得到读者的好评，遂于次年改为双月刊一直持续至今。

1985 年 5 月，中国科学院把该院政策研究室与杂志社合并，成立“中国科学院科技政策与管理科学研究所”，《通讯》遂由该所主办，由其下属的科学哲学研究室编辑出版。1991 年，中国科学院决定把《通讯》移交该院研究生院主办，其下属的人文社科部负责编辑出版。[①]

《通讯》在短短的 20 多年时间内，先后有著名学者于光远、范岱年和李宝恒担任主编。他们为杂志的健康发展、为学术的规范作出了许多贡献。

在组织机构上经历许多变化的同时，《通讯》在学术风格上也作了调整，与时俱进，逐渐成熟。历史地看，封面的标题共改动过两次（图 2 图 3）。封面的标题是刊物的思想精髓，刊物封面标题的变化体现了刊物内容的导向性。

创刊之初，《通讯》只有一个标题——自然辩证法通讯。“以马克思列宁主义、毛泽东思想为指导，探讨自然界和自然科学发展的客观规律，促进科学与哲学的联盟，开展百家争鸣，为我国科学技术事业的发展、加速实现四个现代化服务。”[②]主要内容包括：研究科学技术发展的客观规律，探索我国科学技术发展的道路及其在实现四个现代化中的地位和作用；研究科学技术史、科学思想史，认真总结历史经验，为四个现代化服务；探讨自然科学研究中的认识论和方法论问题，提倡辩证唯物主义的世界观和方法论；介绍广大科学技术工作者和工农兵群众在四个现代化的伟大实践中自觉学习和运用辩证唯物主义所取得的新鲜经验；评介国外自然科学及其哲学问题研究中的新成就和新动向，批判唯心主义和形而上学。[③]

所以，前两卷杂志一直开设“加速实现四个现代化”栏目，为我国现代化理论研究献计献策。除“科学家论坛”栏目之外，这个栏目文章

---

① 科学与人文比翼齐飞 学术共思想圆融一色——《自然辩证法通讯》改版辞. 自然辩证法通讯，2002,(1).

②③ 1979 年第 3 期“稿约”，封三.

的数量占有很大的比例。“科学家论坛”对解放思想、倡导科学与民主等做了卓有成效的贡献。

但是，事实告诉我们，科学、技术和经济、社会生活的关系日益紧密，自然科学与社会科学相互渗透、互相结合已成为当代科学发展的重要趋势。“为了适应这种趋势，本刊将办成为一个关于自然科学的哲学、历史和科学学（科学社会学）的综合性、理论性杂志，同时也刊载有关科学的前沿和发展趋势、自然科学与社会科学跨界的学科以及综合性的科技与社会问题等方面的文章。”[①] 所以，从 1981 年起,《通讯》加了个副标题——“关于自然科学的哲学、历史和科学学的综合性、理论性杂志”（图 2）。显然对杂志的风格和内容做了重大调整，文章着重：探索科学哲学和科学方法论，科学技术发展的历史和规律，介绍当代科学的前沿和发展趋势，讨论科学学和科技政策，开展百家争鸣，促进科学家和哲学家的联盟，为我国科学技术的现代化服务。[②]

图2　1981年增加副标题——“关于自然科学的哲学、历史和科学学的综合性、理论性杂志”

① 1981年第1期“编后记”，第12页.

② 1981年第1期“征稿启事”，封四.

原北京市委党校哲学部孟建伟曾经这样记述过一段故事："记得在1985年参加南开大学硕士生入学复试时，刘珺珺老师提了这样的一个问题：'自然辩证法是研究什么的？'我不假思索地按教科书上的定义作了回答。然后，刘老师让我回忆一下《通讯》杂志的副标题，这使我恍然大悟。往后的学习和研究，我们就是按照'关于自然科学的哲学、历史和社会学'这个路子走的。"①从这里看到了该杂志标题的导向性，也看到了《通讯》采用文稿的类型。

2001年，该刊进一步开展科学文化、学人论坛、学问人生和学术评论等栏目，又增加了一个副标题——"联结自然科学、社会科学和人文学科的纽带　沟通科学文化和人文文化的桥梁。"（图3）它又开始了新的、具有鲜明时代特色的征程。它将继续迈着雄健的步伐，跨越坎坷的道路，把刊物办得更好。它作为中华民族的科学导向和基石，永放灿烂的光辉。

图3　2001年又增加副标题——"联结自然科学、社会科学和人文学科的纽带　沟通科学文化和人文文化的桥梁"

20～21世纪之交，《通讯》的硬件变化也十分显著。从1997年第4

① 自然辩证法通讯. 1998，(1)：178.

期开始了激光排版，1998 年第 3 期起用道林纸印刷，使每个读者手中的杂志更加漂亮、更加清晰。随着我国科学哲学学科的繁荣，2000 年开始增加了一个印张，由原来的 80 页扩至 96 页；装订采用了蝴蝶装，杂志有了书脊，更加便于存放，同时改换了沿用了 20 余年的封面。2002 年，《通讯》（图 4）改为大 16 开，字数从 15 万字增至 20 万字，从而大大缩短了用稿等候时间，封面又一次经过细琢，颇受读者好评。这本惹人喜爱的杂志永远也满足不了读者的读书欲，为了能让学术界看到更多有价值的文章，该杂志从 2003 年起，又增加了一个印张，从 96 页增加到 112 页，每期字数比前 22 年增长一倍，达 25 万字。

图4　2002年封面

诞生于改革开放之初的《通讯》，以她坚持不懈的精神为中国思想解放和改革开放的时代旋律谱写了一个又一个音符；培育和促进了科学哲学、科学史、科技政策和科技管理等学科的发展。《通讯》以繁荣学术研究为宗旨，力图站在当代学术研究的前沿倡导学术研究新潮流。它始终坚持纯正的办刊方针，以传播科学思想、普及科学方法、弘扬科学精神、倡导科学文化与人文文化的融通为己任，为提高民族的精神素质和文化水准，为培育新一代学人作出了自己应有的贡献，赢得了普遍的赞誉。

有人这样说：

“《自然辩证法通讯》……是我的大学……设置的课程既广且精，广在覆盖科学哲学、科学技术史和科学社会学三学科的几乎所有研究方向，精则在突出重点，抓住学界的主攻方向。这所大学不发文凭，却让你学识长进，研究能力提高，治学视野拓广。”①

——上海社会科学院哲学所　周昌忠

“第一，《通讯》所倡导的跨学科综合性研究适应学术发展的潮流……第二，《通讯》所坚持的学术规范化原则引导着学术的健康发展……第三，《通讯》所奉行的推陈出新宗旨显示出可贵的精神。”②

——南开大学　林聚任

“是您，催生出我对科学哲学的浓烈兴趣，义无反顾地踏上了智力探险的漫漫征程。是您，引领我在科学哲学百花园中流连忘返，尽情地观赏那争芳竞艳的奇花异草，赞叹园丁们的卓绝技艺。是您，赐予我许多陶醉的时光，在同行的成功中享受幸福的喜悦。是您，常使我品味母亲的慈爱，用温柔的抚爱抹去我探索的疲累。是您，常迫我感到父亲的严厉，只顾愤然前行，不敢稍有懈怠……”③

——华南师范大学　张志林

“我们……可以说《通讯》是培养自然辩证法界‘学问家’的地方，她是自然辩证法界众多学问家的家……《自然辩证法通讯》始终如一坚持自己纯正的学术品味……保持着自己积极向上的文化品格……与国际学术接轨和看齐是《通讯》的特色之一……”④

——北京大学　吴国盛

《通讯》不仅在国内产生了深远的影响，而且在国外也颇有声誉。美国国会图书馆、哈佛燕京图书馆和剑桥图书馆等都有该刊的陈列。不仅如此，海外的许多专家学者还在《通讯》上发表文章，例如，杨振宁、李政道、库恩和方万全等。在国外的许多文章中甚至将《通讯》作为参

---

① 自然辩证法通讯，1998,（1）：77.

② 自然辩证法通讯，1998,（1）：78.

③ 自然辩证法通讯，1998,（1）：77.

④ 吴国盛. 追思自然. 辽宁：辽海出版社，1998：293-295.

考文献引用；1995 年，科恩教授主编的“波士顿科学哲学研究丛书”中将 80 年代的文章翻译作为其中一本。这些都证明《通讯》已经开始步入国际学术的行列。

《通讯》开拓学术视野、丰富学术内容、吸存理论素养、锻炼科学思维，使我们领略当今科学领域的前沿风光，引导我们向更广阔、更深入的知识领域发展，为每一位学者提供精神食粮。该刊物选题严肃，信息量大，学术性强，文字严谨，赋予哲学意蕴，使人受益匪浅。《通讯》培育了一批批青年学者，使成熟的学者更加成熟，推动学术思想的国际国内双向交流。

二、论文类型计量分析

在新的指导思想的导引下，杂志的栏目逐渐趋于稳定，从 24 卷的统计来看（表 1）《通讯》主要集中在科学哲学、科学社会学与科技政策、科学技术史和人物评传，而且几乎不变；长期开辟科学前沿、问题讨论和书刊评介；还提供了学术动态的信息以及其他一些栏目。需要说明的是，由于创刊前两年处于探索阶段，栏目种类繁多，高达 15 种，1981 年起逐渐趋于稳定，所以我们真正统计的是 1981 年以来的各类文章，具体比例分布如图 5 所示。

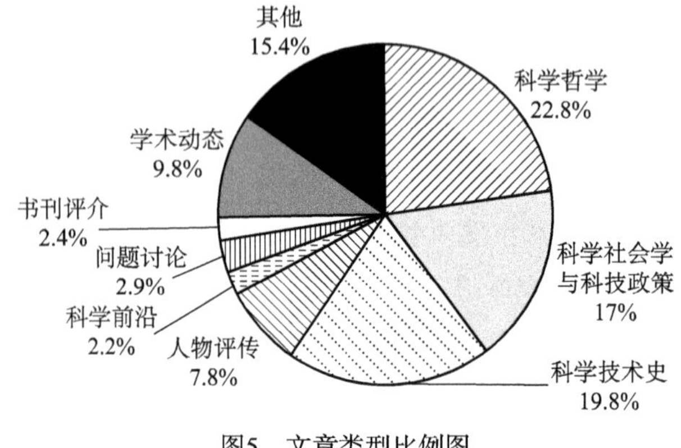

图5　文章类型比例图

表1 文章类型数据表

年份	卷	单位	科学哲学	科学社会学与科技政策	科学技术史	人物评传	科学前沿	问题讨论	书刊评介	学术动态	其他	数量合计/篇
1979	1	数量/篇	5	5	7	13	0	8	2	5	19	64
		占比/%	7.8	7.8	10.9	20.3	0.0	12.5	3.1	7.8	29.7	
1980	2	数量/篇	32	0	13	6	0	10	3	0	42	106
		占比/%	30.2	0.0	12.3	5.7	0.0	9.4	2.8	0.0	39.6	
1981	3	数量/篇	21	8	11	8	6	12	7	9	24	106
		占比/%	19.8	7.5	10.4	7.5	5.7	11.3	6.6	8.5	22.6	
1982	4	数量/篇	17	9	19	6	3	5	3	10	13	85
		占比/%	20.0	10.6	22.4	7.1	3.5	5.9	3.5	11.8	15.3	
1983	5	数量/篇	12	10	9	6	5	1	3	8	26	80
		占比/%	15.0	12.5	11.3	7.5	6.3	1.3	3.8	10.0	32.5	
1984	6	数量/篇	15	12	19	7	2	2	1	10	7	75
		占比/%	20.0	16.0	25.3	9.3	2.7	2.7	1.3	13.3	9.3	
1985	7	数量/篇	12	17	15	6	3	0	3	13	10	79
		占比/%	15.2	21.5	19.0	7.6	3.8	0.0	3.8	16.5	12.7	
1986	8	数量/篇	13	12	14	6	1	2	4	15	4	71
		占比/%	18.3	16.9	19.7	8.5	1.4	2.8	5.6	21.1	5.6	
1987	9	数量/篇	15	12	14	6	0	4	6	15	5.	77
		占比/%	19.5	15.6	18.2	7.8	0.0	5.2	7.8	19.5	6.5	
1988	10	数量/篇	19	12	13	6	0	3	7	10	4	74
		占比/%	25.7	16.2	17.6	8.1	0.0	4.1	9.5	13.5	5.4	
1989	11	数量/篇	18	13	15	6	1	3	0	3	3	62
		占比/%	29.0	21.0	24.2	9.7	1.6	4.8	0.0	4.8	4.8	
1990	12	数量/篇	17	17	17	6	0	3	2	4	4	70
		占比/%	24.3	24.3	24.3	8.6	0.0	4.3	2.9	5.7	5.7	
1991	13	数量/篇	17	15	18	6	0	0	2	9	0	67
		占比/%	25.4	22.4	26.9	9.0	0.0	0.0	3.0	13.4	0.0	
1992	14	数量/篇	19	16	15	6	0	1	0	10	9	76
		占比/%	25.0	21.1	19.7	7.9	0.0	1.3	0.0	13.2	11.8	
1993	15	数量/篇	17	16	18	6	0	2	0	8	7	74
		占比/%	23.0	21.6	24.3	8.1	0.0	2.7	0.0	10.8	9.5	
1994	16	数量/篇	21	14	19	6	0	1	1	4	4	70
		占比/%	30.0	20.0	27.1	8.6	0.0	1.4	1.4	5.7	5.7	
1995	17	数量/篇	22	12	18	6	2	1	2	6	16	85
		占比/%	25.9	14.1	21.2	7.1	2.4	1.2	2.4	7.1	18.8	
1996	18	数量/篇	21	12	17	6	2	4	1	5	5	73
		占比/%	28.8	16.4	23.3	8.2	2.7	5.5	1.4	6.8	6.8	
1997	19	数量/篇	21	14	17	6	2	1	0	3	0	64
		占比/%	32.8	21.9	26.6	9.4	3.1	1.6	0.0	4.7	0.0	
1998	20	数量/篇	20	13	14	6	3	1	0	3	6	66
		占比/%	30.3	19.7	21.2	9.1	4.5	1.5	0.0	4.5	9.1	
1999	21	数量/篇	19	13	14	6	2	2	0	2	40	98
		占比/%	19.4	13.3	14.3	6.1	2.0	2.0	0.0	2.0	40.8	
2000	22	数量/篇	20	16	14	6	2	4	0	1	78	141
		占比/%	14.2	11.3	9.9	4.3	1.4	2.8	0.0	0.7	55.3	
2001	23	数量/篇	19	14	14	6	4	1	0	9	45	112
		占比/%	17.0	12.5	12.5	5.4	3.6	0.9	0.0	8.0	40.2	

续表

年份	卷	单位	科学哲学	科学社会学与科技政策	科学技术史	人物评传	科学前沿	问题讨论	书刊评介	学术动态	其他	数量合计/篇
2002	24	数量/篇	23	17	17	6	3	1	1	13	21	102
		占比/%	22.5	16.7	16.7	5.9	2.9	1.0	1.0	12.7	20.6	
占比平均/%			22.8	17.0	19.8	7.8	2.2	2.9	2.4	9.8	15.4	

注：① 分类以每期杂志的分类为标准；② 每行的数据有两个，上一行数字表示这一年度的类型论文总篇数，下一行数字表示这些论文与年总篇数的比例；③ 平均百分比按 1981 年开始，因为创刊前两年正在摸索阶段。

（1）科学哲学：指科学技术哲学的元理论研究，科学哲学家的思想研究，具体科学的哲学问题研究，自然哲学以及人与自然的关系研究等。该栏目文风纯正、分析透彻、哲理深厚。该类型的文章每期平均 3.0 篇，占总数的 22.7%。

（2）科学社会学与科技政策：指科学社会学、科学学、科技政策与管理、科技与经济研究等。该栏目更新思想观念，启迪思维方式，精辟的洞见给人以茅塞顿开、豁然开朗和耳目一新的感觉。科学社会学与科技政策每期平均 2.6 篇，占总数的 19.6%。

（3）科学技术史：指科技史理论研究、科技思想史、科技文化史等。所发表的文章既具有较高的学术性，又具有一定的通俗性和趣味性。科学技术史每期平均 2.2 篇，占总数的 16.9%。

从统计数据来看，该刊的文章趋向相对稳定，以科学哲学、科学技术史、科学社会学与科技政策为大领域，三者成为鼎立之势，占到总数的近 60%。科学技术史是科学哲学的基础和源头，科学哲学是科学技术的理论提炼和升华，科学社会学和科技政策是对科学理论的应用分析。三者分基础层次、理论层次和应用层次。这充分体现了本学术的领域和范畴。

（4）人物评传：指著名科学家、科学哲学家或哲学家的评传。人物评传亲切、随意、容易让人接近，给人一种如临其境的感觉。人物评传每期介绍 1 个科学家，让读者了解科学家的生活和思想。这个栏目坚持这么多年，实属不易。

（5）科学前沿：指科学发展中的前沿所引发的哲学问题："科学前沿"占的比例不算大，但是这是一个应该很好加强的栏目。我们不能老是徘徊在过去的理论和基础之上，我们还缺乏自己的独创性理论。科学哲学是对科学的哲学反思，思考和研究的对象是自然科学而不是哲学理论，我们往往被西方的理论所蒙蔽，围绕他们的理论进行"证明或评述"。遗憾的是，许多人的研究指向是他人的哲学理论而不是正在迅猛发展的自然科学。正如霍金所说，不少哲学家至今还在津津乐道地谈论 20 世纪初诞生的相对论和量子力学的哲学问题，其实科学早就向前发展一大步了。不能紧跟科学发展的最前沿，这是当今科学哲学家的不足，我国更为突出。

（6）问题讨论：为有些难以定夺或争论较多的问题提供空间；问题讨论是我们交流的一个很好的阵地，但是论战的气氛有些不足，在这方面采取"明哲保身"的态度是不足为训的。

（7）书刊评介：包括读书和评书两种，对我们及时选择书目有所帮助，况且对读书写一些看法于我们学术的进一步提高有益无害；同时，书刊评介也是一个很好的栏目，目前"知识爆炸与信息贫乏"是一个主要矛盾，特别是对年轻人来说，不知道读什么书好。有些好书，不知道去读；有些书，读完又感到后悔，因为"这本书什么都没讲"。这个栏目就将这方面的信息随时告诉大家，让大家有一个很好的选择。不过，这是需要进一步加强规范性和客观性的。

（8）学术动态：向读者及时、准确、简明地介绍学术界的学术集会，体现了我国的学术气氛；学术动态及时准确地将学术信息传达到每一位学者手中，就像一份报纸。这充分体现了"通讯"的特色。

（9）其他：如教学与研究，对学科发展、课程建制、教学经验交流很有帮助；创刊以来共办 14 次。读者 · 作者 · 编者为三方的交流与沟通提供场所，《通讯》实行的是读者、作者和编者的密切结合；创刊以来共办 12 次。最后要提到的是"专题讨论"，它包括笔谈和简报。专题讨论活跃而有意义，既为澄清传统理论问题提供了讨论的场所，丰富了自然辩证法理论研究的底蕴；又通过对社会实际中的重大理论热点问题的深入研讨，拓展了自然辩证法应用研究的视野，突出了学科的交叉性和时代感。因此，专题讨论栏目真正起到了以正确的科学思想武装人，以严谨的学术规范引导人，以活跃的哲学思维感染人，以深刻的理论事实说服人之作用。自创刊以来，本刊进行的专题讨论有以下内容。

1979 年，“纪念爱因斯坦诞辰 100 周年”专题讨论；

1981 年，“环境科学理论问题”笔谈；

1983 年，“关于中国近代科学技术落后原因的讨论”；

1995 年，“悼念李约瑟博士逝世专辑”；

1999 年，“纪念五四新文化运动 80 周年特辑”“纪念爱因斯坦诞辰 120 周年”；

1999 ～ 2000 年，开辟学术专论“世纪之交的学术沉思：回顾与展望”；

2000 ～ 2001年，开辟“学术规范与学风建设笔谭”；

2002 年，“纪念诺贝尔科学奖颁发 100 周年”“哲人科学家现象和素质教育”。

除此之外，《通讯》共 6 次开展科学技术史札记或简报，对繁荣我国的科技史研究具有一定的推动和导向作用。

《通讯》是我国自然辩证法学术界交流科研成果、获取科研信息的一个重要窗口和阵地。通过以上分析，“既能反映出编辑部在录用文章方面存在着的潜在导向作用，又可窥视到学者们科研重点的转移及国家政策导向、社会文化环境对自然辩证法研究的深层影响”①。

同时，该刊稳中求进，不断有新的栏目开设。例如，在 2001 年就开设“科学文化”“学问人生”“学人论坛”和“学术评论”等栏目。让每一位学者畅所欲言，一改以往学究的风气，开辟了新的天地。

三、作者年龄构成的计量分析

创刊之初，对作者没有任何说明；从 1980 年起，刊物上开始标示作者单位；1988 年起，有了作者简介，从作者简介可以看出年龄构成。对作者年龄构成的统计分析可以初步揭示出我国自然辩证法研究队伍的建

① 转引自：赵红州. 关于科学家社会年龄问题研究. 自然辩证法通讯，1988,（6）：29.

设状况，以及学术圈子的最佳年龄。我们有一种传统的认识，人文科学需要时间积累，自然科学需要头脑活跃。

1. 平均年龄

从表 2 统计数据来看，《通讯》作者群的最低年龄是 23 岁，各年最低年龄平均是 25.3 岁；最高年龄是 75 岁，各年最高年龄平均是 67.2 岁；在该刊发表文章的平均年龄是 40.3 岁。诺贝尔物理学奖金获得者平均年龄 35.3 岁，化学奖 41.7 岁，医学奖 39.5 岁，总的平均年龄 38.87 岁。[①]看来，人文社会科学的研究要比自然科学的研究发现年龄晚一些。因为人文社会科学不仅仅是创新能力的问题，更重要的是知识积累的过程，这一过程是自然科学研究可以避开的环节。

从图 6 平均年龄趋势走向来看，平均年龄跳动的幅度很大，这是因为发表文章学者的人数相对较少。但是，从整体来看，平均年龄还是在增大的（图 6）。在正常情况下，随着一个民族平均寿命的提高，平均年龄总是要老化的。这属于“正常老化”现象。对于不同的地域，或者不同时期，平均年龄是有差别、有变化的。其决定因素在于科学教育情况，如入学年龄、教育方法和教学质量等。如果教育得当，可以使大批青年在最佳年龄之前进入专家行列，从而降低平均年龄；反过来，如果教育失策，可能使大量的研究生超过最佳年龄，进入不了专家行列。这样，势必造成学者的平均年龄老化。老化指数可以根据如下公式

$$\alpha=\Delta A/\Delta T=\tan\theta$$

其中，A表示年龄，T表示时间，θ表示平均年龄线与X轴的夹角。

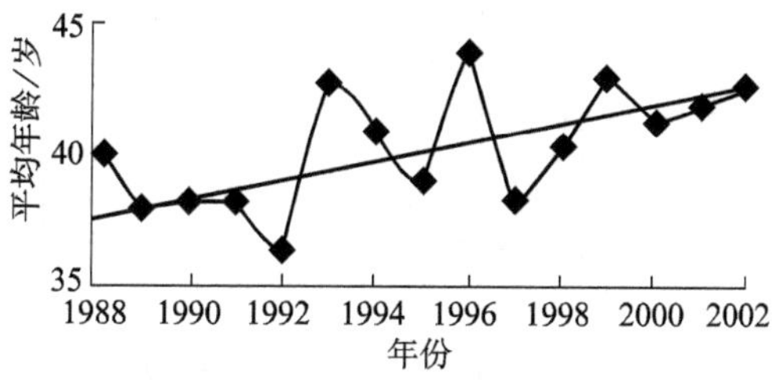

图6 《通讯》平均年龄曲线图

① 赵红州. 关于科学家社会年龄问题研究. 自然辩证法通讯，1988,（6）：29.

表2　《通讯》作者群年龄构成表

年(卷)＼年龄	23	24	25	26	27	28	29	30	31	32	33	34	35	36	37	38	39	40	41	42	43	44	45	46	47	48	49	50	51	52	53	54	55	56	57	58	59	60	61	62	63	64	65	66	67	68	69	≥70	最小	最大	平均
1988	0	0	0	0	3	1	0	1	2	6	1	1	1	1	0	0	1	0	3	0	1	0	0	1	0	0	1	1	0	1	3	0	0	1	0	0	0	0	0	1	0	0	0	1	0	0	0	0	27	66	39.9
1989	1	1	2	5	2	1	0	1	2	0	3	3	0	1	1	2	2	0	3	2	0	1	3	0	1	1	0	0	2	0	0	2	0	0	0	1	0	0	1	1	0	0	0	0	0	0	0	0	23	62	37.8
1990	0	1	1	5	4	3	1	0	2	1	2	3	2	1	2	1	1	0	0	0	3	1	5	1	1	1	1	0	0	0	1	2	3	0	0	0	0	0	0	0	0	0	0	0	0	1	0	0	24	68	38.0
1991	0	0	1	0	6	5	0	3	0	1	1	1	2	0	0	1	0	0	0	0	0	4	0	1	0	0	0	2	1	0	1	1	1	1	1	1	0	0	0	0	0	0	0	0	0	0	0	0	25	58	38.0
1992	0	1	1	2	2	5	6	1	0	0	0	3	0	5	1	0	0	0	1	0	0	0	1	0	0	2	0	0	0	0	0	0	0	0	3	0	1	0	0	0	0	0	0	0	0	0	0	1	24	72	36.2
1993	0	0	0	1	0	1	1	2	2	2	1	2	5	0	0	4	0	1	0	1	2	0	0	1	0	0	2	2	1	1	0	1	1	0	3	1	0	0	1	0	0	0	0	0	1	0	0	1	26	75	42.8
1994	0	0	1	1	0	0	3	2	1	1	0	1	0	6	3	2	4	2	2	2	0	0	0	1	1	1	1	3	0	0	2	0	0	0	0	0	0	0	0	0	0	0	0	0	1	1	0	1	25	72	40.8
1995	0	0	1	0	0	1	3	3	4	0	0	2	0	0	2	3	2	0	0	0	2	1	0	0	0	1	0	0	1	1	0	0	0	0	0	0	2	1	0	1	0	0	0	0	0	0	0	0	25	62	39.0
1996	0	0	2	0	0	0	4	1	1	1	4	0	1	1	1	1	3	1	2	0	1	3	0	3	0	2	1	1	0	0	1	0	1	0	1	0	1	1	3	0	1	0	0	1	0	0	1	1	25	72	43.9
1997	0	0	2	3	1	0	2	1	1	3	4	4	0	2	1	1	2	2	2	1	0	1	3	2	1	0	0	1	0	1	0	0	1	1	0	0	1	0	1	0	0	0	0	0	0	0	0	0	25	61	38.2
1998	0	0	0	1	0	1	2	0	2	1	2	4	2	1	4	1	0	1	3	1	3	2	0	2	0	1	0	0	0	1	0	1	0	0	1	1	0	0	0	1	1	0	0	0	0	0	0	0	26	63	40.2
1999	0	0	0	0	0	2	1	0	0	2	0	5	4	6	2	0	0	1	2	3	0	0	1	1	2	0	1	0	1	0	0	1	1	1	0	1	1	0	0	0	1	1	0	1	1	0	1	0	28	69	43.0
2000	0	0	0	2	1	3	1	1	3	1	2	3	5	3	1	2	1	1	0	2	2	5	5	2	0	2	0	1	0	0	1	0	1	2	0	1	1	0	1	1	1	0	0	0	1	0	0	0	26	67	41.2
2001	0	0	1	1	0	2	1	3	1	1	1	1	7	1	13	7	4	2	3	3	1	2	5	2	3	1	2	1	1	0	0	1	1	2	2	0	1	2	2	0	0	0	0	1	0	0	1	0	25	69	41.9
2002	0	0	2	1	2	2	2	2	4	0	4	0	1	3	4	5	7	7	3	2	2	2	4	5	4	4	2	4	0	1	2	2	2	2	2	0	0	1	0	1	0	1	1	0	2	0	0	3	25	72	43.5
合计	1	3	14	22	21	27	27	21	25	20	25	33	30	31	35	30	27	18	24	17	17	22	27	22	13	16	11	16	7	6	11	11	12	10	13	6	8	5	9	6	4	2	1	4	6	2	3	7	25.3	67.2	40.29
占比/‰	1	4	19	30	29	37	37	29	34	27	34	45	41	43	48	41	37	25	33	23	23	30	37	30	18	22	15	22	10	8	15	15	16	14	18	8	11	7	12	8	5	3	1	5	8	3	4	10			

注：本统计以作者简介为准；未注明出生年月的不计其内；合作情况的统计前两位作者；同一年多次出现的作者做重复计算；表中数字代表该年内该年龄作者的人次。

根据上式计算出的老化指数为 0.333。这个数字应该说偏大，因为我们统计的人数太少。据有关人员对各国基础科学家平均年龄正常老化的统计分析，除德国外，老化指数都在 0.1 之下。

2. **最佳年龄**

科学创造需要旺盛的精力和高度的创造力。然而，人的一生并不是所有的年龄阶段都能满足这个要求。从生理学角度看，一个人的记忆超过一定年龄后，往往随着年龄的增加而衰退。相反，他的理解力却随着年龄的增长而增长。这样，在一生中，总有一个记忆力方兴未艾、而理解力"运若转轴"的时期，即记忆力和理解力都好的时期。这个时期，就是一个人创造力的"黄金时期"，或者说是科学发现的"最佳年龄区"。在这个阶段，是学者最容易出成果的时期。

从图 7 来看，35 ～ 37 岁是科技哲学行业里面最佳年龄，37 岁时是高峰期；其次，在 29 岁和 45 岁左右是次佳年龄。27 ～ 45 岁是最有精力和思想的年龄段。我们和科学家年龄统计做个比较。根据有关人员统计，科学家作出重大贡献的最佳年龄区在 25 ～ 45 岁，其最佳峰值年龄为 37 岁左右。[①]

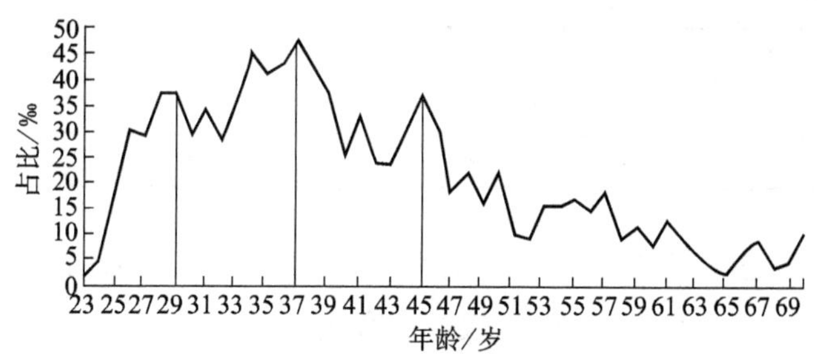

图7 《通讯》作者年龄分布图

四、作者群职称的计量分析

自 1988 年起，《通讯》对来稿格式做了统一规定，特别是作者简介。从 1988 年看来，作者的职称与成果有着密切的联系。它在一定程度上反映了研究队伍的中坚力量，表明了自然辩证法研究方面的潜在实力。

① 梁立明. 关于《自然辩证法研究》的文献计量学研究. 自然辩证法研究，1992,(8).

统计中，对工作者按教授级别、副教授级别和讲师级别划分。其中教授级别包括高校的教授和研究所的研究员，还有编辑部的编审等；副教授级别包括高校的副教授和研究单位的副研究员等；讲师级别包括高校的讲师和研究所的助理研究员（表3）。

表3 《通讯》作者职称统计表

年份	卷	教授/人	副教授/人	讲师/人	博士生/人	硕士生/人	其他/人
1988	10	3	10	13	3	3	0
1989	11	9	11	13	2	4	5
1990	12	4	13	24	3	2	2
1991	13	1	13	13	4	1	2
1992	14	3	10	18	1	3	4
1993	15	9	14	13	1	1	5
1994	16	9	18	16	3	1	1
1995	17	12	18	22	3	2	0
1996	18	17	17	15	13	0	1
1997	19	11	17	12	7	2	4
1998	20	18	25	8	7	1	0
1999	21	23	20	6	7	1	2
2000	22	28	18	12	9	4	0
2001	23	31	29	11	5	6	0
2002	24	42	28	9	13	3	2

从表3和图8来看，教授级别的作者从1991年逐渐增加，已经增加到总数的快一半，因为从90年代初，我国才开始普遍并规范地开展职称评定工作；副教授级别的作者基本保持稳定，平均占到31.5%；讲师级别的作者所占的比例有明显下降。不过三者总体所占比例达到80%左右，15年来基本保持这个数字，并且和《自然辩证法研究》（以下简称《研究》）的统计数据相一致。根据有关统计，《研究》1992年三者的统计数据是80%[①]，1998年的统计数据是78%[②]。硕士生和博士生是本行业的“后

① 成素梅，宋艳琴. 回眸与展望. 自然辩证法研究，1998,（1）：1.

② 参考《自然辩证法通讯》第1～24卷.

起新秀”，他们的文章在《通讯》中所占的比例逐渐增加，这是因为高校的研究生越来越多。

从图 8 来看，20 世纪 80 年代末，大多数文章是副教授和讲师级别的学者完成的；随着时代发展，教授比例在增加，讲师比例在减少。从“作者职称构成图表”和“作者年龄构成图表”可以看出，既然教授级别和副教授级别所占比例越来越高，同时作者在 37 岁左右时是高产期，说明教授和副教授的平均年龄在逐渐降低。进一步推理，说明年轻人的水平提高得很快，也说明我国人民知识水平在不断提高。

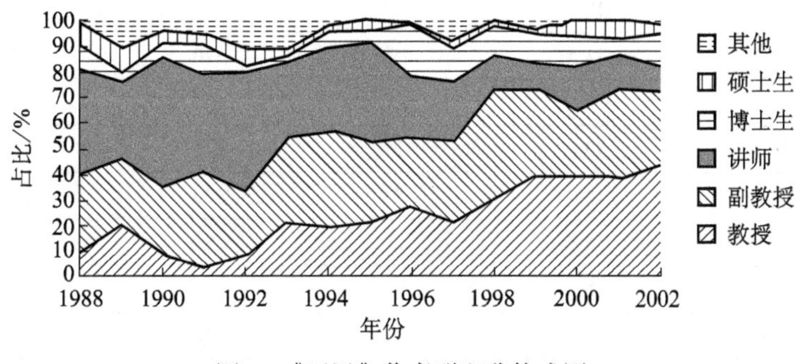

图8 《通讯》作者群职称构成图

《通讯》的作者单位从 1981 年有了明确介绍。在 80 年代初，该杂志的作者主要来自研究所，所占比例高过高校，超过总数的一半。这些文章主要来自中国科学院自然科学史研究所、中国科学院科技政策与管理研究所以及中国科学院系统所和天文台等单位，如图 9 所示。

但是，从 20 世纪 80 年代后半叶开始，研究所的文章逐渐减少，高校的文章逐渐增加，有完全“包揽”《通讯》之势。自 1995 年以来，高校的用稿量占到了 80% 之多。究其原因主要是，科学哲学相关专业主要集中于高校。研究所和中国社会科学院在这方面研究的力量在逐渐消减，而转向了与经济相关的行业或者是应用性强的行业。与此同时，高校的科学哲学专业得到空前的发展，全国 12 个具有科学哲学博士点的单位，除中国社会科学院外，其他的 11 个博士点都集中在高校。所以，高校占大比例是很自然的一个趋势（表 4、图 9）。

表4　作者单位统计表　（单位：人）

年份	卷	研究所	高校	其他
1981	3	40	30	2
1982	4	30	20	3
1983	5	29	29	3
1984	6	27	31	0
1985	7	31	22	2
1986	8	19	26	1
1987	9	30	21	3
1988	10	15	14	4
1989	11	17	20	7
1990	12	12	31	3
1991	13	7	26	2
1992	14	7	26	5
1993	15	13	23	4
1994	16	11	37	5
1995	17	43	14	2
1996	18	11	42	2
1997	19	11	43	2
1998	20	12	44	2
1999	21	7	45	7
2000	22	15	56	0
2001	23	7	70	4
2002	24	11	84	4

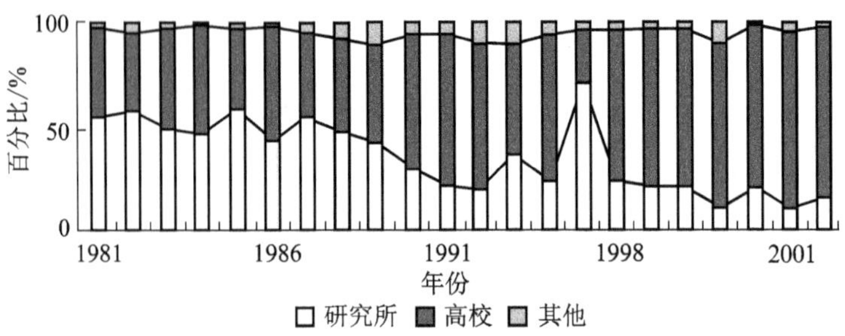

图9　作者单位分布图

五、文章地域来源计量分析

为了进一步说明自然辩证法在各地区的发展概况，图 10 和表 5 对文章来源的地域分布作了统计和分析。在这些枯燥无味的数字背后，无疑蕴含着各省份自然辩证法研究方面的潜在实力。从整体来看，全国 31 个省（自治区、直辖市）[①]，已有 27 个省份在这里发表过文章。省份个数从最初的平均 10 ～ 13 个省份扩张到现在的 18 ～ 20 个省份，增加了 7 ～ 8 个省份。这说明，随着自然辩证法队伍的日益壮大，研究者的地域分布也越来越广，许多省份的研究实力在逐渐增强。这也间接地表现出本行业在全国发展的速度之快。

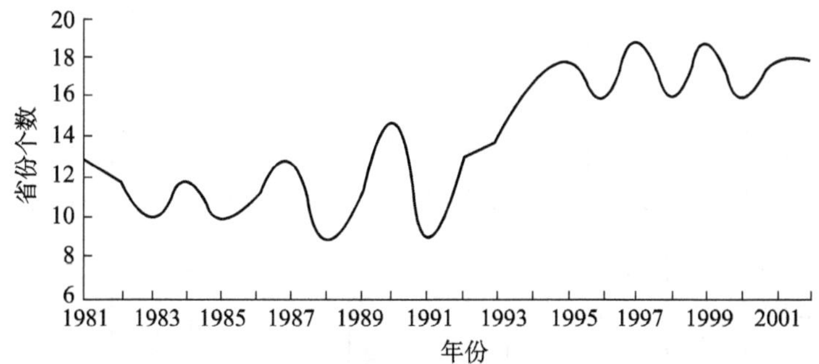

图10　文章来源省份变化图

分别来看，各地区的文章数量与地域的科技实力息息相关，特别是与该省份的硕博士授予点的数目和实力相关。从图 10 和表 5 来看，显然，北京是我国的科技、文化和经济中心，始终在《通讯》的文章来源中占有主导地位。甚至在 20 世纪 90 年代之前，北京的文章要超过或远远超过其他所有省份文章总和。北京的文章主要来自中国科学院自然辩证法通讯杂志社、中国科学院自然科学史研究所、北京大学、清华大学、中国社会科学院和中国人民大学等，其中撰稿单位有博士点 4 个。

接下来，要数上海的文章。上海社会科学院和复旦大学、华东师范大学等都是主要的撰稿单位，上海有博士点 2 个，并且它们的实力相当

① 除港澳台地区。

表5 《通讯》文章来源统计表

年份	卷	北京/篇	上海/篇	湖北/篇	安徽/篇	浙江/篇	广东/篇	江苏/篇	天津/篇	辽宁/篇	山西/篇	黑龙江/篇	福建/篇	陕西/篇	湖南/篇	河南/篇	四川/篇	河北/篇	内蒙古/篇	吉林/篇	江西/篇	山东/篇	广西/篇	云南/篇	甘肃/篇	贵州/篇	青海/篇	宁夏/篇	省份个数
1981	3	35	8		3	3				1							1	1	1	1	1	1		1		1			13
1982	4	30	4	2	3			3	2	1		1	1	3				1			1								12
1983	5	33	5	3	1			1	1	2				2							1		1						10
1984	6	29	8	2	3	1			1				1	1	2		1		1		1								12
1985	7	31	4	2	4	3			3	2					1					2			1						10
1986	8	24	4	2	4	2	2		3						1		1		1				1						11
1987	9	19	2	4	2	2		1	5			1	2		1		1				1		1						13
1988	10	20	4	2	3		1	2	1				1			1													9
1989	11	24	5	2	3		2	3	1	1	1							1							1				11
1990	12	16	7	3	3	1	3	1	2	2	1	3	1		1		1											1	15
1991	13	16	3	5		1	2		1	1			2			1													9
1992	14	12	3	3	3	4	1		1	4		4	1	1		1									1				13
1993	15	14	2		4		1	2		3		4	1	2	1	2	1	1						1					14
1994	16	12	4	4	4	5	2	4		2	1		1	2		2	1		1		1	1				1			17
1995	17	21	4	5	1	4	2	1	1		2	1	1	2	1	1		1				1		1	1				18
1996	18	19	4	4	1	4	6	2		1	3	3		1	1	1	1			2				1					16
1997	19	11	6	5	3	4	2	1	2			1	3	1	1	2	1		1	1		1	1				1		19
1998	20	16	5	5	2	1	4	1	2		3	2	1		1		1	3			2	1							16
1999	21	14	3	1	3	1	3	7	4	2	5	3	1		1	2	1	1	3			1	1						19
2000	22	21	4	2	3	1	4	3		4	5	1	3	2			3	3		2			1						16
2001	23	21	8	6	3	7	2	5	4	3	2	3	1	3	3	2	1		1			1							18
2002	24	24	10	4	2	9	6	5	3	1	6	2	1	1	2	1			1	2		1							18
合计		473	107	66	58	53	43	42	37	30	29	29	22	21	17	16	15	12	10	10	8	8	7	4	3	2	1	1	

注：该统计文章作者单位所在省份为标准；合作者以第一作者所在单位的省份为标准；该统计不包括笔谈、论坛、简报，不包括学术动态，也不包括札记作品；中国港澳台地区和海外的稿子不计其内；由于每个省份开展学术的时间不同，所以该数据不作为排名数据。

雄厚。

以下是其他部分省份与主要撰稿单位。

湖北省——武汉大学、华中师范大学；

安徽省——中国科技大学（包括研究生院）；

浙江省——浙江大学；

广东省——中山大学、华南师范大学；

天津市——南开大学、天津大学；

江苏省——南京大学；

辽宁省——东北大学；

山西省——山西大学。

从数据来看，最近几年内发展最快的是山西省，主要稿源是山西大学。山西大学现在具有全国唯一科学哲学专业的"人文社会科学研究基地"，并且是国家重点学科。此外，海南、重庆、西藏和新疆等地区在这方面还处于空白阶段。

最值得一提的是，海外和中国港澳台地区的许多著名学者在该杂志发表过文章。这是在其他刊物上很难见到的。例如，欧美的库恩、亨佩尔、西蒙、斯基夫、弗兰克、霍尔顿、奥海根、牛顿－史密斯、科恩、杜开昔和米勒等；华裔学者杨振宁、李政道、黄克松和吴京生等；中国港澳台地区的方万全、何秀煌、林正弘、周柏乔和叶锦明等。这充分体现了该刊的学术水准，也是《通讯》走向国际行列的重要一步。

以上对《通讯》所走历程的考察，在一定意义上也是对该刊物 24 年来艰辛劳作成果的历史回眸。对她而言，未来的岁月任重而道远。希望她能够继续发扬及时捕捉人文社科热点的风格；希望她进一步鼓励学术争鸣，倡导创新；希望她把沟通科学与人文的桥梁这项工作做得更好。

最后，让我们衷心地祝愿这颗中国论坛新秀，在星罗棋布的杂志丛林中，更加矫健地前行！同时，也对辛勤工作的编辑表示诚挚的谢意！

多学科视野下的高等教育资源研究

——评《中国高等教育资源分布与协调发展研究》*

高等教育资源是制约高等教育发展的重要因素之一，但相关的研究成果却不多，尤其是针对目前我国高等教育资源配置问题进行的研究更为鲜见。由高文兵和郝书辰等[①]主编的《中国高等教育资源分布与协调发展研究》(以下简称《研究》)直面我国高等教育资源分布的现状，依据翔实的数据资料，运用实证的分析方法，从历史的视角分析问题产生的原因，并提出相应的对策，对我国高等教育资源的分布研究进行了深入的探索，提出了独到的见解。该书在研究视角、研究方法、理论观点和对策建议上都有自己独特的创新之处。

一、立意深刻的选题

纵观新中国成立以来我国高等教育发展的历史脉络，在高等教育体制和战略的每一次调整中，高等教育资源的分布都是关键的问题。无论

---

* 本文发表于《山西大学学报（哲学社会科学版）》2008年第4期，作者郭贵春。

① 高文兵，郝书辰. 中国高等教育资源分布与协调发展研究. 北京：高等教育出版社，2008.

是新中国成立初期中央调控下的高等教育均衡发展，还是改革开放权力下放后的高等教育非均衡发展，乃至当下提出的高等教育协调发展，无不是为了使有限的高等教育资源能够在区域间达到合理分布。改革开放以来，我国高等教育经过了跨越式发展，在层次结构、学科体系和发展水平上都有了很大的改善与提高。但近年来，我国高等教育快速发展的资源瓶颈却日益凸显，阻碍了我国高等教育的可持续快速发展。这就使得高等教育资源的有限性与高等教育事业发展所需资源无限性之间的矛盾不断加剧，而这个矛盾的存在直接影响到高等教育系统的优化与发展、高等教育竞争力的提高以及和谐社会的构建等一系列至关重要的现实问题。如何使有限的资源发挥最大的效用，成为我国高等教育发展过程中亟待解决的问题。

高等教育资源是高等教育研究领域中的重要问题之一，然而，相对于高等教育其他领域的研究而言，高等教育资源分布的相关研究却没有受到应有的重视。近几年，有的学者从形而上的理论层面对高等教育资源配置进行研究[①][②]，也有学者从实践的层面对我国高等教育资源配置的制度等方面进行探讨[③][④]，却都没有触及我国高等教育资源分布最根本的问题——高等教育资源区域非均衡分布的现实存在。本书正是针对上述问题所进行的积极探索和有益尝试。

二、多学科的研究方法

以往对高等教育区域分布的研究多数是进行描述性分析，能够将多学科的理论知识渗透到高等教育资源研究领域的并不多。该书不仅吸收了大量的经济学、高等教育学、管理学和教育经济学等方面的研究成果，而且综合运用了数据包络分析、因子分析和聚类分析等多学科的研究方法对高等教育区域竞争力进行了分析。

① 夏丽萍. 高等教育资源配置研究. 成都：四川大学出版社，2007.

② 陈宏军. 高等教育资源配置论. 长春：吉林大学出版社，2005.

③ 姚晓东，孙钰. 我国高等教育资源配置的市场化研究. 长春：吉林人民出版社，2006.

④ 康宁. 中国经济转型中高等教育资源配置的制度创新. 北京：教育科学出版社，2005.

关于我国教育区域竞争力问题已有学者进行了研究，如吴玉鸣依据1999年的数据资料，构建了中国省级区域教育竞争力综合评估指标。从教育资源、教育质量、教育投入、教育规模、教育效率和教育产出等6个方面，25个具体指标来衡量中国31个省（自治区、直辖市）[①]的教育竞争力状况[②]；赖燕玲参照吴玉鸣研究高等教育区域教育竞争力所构建的指标体系，选取高等教育资源、质量、投入、规模、效率和产出共6个方面、7个具体指标，对2004年我国高等教育区域竞争力进行了分析[③]；史本山则构建了包括6个一级指标和22个二级指标的区域高等教育竞争力评价体系。[④]该书在参阅了上述研究的基础上，重新构建了我国高等教育区域竞争力评估指标体系，并且采用了新的数据资料，得出独特的研究结论。在论及高等教育区域竞争力的评估体系时，与以往多数运用因子分析的定量研究方法对我国高等教育区域竞争力进行评估相比，《研究》借鉴众多的研究方法，在指标体系的构建方面进行了创新。该书将高等教育区域竞争力的评估指标细化为2个一级指标、6个二级指标和32个三级指标。指标体系中31项指标均采用最近的数据资料，经过对公共因子的提取和命名，效果比较理想，各变量之间呈现出较强的相关性。该书所构建的指标体系不仅充分反映出我国高等教育区域竞争力的分布现状，而且使各区域高等教育竞争力的得分具有很强的信度。《研究》还将多学科交叉的数据包络分析（DEA）方法运用于高等教育资源配置的研究领域，构建了基于DEA的高等教育资源配置分析评价模型，实现了经济领域评价理论与高等教育资源优化理论的结合。

另外，《研究》还综合运用了文献资料法、比较法、定量与定性分析等多种研究方法，对高校数量及隶属关系、高校学生规模及比例、高等教育经费、高校基础设施、高校教师资源、高校科研成果等在内的多项指标进行了分析。不仅有部属院校与地方普通院校之间的各项具体指标的比较研究，而且对各省以及东、中、西三大区域的高等教育资源分布

① 不包括中国港澳台地区。

② 吴玉鸣，李建霞.我国区域教育竞争力的实证研究.教育与经济，2005,（3）：15-19.

③ 赖燕玲，吴智鹏.我国区域高等教育竞争力的实证研究.煤炭高等教育，2006,（9）：56-60.

④ 史本山，曹阳龙.中国区域高等教育竞争力综合评价.价值工程，2006,（11）：15-18.

进行了对比分析。该书对我国高等教育资源区域分布研究的分析之深、指标之细、数据之新使其研究结论体现出很强的科学性和学术价值。

三、创新性的理论观点

《研究》在运用多学科的研究方法和采用最新数据进行定量分析的基础上，通过对高等教育资源分布的定性分析，提出了一系列新颖独到的见解。

(一)高等教育资源分布及规模的不经济

《研究》从高等教育区域发展规模、布局和层次等方面，通过数据分析证明我国高等教育资源区域间存在很大差异。该书认为，山东、河南、广东、江苏和四川等高等教育大省同时也是人口大省，不仅造成校均学生规模过大，高校规模不经济问题，而且由于重点高校数量有限，造成了按人口计算的优质高等教育资源严重匮乏。另外，部属及重点院校与地方高校相比，由于前者校均规模大，生师比要高于地方高校，这也导致了相对稀缺的优质高等教育资源规模不经济。

该书提出我国优质高等教育资源分布及规模不经济这一观点，主要是针对时下认为的高等教育大省及部属重点院校来说的，这与以往人们对我国优质高等教育资源规模的观点是相左的。看似高等教育资源集中的大省以及优质高等教育资源丰富的重点院校，实则存在着优质高等教育资源人均规模不经济的问题。此观点的提出，不仅扭转了长期以来人们所固有的观念，而且为重新审视我国有限的优质高等教育资源及其协调发展提供了新的视角。

(二)高等教育区域竞争力格局的不均衡

有学者通过聚类分析将区域高等教育竞争力分为四个等级，高等教育竞争力最强的区域是北京和上海，高等教育竞争力弱的区域只有云南和西藏，其余绝大部分省份(自治区、直辖市)属于区域竞争力的二、三等级。[①]根据此分析结果我们认为，我国高等教育区域竞争力呈现出“倒U”形的正态分布（图1），并没有明显的东中西阶梯式分布格局。

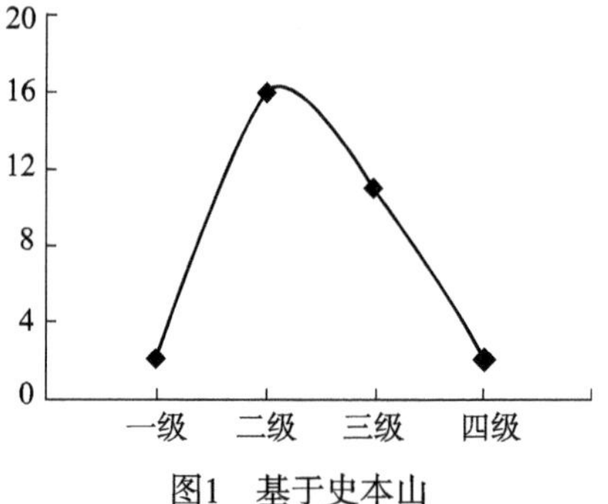

图1　基于史本山对我国高等教育区域竞争力分布格局

《研究》对我国高等教育区域竞争力的因子进行聚类分析得出了不同以往的研究结论。该书将我国31个区域划分为五个等级，其中，北京是全国高等教育竞争力最强的区域，上海位居第二，仅次于北京，处于第四和第五等级的分别有9个省（自治区、直辖市）和13个省（自治区、直辖市），而且这些省（自治区、直辖市）中的大部分都属于中部或西部的省（自治区、直辖市），高等教育竞争力明显比较薄弱。根据分析，该书认为，我国高等教育区域竞争力所呈现出的是明显的“梯形”分布（图2），并且处于“梯形”的底层的基数较大，从而造成我国高等教育相对发达区域很窄，落后面很宽，高等教育区域竞争力总体水平不高的事实。这一理论与当前我国政府大力推进中西部地区经济和高等教育事业发展的决策是相契合的，也为制定促进中西部高等教育发展的一系列政策提供了现实依据。

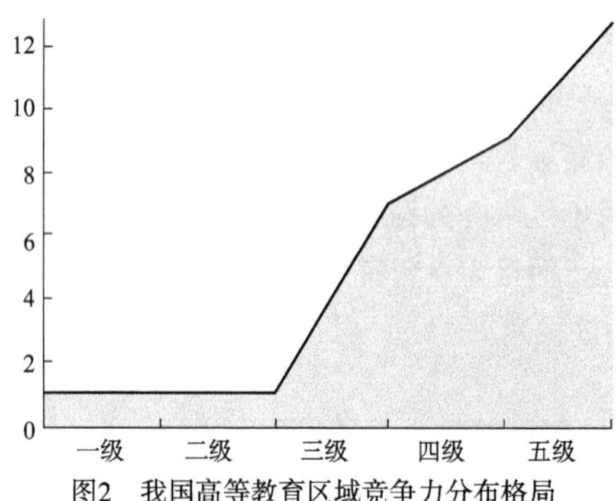

图2　我国高等教育区域竞争力分布格局

① 史本山，曹阳龙. 中国区域高等教育竞争力综合评价. 价值工程，2006,（11）：15-18.

（三）高等教育资源是影响高等教育竞争力的重要因素

有学者在对我国各地区各综合指标的相对差异度进行分析后，得出区域高等教育竞争力与规模因子得分的相关系数高于 0.871，从而认为对区域高等教育竞争力影响相对较大的因素是规模因子[①]；也有学者认为，文盲半文盲率是制约我国各个地区教育竞争力的最主要因素。[②]

在经过严谨的实证研究的基础上，《研究》一书提出了不同的观点。该书通过对公共因子进行分析得出结论：在资源、科研和教育效率这些因子中，资源因子得分高的地区，综合指标得分也高。《研究》认为，我国高等教育还是粗放式的发展，在全国各地的分布处于不平衡状态，并指出高等教育资源丰富程度对提高我国高等教育竞争力具有重要作用。只有实现高等教育资源在全国各个省份的均衡分布，才能提高高等教育的区域竞争力，促进高等教育的整体协调发展。这一结论不仅升华了本书研究的立意，而且为进一步分析高等教育资源提供了理论上的支撑。

四、针对性的对策建议

高等教育资源的分布是受多种因素影响和制约的，它不仅与经济、政治、文化、体制和地理环境等因素密切相关，也涉及高等教育发展的历史、现在和将来等诸多方面。在不同的历史时期，国家由于这样或那样的需要，会对高等教育资源的分布做出调整，但这样的调整最终要落到实践层面。有学者从管理体制、管理制度等视角对高等教育资源的优化配置进行研究，有学者对高等教育财力资源的优化途径进行研究[③]，也有学者从微观层面的高校教育资源配置优化途径进行研究[④]，靳希斌、高

① 赖燕玲，吴智鹏. 我国区域高等教育竞争力的实证研究. 煤炭高等教育，2006,（9）：56-60.

② 吴玉鸣，李建霞. 我国区域教育竞争力的实证研究. 教育与经济，2005,（3）：15-19.

③ 王红悦. 高等教育财力资源配置与优化途径. 湖湘论坛，2006,（6）：90-92.

④ 罗炎成. 试论高校教育资源的配置及其优化途径. 湖北教育学院学报，2007,（2）：109-110.

峰和谢万华等从不同角度对我国高等教育资源配置提出了优化对策。①②③该书在借鉴上述学者观点的基础上，针对目前我国高等教育资源分布的现状，从宏观和微观的角度提出了优化高等教育资源的对策。

从宏观的机制和政策层面来说，《研究》针对我国高等教育资源在三大区域分布不均衡，尤其是中西部地区高等教育资源匮乏的现状，在"中国高等教育资源优化与协调发展对策"一章中，用较大的篇幅阐述了如何加强中西部高等教育的发展。该章不仅提出了促进中西部地区高等教育发展的国家专项扶持工程、加大对欠发达地区高等教育财政投入的对策，而且还提出东、中、西三大地区进行合作，并持续推进东部地区对口支援西部地区的政策。该书这些对策的提出，主要是针对当前我国高等教育资源分布结构不合理、区域间发展不平衡以及资源浪费等已严重影响到我国高等教育竞争力提高的诸多问题，旨在使优先发展起来的东部地区能够带动西部地区，实现优势互补、共同发展。对于当前我国高等教育资源区域分布非均衡的状态，如果单纯靠市场机制，则会使中西部地区高等教育发展陷入"马太效应"的恶性循环中。因此，该书提出对中西部地区高等教育的发展应适度进行政策倾斜的观点，对于促进我国高等教育资源的整体协调分布，提高中西部地区的高等教育水平具有积极的现实意义。

从微观的高校层面来说，该书认为，高校应该在人力资源、财物资源以及内涵发展等内部结构方面优化教育资源的配置。高校作为高等教育的基本单位，在教育资源一定的情况下，协调内部资源同样是实现高等教育资源优化配置的途径。另外，该书在对北京、辽宁、山西和内蒙古等 10 个省份高等教育资源分布实地调查的基础上，编写了调查报告，对这些省份的高等教育状况进行了深入分析，并提出不同建议。这些对策的提出，不仅为国家制定宏观政策提供了借鉴，也为省级政府

① 靳希斌，黄松山. 中国高等教育资源配置分析与建议. 辽宁教育研究，1997,(5)：17-27.

② 高峰. 我国高等教育的布局问题与对策. 现代教育科学，2003,(6)：85-86.

③ 谢万华，任允熙. 我国高等教育资源状况与优化配置建议. 黑龙江高教研究，2000,(3)：10-12.

制定本省高等教育发展政策、高校自身优化现有的教育资源提供了建议，使宏观与微观政策实现了有机结合，具有很强的针对性和决策参考价值。

陈至立同志在为《研究》一书作序时指出："合理配置高等教育资源，不断优化高等教育结构，促进区域高等教育协调发展，必须准确把握我国高等教育资源分布的现状，客观分析高等教育资源配置上存在的问题及原因，研究相关法律与政策的系统配套问题。"可见，我国高等教育资源分布问题已经引起教育行政部门的高度关注。《研究》作为我国高等教育资源区域分布研究比较系统的力作，学术性和现实性较强。笔者希望以这部力作为崭新的研究起点，适应建设高教强国的需要，有更多的关于我国高等教育资源区域分布研究的学术成果呈现。

马克思主义在中国的意义*

倘若我们不是以形式主义或结构主义的语义分析观点，而是以辩证唯物主义的语义分析原则为方法来分析马克思主义一词，我们就会清晰地看出，马克思主义绝不是一个虚无的、空洞的抽象概念，它的指称是由一系列多层次的、具有不同性质的实体及其相互关联所辩证地给出的。

因此，这些实体形成了马克思主义内在的语义结构，这种结构的客观性从根本上决定了马克思主义的存在及其发展，然而，马克思主义的这种内在的语义结构并不是孤立地存在着的，它的存在和发展与一个民族、一个国家的具体特定历史条件和环境密切相关，并且只有在这种具体的历史条件和环境中，才能找到它存在和发展的根基或源泉。所以，马克思主义在中国的内涵是与其在中国具体的语义结构同一的。因此，我们对马克思主义在中国的语义结构进行具体的分析，对它所指称的不

* 本文发表于《理论探索》1990年第2期，作者郭贵春。

同实体进行客观的空间定位，从而深刻地认识和把握马克思主义在中国的历史地位、指导功能和发展命运。一句话，揭示马克思主义在中国的真实意义，就是所有中国马克思主义理论工作者的一项自然而又必需的任务了。

首先，作为一门社会科学的理论，马克思主义在中国是一个具有自主性的理论实体。

从本质上讲，马克思主义在中国的存在和发展绝不是（也不应当是）马克思和恩格斯经典著作中某些论述的无限重复或简单翻版，它只能是这些经典著作中所阐发的普遍原理与中国具体革命和建设实践相结合的产物。而这种结合，从根本上决定了马克思主义在中国的存在和发展所具有的特定的自主性。这种自主性的根本特点在于以下几个方面。

一方面，马克思和恩格斯的经典理论虽然内在地引导了中国革命和建设事业的总体方向，但是对于中国革命和建设的具体实践并不具有直接的规定性。具有这种规定性的只能是毛泽东思想（老一辈无产阶级革命家和理论家们共同创造的思想体系）这一中国的马克思主义的理论形态或理论实体。在这里，马克思和恩格斯的经典理论与毛泽东思想在原则上是一致的，但在理论实体的形态上却是有区别的。换句话说，对于中国的具体革命和建设实践来讲，马克思和恩格斯经典理论的普遍约束性与毛泽东思想的具体规定性具有不同的层次特征，它们之间在逻辑上的一致性必须通过中国革命和建设的具体实践过程来加以转换、联结和统一。

另一方面，毛泽东思想作为马克思主义在中国具体表现的理论形态或理论实体，有着它自身特定的系统目标和适用范围，它是为实现中国革命和建设事业所规定的特定系统目标而在实践中获得了其自身逻辑结构与实践结构之间的结合。在这个系统的理论实体中，它的确定的目的性决定和制约了它的逻辑结构与实践结构相结合所产生的中国特色。在这个意义上，离开这一具体的、确定的系统目标去谈论马克思主义，便丧失了它在中国赖以存在的具有特殊规定性的理论实体，从而无异于将其“束之高阁”并导致教条主义或本本主义。

我们之所以强调马克思主义在中国的自主性，主要是为了强调它作为一种特定的理论实体在中国的革命和建设实践中所表现出来的具体性、客观性和科学性，从而为马克思主义理论的解释、运用和发展提供一种方法论上的依据。只有在这个基础上，马克思主义的普遍性才能在多样的、丰富的中国革命和建设事业的实践形式中，始终表现出总结、概括和指导的功能及其真理性的意义。

其次，作为一种共产主义的运动，马克思主义在中国联结并掌握着广大而又统一的社会实体。

在阶级社会中，任何一种运动的产生、发展和胜利，都必须具有它自身所联结并掌握的社会实体——运动的主体。没有运动的主体是盲目的，没有主体的运动是空洞的，只有二者的有机统一，才能真正创造出改造社会的力量。马克思主义之所以在中国获得了胜利，就在于它将共产主义的运动与以工人阶级为领导的亿万人民群众为主体的社会实体结合了起来。所以，在新民主主义时期夺取了全国政权，在社会主义时期取得了辉煌的建设业绩，从而通过这个广大而又统一的社会实体的主体价值的实现而实现了自身的意义。

作为一种共产主义的运动，马克思主义一旦与中国这一广大而又统一的社会实体相结合，这一实体便改变了它在现代历史上那种散乱的、无组织的和无思想的状态，而成为一个受马克思主义所灌输、教育和指导而行动的巨大的社会实体。因而，在中国共产党的领导下，马克思主义通过将自身运动的纲领诉诸具体政治的和非政治的、有形的和无形的组织方式，动员、组织和领导了这个社会实体，从而使它成为具有系统性、整体性以及具有共同趋向的社会力量，一种开拓和创造历史的力量。反过来讲，由这种社会力量所促进和展现的共产主义运动本身，又恰恰是这种社会实体的动态表现。

马克思主义作为共产主义运动在中国的历史进程表明，它已从“武器的批判”和“批判的武器”的结合上，组织、武装、锻炼和领导了这个社会实体，共产主义运动的存在和发展已经与这一社会实体的主体目的性取得了内在的同一性，它们休戚相关，不可分割。因此，只要这个社会实体存在着，马克思主义作为一种共产主义运动在中国就始终具有它的主体依托，就具有它在中国这一特定的社会历史领域中生根、开花和结果的土壤。

最后，作为一种意识形态，马克思主义在中国具有一个强大而又稳固的维护社会主义制度的政权实体。

通过夺取、建立、巩固和强化无产阶级的政权实体来保证社会主义性质的、人类历史上最高类型的国家的产生和发展，来推动和实现国家对内、对外职能的充分发挥，从而最终达到消灭阶级和国家消亡，乃是马克思主义作为一种意识形态的最高目的。正是在这个意义上，政权是马克思主义在一个特定民族中，作为一种占据统治地位的意识形态具体现实化的客观实体，是马克思主义最典型、最突出、最现实和最具体的集中表现。也就是说，马克思主义以维护社会主义制度的国家政权显示了自身是一种上层建筑和经济基础辩证统一的现实的物质产物。所以，政权实体的存在恰恰是实现马克思主义最高目的的必要手段和途径；倘若马克思主义丧失了在一个民族与其相关的政权实体，也就丧失了实现自身最终目的的方式。或者说，马克思主义是否能在一个民族获得真正的胜利，就直接表现在它能否具有一个相应的政权实体上。

在中国，马克思主义的政权实体经历了井冈山革命根据地的苏维埃政权、以延安为中心的根据地政权以及夺取和建立全国政权的由小到大、由部分到整体的发展过程。因此，马克思主义在中国的胜利是和与它相适应的政权实体的生长和壮大密切相关的，并以 1949 年中华人民共和国的诞生为其作为占据统治地位的意识形态胜利的标志。

40 年来，中国的社会主义政权实体依据自己的力量，克服了国际国内环境中的一系列无比复杂和具有开拓性的困难，不断地完善了国家的职能，强化了国家机器，发展了社会主义的经济基础，提高了人民的物质文化水平，调节了国家内部各个环节之间的内在关系和结构，在当今世界上树立了一个强大的社会主义的国家形象。从而，这个强大而又稳固的政权实体，为马克思主义作为一种意识形态在中国的存在和发展奠立了坚不可摧的基础。

以上的分析表明，马克思主义一词在中国是一个具有非常深刻的、丰富的和复杂的语义内容和语义结构的术语。它以具有自主性的理论实体、广大而又统一的社会实体、强大而又稳固的政权实体为其特定的指称，从而表明了它在中国的具体性、客观性和现实性；而且，通过理论实体、社会实体和政权实体之间的辩证的联结和内在的逻辑关系，表现了马克思主义在中国的各个特定指称之间的一致性，从而也显示了它在中国的整体性、系统性和完备性。因此，马克思主义在中国的意义是生动、科学的和不以人们的意志为转移的。

然而，由于马克思主义在中国的意义是由各个特定实体指称的集合而辩证地给出的，而各个实体的内在结构及其相互关联的存在又是动态的而不是静态的，所以，马克思主义在中国的意义也不是僵死的和永恒不变的，它将随着这些实体及其相互关联的变化而变化。因此，朝向马克思主义最高目的的意义变化，意味着马克思主义的进步和发展，蕴含着马克思主义是开放的而不是封闭的，表明马克思主义在中国的存在是与中国社会主义实践相关的革命和建设的指南而不是形而上学的教条。因而，为了合理地、科学地理解和阐述马克思主义在中国的意义，我们必须注意以下几个问题。

1. 马克思主义在中国的意义是具有创造性的

由于马克思主义在中国的意义的本质，就在于马克思主义的普遍原理与中国具体革命和建设实践的结合，因此，随着中国革命和建设实践的深入和史无前例的探索，马克思主义在中国的意义就必然产生它自身的特征和创造性的规定性，从而补充、丰富马克思和恩格斯在一百多年前的经典理论。因此，面对中国这一特殊的对象领域，在坚持马克思主义的普遍原理的基础上，诉诸对马克思主义的理论概念和范畴体系的扩展和开拓，诉诸在辩证方法上的灵活性和基本观点表现形式上的多样性，来创造性地概括和阐释马克思主义在中国革命和建设实践中的具体规定性和特定的语义内容，就是极其重要的了。

党的十一届三中全会以来，中国在经济基础和上层建筑各个领域中不断深入推进的改革运动，就是对马克思主义在中国所指称的一系列特定实体的内在结构及其相互关系的创造性的变更和调整，就是对马克思主义在中国的意义的创造性的构建和发展。因此，当今的改革运动已构成了马克思主义在中国的意义的核心内容和精髓。承认和促进这种具有中国特色的改革，就是信仰和理解马克思主义在中国的意义，从而才能对马克思主义在中国的意义给出科学的评价和正确的解释。

同时，国际共产主义运动的实践也正在日益证明，马克思主义的普遍原理是一致的，但马克思主义在各个不同民族和国家中的意义却具有各自不同特征的语义内容和语义结构。所以，根据各自民族和国家的特点，在改革的基础上，不断地对马克思主义所指称的理论实体、社会实体和政权实体的内在结构及其相互关联进行相应的解释或阐述，是信仰、捍卫和发展马克思主义普遍原理的充分必要条件。在这里，马克思主义的普遍原理的一致性与它在各个民族和国家中的具体意义的特殊性恰恰是相辅相成、辩证统一的，谁最好地坚持了这种统一，谁就真正创造性地坚持了马克思主义。

2. 马克思主义在中国的意义是严密的、逻辑的和系统的

马克思主义在中国的意义的具体性、特殊性和可变性，并不意味着对马克思主义的意义分析是随心所欲的和无原则的，恰恰相反，马克思主义在中国的意义具有严格的语义限定。这种限定是在中国革命和建设的实践过程中，由理论实体、社会实体和政权实体的辩证统一所确定地给出的。所以，在马克思主义与之所指称的各个实体之间的关系，既不是抽象的对应关系，也不是形式的句法关系，更不是实用主义的操作关系，而是革命性实践过程中的具体关系。因此，在对马克思主义的意义解释方面，要反对这样几种倾向。

（1）任意性。某些解释者们往往从各自不同的背景立场和背景知识出发，在各自不同的价值观念的基础上，根据自己的目的性去随意诠释马克思主义在中国的意义，而不顾及它的严格的语义限定，使马克思主义在中国的“意义”被任意地引申了，从而导致了马克思主义被歪曲的

状况。这是对马克思主义的意义的严密规定性的破坏。

（2）歧义性。某些人常常脱离“马克思主义”在中国的具体的语义结构，而教条地依据马克思经典著作中的某些论述，机械地或形式地从句法上来解释马克思主义在中国的意义，从而否定了对经典理论和中国具体实践相结合的解释原则，抛弃了一般的句法分析和特定的语义分析之间的辩证统一，从而无法保证马克思主义在中国的意义的一致性、准确性和逻辑性，导致了某些形而上学的经院式争论。这是对马克思主义在中国的深层语义逻辑的践踏。

（3）离散性。正是由于以上的原因，某些人在解释马克思主义的意义时，习惯于片面地从个别的范畴或概念去推演出一些极端的结论，从而导致了马克思主义整体语义结构中各个实体内部及其之间的离散性和意义的不协调性，使人们感觉到它们之间存在的是一种断言式的抽象过渡，而不是具体、生动的实践逻辑的必然联结。这是对马克思主义在中国的意义的系统性的摧残。

总之，这些任意性、歧义性和离散性的错误，导致了对马克思主义在中国的意义解释中的许多弊病，减弱了马克思主义作为一种真理的可接受性，出现了虚假的所谓“马克思主义的危机。”因此，我们必须坚持辩证语义分析的严密性、逻辑性和系统性，使马克思主义在中国的意义展现它科学的本性。

3. 马克思主义在中国的意义应从本质上揭示中国社会主义发展的规律性

我们对马克思主义进行语义分析的宗旨，就是要从多层次的、立体的和相关的系统性上，对中国的社会主义的发展规律给出一幅具有真理性的意义图景，从而避免那种对中国选择社会主义道路而抱怀疑的态度。

从社会历史的发展规律上讲，马克思主义这一概念必然要指称特定民族确定的、具体的社会主义发展的规律性，并通过这一规律性的综合图景来呈现它的真理性的意义。换句话讲，在当今中国这一特定的社会历史领域中，马克思主义是真的，当且仅当它在社会主义发展规律的图景中是真的；只有在这个图景中，它的深层语义结构才能动态地、生动地表现出来。因此，我们对马克思主义进行语义分析，就是要展示中国选择社会主义道路的必然性、必要性和合理性，从而不仅仅给出马克思主义在中国的真的意义，而且要给出它的真理性的本质。

这深刻地表明，马克思主义在中国的意义决定于中国社会主义发展的规律性，决定于它的普遍的能指与中国社会主义发展规律性的特定所指之间所存在的辩证的对立统一。所以，对于马克思主义在中国的意义的探究，并不在于去发现它的外延（特别是国际共产党运动中的某种类似性），而在于去深入地分析中国社会主义发展规律的具体条件、表现形式和发展特征。只有这样，才能排除对马克思主义在中国的意义的机械的形式化的分析而导致的混乱。只有这样，人们才能够在坚持中国社会主义发展规律的真理性的基础上，去执著地追求、探索和信仰马克思主义及其在中国的意义。

不言而喻，从辩证唯物主义的立场上对“马克思主义”进行深入的语义分析，从而揭示它在中国现实的和客观的“意义”，批判各种片面的“意义”分析的缺陷、褊狭和谬误，是一项具有战略意义的、极其艰巨的任务。但是，无论如何，我们的分析可以得出这样一个结论：只要“马克思主义”在中国的历史使命没有完结，它的“意义”就是永存的，就是其他任何形形色色的说教所不可战胜的。

山西高教改革20年的回顾及21世纪的发展选择*

改革开放20多年来，在邓小平理论指引下，山西高等教育进行了一系列开拓性改革，取得了辉煌成就，成为山西省培养人才、发展科学技术、转化科技成果和推动精神文明建设的重要基地，为实施科教兴晋、可持续发展战略和实现经济腾飞奠定了基础。

一、高等教育改革20多年的回顾

（一）加大投入、扩大规模、调整结构、强化师资，高等教育事业持续、稳步发展

1. 高等教育投入不断增加，办学条件明显改善

高等教育事业费支出1998年比1980年增加了8.15倍；1989～1998

* 本文发表于《教育理论与实践》2000年第4期，作者郭贵春、李易青、车天文、李威。

年，平均每年递增29.6%，为前10年的1.74倍；生均预算内事业费由3510.63元增加到5761.86元。高校办学条件明显改善，1998年高校生均校舍建筑面积43.46平方米，生均学生宿舍面积6.45平方米，生均教学科研仪器设备值4906.38元，生均图书132.6册。

2. 为社会培养、输送了一大批高素质的专门人才

从1978年到1999年，全省共培养本专科学生人数中，全日制学生人数，函授部、夜大学学生20.01万人，自学考试学生11万人。

3. 高等教育结构渐趋合理，办学效益显著提高

普通高校校均规模由1978年的1289.3人增加到1998年的3309.9人，生师比由4.86：1提高到8.65：1。在校生的层次结构逐步上移，在学研究生、本科生、专科生的比例由1978年的1：39.15：23.45提高到1998年的1：27.99：18.67。专业数由1978年的80个发展到1999年的456个，其中本科专业202个。积极发展成人高等教育、自学考试和民办高等教育等办学形式。1998年全省有35所成人高校，有14所普通高校举办函授教育、13所普通高校举办夜大学教育。近年来，民办高等教育发展较快，全省有民办高校65所，其中5所学校作为学历文凭考试试点。

4. 师资队伍建设成绩显著，教师整体素质不断提高

教师队伍管理走上规范化轨道，初步建立起教师任用、培训、奖惩及考核等制度。与1990年相比，1998年具有高级职称的教师占专任教师的比例增加10.03个百分点，具有博士、硕士学位教师的比例增加14.98个百分点，40岁以下教师的比例增加10.4个百分点。

（二）教育改革全面推进，质量效益显著提高

1. 学科建设与学位教育、研究生教育相互促进、相得益彰

近年来，山西省委、省政府实施“四重工程”建设，即重点建设山

西大学、太原理工大学；从博士点和优秀硕士点中遴选40个省重点建设学科；建设10个省重点实验室和中试基地；组织实施山西高校100项重大科技研究开发计划。“四重工程”建设推动了学位与研究生教育上质量、上水平。1998年，山西省高校新增博士学位授予单位2个，博士点13个，一年新增博士点相当于现有博士点的2.25倍；新增硕士点42个，增长31.6%，其中31个学科填补了山西省该学科专业的空白。山西大学、太原理工大学和山西师范大学分别获得法律硕士、工程硕士和教育硕士学位授予权。山西大学物理学学科、太原理工大学化学工程与技术学学科成为博士后流动站，结束了山西省没有博士后流动站的历史。有7所高校开展授予具有研究生毕业同等学力硕士学位试点。目前，山西省所有本科院校都成为学士学位授予单位，授予学士学位的专业160个；8所高校具有硕士学位授予权，硕士点175个；有5所高校具有博士学位授予权，博士点19个。

2. 面向经济建设主战场，高校成为山西省科技工作的重要方面军

随着市场经济的建立，科技运行机制发生了显著变化，教育、科技和经济紧密结合的机制正在形成。高校科技工作面向经济建设主战场，走产学研结合的道路，在承担国家科技任务、为区域经济建设服务等方面取得显著成绩。1998年高校科技活动人员占全省科技活动人员总数的31.10%，承担R&D课题占62.8%，科技活动经费筹集总额占49.47%；发表科技论文占75.34%，出版科技著作占80.79%，获奖成果占36.58%；签订技术转让合同数占38.93%。高校已成为山西省科技进步的重要力量。

3. 体制改革深入展开，办学效益显著提高

山西省高等教育积极而稳妥地进行体制改革，已由最初的单项推进，进入到系统研究、整体推进和重点突破的全面推进阶段，从浅层次体制改革为主转向深层次体制改革为主的攻坚阶段。

改革管理体制。通过共建、调整、联合及合并等多种形式的管理体

制改革，有效地促进了办学效益的提高。改革高校内部管理体制，增强了活力，提高了质量。开展多种形式联合办学，加强横向联合，积极开展国内外交流与合作。在不改变管理体制、投资渠道的前提下，组建了“省城高校联合体”，初步实现资源共享、优势互补和共同发展。改革招生收费和毕业生就业制度，国家统一招生计划、统一录取最低控制分数线，按培养成本向学生收取学杂费。毕业生实行双向选择、自主择业；同时，建立健全毕业生就业服务体系，逐步推行人事代理制度。

4. 深化教学改革，提高教育质量

加强教学管理，提高教育质量。于 1984 年、1987 年、1993 年和 1998 年对本科专业名称进行规范化整理；1995 年对“九五”期间本专科专业设置总数进行核定，按照“厚基础、宽口径、多方向、高素质”的原则，初步建立起适应经济和社会发展的专业体系。建立和完善灵活多样的学生管理机制。成立“山西省普通高等学校教学指导委员会”，推进决策的科学化、民主化。建立教育质量宏观监控体系，对高校进行教学管理评估和教学质量检查，组织高校参加教育部组织的教学工作合格评价、优秀评价。建立教学研究课题立项与评审制度，颁布了《山西省教学成果奖励条例》，由省政府设立教学成果奖。

二、20 多年来高等教育改革发展历程的启示

山西省高等教育在改革开放 20 年的改革实践中积累了宝贵的经验。

（1）政治局面安定团结，社会经济持续快速健康发展，这是高等教育事业改革与发展的强大推动力。坚持以邓小平理论为指导，坚持实事求是、理论联系实际，全面贯彻党的教育方针，不断转变思想、更新观念，深化改革，扩大开放，这是高等教育事业发展的根本保证。坚持依法治教，提高全党、全社会的教育意识，确保教育优先发展的战略地位，不断增加教育投入，这是高等教育改革与发展的重要保障。

（2）高等教育必须适应和促进经济建设和社会发展的需要，与区域经济建设紧密结合，并具有符合国情、省情和教育规律的改革与发展思路。在高等教育发展中，经费投入是前提，教学改革是核心，体制改革是关键，师资队伍建设是根本，全面适应现代化建设对各类人才的需要、全面提高教育质量和办学效益是目标。改革要积极稳妥，不同时期各有侧重，由局部向整体、由浅层向深层逐步展开，并重视整体性、协调性和连续性，及时总结经验，吸取教训，促进高等教育健康发展。

（3）既要遵循经济规律，又要遵循教育规律；既要集中有限财力、重点突破，又要注重以点带面、整体推动。

（4）人才是生产力中最积极、最活跃的要素，高等教育的发展，除了需要资金、设备等物质资源外，更需要的是人才资源。人才是最稀缺的资源，也是最大的财富。伯乐能够识人才，良好的机制和环境能够留人才、育人才和引人才。对人才资源进行开发、使用和培育的“人才战略”是关系到高等学校生存、高等教育发展的核心战略。

（5）高校是高科技的“源头活水”，是高科技产业的源泉；科技管理要坚持从实际出发，因地因校因学科而异，分层级、多模式组织科技工作，坚持科研与育人相结合、产学研相结合、多学科相结合、基础研究与应用开发相结合、改造传统产业与发展高新技术相结合。

（6）在人才培养过程中要正确处理人文教育与科学教育、专业教育与通识教育、集体教育与个别教育、一次性教育与终身教育的关系。

三、高等教育存在的困难和问题

改革开放20多年来，山西省高等教育取得了巨大成就，同时也存在突出的困难和问题。

1. 高等教育的整体发展水平不高

目前，山西省高校没有国家重点学科、国家重点实验室和国家工程技术研究中心。博士点、博士后流动站较少。硕士点中的基础学科、传统学科较多，应用学科较少。在国内外有影响的优势学科较少，承担和完成国家级课题、横向课题较少。

2. 事业发展与投入不足的矛盾日益突出，极大地制约着山西高等教育事业的发展

1998 年山西省预算内教育拨款增长幅度比经常性财政收入的增长幅度低 3.29 个百分点，增长幅度处在全国倒数第 2 位。预算内教育经费增长幅度比全国平均水平低 10.17 个百分点，处在全国倒数第 1 位。预算内教育经费占财政支出的比例下降 2.27 个百分点，下降幅度位于全国第 5 位。根据教育部规定的办学条件标准，1998 年本科院校中，生均教学行政用房有 72.73% 未达标，生均学生宿舍面积、生均教学仪器设备值各有 45.45% 未达标。专科院校中，生均教学行政用房有 75% 未达标，生均教学仪器设备值有 83.33% 未达标。全国 600 多所高校接入“中国教育和科研计算机网”，山西省只有 4 所高校接入。

3. 教育体制缺乏活力

高校缺乏办学自主权，政府部门行政命令多、政策导向少；一些评估检查政出多门，甚至相互矛盾，加重了高校的负担。高校内部运行机制还需进一步完善。精简机构、减少冗员仍是一项艰巨的任务，1998 年高校生师比低于全国普通高校的平均水平；专任教师占教职工的比例与 1978 年基本相同；教辅人员和工勤人员所占的比例由 1985 年的 27.91% 上升到 30.09%。

4. 高校的整体科技实力相对较弱

（1）高校科技活动、科技投入、科技产出、人力资源等在全国高校所占的份额较少，有些指标还呈下降趋势。1998 年山西省高校科技活动

人员数占全国高校的1.86%，科技经费占1%，承担R&D课题占1.44%，承担科技服务课题占0.64%；出版科技专著占1.65%，在国外学术刊物发表论文占0.73%，专利申请量占0.36%，专利出售量为0。

（2）高校科技成果转化困难。一是宏观管理体系不健全。各职能部门之间缺乏沟通与协作，组织科技与生产相结合的措施不力。政府在资金投入、政策导向上对成果转化的重视不够，1985年至1998年山西省更新改造投资与基本建设投资之比为0.29∶1，而全国为0.44∶1；全省财政科技拨款占财政总支出的比重，1992年为1.88%，1998年为1.82%。1998年山西省R&D经费占GDP的比重为0.40%，低于全国平均水平（0.69%）；高校R&D拨入经费中，科研事业费和政府部门专项经费合计占77.84%，其中大部分用于基础研究和应用研究，对中试、成果转化的投入较少。资金短缺使一些开发成功的科研成果无法进行中试，更没有能力推广和转化。二是企业缺乏依靠科技进步进行技术创新、推出优质新产品和降低产品成本的动力和能力，成果转化的动力和能力不足。三是缺乏中介组织，转化的中间环节不畅。四是高校科技成果的整体质量不高，能够实现产品化、商品化、产业化的成果不多。1998年高校技术转让的实际收入在全国高校所占份额已由1991年的1.14%下降到0.63%。

5. 高等职业教育薄弱

1998年山西省只有2所普通高等职业学校，在校生数仅占全省高校的3.46%。由于高等职业教育发展滞后，而普通高等教育毕业生基本上集中在县级以上城市的国家机关、事业单位、大中型企业，造成贫困县、中小企业和农村生产第一线人才短缺，形成人才整体匮乏、局部过剩的结构性失调。

6. 教学改革还需加大力度

在人才培养方面，人才的专业结构、知识结构不尽合理，适应性不强；创新精神、实践能力、文化素质需进一步加强。在专业设置方面，布局结构不尽合理，规模效益不高。

7. 师资队伍中优秀人才数量不足，整体素质有待提高

由于山西省地处中部，经济发展相对落后，在人才引进方面的竞争力受到很大限制。高校目前没有中国科学院院士、中国工程院院士；有国际影响的著名学者较少。学科梯队的年龄结构过于重心下移、中间断层，一批德高望重的专家将陆续退休。中青年学术带头人的数量不足，拔尖人才不多，学科结构、学缘结构不尽合理。部分教师改革意识、创新能力不强，知识结构亟待改善。

四、面向21世纪的发展选择

（一）我国高等教育由英才教育向大众教育转变，山西省高等教育具有较大的发展潜力，应大力发展

1. 大力发展高等教育是山西经济发展、社会发展的客观需要

自改革开放以来，山西省国民经济持续快速发展。1998年与1978年相比，GDP增加了17.2倍，职工人均工资增加了7.05倍。根据《山西21世纪议程》，2000年山西GDP将达到1920亿元，人均达5970元，人民生活基本实现小康；到2010年，GDP将达到5000亿元，人均GDP达到14 210元，跨入中西部先进行列。要实现这一目标，根本出路在于转变观念，优先发展教育，提高人口素质，变资源优势为经济优势；在巩固、提高普通教育的基础上，大力发展高等教育，培养数量充足和质量较高的各类人才，逐步上移劳动力的层次结构，提高劳动者素质。

2. 人才总量不足、整体素质不高、结构不合理；科技实力不强，科技成果转化率低，是制约山西经济发展的主要因素

（1）经济欠发达。1998年，山西省人均投资列全国（不含西藏）第18位，人均GDP列第20位，人均消费水平列第22位，人均地方支出列第19位。在世界174个国家和地区中，山西省人类发展综合指数列第106位。

（2）人口的总体素质不高。山西省1998年6岁及6岁以上人口中，具有大专以上文化程度的约占2.61%，低于全国平均水平。每万人口中的普通高校在校生数为24人，比全国平均水平少3.3人。

（3）农业技术人才缺乏。山西省GDP中，第一产业产值占12.9%，而全省总人口中，农业人口占74.07%，农业技术人员只有1.38万人。农村人口整体素质较低，农业技术人才缺乏，是导致农业生产效率低的重要原因。

（4）企业技术创新能力亟待加强。目前，山西省大中型企业生产工艺技术水平，属于五六十年代的占70%以上。企业工程技术人才缺乏，1998年全省企事业单位的从业人员占全国总数的2.35%，但是拥有工程技术人员的数量仅占全国总数的1.61%，拥有科学研究人员的数量仅占1.20%。国有企业从业人员中，具有大专以上文化程度的仅占7.53%。人才稀缺使企业竞争能力和技术创新能力不强。1998年，山西省高新技术产业的产值、科技成果推广率和科技进步对经济增长的贡献率，都大大低于全国平均水平；工业企业的全员劳动生产率位于全国第27位，总资产贡献率和新产品产值率位于第26位；资产负债率高于全国平均水平，产品质量损失率高居第2位。

（5）整体科技实力不强。根据科技部1997年对全国31个省（自治区、直辖市）科技进步统计监测的综合评价结果：山西的科技综合实力由1996年的第22位下降到1997年的第25位。其中“科技进步基础”列第20位，“科技投入”列第19位，而科技对高新技术产业化和经济增长方式转变的作用列第26位。近年来，山西省技术市场成交额逐年下降，已由1993年的3.7亿元下降到1998年的0.98亿元，位于全国第28位。这些都说明山西省科技的质量和效益相对较低，经济外延型增长方式的特征仍较明显。

3. 大力发展高等教育有利于各级各类教育协调发展

基础教育是整个教育的基础，是重中之重；高等教育是一个国家或地区教育发展水平的重要标志，在教育中处于龙头地位。大力发展高等教育有利于减缓升学压力，转变中小学应试教育，推进素质教育，促进各级各类教育协调发展。

（二）大力发展高等教育应探索和建立高等教育成本补偿制度

（1）山西经济支撑力有限。山西属于中部地区，经济欠发达，国家财政收入占 GDP 的比重逐年下降，从 1978 年的 22.32%，下降到 1990 年的 12.06%、1998 年的 6.51%，低于全国 12.4% 的平均水平。人均 GDP 为 5072 元，低于全国平均水平。这严重影响了国家财政对教育的投入。在 1998 年的财政支出中，教育事业费占 1.75%，低于全国平均水平。与此形成鲜明对比的是，山西省高等教育规模不断扩大。1980 ～ 1998 年，在校学生数增长了 129.97%。虽然近年来高等教育经费总量不断增加，但远远不能满足教育事业发展对经费的需求，制约了高等教育事业的发展。在教育系统内部，发展高等教育，必须首先保证义务教育健康发展，不能以牺牲初等教育或中等教育为代价增加高等教育的比例，而应当增加绝对量，控制相对量。因此，建立高等教育成本补偿制度就显得十分必要。

（2）根据“谁受益，谁投资”的原则，高等教育在国民经济发展中具有重要的战略地位，政府财政拨款应是经费来源的主渠道。个人是高等教育的直接受益者，应承担一部分成本。高等教育对社会发展的贡献也要求社会承担一部分成本。这种经费支出结构符合国情、省情和教育经费实际支出能力的要求。

（3）建立高等教育成本补偿制度，在山西省已有一定的基础。一是人民群众接受高等教育的需求日益增长。家长愿意倾其财力让孩子接受更高层次的教育；学生相互间的竞争越来越激烈，希望接受高层次的教育，在未来拥有较高的生活质量。二是在 1998 年山西省存款总额中，城镇居民家庭平均每人全年消费性支出中，教育支出仅占 5.75%，低于全国平均水平，居民投资教育的潜力较大。1999 年 6 月末，居民储蓄存款余额比去年同期增长 16.8%，高于消费增长率近 10 个百分点。自 1996 年山西省高校进行招生“并轨”改革以来，学杂费收入增长了150%。人民群众对高等教育的需求，以及对非义务教育阶段收取学杂费的认同，为高等教育投资渠道多元化奠定了基础。

（4）建立高等教育成本补偿制度应建立与之相配套的资助政策。

（三）体制改革应有新的突破

（1）贯彻落实《高等教育法》，使学校成为面向社会自主办学的法人实体。一是应结合山西省的实际情况，制定与《高等教育法》配套的政策法规，依法扩大高校办学自主权，理顺政府、社会、学校和市场之间的关系。二是要转变政府职能，由过程管理向目标管理、条件管理转变，由直接管理转变为通过立法、规划、评估、投入、审计和信息服务等综合手段进行间接的更高层次的宏观管理。如在职称评定中变“数量控制”为“程序控制”“条件控制”，将职称评定自主权下放给高校。三是随着国家、社会和个人对高等学校的要求和希望越来越高，高等学校在拥有更多权利的同时，应依法承担更多的责任和义务。

（2）实现高等教育办学体制多元化。在大力发展普通高等教育的同时，把发展高等职业教育作为高等教育新的增长点，制定符合实际的高职院校生均经费标准，拨出专款用于加快发展；采取改组、改制、改建和改造相结合等措施，优化、重组教育资源，建设若干所高等职业技术院校，注重提高质量，努力办出特色。将民办高等教育的发展列入山西省高等教育的整体规划之中，加强管理，正确引导，使之进入良性的市场经济发展轨道。加强普通高等教育、高等职业教育和成人高等教育办学资源的优化组合，并融入自学考试、远程教育的优势，使高等教育形成新的活力。

（3）实现高等学校办学类型多元化。充分调动社会各方面的办学积极性，积极探索党委领导下的理事会、董事会负责制。积极发展“国有民办”“公办民助”“民办公助”和“合作办学”等办学形式。加强高校与省内外科研院所的联合，积极进行转制科研院所按学科与有关大学联合、合并的探索。有计划、有步骤地发展远程教育、网络教育，开发和构建终身教育体系，实现“教育社会化、社会教育化”“教育终身化、终身教育化”。

（4）优化高校行政管理系统。一是精简机构，减少层次，改善服务，理顺学校与院（系）以及各部门之间的关系，围绕学科建设进行院系重组和职能调整，建立起充满活力、能调动教职工积极性的运行机制。二是控制编制总规模，优化人员结构。建立固定编制与流动编制、专职教师与兼职教师、事业编制与企业编制相结合的队伍结构。提高教学人员、科研人员占教职工总数的比重，减少工勤人员的比重。三是深化内部管理体制改革。深化人事制度改革，实行竞争上岗，形成“能者上、平者让、庸者下”的竞争激励机制。深化分配制度改革，加强工作业绩考核，在分配上按照工作实绩拉开差距。加快后勤社会化进程，逐步实现自收自支。加强人力资源管理队伍建设，提高人力资源管理水平。

（四）加快科技成果转化，提高科技创新能力

（1）建立推进科技成果走向市场的机制。就山西省而言，机制创新比科技创新更迫切。要充分发挥政府的政策引导作用，建立和完善有利于科技创新的政策、措施和科技服务体系，培育和扶持各种中介机构，引进风险投资基金，加强知识产权保护，使科技成果的转化程序化、系统化和法制化。密切产学研合作，建立以企业为主体，高校、科研院所为依托，自主创新与引进创新相结合的科技创新体系。将成果转化特别是高新技术产业的发展纳入经济建设发展计划，设立“发展高新技术专项资金”，用于高新技术产业化项目的中试、垫贴息、吸引和培育高科技人才；将科技三项费用中的大部分用于成果转化、用高新技术改造传统产业、消化吸收引进技术。企业要按照国务院新颁发的《企业财务通则》，将技术开发费用列入生产成本，保证必要的科技投入。建立高新技术产业化项目认定制度，对经认定的项目，在资本金注入、贷款等方面给予特别扶持；凡属应用性研

究开发成果范畴而未进入实际应用阶段的科技成果，一般不予受理成果鉴定和申报奖励。

（2）实施高校“高新技术产业化工程”，进一步突出为区域发展服务。合理配置基础研究、应用研究和应用开发的科技力量。强化基础研究和高技术研究，并在两者的结合点上下工夫，争取在一些前沿领域获取领先优势。按照市场的需要组合人员、选择课题，争取更多的成果加入各种技术开发和技术推广计划，以多种形式密切与政府有关部门、地市县生产力促进中心的合作，加快成果转化。改革传统的薪酬机制，建立技术要素参与分配的新格局，高新技术成果、专利等知识产权拥有者可以科技成果入股，还可采取技术转让费、特殊津贴、年终奖励和职称评定倾斜等多种形式，使科技人员的工资收入能体现技术要素的投入。鼓励成果转化项目持有者兼职办科技企业，兼职从事成果转化工作；采取更为优惠的政策，鼓励高校与企业联合组建企业、共建成果辐射基地、参与技术改造和引进、消化、吸收先进技术、共同承担科技任务、互派工程技术人员和科研人员兼职任课。密切科技链与产业链的连接，形成科研创新、技术领先、形成产品、进入市场、产生回报、开发新技术、辐射成果、推动产业发展和带动经济发展的良性循环。有计划、有重点地发展校办产业，建立现代企业制度，进行股份制改造，吸引和培养一批具有技术背景的经营管理人才；在有条件的高校建设高科技园区，逐步形成规模效益；形成依靠教学出人才，依托科研办产业，发展产业促科研，教学、科研、生产相互促进、协调发展的新局面。加快建设国家和省级重点实验室、工程技术研究中心、中试基地，取得创新成果，力争进入“国家队”行列。

（五）加强学科建设

（1）大力加强社会科学、管理科学研究，推动社会主义精神文明建设，为决策提供可靠依据和咨询意见。

（2）以重点建设学科推动目前较薄弱、面向 21 世纪学科的发展。

以重点建设学科为依托，组建若干“学科群”，确定有限目标，重点突破。

（3）对具有博士学位授予权的学科，要创建“特色品牌”，积累无形资产和质量价值，加强社会服务功能，提高学科效益；对基本具备博士学位授予条件的学科，重点是培养中青年学科带头人，储备智力资源，建立和完善凝聚人才的机制；加强联合，积极创造条件，争取成为博士学位授权学科。对发展潜力较大、急需扶植的学科，要加大投入，进行“催化强化”，加强基础设施建设，充实学术梯队，优化资源配置。对发展缓慢、发展后劲不足和学术梯队严重断层的重点建设学科，应通过专家“会诊”，提出新的发展思路。

（六）深化教学改革，提高教育质量

（1）改革教学内容和课程体系。充实和完善教学研究课题立项制度，鼓励打破学校界限，联合申报教研课题。加强普通高校的基础课和骨干课教学，尽量请博士生导师和硕士生导师承担一、二年级的核心课程，创建一批“名牌课程”和“特色课程”。按照突出应用性、实践性的原则重组高职高专的课程结构，探索建立相对独立的实践教学体系。推动优秀教材建设，确保教学内容和课程体系改革的成果落实到教材上、实践中。将素质教育贯穿于人才培养的始终，更加注重人文教育与科学教育相融合，注重陶冶情操、升华精神境界、提高心理素质和培养创新能力，使学生学会做人、学会合作、学会竞争、学会求知、学会创新。

（2）全省统筹规划，调整高校专业的布局结构，使各学校合理分工、科学定位、明确目标。加强对专业办学条件、教学质量的评估督导。创建和扶持优秀专业，突出特色专业。按照山西省产业结构调整和职业岗位的实际要求，设置和调整高职高专的专业。建立特色突出、基本适应经济建设和社会发展需要的专业体系。

（3）建立新型的学生管理机制。通过采取免交学费、按志愿选择专业、给予奖学金、本硕连读或预定工作等措施，吸引潜质或成绩优秀的生源。进一步改进和完善学分制、主辅修制、双学位制及中期选拔制。取消补考制度，建立重修制度。建立浮动学制，允许学生提前或推迟毕业。进行以学分为计算单位收取学生学费的试点。探索建立优秀学生连读学士、硕士和博士机制。

（4）改进教学手段和教学方法。加快高等教育信息化建设，推动校园网建设，充分利用网络资源，培养网络人才，建设一批高水平的多媒体课程，加强 CAI、CAD 和 CAM 建设，形成高质量、开放性的教学环境，促进教学手段现代化；大力推行启发式教学，采用讨论式和研究式等各种生动活泼的教学方法。增加设计型实验，建设开放实验室。加强教学实习基地建设。

（5）加强学位与研究生教育。统筹规划学位授权点的布局结构，促进学科的交叉渗透、优势互补和高层次复合型人才的培养。积极探索与科研院所分段、联合培养研究生和共建学位授权点。建立研究生助教、助管和助研制度，培养独立从事科研工作的能力。引导研究生在为社会服务上寻找创新的突破点，学习研究、毕业论文体现产学研结合。鼓励多种渠道、多种途径联合培养。积极创造条件，派研究生参加国内外学术会议。

（七）建设一支高素质、高水平、高效率、结构合理的师资队伍

（1）调整结构，提高素质。调整教职工队伍结构，增加专任教师的比重，留住、吸引优秀毕业研究生，特别是博士、博士后研究人员，充实师资队伍，改善学缘结构。建设“双师型”的高职高专教师队伍。健全教师继续教育制度，进行更新知识、提高能力的培训，鼓励和支持教师在职攻读学位，优化学历结构；充分重视职称评审的导向作用，加大优秀年轻教师破格晋升的力度，改善职称结构。

（2）提高教师的政治地位和生活待遇。提高教师的政治地位，充分发挥他们在制定政策、进行决策中的“思想库”“科技库”和“智囊团”作用，减少人才的“隐性”流失。提供宽松的学术氛围、良好的科研条

件，促使优秀人才脱颖而出。对具有博士学位的教师实行“学位津贴”，对博士生导师、硕士生导师，根据其工作成绩实行“岗位浮动津贴”。

（3）建立人才竞争激励机制。建立有效的人员配置机制、公平的业绩评估体系和合理的报酬机制，创造科学民主、求实创新、平等竞争、团结协作的学术氛围，营造良好的文化氛围；注重实现人才的自我价值，集聚高素质的人才群体，构筑人才高地。结合教育部“高层次创造性人才培养工程”，培养若干名在国内外有较高知名度的学术大师、发明和应用大师、教学名师，百名具有较高学术水平的中青年学科带头人；以能人启动众人，以拔尖人才带动一切有才能的人，争取更多的教师进入国家级“人才工程”。对承接国家级项目特别是国家级重大项目的集体和个人，给予相应的资助和精神鼓励。

（4）加大吸引人才的力度。注重向人才资源投资，设立“吸引人才专项资金”。聘请国内外著名专家任政策顾问；提供具有较强吸引力的条件，力争拥有若干名中国科学院院士、中国工程院院士和相当于院士级的国内外知名学者；设置特聘教授岗位，吸引教学、科研急需的优秀人才，对特聘教授实行年薪制，给予50万元以上、上不封顶的科研启动资金并建立良好的科研管理机制，招聘学有专长的留学人员充实师资队伍；对具有博士学位愿意来山西工作的人才，给予政策倾斜。

（5）扩大国内外交流与合作。与国内外著名科研院所建立稳定的、有实际效果的合作交流关系，并落实一批高水平的合作项目。积极参加、承办更多国内外学术会议。建立重点实验室访问学者制度。聘请跨国产业集团、大中型企业的高级工程专家、全国高校中强势学科的学术带头人和政府职能部门的领导兼职。吸引留学人员兼职任教、短期讲学、合作科研或合办科技产业。鼓励跨学校、跨区域、跨国别、跨学科、跨行业合作培养人才、承担项目、发表论文、出版专著和申请发明专利。

（6）引导各种新闻媒体宣传、扩大教师、科研人员的影响，提高社会知名度，强化全社会的“尊重知识、尊重人才”意识。

（八）切实保障教育优先发展的战略地位

（1）深化对教育优先发展战略地位的认识。党的十五大报告指出："我国现代化建设的进程，在很大程度上取决于国民素质的提高和人才资源的开发。"经济发展和科技进步越来越依赖于教育。教育又是一项面向未来的事业，必须超前发展，不发展则后退，同步也是后退。"智力资本"越来越成为最重要的资源，有知识、接受过高等教育的人将成为劳动力的主体，不断地接受教育和培训将成为一个人生活中的重要部分。教育尤其是高等教育必将发挥前所未有的关键性作用。

（2）实施新的社会发展战略。经济学家胡鞍钢的研究成果表明：物质资本投入的回报率低于人力资本投入的回报率。人力资本和物力资本都具有补偿权和收益权。"科教兴晋，以人为本"，山西省应调整社会发展战略，实施旨在提高人民生活质量的新的知识发展战略、人力资源开发战略和可持续发展战略。实践证明：丰富的自然资源只有同科技创新、科技转移和科技发展相结合才能变成财富，经济发展只有同教育发展、知识创新相结合才能产生较高的经济效益，实现这两个结合的基础都在教育，特别是高等教育。

（3）落实教育优先发展的战略地位。制定地方法规，强化财政主渠道作用，确保教育投入的"三个增长"；根据国家的有关政策，在省本级财政中保证教育拨款每年增加一个百分点，在基础建设经费中保证教育建设经费占一定的份额。采取有效措施，保证教育在各行各业的发展中处于优先地位，适度超前于经济发展的总体水平，率先实现现代化。把教育作为"一把手工程"来抓，建立党政主要负责人抓教育的考绩制度。

"沉舟侧畔千帆过，病树前头万木春。"新的世纪国际竞争更加激烈，世界范围的高等教育改革大潮风起云涌。党的十五大胜利召开，新一届政府把实施"科教兴国"战略作为基本国策，建设国家知识创新体系、技术创新体系；国务院批转教育部实施《面向21世纪教育振兴行动计划》；党中央、国务院召开第三次全国教育工作会议，并作出了《深化教育改革，全面推进素质教育的决定》，山西省召开教育科技创新大会，出台了《关于深化改革，全面推进素质教育，大力振兴教育事业的决定》。国际、国内环境已为高等教育的改革发展提供了千载难逢的良机，同时也提出了新的更高的要求。我们要抓住机遇，开拓创新，构建中国特色、山西特点的现代化高等教育体系。

多元化教学方法促进高层次创新人才的培养

——山西大学科学技术哲学专业研究生教学方法探讨*

山西大学科学技术哲学学科1983年开始招收硕士研究生，1986年获得硕士学位授予权，1996年获准授予在职人员同等学力申请硕士学位，1998年获得博士学位授予权，1999年开始招收博士研究生和项目博士后。高层次人才的培养从无到有，规模从小到大，水平从低到高，呈现不断上升的态势，形成一个多层次、多元化的塔式结构人才培养体系。山西大学科学技术哲学学科经历了四个发展阶段。在酝酿创建阶段（1978～1981年），招收培养研究生课程进修班学员32名；在成长壮大阶段（1982～1989年），招收培养硕士研究生27名，研究生课程进修班学员11名，在职人员申请硕士研究生学位1名；在蓬勃发展阶段（1990～1999年），招收进修班学员11名，在职研究生41名，研究生课

---

* 本文发表于《山西大学学报（哲学社会科学版）》2001年第1期，作者郭贵春、张培富。

程进修班学员132名，在职人员申请硕士研究生学位34名；在重组建设阶段（2000年至今），招收培养项目博士后研究人员2名，博士研究生6名，硕士研究生10名，研究生课程进修班学员22名，在职人员申请硕士研究生学位23名。本学科毕业的研究生服务于国内外相关高等学校、科研院所、行政管理部门和其他企事业单位，大多成为学术骨干和业务尖子，29人晋升高级职称，多人成为博士生导师。山西大学科学技术哲学学科2000年顺利通过了教育部组织的专家评审，成为国家人文社会科学重点研究基地，跨入全国一流学科行列。这是目前山西省唯一的国家人文社会科学重点研究基地，也是全国高校科学技术哲学学科唯一的人文社会科学重点研究基地，标志着山西大学成为全国科学技术哲学高层次人才的培养中心。

影响山西大学科学技术哲学专业成功培养高层次创新人才的因素是多方面的，其中不断改进教学方法、提高教学质量是一个关键的因素。在长期的研究生教学实践中，经过三代学人的不断努力，探索和总结出一套行之有效的多元化教学方法，极大地促进了研究生培养质量的提高。

第一，重视继承老教师优良的教学传统。在山西大学科学技术哲学学科的前两个发展阶段，最优秀的老教师——第一代优秀的科学技术哲学工作者，工作在研究生教学第一线。他们把人才的培养放在了工作的首要位置，甘为人梯，倾全力于教学工作。他们把严谨的治学态度、刻苦的求学精神言传身教地传给学生。他们主要以讲解式方法开展课堂教学，特别重视课前的教案准备工作，使课堂教学内容规范、严谨而丰富。他们要求研究生课前精读指定书籍，课后泛读相关书籍，并做好读书笔记。他们的教学实践为该学科的人才培养奠定了重要基础，其丰富的阅历使自身就像一部部活的教科书，培养了一批基础扎实、功底较厚的学术骨干，成为今天担负山西大学科学技术哲学学科教学和科研重任的中坚力量，并较好地继承了老教师们优良的教学传统和学风。例如，经典著作《自然辩证法》的教学始终保持了它的严肃性。

第二，转变教育思想，改革教学方法。在进入山西大学科学技术哲学学科的第三个发展阶段后，第二代和第三代科学技术哲学工作者逐渐走上教师工作岗位。该学科依然选派最优秀的中青年教师担当研究生教学的第一线工作。他们不仅较好地继承了优良的教学传统，而且勇于创新。一方面，本学科呈现出新的发展态势，新观点、新思想、新视角和新领域层出不穷；另一方面，20 世纪 90 年代的研究生整体素质有了明显提高，有了更多更深的要求，同时，社会的需求水平也不断提高。如果仅仅固守传统的教学思想和方法，就难以适应这些新的情况和需要。因此，新一代教师着眼于现实，从转变教育思想入手，从重教转向重学，使传统的以教师为主体的教学模式转变为教师与研究生双主体的教学模式；立足于研究生的培养目标，从提高课堂教学质量出发，大胆改进教学方法，收到良好的课堂教学效果。

第三，问题式教学方法的导入成为教学改革的契机。传统的讲解式教学方法较好地发挥了教师的主体作用，给教师的教学工作提供了较大的自由空间，教学的系统性较好。然而，这种教学方法未能充分调动学生的主动性和积极性，学生往往只满足于被动听讲，不利于他们创造能力的培养。问题式教学方法以问题的提出为先导，这既包括课前布置的问题，也包括课中提出的问题。课前布置的问题为刚刚步入研究生学习阶段的学生提供了有效的学习指南，带着问题阅读有关书籍，使他们开始摆脱了以往盲目读书的习惯。不同的教师采取了不同的问题设计原则：有的教师针对指定的教学参考书设计问题，有的教师针对教学大纲设计问题；有的教师所设计的问题侧重于基础训练，有的教师所设计的问题强调学科发展前沿。问题的提出和解决成为课程学习的中心线索。例如，《科学实在论》《自然辩证法原理》等课程的教学始终贯穿了问题教学法。正是问题式教学方法的实施，带动了山西大学科学技术哲学学科的全面教学改革。

第四，研讨式教学方法为课堂教学注入了活力。针对问题开展课堂研讨，让研究生各抒己见，不同的见解之间可以展开辩论，有时辩论甚至是非常激烈的。这种辩论既激发了研究生的学习主动性，也锻炼了研究生的语言表达能力和论辩能力。本学科注重研究生对问题表述的准确性和清晰性能力的培养。对研究生更具挑战性的是回答教学中当堂提出的问题，这既是对研究生综合素质的检验，更是提高研究生综合素质的一种有效方式。它能使研究生更直接地体验到自身的不足，更有针对性地完善自己。教师通常要对研讨的问题作出最后的综述，但不一定给出标准的答案，有些问题尚需研究生课后作进一步的思考。在《科技革命影响论》《自然辩证法原理》等课程的教学过程中，研究生普遍反映，研讨式教学使他们开阔了思路，增长了书本上学不到的知识，综合素质有了明显的提高。

第五，启发式教学方法完善了讲解式教学方法的功能。教师的课堂讲授是一种不可或缺的教学方式。然而，通过启发式教学方法进行课堂讲授，会收到事半功倍的教学效果。对于理科出身的研究生来说，《西方哲学史》是一门比较抽象、晦涩的课程，但任课教师采取了深入浅出的启发式教学法，使研究生比较顺利、系统而深入地掌握了这门课程。启发式教学方法使研究生对各门课程的学习更有兴致，所掌握的知识也更为牢固。

第六，反馈式教学方法成为提高课堂教学质量的重要保证。山西大学科学技术哲学学科把研究生教学看作一个动态的反馈系统，随着学科的发展，人才需求环境的变化，教与学两个要素的更替，不断调整教学系统的内容和结构，优化教学系统的功能。反馈信息来自研究生的反映，任课教师的观察体会，以及其他人员的意见。学科教学指导小组把完善反馈机制作为一项重要的工作来抓，及时把来自各方的建议反馈给任课教师，使研究生各门课程的教学处于良性的发展之中。如果任课教师不能针对反馈信息作出有效整改，学科教学指导小组就将提出并实施相应的教学整改意见和措施。例如，《西方哲学史》课程的一位任课教师，因不能满足教学指导小组提出的相应要求，离开了该课程的教学岗位。

第七，案例式教学方法深化了课程教学内容。科学技术哲学专业的研究生课程一般来说理论性较强，这对不擅长思辨的理科出身的研究生的教学带来了一定的难度。案例式教学方法的引入，使理论性较强的课程也能被很好地接受。例如，《科学哲学》《科学社会学》等课程都是西方 20 世纪才形成的学科，具有很强的西方文化背景，研究生直接阅读这类书籍会有一定的困难。为此，任课教师就通过著名科学哲学家、科学社会学家对学科产生和发展的具体贡献的介绍，把研究生带入这些深奥的理论世界。有时，一堂课仅仅围绕一个科学哲学或科学社会学问题，从历史的角度展开广泛的讨论。尽管案例式教学方法增加了教师备课的工作量，却收到了良好的教学效果。

第八，把研究生带入学科前沿。山西大学科学技术哲学学科有一个很好的学术传统——注重学术交流，几乎每年举办 1 ～ 2 次全国或国际性学术会议。同时，每两周举办一次专题学术讲座，延揽国内外、省内外和校内外的专家学者做报告，要求研究生必须参加，并成为一种制度。例如，近两年就先后聘请了来自英国剑桥大学，以及北京大学、南京大学、中国人民大学、中国社会科学院、台湾“中央研究院”和香港京港学术交流中心等机构的著名学者前来讲学。讲座式能很快接近学术前沿，而且参与学术问题的探讨，甚至可以达到做学术报告的水平。讲座式教学方法不仅提高了研究生的学术水平，而且对研究生确立研究方向和课题提供了很大帮助。

正是通过这些多元化教学方法的不断完善，教学质量的不断提高，山西大学科学技术哲学学科才培养出一大批富于创新意识和能力的高层次人才。在这个过程中，对于教学制度、教师素质等方面也要相应的健全和提高。没有制度做保证，没有高素质的教师队伍，再好的教学方法也只能流于形式，难以发挥作用。山西大学科学技术哲学学科正是以系统的方式较好地处理了教学制度、教师素质和教学方法三者的均衡发展，使培养研究生的水平稳步提高，从而使山西大学成为全国科学技术哲学专业的一个重要的高层次人才培养中心。

参考文献

郭贵春.2000. 走向21 世纪的科学哲学. 太原：山西科技出版社.

张夫.1998. 励精图治 勇于创新——走向繁荣的山西大学科学技术哲学学科. 科学技术与辩证法，(6)：61-63.

张培富.1997. 山西大学科学技术哲学学科发展回顾. 自然辩证法研究，(6)：39-41.

浅谈人文社会科学的科学性及发展取向*

在人类对自然、社会和思维规律进行永不停息的探求的过程中，人文社会科学与自然科学一道，发挥了不可或缺的作用，共同构成了人类科学探索和认识活动的总体成就。随着今天自然科学（特别是生命科学和信息科学领域）大踏步地向前迈进，社会实践发生了根本性的变化，人文社会科学遇到了前所未有的机遇和挑战，如何在新形势下寻求人文社会科学的发展取向，成为人文社会科学得以进一步发展所亟待解决的问题。

一、尊重人文社会科学的科学品种

一般而言，人文社会科学是由哲学、文学、历史学、法学、经济学、政治学和社会学等学科所组成的庞大学科群，它是以人的社会存在为研

* 本文发表于《中国高等教育》2001年第9期，作者郭贵春、殷杰。

究对象，以揭示人的本质和人类社会发展规律为目的的科学，是与自然科学相对而言的人类知识体系，因而与自然科学相比，它在物质生产和经济发展中的作用是间接的。由此，一些人对人文社会科学是否是一种“科学”产生了不同的看法，甚至怀疑其科学性。特别是在中国特定的社会历史背景下，有人把社会科学同政治简单地混为一谈，认为人文社会科学完全是为政治服务的，从而抹杀了人文社会科学的科学性。

判断人文社会科学是否具有科学性不能从它的表层或现象上来判断，更不能用衡量自然科学的标准和方法来衡量。人们通常认为，科学应当是“可重复的”“形式化和定量化的”和“描述的和客观化的”，这实际上是用自然科学的典型特征来替代科学的特征。对人文社会科学的科学性应从其本身所体现出来的科学本质上进行判定。科学本质的主要特征是：①创新性；②真理性；③可批判性；④逻辑性；⑤可证实性；⑥价值性等。这些特征在科学不同领域中具有不同的表现形式，而不是以确定无疑的特征出现的，它们的差别主要是在形式和程度上，而不是科学理性和科学精神上。

从这个意义上讲，人文社会科学不仅是一门科学，具有极强的科学性，而且正是它内在所具有的科学品格使它能够在社会和人的发展中发挥作用。因为它作为科学认知方式，追求的最高目标仍然是客观真理，它通过从经济的、政治的和法律的角度对人类社会的组织结构、功能作用、稳定机制和变迁动因等进行分析，获得关于人类社会发展和运行的系统知识和理论，使人类更有效地管理社会生活，通过关注人的精神、文化、价值和观念等问题，为人类构建一个意义的世界，守护一个精神的家园，使人类的心灵有所安顿、有所归依，从而形成一种对社会发展起校正、平衡和弥补功能的人文精神力量，有助于保证经济的增长和科技的进步符合人类的要求和造福于人类，而不致异化为人类的对立物去支配奴役人类自身。人文社会科学通过自己特定的方式对人的价值、神精、意义、情感和观念等领域来把握和接近认识对象，使人类在这些方面达到科学的程度，这是自然科学所无法比拟的，是人文社会科学的独特的科学品格。它同自然科学一起在各自特定的范围内发挥作用，两者都是人类认识世界的科学。当然，人文社会科学本身还具有双重的身份和意义，它既是科学，又具有人文价值的特点，这是人文社会科学工作者不应忽视的。

二、新形势下人文社会科学的发展取向

基于人文社会科学的自身地位，以及对当前人文社会科学研究中呈现出的新特点和发展趋势的认识，高校人文社会科学的学科在发展中应当特别注意以下几个问题。

（1）在学科建设和设置上，作为人文社会科学主战场的高等院校应当既保持基础理论研究的地位，又要看到当代人文社会科学的应用性研究在明显加强，在参与决策和社会管理，解决各种经济、社会和政治问题方面越来越显示出重要作用，因此必须有意识地加强人文社会科学应用性学科的建设和设置。随着人文社会科学向综合化发展趋势，“大科学”模式已逐渐取代独立个人的研究方式。因此，高校应逐步建立人文社会科学研究的独立的社会建制，设置专门的人文社会科学机构来对重大现实问题和应用问题进行研究，把学科基本理论和学科发展的任务交给各具体人文社会科学系的研究人员通过结合教学来进行。

（2）科学研究和课堂教学应当有所区别。高等院校承担着为国家培养高素质人才的任务，人文社会科学学科的教学在某种意义决定着这些科学人才在未来的政治立场和政治方向，因此，课堂教学必须坚持主流的价值观念，即应当用马克思主义的世界观和价值观来武装青年学生。虽然目前国际形势趋于缓和，但国外敌对势力从来没有忘记颠覆社会主义中国的目的，正在加紧对我国实施“西化”“分化”的政治图谋，在意识形态领域，社会主义思想不占领，资本主义思想就必然会占领，人文社会科学在这一方面应当责无旁贷地肩负起重任。但在科学研究方面，则应当以科学性为主，在不违反党的基本路线、方针和政策，不违反宪法、法规的前提下，应当允许学术研究的自由争鸣。

（3）在具体课程研究上，应当面向经济和社会，特别是要把为党和

政府的决策、为精神文明和物质文明建设服务，把改革开放和现代化建设的重大理论和实践问题的研究作为人文社会科学的主攻方向。随着社会主义市场经济的发展，我国改革开放进入了攻坚阶段，现代化实践需要人文社会科学的最新研究成果提供有说服力的论证和理论支持，为政府决策、国家立法和制定政策提供理论指导和依据。同时，经济全球化进程加快，科学技术日新月异，信息革命不断深化，知识经济初现端倪，综合国力竞争日趋激烈，处于社会主义初级阶段的中国，如何正确把握复杂多变的国际环境，抓住即将加入 WTO 的历史机遇，迎接挑战，加快发展自身，也迫切需要人文社会科学进行深入系统地超前研究并做出回答。同时，在为科技发展提供必要的文化氛围，为科技发展提供合理的价值导向，拓展科学家的思维、启迪科学家的智慧和激励科学家的创新思想等方面，人文社会科学也是大有可为的。

（4）全球化和区域性问题的出现使国际合作和交流日益增强，各国人文社会科学家开展了广泛的合作研究，这就出现了人文社会科学要不要和如何与国际接轨的问题。在这方面，中国人文社会科学研究应当像自然科学研究一样，倡导一种开放的研究方式，积极加入国际的交流和合作中，与各国人文社会科学家一起，关注公正合理的国际政治经济新秩序的建立、探索新的社会发展模式、实现可持续发展、确立人类新的价值观、创建新的制作文明、尊重世界文化的多样性和建立世界各民族文化并茂的文化生态共同体等关系全人类命运的重大课题，也只有在汲取全人类的宝贵精神财富中，自身才会有大发展。但同时我们也不应忽视人文社会科学研究在每个国家有其历史的、民族的和意识形态的特点，在学术研究和科学合作与政治立场和政治方向的关系处理上应时刻保持清醒头脑，既不能因科学合作的需要做出有损国家和人民的事情，也不能因政治观点的差异而脱离国际社会。

提高本科课堂教学质量*

教学质量是高等学校的生命线，本科教学质量更是一个复杂的系统工程，其关键在于提高课堂教学质量。为保证山西大学的本科教学质量，近年来，我们紧紧抓住课堂教学质量这个纲，在全校范围内开展了教学质量的各种评价工作。结果显示，学生对教学质量的满意度并不令人乐观，教学优秀的教师所占比例较低，教学一般的教师占相当比例，教学效果令学生不满意和很不满意的也大有人在，学生认为课业负担重却又学不到什么东西的课程也不少。面对如此严峻的形势，结合贯彻落实教育部《关于加强高等学校本科教学工作提高教学质量的若干意见》，结合山西大学实际，借助全校教学工作会议的大好契机，学校紧紧围绕提高课堂教学质量，出台了一系列关于提高教学质量的具体措施。

1. **规定教授上课时数，保证教学师资条件**

多年来，学校一直通过年终对各教学单位的教学考核来引导教授为

* 本文发表于《中国高等教育》2002年第2期，作者郭贵春。

学生上课，使教授上课率基本保持在 99% 以上。但相当一部分教授只为研究生上课，所以出现了这样一种现象：教授越多的教学单位，给本科生上课的教授越少，给本科生上基础课的教授更少。针对这种现象，我们规定教授必须为本科生上课，特别是为本科生上基础课。根据需要把教师分为教学型、教学科研型和科研教学型三种类型，对各类教师规定了不同的教学工作量标准，特别规定了教授的本科生课堂教学最低时数，而且一定是上课时数，不能用带毕业论文等其他教学时数代替。如达不到要求，学校要减少其研究生招生名额；如无特殊原因，连续两年不讲授本科生课程，学校不再聘任其教授职务，取消其岗位津贴。这些规定在各种渠道的调查中，得到了大家的普遍认同，解决了多年来本科生教学排课难的老问题。

2. 规范课堂教学活动，提高教师教学水平

没有规范，枉谈提高，规范是基础，提高是目标。新政策对课堂教学活动的规范制定了详细的规定，如教师上第一节课时，要将自己的姓名、职称和联系方式告诉学生；要按时上下课，要严明课堂纪律；教学场所禁止使用手机和传呼机，禁止吸烟；教师不得无故缺讲或请人代讲；教师必须认真备课，讲课必须有讲稿；板书要规范；课堂教学要严格执行教学计划和教学大纲的要求，在规定的时间内完成相应的教学任务等。

与此同时，我们对教师教学水平的提高也做了具体规定。因为近几年，为解决师资紧缺问题，许多年轻教师在没有经过有效训练的情况下走上讲台，教学基本功明显不足，相当一批教师因知识结构缺陷和知识更新跟不上，影响到教学内容、教学方法与手段的改革，进而影响到教学质量的全面提高。所以，加大师资的数量与质量储备、提高教师的整体水平是一项长期不懈的工作。新政策规定：取得教师资格，必须先获得教育理论岗前培训合格证书；新任教师，必须经过至少一年的教学实践期，熟悉教学过程及各个教学环节，经指导教师认定合格方可独立承担授课任务；45 岁以下教师晋升高一级技术职务，必须通过 PETS5 考试，

为使用外语教学准备师资；55 岁以下的教师晋升高一级技术职务，要通过学校组织的计算机能力考核，为使用现代化教学手段准备师资；改善学历、学缘结构，鼓励在职人员攻读学位和参加相应的培训，提高科研能力与水平；高学历教师，必须具有在高等学校从事本科教学 2 年以上经历，教学考核合格后方能晋升相应职称，坚决杜绝高学历教师没有上课或教学效果差仍能优先上职称的现象发生；充分发挥优秀教师和老教师传、帮、带作用，鼓励各院系延聘或返聘教学效果优秀的老教师上课并带助教，提高其课时津贴；恢复助课制度，助课教学工作量以标准教学工作量的 1/3 计算。学校还要求各院系在近期内要制定出教师队伍建设的详细规划，做好师资的储备和建设工作，为学校加大师资培训经费支持提供可靠依据。

3. 从树立样板课程入手，促进课堂教学效果的全面提高

从 2001 年开始，我们计划用五年时间建设百门左右的优秀课程，重点放在学科基础课和主干课上。我们希望这些优秀课程成为样板，引领其他教师和课程努力的方向。2001 年 3 月，山西大学出台了《山西大学优秀课程建设与评估方案》，对优秀课程任课教师条件、教学条件、教学过程和教学效果等作了明确规定，对教学效果的评价根据学生问卷调查结果、各教学单位自行组织的评价结果和学校教学指导委员会专家评价结果进行综合分析，而以学生调查结果为主。最近，为落实教育部有关精神，我们在优秀课程达标条件的基础上，又作了一些具体规定：在三年内，高新技术领域专业、经济、金融和法律专业等力争有 5% 的课程使用外语教学，各教学单位要把使用外语教学的课程落实到人，并为其提供提高外语的条件；课堂教学必须使用先进教材，鼓励使用面向 21 世纪课程教材、“九五”国家重点教材、教育部高等学校教学指导委员会推荐教材和反映学科发展前沿的外文原版教材，使用近三年出版的新教材的比例要达到 50%；鼓励教师使用现代教育技术，提高课堂教学效果，学校和院系要对多媒体课件的开发给予经费支持，三年内要有 50% 的必修课使用多媒体授课，学校将根据不同专业细化多媒体上课指标。相信在

优秀课程的带动和示范下，学校整体课程教学水平会有质的变化。

4. 加强教学质量监控，健全竞争激励机制

课堂教学质量除必要的高水平、高素质教师的保证条件外，要想步入持久良性的循环轨道，有必要建立科学有效的课堂教学质量评价体系并加以充分利用。几年来，我们已经相继建立了《山西大学教师教学效果评价问卷》（学生第1～7学期使用）、《山西大学教师教学效果评价问卷》（学生最后一学期使用）、《山西大学教师教学质量评价表》（各教学单位教学指导委员会使用）、《山西大学教师教学质量听课评价表》（学校教学指导委员会使用）以及刚刚制定的《山西大学院系领导听课表》和《山西大学校级领导听课表》。我们使用了光标阅读机读取数据，然后用“课堂教学效果评价软件”对数据进行处理，做到了在短期内得出处理结果。并且，我们注重评价结果的及时反馈和利用，如在校园网上公布评价结果，评价结果与教师的奖惩、职称晋升挂钩等。最近，我们在学校优秀课程和“富士康奖教金”的评选中，进行综合分析的同时，主要依据了学生评教的结果，非常好操作，避免了以往凭一两次听课印象就下结论的弊端，取得了较好的效果。

强化学科特色　增创竞争优势*

学科建设是高校工作的龙头。学科发展的水平，是一所大学在国内外地位的主要标志。地方综合性大学在知识经济和经济全球化的大背景中，既要与国内大学相竞争保持自身的实力，又要与国际大学相竞争保持自身的优势，以学科建设为龙头，强化特色，提升竞争实力，对于学校的发展至关重要。

山西大学创办于 1902 年，时称山西大学堂，是我国最早创立的三所国立大学之一。山西大学堂分为中学专斋和西学专斋，比较典型地反映了清末“中学为体，西学为用”的教育思想。据史书统计，山西大堂曾翻译和出版了 25 种有关高等教育、中等和师范学校的教学用书和名著，较早地引进和传播西方先进文化，对于近代学制改革和新学体系的建设产生了巨大影响。早期的办学经验及其成就开辟了中国近代教育中西合璧的新篇章。从创办之初的中西合璧，到学科门类的齐全；从改革开放

---

* 本文发表于《中国高等教育》2002年第9期，作者郭贵春。

之初的学术交流，至如今29所海外校际交流院校的建立，山西大学发展成为山西唯一一所综合性大学，还是山西最早有权招收外国留学生和拥有外贸进出口权的高校。历史启迪我们，一所学校要有水平，必须有学科特色；唯有特色鲜明，才有学校竞争力的提升。从全国地方综合性大学的情况来看，学科特色主要分为水平特色、民族特色和区域特色。山西大学现有光学和科技哲学两个国家重点学科，1个国家重点实验室，1个教育部重点实验室，2个博士后流动站，9个博士点，58个硕士点。从整体发展来看，这是长期学科发展积累的结果，这基本上属于水平特色的体现。山西地处内陆，只有区域特色上下工夫才能走出自己的发展之路。所谓区域特色就是要立足山西，为山西的地方经济建设和发展服务。这是我们的优势所在，特色所在。为适应加入WTO的需要，我们要坚持“有所为，有所不为”的学科建设方针，以独具优势的重点学科、重点实验室为龙头，着眼国际科技飞速发展的趋势，塑造以追逐国际科技、前沿为方向的研究理念；着眼世界人才竞争日趋综合的趋势，塑造以培养创新能力为特征的育才理念；着眼当今知识经济日益与经济社会发展紧密结合，并逐步占据主导地位的时代趋势，塑造以开放为模式的办学理念。

一、以科学研究为学科建设的支撑，形成自己的特色

科学研究对于学科来说，是自我评价能力成熟的标志；对于学校来说，是获得声誉和资源的重要手段，较高的声望能给学校带来发展机遇，使其在竞争中获得有利地位。我们能在第八次学位点评审中，增加18个硕士点，5个博士点，关键在于学科科研水平有了较大提高。从21世纪学校面临的挑战和学校总体发展来看，必须依靠科技创新提高学校的综合竞争能力，必须依靠科研特色为学科建设提供有力支撑。为此，理科要突出原创性，注重科研创新和科技成果的产业化；文科要突出精品性，与时俱进，解决现实生活中的理论问题和现实问题。要以量子计算、量子通讯和光量子器件的研究为主攻方向，并联合电子、计算机和数学等

学科构建信息技术研究与开发的平台。结合山西“十五”计划重点实施的“八大”特色工程，在生命科学、材料科学、信息科学、环境科学和人文科学等方面争取“十五”期间的创新项目。积极推进对山西经济结构调整具有战略意义的高新技术研究，集中力量在光电子技术、生物技术、环保技术、信息技术和新材料技术等领域取得突破，力争使激光器、多收宝、全息彩虹拉丝和新型环保无尘教具等项目实现产业化，为山西省改造传统产业、调整产业结构和培养新的经济生长点服务。大力发展人文社会科学研究，鼓励利用学科优势，进行重大课题研究，为政府决策和企业发展提供咨询服务。紧紧抓住加入 WTO 的难得契机，开展教学研究，办好山西急需的国际经济与贸易、国际金融、涉外法律、电子商务、信息技术、材料工程、生物工程和环境保护等专业，同时扩大研究生规模，力争“十五”末在校研究生人数翻一番，培养与国际接轨、基本满足山西改革开放和现代化建设所需要的各类高层次人才。

二、以教学改革为学科任务的根本手段，构建人才培养的新模式

高校的教学是实现学校目标，完成学科任务的根本手段，是学校最基本的活动。山西大学定位为教学科研型大学。我们在科研出特色的同时，人才培养质量稳步提高。学生就业率一直保持在 90% 以上，位居全省前列。毕业生考研率为 20% 左右，名列全省首位。加入 WTO 后，传统的课程将不会自成体系而将被融入国际高等教育的大背景之中。我们所使用的教材也将被更新，国际通行的一些先进的教材将会进入课堂，学生的成分、中外学生的交流也将发生变化。人才培养模式的改革，将是地方性综合大学在经济全球化大背景下一项十分广泛、深入而艰巨的任务。我们山西大学以培养学生的创新精神和实践能力为核心，在构建以人为本的人才培养模式方面做了有益的尝试。推行学分制和弹性学制，允许学生辅修第一专业，攻读第二学位。借鉴国际上先进的教材，采用先进的教学方法和手段进行教学。物理学、生物工程和环境保护等课程

引进原版教材，进行双语教学，部分院系试行大学生导师制，对学生做人、选课和人生理念进行全方位的指导。鼓励学生参加科学研究和技术开发，支持学生参与各类社团活动，发展个人的兴趣爱好，进一步构建以学生为本的人才培养模式。与国外高水平的大学采取多种形式合作办学，合理地引进国外优质的教育资源，如课程体系、教学方法、教学手段、管理模式和评估体系等。适应加入WTO对汉语教学需求剧增的需要，主动帮助有校际交流关系的国外大学举办汉语教学，在教师、教材和多媒体汉语教学课件上提供支持，开拓国际教育市场。

三、发挥综合性大学的优势，建设学科数字平台

网络学习与教学实践、网上虚拟教育的飞速进步，促进教学形式产生根本性变革。要进一步普及电脑和网络在学校管理工作中的应用，使学校管理工作从过去定性、孤立、单项和手工管理向着网络化的定量、综合和科学管理转变。建设多媒体教室，支持开发多媒体网络教育平台软件，遴选教学经验丰富的教授主持制作网上课件，在较短时间内，更生动、形象地向学生传授更多的知识，方便更多学生能按照自己的需要利用网格直接聆听高水平教授的授课。在此基础上，努力以文学院、旅游学院和文博学院为依托，创办山西文化旅游网络平台，充分挖掘山西省文化资源丰富的优势，向世界展示悠久而灿烂的三晋文化。以经济系为依托，建成山西省企业经济网络平台，全面介绍WTO、企业管理、企业规模及其对策方面的知识。依托法学院建立法律网络平台，为宣传法律知识和提高全民法律意识服务。依托教育科学学院建立教育与心理网络平台，宣传教育科学和心理学知识，进行学前教育、家庭教育、学校教育、心理健康教育和人力资源管理等方面的服务。

四、实行“点线面”战略，建设较强的学科梯队

学科特色要鲜明，科研水平要提高，教学改革要深化，网络平台要

建立，归根到底靠教师的水平。学术梯队作为学科建设的根本，是学校办学实力显著增强的保证。我们把以人为本的思想扎根于每个学科带头人、学术骨干的头脑中。具体来讲，就是实行“点线面”战略。“点”就是要继续实行首席专家负责制，造就一批站在国际高技术研究前沿，具有很深的专业造诣，又具有战略性决策能力和组织能力的学科带头人。尤其要积极参与教育部“长江学者奖励计划”“高等学校优秀青年教师教学科研奖励计划”，鼓励高层次创新人才脱颖而出。“线”就是要通过重点学科建设，加强科研团队的建设，培养一批具有战略思想和雄厚基础，创新能力强的优秀团队。充分发挥量子光学与光量子器件国家重点实验室，科技哲学人文社会科学重点研究基地的带头示范作用，形成集团优势，提高重点学科的科研水平和学科水平。“面”就是要采取措施，鼓励和支持全校教师进行科学研究，提高全校的整体科研水平。特别是要重视博士生、硕士生的培养，积极参与“全国优秀博士学位论文获得者创新研究资助计划”，争取获得全国百篇博士学位优秀论文，为学校的科研工作储备人才。在发挥人才作用方面，用好研究生也是以人为本的重要体现。要让研究生明白，读研究生不只是为了拿学位，更重要的是为了要进行研究，在各自的专业领域不断探索，取得突破，推动学科建设向更高的水平迈进。

教育部部长陈至立指出：加入 WTO 我国高等教育面临的挑战，一方面来自我国加入 WTO 时对教育服务所作出的承诺，另一方面来自经济结构和产业结构调整的要求。只要我们地方综合性大学顺应教育发展的世界潮流，利用好海外的优质教育资源，尽快适应加入 WTO 后地方经济结构和产业结构的调整，引入新的竞争机制，进一步提高开放水平，就会变压力为动力，取得发展的主动权，充分发挥出地方综合性大学的办学功能。

着力建设更具先进性的校园文化*

校园文化，是一个古老而常新的时代话题。高品位的校园文化，能提升学校的品位和声誉；高层次的校园文化，能提高学生的素质和能力。在当今飞速发展的时代，高等教育要完成其自身承担的社会责任，就必须走以校园文化促教学科研，以校园文化促人才培养，以校园文化促学校品牌的道路。在“三个代表”思想的指引下，以先进文化为重要切入点，根据学校和地区的特点，建设各具特色的校园文化，是摆在我们面前的一项既紧迫又具长远意义的重要工作。

先进文化，是人类文明智慧的结晶，是社会进步发展的灵魂。校园文化作为社会文化的一个子系统，既吸收着社会文化的精髓，同时又是推动社会文化前进与发展的重要“内核”和杠杆，在一定程度上，它左右甚至决定着社会文化发展的水平和程度。从这个层面而言，在中国转型期社会文化的建设中，着力建设更具先进性的校园文化有着极其重要

* 本文发表于《中国高等教育》2002年第Z2期，作者郭贵春。

的意义。

高等学校的最高原则在于塑造和培养学生的精神和勇气，高等学校的全部魅力在于其特有的传统和精神。作为1902年建校的三所国立大学之一，山西大学诞生于孕育古老华夏文明的尧舜故乡，根植于黄河文化的文明沃土。悠久而厚重的历史，给山西大学提供了源远流长的文化汲养。在一个世纪的办学历程中，山西大学始终致力于民族高等教育和区域教育文化的不懈探索和追求，形成了中西会通、求真至善、登崇俊良、自强报国的优良传统，成为我们建设具有自身特色校园文化的重要基石。

任何一所大学，其确立的校园文化方向，都鲜明地反映着其自身的办学理念、精神境界和价值标准。山西大学继承文化传统，应对现实选择，为建设有特色的校园文化，在实践中逐步明确了自已的办学理念。这就是：着眼于国际科技飞速发展的趋势，塑造以追逐国际科技前沿为方向的研究理念；着眼于世界人才竞争日趋综合的趋势，塑造以培养创新能力为特征的育才理念；着眼于当今科教与经济紧密结合、并逐步占据主导地位的时代趋势，塑造以开放为模式的办学理念，把山西大学建成一流的教学科研型现代化综合大学。实现这一办学理念和目标，必须建设有自身特色的校园文化。

1. 以“德”为主线，建设以先进性为特征的校园德育文化

育人先育德，“德”是人才全部内质的灵魂。江泽民同志指出，道德是人才素质的核心。在校园文化建设的实践中，我们牢牢把握这个核心，把树立建设中国特色社会主义的共同理想和树立自觉为人民服务的思想作为德育的基本点。我们紧紧把握理论教育灌输、社团文化养成和社会实践服务三个切入点，将“两课”教育融入学生素质教育模式，率先在高校构建素质教育新模式，受到教育部的关注。我们在校内注重形成向上的德育氛围，建立了老教授宣讲团、博士硕士宣讲团和师生模范宣讲团，以他们亲身成长经历，教育和引导学生把握好成才立业的政治方向和道德品质，推动学生首先从思想上、政治上走向成熟。利用刘胡兰纪

念馆、引黄工地等校外德育基地，组织学生接受革命传统和艰苦奋斗的思想教育；通过全国劳动模范李双良、锡崖沟的事迹，进行现代愚公奋斗不止的精神教育；通过省内博物馆、贫困地县区实习基地，进行山西省情和建设家园的立业教育，在校内外形成了立体式德育文化教育氛围，促进学生树立理想信念、爱国爱省、报效家乡的信心和决心，以先进的理论和模范事例推动学生优良道德的生成，理想信念的坚定，为学生的成才打下了良好的思想基础。

2. 以“才”为主线，建设以创新性为特征的校园学术文化

学术空气是校园文化的重要组织部分，是学校特有的一种文化氛围。学术活动作为培育和营造学术空气的主渠道，正是它的绚丽多彩和精益求精，才使得高校校园不断绽放出一朵朵校园学术文化的奇葩。要建设一流的大学，没有一流的学术活动和学术空气不行；一流的学术活动，没有原发性创新不行。在校园学术文化的建设中，要突出创新这个主题，凸显科学文化这条主线，将理论与实践相结合，把内外课堂相联系，使学生开拓思路、丰富知识，激发学生的创新意识，培养学生的实践能力，以良好的适应能力去应对瞬息万变的知识经济社会。我们坚持建设“勤奋、严谨、信实、创新”的校园学术文化氛围，将内外课堂相结合，以全国“挑战杯”、全省“兴晋杯”、全校“创新杯”科技创新活动为龙头，培养学生的创新精神和科学实验能力。挑选一批中青年骨干教师为辅导员，鼓励学生将课堂内的理论知识应用于科技实践活动，加大奖励力度，在校内形成浓郁的校园科技学术文化氛围。

3. 以“学”为主线，建设以综合性为特征的校园育人文化

大学面对的是世界科学技术的前沿。当今科技迅速发展的规模化和综合化特征，对大学教育提出了明确的要求，而终身学习和主动学习的时代需求，也同时对各层次人才提出了挑战，社会发展中面临的诸多复杂问题，更是对科学界和教育界提出了分工与协作相融共济的时代命题。在这种社会背景下，“学习”已成为陪伴人终身的“随身物”，融入了人

才的基本素质。校园育人文化应该适应这种发展趋势，在着力培育学生的综合知识结构和主动学习能力方面发挥重要的作用。现代科学技术的分工与协作，既是宏观的、绝对的，又是具体的、相对的。高校培养的人才不仅要适应本职岗位的静态需要，而且要满足社会的动态需求。因此，校园育人文化既要培养学生宽厚的基础知识和较强的实践能力，又要培养学生主动学习和善于思考的素质。

4. 以“识”为主线，建设以内涵美为特征的校园环境文化

自古以来，美育就是中国教育思想中的精华，美能启真、美能辅德、美能益智、美能促体，美育蕴含在育人的全过程中。作为知识荟萃的智慧殿堂，大学校园中的一楼一瓦、一草一木，都浸溢着特定的文化美，广大师生无时无刻不受到校园环境的熏陶和感染。每所高校都有自己独特的文化资源，开发这些资源，启示师生的审美意识、道德养成、爱国爱校精神，净化心灵，发挥环境育人的功能，是校园文化建设的重要一环。蕴含着人文、艺术和科学精神的校园建筑，就是传播文明、养成道德的生动教科书；各具特色的校园亭台、花园和草坪，就是培育栋梁的第二讲台；浓缩着历史的校内雕塑、人文景点，就是学校传统和精神的示范和延续；标志着高校形象、精神的校牌、校歌、校徽和校旗所体现的结构美、抽象美、历史美、内涵美，就是校园特色文化的提升和特定精神的智慧。通过这一切，环境育人的功能得以体现，特色的校园文化跃然展现，美观大方、品位高雅、内涵丰富的文化特色，就成为校园环境文化的源头活水，随历史而常新，随时代而升华。

5. 以“体”为主线，建设以健康为特征的校园生活文化

培育德智体美全面发展的优秀人才，是高等院校的根本任务，也是校园文化建设的根本内容。我们的人才，不仅要为祖国建设、民族富强拼搏奉献，更重要的是，要以健康的身心，健康向上的心态，投入到工作和生活中。我们要大力提倡“为祖国健康工作五十年”的服务理念，培养终身锻炼的生活文化。健康延长着智慧的周期，健康保证着知识的

活力，健康磨炼着人才的意志，健康延伸着校园文化的生命。任何合格的人才，不仅需要渊博的知识、高尚的品格和杰出的能力，更需要健康的身心和积极向上的精神。校园文化的受众，是处于成熟期的广大青年，通过构建以健康为特征的校园生活文化，提高学生的身体素质，保持心理健康，养成追求终身健康的良习，激发学生的进取勇气，热爱生命、热爱生活，提高全民族的身心素质，这是高校应尽的义务和责任，也是高校校园文化建设的本义。

6. 以“养”为主线，建设以规范和谐为特征的校园管理文化

文化的育人功能，不仅体现在影响和熏陶，也同时体现在规范和塑造。从外在的行为规范，到内在的行为养成；从他律的强制约束，到自律的自觉追求，校园文化的作用无时不在，一刻不停。作为“准社会人”的大学生群体，在成长的过程中，其情绪和行为具有不稳定性和两极性，浮动的心理状态、多变的心理因子、多元的社会文化和参差不齐的社会追求，都可能对他们的行为趋向产生重要的影响。良好的制度体系，不仅可以规范校园各种秩序，同时也能规范学生的集体意识，约束学生的不良习气，有利于学生逐步养成良好的行为习惯，并形成与之相适应的道德观念和价值标准，有利于校园集体文化的生成和凝聚。在校园管理文化的建设中，应以学生综合测评和教职工考核为龙头，以评比、表彰和创建活动为载体，从严治校，典型示范，以点带面，积极引导，杜绝功利性短期行为，充分发挥制度育人的作用，实现归口管理基础上的相互协调，达成类别特色基础上的和谐统一，体现制度管理内在逻辑的合力，使校园管理文化能上水平、出效益。

把握科学最前沿　开拓学术新领域*

科学哲学的研究可以分为两部分：科学哲学的元理论研究和具体科学的哲学研究。一般地讲，前者是指科学说明、科学推理、科学评价、科学发展模式、观察与理论等研究，还可以包括著名科学哲学家的思想和理论研究；后者是指数学、物理学、生物学和心理学等具体学科理论本身的哲学研究。科学哲学的元理论是具体科学的哲学问题研究的全面概括和整体升华；具体科学的哲学问题研究是科学哲学元理论研究的基础和源头。在西方科学哲学中，具体科学的哲学研究占有很大比重，是科学哲学中的主流；而在国内，由于急于与西方研究接轨或被西方科学哲学理论所蒙蔽，往往表现出更需要学习西方科学哲学的理论，而疏忽了这种理论背后具有奠基性作用的具体科学的哲学问题研究。事实上，逻辑实证主义是考察了科学发展的实证与积累特征之后建立起来的；波普尔的证伪主义是以爱因斯坦的相对论和牛顿经典理论的证伪过程（即

* 本文发表于《自然辩证法通讯》2003年第1期，作者郭贵春，贺天平。

自然科学发展过程中的革命）为基础的；库恩的历史主义是通过考察科学家在科学研究中的作用而形成的……所以，科学哲学必须重视和加强对具体科学的哲学问题研究。而且，从科学哲学元理论向具体科学哲学问题研究的重点转移将会开拓一片新的学术领域，呈现“百花齐放”的新局面。

但是，开展具体科学的哲学问题远远不够，还要特别注意把握科学最前沿。只有把握科学最前沿的理论才能把握具体科学的哲学发展特点，只有明确了具体科学的哲学发展特点，才能明确科学哲学的整体走向。所谓“最前沿”就是近四五十年，甚至一二十年来的科学发展的最新成果或进展。物理哲学是科学哲学中最主要的、最具影响力的部分，而且物理学理论在20世纪后半叶的显著发展已经给我们留下了许多有待解决的哲学问题，如规范场就是其中之一。通过对规范场的系统思考，揭示和把握物理学新的发展成就引发的哲学思考，将会在哲学观念上取得新的突破：规范场把相位这个观念的重要性提高到最高，相位对称在自然界普遍存在，它背后的哲学内涵是什么？在规范场之后，超弦理论、膜理论相继出现，那么粒子、场、弦、膜中谁是物质的本原？“从数学的观点看，规范场概念是几何化的很深的。”（杨振宁语）为什么数学自身结构发展的一些概念与自然界用来建立物理世界所用的观念奇妙的吻合？自然本性和思维形式的关系是什么？非线性科学具有深刻的哲学含义，从规范场能看出非线性的什么哲学本质？在统一场论方面，规范场会给我们怎样的答案？同样，在其他领域的前沿理论也衍生出许多哲学问题。在数学领域，拓扑学和微分几何取得了突破性的进展，它们与微积分的方法论有什么不同？模糊数学或者是模糊逻辑中对确定性的批判，是对传统哲学的一次挑战，同时它又为人文科学研究提供了很好的研究工具。在化学领域里，超分子化学促使化学从结构研究向功能研究的转变，带给化学家研究方式的变化和思维观念的变革。生命科学、认知科学、生态环境科学等前沿理论的哲学研究更为广泛。

国家一级综合性、理论性学术刊物《自然辩证法通讯》自创刊以来，以其厚重的学术底蕴和新颖的思想张力吸引了不少学子，特别有几期开设“科学前沿”专栏，在传播和导引“把握科学最前沿，开拓学术新领域”方面起到了很大的作用。2003 年，恰逢该刊 25 周年，相信它在今后的发展中，会进一步弘扬科学精神、撒播人文情怀，让“科学与人文比翼齐飞，学术共思想圆融一色”，为我国甚至国际科学哲学领域的学术繁荣兴旺作出更卓越的贡献。

创新和丰富大学文化提高核心竞争力*

大学文化研究是高等教育界20世纪80年代开始关注、90年代悄然兴起的重要思潮。“核心竞争力”原是企业界广泛应用的概念，近年来逐步成为大学追求的重要目标。纵观中外大学发展史，一所办得成功的大学，都比较注重时代性、规律性和创造性的探索与实践。不注重时代性，大学的发展就会失去本性；不注重规律性，大学的发展就会失去理性；不注重创造性，大学的发展就会失去个性。大学作为一个典型的文化单位，只有在大学文化的建设上善于研究，善于创新，才能在观念创新上先人一步，在体制创新上优人一着，在机制创新上高人一等，在成果创新上快人一拍，才能贯彻落实好科学发展观，提升学校的核心竞争力。

* 本文发表于《南昌航空工业学院学报（社会科学版）》2006年第1期，作者郭贵春。

一、大学的文化传统

每所大学在发展历程中都会努力凝练形成自己的文化传统和文化特色。与西方相比，尽管中国现代意义上的大学还比较年轻，但经过百余年的求索与奋斗，也已在神州大地上绽放出绚丽的色彩。山西大学作为中国建校最早的三所国立大学之一，其强劲的发展势头，厚重的历史画卷中埋嵌了悠久的历史积淀、成功的经验和失败的教训，潜藏着山西大学未来发展的内在动力，认真挖掘其中丰富的精神财富，必将极大地振奋全校师生员工的奉献精神，并使之深深融入广大师生员工的心灵深处，增强学校的向心力、凝聚力。同时，也可以为山西大学的管理提供弥足珍贵的借鉴，使山西大学审时度势作出有助于学校理性发展的战略规划和实施策略，支撑山西大学百年绵延不衰，历经诸多磨难而愈显其顽强生命力和战斗力的优良文化传统，概括起来就是：中西会通、求真至善、登崇俊良、自强报国。

“中西会通”就是本土文化与外来文化的融合。山西大学初创伊始，中学专斋与西学专斋共存，教学内容中西融合，中外教师交叉授课，新建校舍也尽显中西融合之风格，中西文化共融的教育模式由此独创。山西大学堂译书院，翻译出版了数十种外国书籍，直接引进和传播了西方先进的科学技术知识和学术思想。历经百年沧桑，山西大学这种与生俱来的开放性办学风格，始终是山西大学鲜明的办学特色。

“求真至善”就是科学精神与人文精神的融合。山西大学初办时，开设经、史、政、艺等人文科学课程和数、理、化等自然科学课程，由此奠定了文理多科综合大学的基础。如今的山西大学已成为拥有文学、历史学、理学、工学、管理学、哲学、法学、教育学、医学和艺术学等十大学科的现代化综合大学，为提高师生的人文素质和科学文化素质创造了条件。

“登崇俊良”就是知识传授和道德养成的融合。山西大学创办之初以韩愈的名言“登崇俊良”为校训，“得天下英才而育之”的办学宗旨可见一斑。百余年来，山西大学始终“以教授高深学术，养成硕学宏材，应国家需要”为己任，已为国家和社会培养了10万多名德才兼备的各类人才。山西大学素质教育新模式在全国推广，正是这种传统的继承和发扬。

“自强报国”就是学校发展与民族崛起的融合。20世纪攸关国运兴衰的关键时刻，山西大学师生都挺身而出，站在时代的前列。山西大学栉沐风雨而茁壮，历经沧桑而弥坚，始终与中华民族的命运紧紧相连，她奋斗的足迹深深嵌入中国发展前进的年轮中。

二、把握大学文化的基本特征，形成特有的文化品位

大学内在的不可替代的教育力量就是它的文化熏陶。大学文化隐含了代代学子宏大的气魄和探求不止的精神，蕴藏着大学巨大的精神潜能，因而一经形成就成为展示大学特色的重要标志，就为学校发展奠定了厚实的文化底蕴，是大学与时俱进、昂扬向上的精神财富。缺乏深刻文化内涵的大学，不是一所真正的大学，永远不可能走向卓越。

山西大学是一所具有百年历史的高等学府，积淀了“中西会通、求真至善、登崇俊良、自强报国”的文化传统。学校从2002年以来所进行的思考、实践弘扬了优良的传统，发展了自身的文化。2002年建校一百年时，我们怀着“迎校庆，促发展”的初衷，召开首次工作计划会议，形成了“集中时间交流思想，集中精力规划发展，集中智慧谋划未来”的工作机制。新百年起步之年，我们召开第二次工作计划会议，从深层次上理解、认识“建设国内高水平教学研究型大学”这一办学定位，明确回答了新的历史阶段建设一个什么样的山西大学的根本问题。2004年，我们召开第三次工作计划会议，会议的主题是“继续以学科建设为龙头，推进高水平高效益办学的协调发展”，实际上从根本上回答了怎样建设山西大学的战略问题。2005年年初，我们在第四次工作计划会议上，鲜明地提出了“树立科学发展观”，而且强调“是否具有科学发展观，能否按照科学发展观办学，能否用科学发展观指导工作，直接影响学校改革发展的成败”。可以说，学校发展的主题一次比一次鲜明，内涵一次比一次深刻，而且我们充分尊重师生的选择、依靠师生的信任、集中师生的

智慧、凝聚师生的力量，这几年的办学水平、办学效益逐步提高，体现了以人为本、全面、协调、可持续的科学发展观，提升了学校的核心竞争力。

梳理学校的办学思想，联系学校的办学实践，我们总结了山西大学的文化内涵，这就是“求高、求精、求新、求活”。

求高，就是形成有水平的学术成果。大学千年发展的艰难历程向我们昭示：知识探究是大学存在发展的命脉，知识传播和知识应用都以此为根基。偏离大学学术研究的航向，大学将演变为知识的简单复制和培养技术工匠的作坊。师生的学术研究能力逐渐成为衡量学校办学水平的重要指标参数，而教育教学活动也可以看作是其学术研究活动的延伸。大学理所当然地成为一种学术型组织，以其特有的学术研究成果辐射社会，引领社会前进。中外许多优秀大学的显赫名望，因其卓越的学术成果而获得人们的认可与向往。大学教师的地位和名声，也因其学术成就而享誉学术界。山西大学有求真至善、登崇俊良的优良传统，实际上就是追求高水平的学术研究。我们最近几年摸索出的办学经验，其中一条就是以质量求生存，质量是立校之本。我们建成了两个国家重点学科、1个国家重点实验室、1个人文社会科学重点研究基地、1个教育部重点实验室和3个一级学科博士点。我们的本科生数量由原来全省第1位退为全省第6位，而研究生数量比2000年翻了3倍多，居全省第1位，都是高质量学术研究的表现。我们的本科生就业率一直稳居全省前列，本科生录取分数线位居全省最高，就是以质量求生存的结果。

求精，就是形成有特色的标志。大学文化是一种高层次的先进文化。它能增强师生员工的归属感，并通过其辐射功能对社会文化产生影响。所以有人说，大学文化既是了解社会文明程度的一个窗口，又是先进文化的生长点。从历史上看，山西大学有自强报国的优良传统，在百年的办学历程中留下了许多值得记取的亮点。从现实看，我们一直明确地认为，山西大学作为一所地方性大学，要发挥对地方经济和社会发展的先导性和基础性作用，应该体现在四个方面：一是培养的人才要有高素质；二是研究的成果要有高水平；三是技术的应用要有高效益；四是文化的辐射要有高层次。这样做就是追求卓越的大学文化、追求优秀的大学文化。我们的院士培养、国家大奖、人文大奖和全国优秀博士学位论文等一系列历史性突破，就是优秀大学文化的代表，就是山西大学特色的表现。我们的校园建设，北校区以传统格局为主，南校区以现代气息为主，建成了传统与现代互动、自然景观与人文景观辉映的崭新校园。我们打造特色、强化特色，就是为了在发展中精益求精，日益强大，这也与我们以特色求发展，特色是强校之路的办学经验是相吻合的。

求新，就是形成有创造的氛围。大学文化有传统的一面，更有批判、创新的一面。大学拥有社会卓越的精英人才，有进行各种学术研究的传统和条件，有充裕的时间进行研究，对自身、对社会不断进行批判，促进大学和社会的进步、发展。通过批判、培养师生创新的能力，提供师生创新的机会。因此，大学文化建设必须营造有利于师生创造的氛围。这个氛围就是要有利于师生能够继承前人又突破陈规超越前人，要有利于师生发现问题、分析问题和解决问题，实现工作学习化、学习工作化。我们提倡在教师和学生中要有四种态度：创造公平竞争的空间、营造和谐宽松的氛围、加强理性批判的态度和要有敢于怀疑的精神。在管理上，推行三个结合：坚持学术管理与行政管理相结合、坚持宏观管理与微观管理相结合、坚持制度管理与情感管理相结合。各个学院给教授、副教授、讲师和助教分别设立相应的工作空间，就是在营造创新的氛围。近年来，我们进行的人事制度改革、分配制度改革和后勤社会化改革，我们实行的各种奖励、政策以及创新人才岗位津贴，都是尊重创造、鼓励创新和扶持拔尖的体现。大学文化求新的特性与我们以改革求活力，改革是兴校之源的办学经验是一致的。

求活，就是形成有开放的气度。大学发展历史表明，大学是一个具有高度自我调适能力的组织，开放、包容是大学文化的基本特性。正是这种海纳百川的开放、包容精神使大学不断获取和更新大学发展的动力。山西大学创办之初就是中斋与西斋共存、中外教师互聘，是本土文化与外来文化相融，从而形成了中西会通的优秀传统，孕育了山西大学开放办学的风格。大学文化开放性，也与我们的一条办学经验相吻合，这就是以开放求效益，开放是治校之机。开放意味着包容，意味着宽容，意味着融合。21 世纪是开放的时代，知识更新周期缩短、经济全球化和高等教育国际化形势要求大学必须敞开胸怀，用开放气度、世界眼光和全球意识来开拓大学的未来。只有通过对内对外的开放，大学才会盘活发展所需的各种信息和资源，并通过文化的辐射永葆自己的生机和活力。我们现在广泛开展国际交流，开展校校合作、校企合作，显示了扩大开放的气度。

三、善于建设，丰富和创新大学文化

大学文化建设事关学校的生存与发展。加强大学文化建设，是大学求生存、求发展、求特色的根本性建设。任何一所有战略眼光的大学，无不把注意力放到文化建设上来，用优秀的文化丰富自己，用先进的文化完善、构建浓郁的校园文化，提升学校的文化品位，打造学校的文化形象。我们要推进高水平办学与高效益办学的协调发展，提高学校的核心竞争力，所有的发展都必须落实到“四个高”，高素质的人才培养、高水平的科学研究、高效率的运行机制和高层次的国际交流，所有的建设都要体现四个效益，经济效益、社会效益、管理效益和文化效益。

突显大学文化的思想性，增强协调发展的合力。大学文化的思想性，就是通过文化的无形力量，影响师生的价值信念，引导和塑造师生的态度与行为，从而使他们有效地相互沟通和合作，增强推动学校协调发展的向心力、凝聚力。我们将广泛宣传悠久的办学历史，让师生了解学校光辉的发展历程、了解学校所发生的“传奇”事件、了解学校所培养的著名学者、了解学校不同时期的工作亮点，激发师生爱校情感。传承开学典礼、毕业典礼和校庆纪念等各种礼仪，举办名师讲座、名人论坛等各种学术活动，激发全校师生的荣誉感、成就感。2003 年教育部本科教学水平评估，使学校的优良传统得到了进一步弘扬，办学理念、办学定位、办学思路和办学战略得到了进一步宣扬，培育了广大师生兴校、强校的共同理想。伴随着现代社会的发展，我们必须赋予大学文化新的内涵、赋予大学精神新的内涵。各个学院、各个处室努力建设学习型、研究型组织，大力培育先进的、优秀的、卓越的大学文化，把学校精神与自己单位精神融合起来，增强工作的吸引力和感染力。

突显大学文化的学术性，增强学科建设的实力。大学文化主要体现在学术上，这与大学本质、大学属性和大学功能是相一致的。大学作为一种学术机构，以学术为根基、以探究学术为人类服务。我们也一直强烈地感受到学科建设强，学校则强；学科建设弱，学校则弱。学科建设涉及许多内容，必须以科学的发展观为指导，形成我们山西大学学科建设的独特文化。我们这几年提出了“四个超越”“四个消除”的学科建设战略，学术文化逐步鲜明。为了建设更加优秀的学术文化，我们今后将做好七个方面的工作：一是弘扬优良的学术传统，二是凝练稳定的学术方向，三是培育优秀的学术人才，四是构建广阔的学术平台，五是营造宽松的学术环境，六是创造突出的学术成果，七是强化鲜明的学术特色。只要我们的学术传统有继承、学术方向有定位、学术人才有大师、学术氛围有改善、学术成果有影响、学术平台有交叉，我们就一定会创造出自己的特色，形成富有核心竞争力的学科。

突显大学文化的育人性，增强教学创新的能力。大学传播文化、研究文化和创造文化的过程，实际上就是培养人才的过程，其与教学工作密切相关。我们说教学是大学最基本的活动，人才培养是大学最基本的职能，都在突出大学文化育人的功能，都在强调教学工作是学校工作的主旋律。山西大学素有人才培养的优良传统，一大批优秀人才的培养集中反映了山西大学追求卓越的大学文化。发展高水平本科教育顺应了国家高等教育发展的重要趋势。为提高本科生的培养质量，我们力求做到教学思想上有前瞻性、教学方法上有开拓性、教学内容上有创新性、教学手段上有先进性、教学研究上有前沿性、教学管理上有规范性、教学评价上有科学性、教学队伍上有特色性、教学条件上有优良性、教学效果上有显著性，不断将教学工作推向新的高度。

突显大学文化的多样性，增强开放办学的活力。大学是产生新思想、新知识和新文化的殿堂，自古以来就是多元文化并存的地方。正因为大学文化的多样性、多元性，大学必须走向开放。我们在国外的校际交流学校已达 40 余所，我们聘请海内外专家作我们的名誉、兼职或客座教授的数量已达到 207 人。开放是全方位的，对内，我们的管理体制越来越开放、越来越活，营造了宽松的环境；对外，不仅对国外开放，还对国内开放、对社会开放。每个学院、每个科研所（中心）充分做好扩大开放的规划，吸收共享更多的资源，为高水平高效益办学服务，保持持续发展的实力。

突显大学文化的和谐性，增强环境辐射的效力。大学的环境文化应该体现它的和谐性。这要求我们做到三点：第一是大学应该有宽广美丽的物质环境。这不仅是为大学提供一个物理的空间，更重要的是营造一个心理的空间。我们的图书馆建造讲究，藏书丰富，学生直观感受到书山之高大、学海之广阔。我们的教室、实验室宽敞明亮，给学生充分自由的空间。我们还有修葺一新的体育场、校园道路和初民广场，特别是南校区的建设，给身处山西大学的师生创造了身心愉悦的工作、学习和生活环境。第二是大学应有宽松协调的人际环境。大学成员的文化层次较高，对精神上的追求和满足更为迫切，因而建立良好的人际关系更为重要。一所高水平大学的人际环境，应该具有最令人轻松自然、最令人心情舒畅、最令人协作交流、最令人多出成绩的良好氛围。学校多次强调，注重人文关怀，人际环境正在逐步改善。第三是大学应有文化管理的制度环境。大学的各种教学、科研、学科建设和校园秩序的规章制度，都应体现文化管理的品位，形成人人受重视、人人受激励的管理机制。朝着文化管理的方向努力，就是要调动和激发全校师生员工的主人翁意识，共同建设大学文化，共享文化建设的成果。

学派建设与社会科学的理论创新*

社会科学的理论创新，之于时代进步、社会发展的意义是不言而喻的。当我们大力提倡科技创新的时候，我们更多注重的是科学研究的外部组织形式，诸如科研体制的变革、学科门类的建设等，而往往会忽视一个基本的事实：科学知识的生产、传播和更新，具有其特定的内在规律性。因此，必须大力提倡理论创新。科学的理论创新态度，必须尊重并科学地对待知识本身的规律。真正的理论创新，只能够从科学家的内在活动上获得。然而，最能体现科学家内在活动形式的“科学学派”，在中国知识语境中却长期处于缺位的状态。学派的缺位不仅无法为理论创新提供动力支持和组织平台，而且客观上造成了研究的无序混乱，出现了学术失范等诸多道德不端行为。支持科学学派的发展，培育学派精神，对于社会科学的理论创新具有重要的意义。

* 本文发表于《中国高等教育》2006年第10期，作者郭贵春。

一、社会科学的理论创新需要学派

社会科学具有非常强的时代性和实践性。各个时代都具有它特定的时代精神和时代命题，从而使社会科学要面临不同的时代选择和时代实践。科学地认识社会科学的理论创新，绝不能停留在社会科学的一般特征上，而应当从社会科学所面临的现实状况出发，来理解社会科学的性质和功能。因为社会科学作为一种社会建制，不仅要说明和解释社会现象，它同时也担负着改造社会的要务。

首先，社会科学作为一种独立的社会建制，其研究主题不可避免地要受社会内外部因素的影响。

按照华勒斯坦等人重建社会科学报告书——《开放社会科学》所言，社会科学从 18 世纪到 1945 年近一百年的时间内，整体上完成了各个学科领域的制度化过程，形成了自己独立的研究范畴、对象、内容和方法，尤其是独立的学科特征。相比自然科学，社会科学实际上要复杂得多。因为它所面对的是社会，社会的重要组成者——个体行为者都是具有自由思想意志的人，对他们的行为很难做出比较精确的预测和判断；此外，社会科学的外部因素，诸如世界政治格局的变化等因素，都会不可避免地影响到社会科学及其研究主题。

社会科学制度化的完成，使得社会科学能够造就大批符合新标准的科学家，也造就了符合制度化的人才教育培养体系学科制度和学科组织。但这种制度和组织，往往凸现了功利化目标，而忽视了对价值层面的关注，容易使学科发展呈现出片面化和极端化的发展状态，导致社会科学的实践与思想之间不断产生新的矛盾；在人们关于知识的理解上，更强调知识的生产力功能，而生产力功能又偏重于物质层面，在行动上追求最大效率，并且以投入与产出的比率来衡量一种知识的地位，这就片面强化了学科制度化的生产力功能，而忽视了其在科学发展中的精神信仰的功能，从而使学科日益被导向单维的追求效率的工具，而缺少对价值层面的关注，这就导致社会也不可避免地存在致命的硬伤：人的发展的单向度化。这也正是当代社会科学发展面临的最突出问题之一。

其次，社会科学需要担负起构筑科学知识领域和公共知识领域之间对话桥梁的要务，实现自身公众角色的转变。

社会科学在当代所面临的这种状况，促使社会科学反思自身，反思其既作为知识体系，又作为制度体系的新特征，以及其作为公众中社会角色的新定位等问题。尤其是当许多现实问题无法在单纯的认知系统中得到解答或解决时，社会实践要求对制度化的科学进行整体反思，或许只有如此，才能更清晰地认识到当前人类所面临的诸多问题和困境。在这一问题上，社会科学至少应当肩负起部分责任，重新恢复它的经典传统，即“对现代性的阐释和批判”这一责任。应当切实反思科学知识在当代社会中的地位问题，澄清科学的社会建制和专家在生产知识中的关系问题，反过来讲，科学在多大程度上具有社会的自主性？如何来理解现代社会中，作为认知体系的科学（即知识体系）和作为制度体系的科学（建制系统）之间的关系？①

当代社会科学所面临的这些问题和体现出的特征，以及社会实践的变化和需求，是社会科学进行理论创新的基本背景和前提。应当看到，专业化、制度化之后的社会科学，突出的矛盾就体现在，一方面是建制性的组织形式，迫使社会科学及社会科学工作者向知识的专门化发展，分工越来越细，逐渐远离公众，或者说，其知识产品已经很难为公众所接受和理解；另一方面，当代世界格局的重大变化，社会与自然关系的新发展，科学理性权威受到普遍质疑，诸如此类的社会主题的变化，又对社会科学介入到社会实践中产生了巨大期望，需要社会科学重新进入到大众知识领域，在公共理性的建构、现代性的批评等当中，转变知识角色，发挥其重要的作用。

然而，这一切问题都无法在作为制度层面存在的社会科学上实现。因为能够适应、满足和解决社会实践问题的理论创新，并不能够靠单纯的外围性的科研体制、组织制度来实现。这些外围性的制度，充其量只能作为一种保障条件和基本前提。真正的理论创新，只有在科学家的研

① Delanty G. Social Science：Beyond Constructivism and Realism.Maidenhead: Open University Press，1997：4.

究活动中才能够实现。而能够规范、引导和促进科学家研究活动，并同时又符合和体现科学研究本身规律的，就是作为科学家内在的活动形式的科学研究学派。这样一来，当代社会科学的境况及实践所提出的这些问题，就已经把“学派”置于了当代社会科学理论创新的问题核心。

二、学派具有理论创新的特质

一般来说，有学即有派，一门学问中由于学说师承不同，就会形成派别。科学学派是整个科学发展的核心驱动力，如著名的剑桥学派，就是整个西方经济学的根基。其他诸如心理学的行为主义学派，语言学的结构主义学派等，都在人类理论创造和思想发展中起到了重要的、奠基性作用。可以说，每一个科学学派的形成，都是该学科本身的一次跨越式发展。科学学派的生命力就在于它的开拓和创新，科学学派之所以具有高度的创造性和有效性，是由它自身的结构与功能所决定的。

首先，科学学派形成最重要的原因在于该学派以理论上的创新为核心，提出了跟以往不同的新理论、新方法和新视角，并对特定学科的理论和方法产生了巨大的影响，在研究范式上发生了根本的变化。作为新领域的开拓者，科学学派必须有独树一帜的理论创新，这是它得以存在的根本因素，所以，“学派的核心思想必须是对传统理论的重大突破，或者是对一个全新领域的开拓。它给人们提供了一幅新的视野图景，使人们具有通过进一步工作而获得成功的巨大希望，因此，才能够吸引众多的优秀人才在这一领域持续不断地进行探索。由此可见，原始创新性思想的提出是科学学派形成的关键。不但如此，为了使其研究纲领贯彻始终并发展壮大，学派成员需要不断地开拓前进，探索创新”①。

由此可见，一个学派的形成，本质上就意味着该学派的理论创新成就相对于传统的、已有的成果来说是独立的、开拓性的和奠基性的，甚至很多情况下是革命性的，否则，该学派就不足以在学术界立足，更谈

① 吴致远. 科学学派的本质特征析说. 科学管理研究，2003,(5).

不上能够产生吸引力和凝聚力来形成科学共同体。正是学派核心理论创新力的号召，才会吸引一大批信奉者投身到该研究领域，并做出成熟研究成果，得到社会承认，从而构成了学界所公认的学派。

其次，科学学派的运行机制是以学术为纽带组织在一起的，很少或不易受到外在制度的影响和异化，这样一种组织运行机制，非常符合科学活动的规律，有助于创造性成果的产出。由于科学学派很大程度上是围绕学派领袖的创新理论，依靠学术本身的逻辑和规律而构成的，所以，它的组织运行与一般性的科研集体相比，具有根本的差别和巨大的学术优越性。其形成特点是自组织的、更趋自然性，而非外部命令式的行政组织。这就为理论创新提供了非常优良的平台，科学家能够自发地从事科学研究，进行自由的学术交流和争论，在思想碰撞、业务竞争和学科论战中促进思想和理论的创新。

最后，科学学派通过将个人的创新活动转化为群体的创新活动，不仅提高了科研效率，而且形成了强大的创新链条。这种创新链条存在于两个方向上：一方面，在特定的学科领域中，会形成不同的学派。学派之间的相互竞争，使得科学共同体会设法提高或修正自己的理论，从而促进了科学进步。特别是对外的排他性竞争，客观上促使学派内部形成良好的关系和气氛，这不仅有利于学派成员的成长，激发其创造性思维和新思想的出现，而且，正是学派本身对内表现为一个向心的、实施合作的科学家集团，对外表现为一个排他的、学术竞争的强有力整体，发挥群体竞争优势，使得学派敢于不断开拓新领域，并有力量向学术权威挑战，通过有意识的斗争，为新思想和新理论的生存创造空间，学派成为科学从潜在到显在、从孕育到诞生的推动力。另一方面，学派在发展的同时也包含着自身的分化和分解，进而学派会走向解体。学派本身就是因为其理论创新而存在的，当学派之内或之外出现了更为新颖的创新理论时，原有的核心理论无法提供新问题的解决，成为进步的阻碍，就会使整个学派的聚焦点出现多元化倾向，削弱了学派领袖的向心力和感召力，维系学派的学术纽带断裂，最终会导致学派解体。但是，这恰好是理论创新出现的时机，且正是学派的更迭，使得创新链条得以延续。

由此可见，学派跟理论创新根本上是一体的，没有创新就不会有学派，学派是在创新基础上形成的；学派作为科学活动的组织形式，为理论创新提供了最合理的基础和平台。现代社会更多注意到了科学研究外围环境的营造，诸如完善的体制、充裕的资金和先进的设备，殊不知真正的创新只能依靠激发科学家内心创造力才能够实现，“一个著名学派的崛起和鼎盛，甚至导致一个国家科学事业的繁荣和兴旺”①，科学的发展历史一再证明了这一点。

在学派问题上，人们往往会将科学学派归结于自然科学领域，而忽视社会科学领域中的学派。事实上，虽然自然科学和社会科学之间存在诸多的差异，但是在科学活动的内在组织形式上，学派之于它们各自领域的理论创新而言，都具有同等重要的意义。社会科学研究同样是一种群体性的事业，社会实践的纷繁复杂、不断变化，更会使理论竞争趋于激烈，理论创新变得迫切，甚而在创造研究自由、善意争论和学术规范等方面，学派对于社会科学的发展意义更大。

三、建立中国学派之于社会科学理论创新的意义

在中国的知识语境下，建立中国的社会科学学派，对于社会科学的理论创新来说，显得必要而紧迫，这既是学科本身发展的内在驱动，也是社会实践的必然要求。然而，在大部分的历史中，中国都缺乏学派形成的土壤，尤其是社会科学学派，更难以立足。究其原因，很大程度上跟文化传统和学术习惯相关，也就是缺乏学派得以形成的社会历史与文化环境。诸如不敢标新立异，讲究中庸之道，浮躁的急功近利思想，甚至文人相轻的文化心理特征；知识分子缺乏独立立场，常处于内斗的无序竞争局面，无暇顾及创造性学术建构的历史现实状况；再加上思想主体习惯于集权行政管理的科研体制模式等因素，都造成了现实中有学无派，不敢轻言创新的状况。

① 赵冬，赵万里. 研究学派及其创新链条. 科学学研究，2003,(3).

如果说在自然科学领域，学科特性使得自然科学能够更多融入于国际科学研究秩序，参与到相关问题的解决和交流当中的话，那么直接面对特定区域范围内社会实践的社会科学，就必须形成自己的理论特色和思想体系，唯有如此，才能构建出具有“中国特色、中国风格和中国气派”的知识结构[①]，直接面对和解决中国实践中出现的社会问题。然而，现实的状况却是，除了少数领域之外，很多的社会科学研究仍然承袭着西方的理论原则和框架，没有形成自己独立的思想立场和研究方式。

在社会科学领域中倡导理论创新，必须凸显发展学派、培育学派精神的重要意义。其必要性体现在以下内容。

首先，社会科学学派的形成，有助于合理整合和配置学术资源，处理好个人创新和集体创新的关系，发挥最大的理论创新效能。社会科学研究对象的复杂性和多样性，使得突破已有思维习惯和研究框架极为困难，面对新出现的现象和情况，单个的思想主体会变得异常小心谨慎，难以用创造性的理论来进行解释。即便是大胆提出创新理论，在强大的传统理论面前，也很容易遭到忽视甚至压制。但是，如果学派精神能够得到充分认可和弘扬的话，创新理论就会在善意的批评、争鸣和竞争中得到完善并趋于成熟，事实上，研究者之间的学术交往和相互竞争，包括彼此的批评和回应，往往是历史上重大理论取得突破性进展的先决条件。尤其是社会科学已经发展为一项群体性事业的今天，单个分散和孤立的闭门造车式的研究已经不可能，社会实践的复杂性，要求社会科学研究将个体突破和群体效应结合起来。只有在学派的平台上，创新理论才能得到足够重视和引起广泛注意，思想主体之间的相互传承和学术绵延才有了可能，从而为学术精英和学术大师的出现，营造了有利的学术环境。

其次，社会科学学派的形成，有助于彰显本土意识和问题意识，立足社会实践，增强学术原创力。要摆脱和超越目前学术研究更多停留在理论借鉴的状况，我们就必须提倡汉语为本体的理论创新。当代中国的

① 周济. 以科学发展观为指导　努力开创高校哲学社会科学工作新局面. 中国高等教育，2006,（4）.

发展正处在一个社会、文化的转型时期，丰富多样的社会实践，为立足本土创造具有鲜明特色的理论提供了绝好的机遇。如果能够增强本土意识和问题意识，为复杂多变的社会现象提供足够的理论和观念，那么，重新恢复社会科学作为现代性批判这一传统要务，发挥社会科学作为公众知识角色的世俗关怀功能，进而增强本土文化的生命力也就有了可能。因为，“一个合格的学派必须有自己对某个论域乃至整个宇宙的设计与解释体系。学派之间的对话就是不同思想体系的对话。没有自己思想体系的学派是没有资格参与重大的文化对话的，因为它缺乏独特的立场，无法以不可替代的方式发言，即使勉强参与，也会由于言语的破碎和立场的飘忽而难有作为”[①]。所以，某种意义上看，以汉语为主体的社会科学学派的创立，是中国文化能够与其他世界文化进行直接对话的重要前提之一。

最后，社会科学学派的形成，有助于消除科研管理体制弊端，加强学术规范，净化学术空气，弘扬学术民主。社会科学的学科特性决定了从事社会科学的研究，不仅要有较为宽松的学术环境，而且更要能够摒弃急功近利、沽名钓誉的浮躁心态和短期学术行为。然而，目前社会科学的制度化已经无法摆脱功利主义的研究心态，研究者往往出于各种学术外因素的考虑，漠视社会科学本身的知识规律，学术研究中粗制滥造、低水平重复和片面追求数量，当然就更不会出现厚积薄发基础上的理论创新。更为甚者，抄袭剽窃、侵吞他人成果、伪注及篡改等学术失范现象和学术不端行为屡屡出现，影响了学术研究的整体形象。中国学术研究中学派缺位的长期存在，至少要对这些问题的出现承担部分责任。因为这些问题实际上很难仅仅从制度上得到充分解决，而学派及其精神的建设，“能有效地消除和抑制这些行为，保持科学界的公正和纯洁。学派既是科研基础，又是教育基础。在学派之内，科学家不仅习得知识，还进行着人格的锤炼与道德的熏陶。学派内部形成的特殊文化环境和群体规范，会内化为学派成员的精神气质，从而潜移默化地塑造着其科学行

① 王晓华. 学派化与思想创新. 深圳大学学报，2003,（1）.

为”[①]。尤其是出于竞争的考虑，学派之间通常对彼此的研究非常关注，一旦有不轨行为出现，很容易就会被指出。同样，学派成员出于整个学派集体利益的考虑，不太敢轻易实施有违学术道德的行为。

综上所言，虽然在当前的学术氛围中，提出建立中国社会科学学派的观念，仍然要冒天下之大不韪，但只有敢于突破固有范式和思维定势的精神，才能把建立中国学派的观念真正落实到具体的学术目标上，也才能为社会科学的真正理论创新提供良好的环境和平台，从而在持续不断的学派竞争和更迭中，形成中国特色的知识体系。

① 吴致远. 谈造就我国科学学派的迫切性. 科学管理研究，2003,（1）.

实现“五个转向”理性选择学校发展战略*

“十一五”时期是我国全面落实科学发展观，全面进行发展模式创新和制度创新的时期，它将对我国经济社会的长期发展起到关键性作用。作为一所地方综合性大学，如何科学发展贯穿于“十一五”规划中，必须回答好定位如何确定、学科如何建设、模式如何创新、人事如何改革和氛围如何营造的问题。解决这些问题关键在于有没有科学的、正确的办学思路。山西大学是一所已愈百年的地方综合性大学，曾为中国近代高等教育的发端、新中国高教事业和新时期地方高校的发展做出了积极的贡献。2005 年，山西大学成为山西省人民政府和教育部重点支持的省部共建大学。对一所地方高校来说，这是彪炳史册的重要里程碑和实现新跨越的历史性机遇。我们清醒地把握所处的历史方位，审视近年来的办学思想和办学成效，着眼于“十一五”发展的目标和贡献，鲜明地提出“五个转向”的新思路。这是我们在“十一五”期间建设一个什么样

* 本文发表于《中国高等教育》2006年第12期，作者郭贵春。

的省部共建大学，怎样建设省部共建大学的理性选择。

一、办学目标定位要从教学研究型转向研究教学型，打造国内高水平、国际有影响的高等学府

大学定位是当前政府、高校和社会普遍关心和重视的一个问题。每一所大学，不管它的历史长短，都会遇到如何定位的问题。山西大学为什么要从教学研究型转向研究教学型呢？第一，学位点数量大幅上升，这为科学研究奠定了广阔的平台。学科建设是一所大学的根本性建设。2000年以前，山西大学的博士点数量仅有5个，硕士点为39个。2005年，博士点达到48个，硕士点达到137个。第二，学科建设形成了国家重点学科与省级重点学科相互促进，国家重点实验室、教育部重点实验室及人文社科研究基地与省级重点实验室及人文社科研究基地有机衔接的体系，这为科学研究提供了有力支撑。建成光学和科学技术哲学两个国家重点学科，并依托光学学科和科学技术哲学学科分别建成了山西省唯一的国家重点实验室、教育部人文社会科学重点研究基地。拥有2个教育部重点实验室、20个省级重点学科和重点建设学科、3个省人文社科重点研究基地和3个省级重点实验室。第三，科研经费逐年上升，研究生数量已达到4000人，这为科学研究提供了强大的动力。第四，连续三年荣获五项国家科研大奖，还实现了院士培养、全国百篇优秀博士论文奖的突破，这为科学研究带来了拓展的活力。2003年，“全固化单模单频绿光激光器”获国家技术发明二等奖、《后现代科学哲学》获教育部“第三届中国高校人文社会科学研究优秀成果”二等奖。2004年，“低度有色配制酒稳定性的研究及应用”和“芒硝法生产硫酸钾关键技术的研究及应用”获国家科技进步二等奖。2005年，“新型光敏水解褪色材料的研究与应用”获国家技术发明二等奖。作为我国最高学术水平的代表，山西大学彭堃墀教授光荣当选中国科学院院士，成为山西省本土培养的首位院士。郭贵春教授聘为教育部社会科学委员会委员、全国高校哲学社会科学研究工作高级咨询机构首届委员。这些都要求提升科研能力，突出科

学研究的显示度、震撼力，以更有效地推进人才培养工作和社会服务工作。目标转向的另一个重要原因是，本科教学工作通过了教育部的评估，并获得优秀，要求学校要在更高的层次上研究和做好本科教学工作。所以，学校的办学目标必须更高，不仅要在国内是高水平的，而且要在国际上有影响，某些学科得到国际同行的认可。

什么是研究教学型大学，研究教学型大学应该有什么样的标准？学校结合国际国内的研究，确定六条标准：治学理念先进，办学特色鲜明；学术队伍优秀，科研成果突出；能将高水平的科学研究成果渗透于教学的全过程；学生素质高、生师比适中；科研经费充足，办学条件比较好；学科门类比较齐全，管理科学规范。建设国内高水平、国际有影响的研究教学型大学这一办学目标定位的转向，将带动学校各方面工作的转向。

二、大学文化价值取向从自主学习型转向自觉研究型，营造自由讨论、民主探究的学术氛围和育人氛围

无论是从历史还是现实来看，大学本身就是一个文化系统。一旦大学选择形成了富有个性的文化体系，尤其是形成了带有强烈的价值选择的精神文化，其就会以文化传统的方式对大学发展持久的影响，显示出大学文化特有的历史渗透性，而且这种文化的渗透是不会以任何个人的意志为转移的。山西大学经历一百多年，是一所具有较深文化底蕴的高等学府，必须朝着高水准的文化方向发展。

研究教学型大学是我国高等教育系统中前 100 位大学中的重要组成部分。它在整个中国的高等教育系统中或区域性的高等教育结构中，都具有重要的战略地位。它是研究型大学与教学研究型大学之间的内在联结的桥梁和过渡。它处于我国 1700 多所大学的塔顶位置，但又同时支撑着作为塔尖的研究型大学。建设“省部共建”和“研究教学型”大学的最大意义，在于提升山西大学大学文化建设的“品质和品位”，提高大学文化建设的“内涵和意义”，使学校的大学文化建设再上一个新的台阶，从

而全面创新建设的目标、内容、形式和结构。

从学术层面看，学科建设的快速发展催发出大学文化的繁荣，高水平的大学文化建设反过来会促进学科建设真正走向新的高峰。我们进行“五个转向”的最重要的任务之一，就是将学科建设的快速发展转化为大学文化建设的繁荣。也就是说，学科建设只有从注重形式转向注重本质，从追求结构转向追求精神，才能使大学的本质更鲜明地突显出来。因为，高水平的学科必须有大学文化的基础。高水平、高效益与高文化建设是三位一体的。好的学术团队就在于它有好的学术文化。一个有好的学术文化的团队可以弥补结构的不足，可以促进整体发展。反之，一个有水平的团队会因为它的文化趋向的丧失而走向衰落。在现代社会的教育环境中，持续的学习与创新能力不但是发展的源泉，同时也是一个学科持续发展的不竭动力，是提高综合竞争力，超越对手的重要基础和支撑。正是由于对学习和创新能力的反应速度不一样，才出现了竞争力之间的差距。在某种意义上讲，谁拥有最大量的信息，谁拥有最好的学术环境，谁拥有最快的反应速度，谁就有最好的竞争能力。

从管理层面看，广大干部，特别是中层干部素质的提高，尤其是研究理念在工作中的贯彻和落实是当务之急。事实上，“分析就是研究，综合就是创造”，要学会科学的分析和综合，这是最基本的管理能力的要求。学校的文化建设不能停留在自主学习上，而应转向自觉研究上，要自觉地对工作和学习进行分析和综合，对办学的一切活动进行研究和创造，这是研究教学型大学的一个重要要求。今后要加大工作研究成果和业务研究成果的考核，推动每一个管理者不断探索做好工作的新方法和新机制，从而提高整体管理水平，更好地推动学校的快速发展。

要通过研究营造自由讨论、民主探求的氛围，要在校园建设、学科建设和管理工作中体现和渗透我们的文化特色，积淀我们的文化底蕴。有了文化底蕴，学校的实力自然会上升，办学的目标也会顺利实现。所有的工作都是文化积淀的基石。“十一五”期间要用自觉研究的文化价值取向引导学校的整体发展，特别要在学校的物质文化、管理文化的建设中渗透和折射办学理念。

三、基层学术组织要从传统平面的教学型转向立体整合的研究型，创造科学研究与教学相融合的管理新模式

大学的基层学术组织是指大学纵向结构中承担教学、科研和咨询服务职能的最低层次的正式组织。它的产生是与大学的产生同步的，它的发展与演变也是与大学的历史沿革息息相关的。从我国目前的情况看，所沿用的教研室制度日渐暴露出高校基层学术组织的一些弊端。创新基层学术组织已经成为教育部、教育界普遍关注的话题。

现有的教研室已不适应发展的要求，需要进行创新。首先，从办学目标来看，要建研究教学型大学，必须将科学研究的理念引入教学，促进教学内容、教学方式和教学手段的变革；必须大力提高科学研究的能力，促进学科建设保持旺盛的生命力和竞争力。其次，从文化价值取向来看，要转向自觉研究型，提倡自由讨论、民主探究，必须打破教研室之间相对封闭的壁垒、学科之间缺少合作的壁垒，而且基层学术组织转向立体整合的研究型也是办学目标转向的本质体现，是大学文化价值取向转向的有力保障。

要适应学科的快速发展，使本科教学与研究生教学相互促进，基层学术组织必须转向。要形成以课题研究为纽带的研究小组，以学科建设为纽带的研究室，以学科群整合与发展为纽带的学院，从而形成三个层次、一条龙的教学科研相结合的管理体系。这是教学研究型大学转向研究教学型大学的重要组织基础。只有这样，才能建立“最优化的学科生态环境”；学科建设才能“重心下移”，由学校、学院落实到基层学术组织中去，从而有效地落实学科建设规划、人才建设规划，实现人力智力资源和科研资源的优化配置。

四、重点学科建设要从高原为先型转向高峰为主型，创建人才汇聚、学科突起的学术高地

学科是大学的心脏，学科建设是大学建设的核心。到目前为止，全

世界共有400余名大学教师获得过诺贝尔奖，他们基本上来自于世界一流大学，绝大多数是在一流大学的一流学科或强势学科内取得其成果的。这对我们很有启示：要想有标志性的学术成果，要想汇聚和培养一流的学科带头人，必须建设高水平的学科，也就是高峰学科。山西大学有些学科虽然已在全国有一定知名度，但发展很不平衡，我们要有忧患意识，不仅学科平台要高，而且峰也要高。

所谓学科建设要起高峰，就是要出一流的学科和高水平的科研成果。当然，我们每个学科都成为高峰学科是不可能的，也是不现实的，但我们必须朝着这个方向努力，重点学科建设由过去的高原为先型转向高峰为主型势在必行。有了高峰，就会有梯队，就会有成果，就会有竞争力。

教育部部长周济来学校考察工作时希望山西大学积极参与国家创新体系建设，这是对我们成为省部共建大学的新要求。虽然我们在经费、人才方面与“985”高校差距很大，但落实教育部的总体部署，服务国家创新体系建设的任务是相同的。“十一五”期间，有实力和潜力的学科起高峰，应该是学科建设的努力方向，这是学校由教学研究型大学转为研究教学型大学的重要标志。重点学科建设转向的根本目的就是要彻底实现从“外延扩张型发展”转向“内涵水平型发展”，从争取高原走向攀登高峰。重点学科建设的转向意味着打造一流的学术团队和高水平的学术成果，这将是提高核心竞争力的重中之重。

五、人事制度改革要从注重定量型转向注重绩效型，形成动态管理、激励创造的灵活机制

人才问题始终是高等学校改革和发展的头等大事，是大学一切问题的核心。一所大学是否能产生并保持其优良的社会声誉，获得吸引优秀学生和做出高水平研究成果的成功，关键在于是否拥有一流的教师队伍。正是因为教师对于大学发展贡献的特殊性，学校历来十分重视师资队伍的建设，在人事制度方面给予许多激励教师积极性、创造性的政策。特

别是我们大力实施的创新人才津贴，体现“一流人才、一流业绩、一流待遇”的导向，自2002年实行以来，每年平均递增30多人。这一打破资历、学历和年龄界限的做法，对吸引、稳定和用好人才起到了明显的效果。今后山西大学要大力推行这样一个理念：以绩效为工作导向。目前，在1229名专任教师中，具有硕士以上学历的教师接近教师总数的70%。三年间，教师中有中国科学院院士1人、“何梁何利基金奖”获得者1人、长江学者讲座教授1人、国家杰出青年基金获得者1人、教育部“高校青年教师奖”获得者2人、教育部跨世纪人才培养计划1人和教育部新世纪优秀人才支持计划2人。在省教育厅实施的“强校工程”、全省青年学术带头人等评选中，校入选人数位居全省高校首位，起到了山西省学术领先的作用。

学校要从教学研究型转向研究教学型的关键在于教师在学术上的创造和理念的更新；基层学术组织的转向关键在于教师在行为上的统一和到位；重点学科建设的转向关键在于教师在研究上的创新与冒尖；大学文化价值取向的转向关键在于教师在学术氛围上的引领与营造。为此要特别尊重教师的劳动、教师的创造、教师的成果。只要有利于激发教师积极性、创造性的措施就大胆地去执行，一切不利于教师积极性、创造性发挥的机制和体制要努力调整。在人事制度上的改革要围绕这两点来突出体现以绩效论人才的导向。“十一五”期间，学校要健全教师的考核体系，要把学术成果的评价、教师的考核、职务的晋升、师资队伍建设以及分配制度改革全部转到与高水平发展一致的要求上来，做到人心畅快、人尽其才和人才脱颖而出，有力推进“五个转向”的全面实现。当然，在人事制度改革中要统筹考虑党政人才和工勤人员的队伍建设问题，汇聚推进“五个转向”的强大合力。

“五个转向”是统一的、一致的，而且是相互促进的。办学目标定位转向是先导、大学文化价值取向转向是根本、基层学术组织转向是基础、重点学科建设转向是核心、人事制度改革转向是重点。“五个转向”是学校在办学思路上区别于其他高校的特色，是新形势下继续推进“双高”办学（高水平高效益办学）必须遵循的原则，也是实施“十一五”规划的基本策略。我们必须以学科内涵建设为重点，提高学术的核心竞争力；以推进自主创新为重点，大力加强科学研究；以研究性理念引入本科教学为重点，推进人才培养质量的提高；以人事制度改革为重点，汇聚更多的优秀人才；以文化管理为重点，建设良好的文化生态环境。

研教贯通　打造最优化的基层学术组织*

高等院校的基层学术组织是指学校纵向结构中承担教学、科研、咨询和服务职能的最低层次的正式组织。它是高等院校最基本的学术组织细胞；是培养高素质创新人才、打造高质量创新成果的前沿阵地；是促进高等院校战略性发展的核心力量。健全基层学术组织，务必将科学研究的理念引入教学，促进教学科研真正融合；务必打破学术组织之间学科相对封闭的壁垒，促进学科交叉；务必形成“研究小组—研究室—学院”三层次一条龙的、引研于教或研教贯通、教研相长的学术组织新模式，实现学术组织从平面型转向立体型，促进高校创新能力的提升。

一、消除“教—研”对峙，鼓励“教—研”融合

由于长期以来对教学与科研关系的认识有失偏颇，我国高等教育无

* 本文发表于《中国高等教育》2007年第6期，作者郭贵春。

论在思想教育、人才培养等宏观层面，还是在教学内容、教学方法等微观层面，都难以真正将二者有机融合起来，不仅使教学改革遇到“瓶颈”，而且使科学研究走向“隔离”。20 世纪后期，随着我国对“教－研”关系认识的不断深入，我们发现，高等教育需要将研究性理念引入到教学中去，以研促教，寓教于研。这是推进科技创新与人才培养密切结合，培养创新型人才的必然要求。

山西大学倡导将研究性理念引入教学，并鼓励将其深入贯彻到基层学术组织中去，从最底层实现由实践的认知形态向理性的信念形态的转化。就是要以基层学术组织为载体，以教师、研究生和本科生为对象，鼓励本科生参与科学研究，重视研究生的力量，促进科研与教学融合，互相贯通，共同进步。

其一，切实实现“五个结合”。将研究性理念引入教学，有三个层面：一要将研究性理念引入教学内容。科学研究能使大学教学内容始终反映文化、科技的最新成果，使教学内容始终站在学科最前沿。二要将研究性理念引入教学实践。这样有利于学生参与教师的科研项目，实现研究性教学与研究性学习的结合，以提高自主学习和自觉研究的能力。三要将研究性理念引入教学管理。要使传统教学的管理方式、管理办法及管理模式有创新，必须有赖于研究活动的开展，以保证师生互动的教学效果和新教学计划的实施。这就要从理论上深刻领会研究性理念引入教学的意义和内涵，并制定相关的实施方案，切实实现研究方法与教学方法有机结合；研究成果和教学内容有机结合；科学研究与教学研究有机结合；自觉探索和自主学习有机结合；教学过程与教学管理有机结合，以研促教、寓教于研、研教贯通、教研相长。

其二，注重研究生力量的挖掘。把研究生仅仅看作学生是不够的，应把他们看成是学校三大主体（即教师、研究生和本科生）之一。随着研究生规模越来越大，我们要把研究生看作学校学科建设、科学研究的重要补充力量，是基层学术组织的重要组成部分。研究教学型大学更要重视提高研究生教育与学位质量，要把研究生参与科学研究的过程作为研究生培养的根本环节；把高水平的研究成果作为衡量研究生培养水准的标志；在参与科学研究中解决研究生的培养经费问题；将研究生的培养作为创新团队建设的重要内容；将高水平的研究生培养作为基地或平台建设的目标之一。

其三，鼓励本科生参与科学研究。本科生教学发展要特别注意几个方面：自主化，提高学生学习的主动性和积极性；高效化，提高学生学习的深度、广度、前沿性和吸引力；研究化，加强科研意识和科研能力的培养；田野化，多搞田野调查、社会调查；国际化，加大双语教学、国外交流和外语教材建设等。鼓励本科生参与科学研究是实现教学理念改革的重要举措之一。

为此，学校在以下方面做了很多工作：探索新形势下本科生教育的规律，建立与市场经济体制相适应的本科生教育体制和运行机制；建立有利于本科生科研创新的激励机制，营造创新氛围，强化创新意识；加强基层学术组织培养本科生的建设，改善培养条件，促进优质资源共享；增强教师对培养本科生的崇高使命感和责任感，确保本科生培养有项目支持和经费保障，从而提高学生的创新能力。

二、打破学科壁垒，促进学科交叉

学科之间不仅有链接，而且还有网状关系，尤其是在大科学时代，单个学科往往与多个学科发生联系。学科生态网的形成可以大大丰富学科的生长点，增强学科之间的共生效应。学校在基层学术组织上搞优化组合，以学科重构为手段、以灵活管理机制为保障，从实际行动上彻底打破了学术组织之间学科封闭的壁垒，促进了学术交叉，提升了创新能力，充分发挥了人才培养、科学研究、社会服务、引领文化的功能与作用。

首先，打破基层学术组织之间学科相对封闭的壁垒，注重学科重构。以“精致办学”为核心，从基层学术组织就打破学科之间的壁垒，按照以下原则进行学科重构：①科学原则。学科重构要反映科学和教育的发展趋势，要有利于促进学科交叉和融合，要有利于知识创新和培养创新人才，绝不是“拉郎配，搞拼凑”。②需要原则。学科重构要参照国家科技与教育发展目标的学科划分，国务院学位委员会的学科设置和教育部的本科专业设置以及国家主要基金的学科划分，要有利于国家和本区域与社会发展的需要。③效益原则。学科重构通过整合学科要能够充分发挥各学科人员的积极性，要能够带来 1+1>2 的效应。④特色原则。学科重构要突出学科的优势，包括研究方向优势、研究条件优势、研究人员优势和研究目标优势，要有利于提高学校的办学水平以及可持续发展能力。⑤交流原则。学科重构要使学科交叉与融合有效地凝聚，能使不同学科的科研人员在信任、平等、民主、活跃的学术气氛与环境中交流信息、切磋思想、阐述见解，并且注重与国际同行的交流与对话。

按照这五条原则，学校建成了功能定向、特色鲜明、优势突出的研究群体，将原属不同学科、不同院系的学科紧紧地联结起来，促进了学术组织与学科结构由点到线、由线到面，进而由面到体的发展，大大增强了学科竞争力。

其次，构建基层学术组织灵活的管理机制。良好的机制对于基层学术组织的发展非常重要。这种机制能够让优秀的人才受到尊重，脱颖而出；能够让优势学科受到扶持，产生显著效应；能够有助于形成鼓励人们干事业、支持人们干好事业、帮助人们干成事业的氛围。这样的机制包括：①民主决策机制。基层学术组织要由相关学科的学术委员会进行决策，把握学术方向和发展战略。②人事聘任机制。建立有利于基层学术组织人才流动的灵活机制，“搞活、增效、减负”。③经费使用机制。基层学术组织的运转经费由各学科按预算具体执行，学校原则上不予干预。④评估考核机制。学校每年对基层学术组织的人事、财务、科研、管理、资源配置和标志性成果等诸方面进行综合考核，作为下一年度进行建设的依据。⑤合理的学术评价机制。以“以人为本，共建和谐”为宗旨，完善评价机制，包括学术评价的伦理标准、科研成果的认定标准和科研奖励的标准等。

学校从机制上确保校部对基层学术组织的管理由集权管理转向分权管理、由微观管理转向宏观管理、由事务性管理转向服务性管理、由过程性管理转向目标性管理，从而实现学术组织管理权的重心下移，并以基层学术组织改革为重点，带动学校人事管理体制、行政管理体制、后勤管理体制和财务管理体制等诸方面的变革，充分盘活了学校的办学资源，大大提高了办学效益。

最后，重视基层学术组织引领文化的功能。大学聚集着大量的科技和文化精英，它通过知识传播、知识创造以及与社会的互动，对文化产生着极大的推动作用，因此，大学具有与生俱来、影响深远的引领文化的功能。学校将这种引领文化的功能建设深入落实到了基层学术组织。实践使我们逐步认识到：引领文化能够体现办学理念。办学理念是学校精神层面的文化，起着一种导向作用，而引领文化正是通过引导师生遵循办学理念而塑造一种共同的行为范式。引领文化能够完善制度体系。学校制定、出台一系列的制度，都是一种文化的渗透和体现，实行文化引领有利于从人和事的结合上考虑问题，使制度不断完善，各项工作趋于规范。引领文化能够保护学术自由。学术自由是大学文化的本质特征，需要多元而宽松的氛围，实行文化引领就是要通过理念的引导、制度的规范创造一种和谐共享、和睦相处的氛围，促进学术繁荣。从基层学术组织贯彻文化引领思想，无论是学风建设，还是学术活动，都折射一种文化品位和大学精神，有利于提升高等院校的创新能力。

三、强化立体管理，打造最优建设

要适应学科的快速发展，使教学与研究相互促进，基层学术组织必须转向。基层学术组织的形式可以多元化。但是建设要标志化、管理要灵活化、氛围要民主化，从基层学术组织“形－人－管－权”抓起，实实在在地打造最优化的基层学术组织。为此，学校形成由以课题研究为纽带的研究小组、以学科建设为纽带的研究室、以学科群整合与发展为纽带的学院而构成的三个层次、一条龙的教学科研相结合的学术组织体系。只有这样，才能建立“最优化的学科生态环境”；学科建设才能“重心下移”，由学校、学院落实到基层学术组织中去；基层学术组织才能从传统平面教学型转向立体整合的“科－教”型，从而有效地落实学科建设规划、人才建设规划，实现人力智力资源和科研资源的优化配置。具体来讲，学校主要通过以下几个方面打造最优化的基层学术组织。

第一，集中人力、财力和物力，打造标志性建设。一是打造标志性的学科（术）带头人。其为学科建设的生命所在，也是基层学术组织的生命所在。一个好的学科（术）带头人应该对本学科发展的前沿、发展趋势有敏锐的洞察力，善于提出和解决新的问题；应该具有较强的组织协调能力，善于营造良好的工作、学习环境；应该具有寻找并发现资源的能力，善于抓住机遇，获得有利于学科发展的内外资源；应该具有准确进行价值判断和选择的能力，善于整合不同的学术观点与成果；应该具有鼓励并扶持青年人成长的能力，善于与他人一起工作。二是打造标志性的研究方向。这是学科特色的标志，是学科建设的亮点，是学科品牌的凸显。学校要求每个不同层次的学术组织都要打造各自标志性的研究方向。研究小组、研究室、学院和学科都要有自己的标志性研究方向。把各层次的标志性研究方向确定好、选择好和建设好，有助于学科整体水平的提升。三是打造标志性的研究成果。一个学科光有平台不行，还要有高峰，这就是要有标志性的研究成果。打造标志性的研究成果也是确保科研成果质量进一步提升的措施和根本要求。四是打造标志性的学术团队。它是学术组织化的标志，是一个学术组织完备性的标志和体现。这种团队不是简单组合、有人就是团队，而是要有攻关性、创新性和标志性。标志性的学科带头人是学科知名度的体现，标志性的研究方向是形成一个学科的标志和体现，标志性的研究成果是一个学科发展充分性的体现，标志性的学科团队是一个学科发展完备性的体现。这 4 个标志性建设是紧密相连、相辅相成的。

第二，夯实基础，打造“求真务实”基本功。这是基层学术组织的基本功能，也是打造最优化的基层学术组织的基本条件。基层学术组织要使每个成员都真正经历严格的学科训练，就是要有很好的、内在的科学理性训练；理解自己的学科性质，在整个学科体系中把握自己所研究学科的意义和地位；能够抓得住本质的研究课题；会运用先进的科学研究方法；具有稳定的、持续的科研积累，要在一个稳定的方向上持续做下去，研究方向不能漂移；具有学派建设的意识，只有我们有学派建设的意识，才能凝聚团队、形成团队和打造团队。我们观念上要有这个意识和倾向性，只有这样才能在共同的理念、范式和学术逻辑上来推动整个学科的发展。

第三，正确处理一些关系。一是传统继承性与现实创新性之间的关系。科学特别是社会科学，要有积累，这个积累包括传统的积累，但是在这个传统延续的过程中，我们怎么样来创新，来为现实服务，来和国际接轨、和国际交流、和国际对话是一个很重要的问题。只有处理好这个关系，我们才能推陈出新，才能够在中华民族文化的基础上发扬光大。二是个体研究与团队建设之间的关系。一个不善于团结人的人，一个不能搞好团队关系的人，永远做不了学科带头人；一个不愿意支持别人的人，一个不愿意在自己的梯队中生活的人，也永远成不了一个好的学者。务必处理好这两者之间的关系，创造一个良好的学术团队氛围。三是重点研究方向与非重点研究方向之间的关系。一个学科一定要有一个主打的方向，形成一个真正意义上的攻关学科。但是，别的方向也很重要，我们就是要用重点的方向来带领其他方向的发展。当然，其他学科要跟上，我们也要为其他学科提供条件，共同发展。齐头并进是不可能的，但是共同发展是很可能的，孤单的一个学科也是发展不起来的。要在一级学科的角度上来处理好重点研究方向与非重点研究方向之间的关系。

总之，基层学术组织要切实集综合性、交叉性、集成性、开放性和共享性于一体，为不同学科的研究者从事科研提供一种共享“舞台”；要切实改变研究小而分散的模式，促进学科交叉与融合，从根本上提高学科创新能力；要切实解决基层学术组织“形－人－管－权”一体化的问题，从教学平面化走向“教－研”立体化；要切实做到学科建设“重心下移”，调动基层教师的积极性和主动性，真正拓宽学术视野、活跃学术思想、促进学术争鸣、强化创新意识和培养创新能力，建立“最优化的基层学术组织”。

论研究教学型大学的特征*

什么是研究教学型大学？目前还没有一个明确的界定。根据对国际国内研究教学型大学的分析与山西大学的实践，笔者认为，研究教学型大学应该是以培养创新型人才和进行创新性科学研究为主旨的高水平大学，归纳起来，应该具备六个方面的特征。

一、由研究教学型的大学文化所引导

如何理解研究教学型大学的文化内涵呢？我们认为可以概括为五点。

独特的精神文化。研究教学型大学的精神文化包括两个层面：在学校层面上，研究教学型大学优良的办学传统、与时俱进的办学思路，积淀出一所大学独特的办学精神；在院系层面上，研究教学型大学中的各个学院和研究机构、各个部门都应结合自身的实际弘扬学校的精神文化，

* 本文发表于《中国高等教育》2008年第5期，作者郭贵春。

以丰富的内容和多种多样的形式展现各自深刻的文化内涵。

卓越的学科文化。学科是大学文化的载体，学科文化是大学文化的核心组成部分。学科不立，则大学不立；学科文化不立，则大学文化不立。学科文化的奠定和弘扬，组成了大学文化的整体性质和价值取向。各个学院和研究机构的文化建设，归根到底是各不同学科的学科文化的建设。研究教学型大学应特别注重学科文化的建设，努力提升学科的内涵，提升学科的文化品位，从而提高学科的竞争力和影响力。

先进的制度文化。制度文化是组织文化的要求，理所当然成为研究教学型大学的文化要素。任何一个组织，都有自己特定的规章制度，通过一系列的规章制度形成有序运行的机制，起到很好的规范和导向作用。制度是一所学校办学理念的外在形式，是办学思路的外在表现。研究教学型大学应随着学校发展的需要，动态地调整学校的规章制度，建立良性的运行机制，使大学的职能发挥得更加充分，使办学的理念贯彻得更加彻底。

丰富的学生文化。大学生是大学发展的基础，学生文化是大学文化的重要组成部分。研究教学型大学应十分重视学生文化，抓好课堂文化建设，深化素质教育。应积极支持学生社会实践、学生课外活动等工作的开展，活跃学生的文化生活；创造条件，鼓励学生参加国内国际的学术交流、文化交流，拓展学生的学术视野和学术经历，让浓厚的大学文化氛围成为学生成长的丰厚土壤；大力加强大学“学生社团”的建设，通过营造优良的大学文化氛围，形成自然的、潜移默化的教育方式，打造出若干个有社会影响的、有品牌的“学生社团”。

鲜明的创新文化。研究教学型大学应在学科建设、科学研究、人才培养、校园建设、行政工作和学生管理等方面出台创新性的措施、增设新的建筑和设施，无论软环境，还是硬环境，都是构成创新文化的重要内容。

二、拥有一定数量的高水平、有特色的科学研究所

“高水平、有特色”的研究所是建设研究教学型大学的必备条件。“高

水平”主要体现在：有环境整洁的研究场所和必要的研究设施；有重大的科研项目和充足的科研经费；有良好的同行评价和较高的学术声誉；有规范的管理制度和开放的运行机制；有突出的学术带头人；有一定数量的研究人员；有高水平的研究成果；与国内、特别是国外著名的大学、科研院所建立稳定的学术关系。

“有特色”主要体现在：①定位清晰。研究所是研究教学型大学创新体系的重要组成部分，是学术创新平台和创新团队的重要载体，是培养高层次创新人才的重要基地，是建设研究教学型大学和支撑、引领区域经济、社会和文化事业发展的重要力量。目标定位是形成研究特色的前提。研究所应清楚自己的目标、界定自己的研究范围、领域和任务。基础研究应立足于国家中长期科技发展目标和繁荣哲学社会科学工程，紧跟国际国内学术前沿；应用研究应立足于解决区域经济、社会和文化事业发展的重大问题。②方向稳定。研究教学型大学的研究所一般依托于一个或多个二级学科博士点，或者交叉学科，应围绕定位确立稳定的、持续的研究方向。研究方向是研究特色的集中体现。研究方向要让同行认可、专家肯定，在一定的时间内不能摇摆、不能随意变化。研究方向要凝练好、论证好，方向的名称和带头人要选择好、确定好。同时要注意方向不能太多，一至三个稳定的方向中，有一个重点研究方向。③人才汇聚。研究所应该成为吸引众多研究人员的共同体。研究人员是研究特色不断强化的核心。研究所应有明确、具体的分年度的人才建设规划。应坚持培养和引进相结合，着力培养年轻的拔尖创新人才和领军人物，积极争取国家和省部的各类人才计划，形成优秀的研究群体。④优势突出。研究所集中了学校的研究资源，学校又积极创造条件支持研究单位的发展，应该形成鲜明的研究优势。研究优势是研究特色的本质反映。研究所应集中力量创造高水平的科研成果，培养高水平的学术人才，成为研究教学型大学科学研究的“重镇”，成为企业、社会和政府了解学校高水平研究成果的重要窗口、向国内外同行展示学校研究优势的重要平台。

三、由研究教学型的学院所组成

研究教学型学院具有的内涵：①学科的定位与规划清晰。研究教学型学院以学科建设为根本，无论是建设还是发展，都应符合学科发展的本质与规律。研究教学型学院所依托的学科不同，特别是学科群整合与发展的基础不同、目标不同、文化不同，必然带来研究教学型学院之间的明显差异。差异越明显，学科建设的要求就越高，相应地定位就要越准确、规划就要越明确。②发展的优势和特色突出。对于一个学院来说，能否形成特色是其核心竞争力的重要标志。建设研究教学型学院，面临着激烈的竞争和严峻的挑战，如果没有形成特色和优势，或者说失去特色和优势，对学院乃至学校的发展都是相当不利的。特色建设的关键在学科，学科建设的关键在学院。学院的特色越突出，学校的办学特色就越明显，这是现代大学特色形成的共同趋向。③高水平人才集聚。一所大学只有当高水平人才达到一定的集中程度，并形成一个整体层次和水平出类拔萃的人才群体，才能带动学科持续向前发展。研究教学型学院发展的着眼点是高水平、有特色，需要相当数量的高水平人才作为支撑。这里所说的高水平人才，主要是以高学历、高职称为基础的具有良好学历背景和学术前景的人才。④本科生教育与研究生教育并重。本科生与研究生之间的比例是不同大学类型相互区分的一项重要指标。在任何时候，本科生教育都是基础，但是要建设研究教学型大学，缺少相当规模的研究生教育就是不完整的。在高水平的研究型大学中，研究生与本科生的比例相接近，有的超过了本科生。研究生教育不仅成为研究教学型学院科学研究的重要补充力量，而且不断夯实本科教育的基础，形成互动的机制，推动研究教学型学院的建设。⑤组织结构呈现矩阵式。矩阵式组织以决策点集中和弹性管理为特征，在学科平台上形成学院、研究室和研究小组相衔接的三层结构，也就是矩阵式的学术组织结构。这样的学术组织结构，奠定了研究教学型学院的组织基础，符合研究教学型大学的规律。⑥学院文化比较鲜明。建设研究教学型大学，一个非常重要的任务是推进大学文化价值取向，也就是建设大学文化品位。相应地，作为学校的重要组成部分，研究教学型的学院应该具有自己独特的文化品位，既受大学文化所引导，又为发展和充实大学文化服务。

四、由研究教学型的课程体系和教育体系所组成

研究教学型的课程体系和教育体系的内涵可以归纳为“八个结合”：①研究性与教学性的结合。研究教学型的课程体系和教育体系不仅要有普遍的教学性，更要突出独特的研究性。研究与教学并行不悖，知识的掌握与知识的探索常常相伴而生。将研究性的理念贯穿于课程体系和教育体系的建设过程中，在研究中教学，在教学中研究。②综合性与分化性的结合。随着科学技术的进步，边缘学科、交叉学科日益兴起，不同领域内的知识相互关联的程度日益加深。课程体系和教育体系作为一种教育形态，在研究教学型大学中必然要求学生在接受专门学科训练的基础上，应用所学的知识探讨相关问题，将不同学科的知识有机联系起来，从而实现分化性与综合性的统一。③科学性与人文性的结合。科学教育和人文教育本质上具有相互依存的关系，科学教育为人文教育提供技术手段和理性的思维方式，而人文教育则为科学教育提供人文精神和合理的价值导向。研究教学型的课程体系和教育体系重在学生素质的教育，是科学教育和人文教育的有机结合，这是研究教学型大学的教育内容和教育目的的具体体现。④学术性与应用性的结合。学术性是大学最为悠久的传统之一，如今的大学从社会的边缘走向社会的中心，这就要求培养的学生在探索高深知识的过程中，必须提高服务社会发展的创新能力。研究教学型的课程体系和教育体系，既重视“教授高深学术”，更要重视“应国家之需要”。⑤基础性与前沿性的结合。研究教学型大学倡导研究性理念引入教学的全过程，意在拓宽基础的同时，以前沿性知识拓展学生探索的视野，启迪学生创新的思维。建设基础性和前沿性相统合的课程体系和教育体系，有利于奠定学生的扎实基础，更好地了解和走向知识的前沿，有助于实现基础学科与前沿学科的共生共荣。⑥开放性与创造性的结合。研究教学型的课程将研究性理念引入教学过程中，使静态

的课程转化为动态的、富有思想性和学术性的知识载体，为师生的互动和交往构建了良好的平台和基础，对于学生创造性思维的形成和创新型人格的养成具有直接的意义。⑦统一性与多样性的结合。研究教学型的课程体系和教育体系承认学生的个性差异，尊重学生的个性需求，重视学生的个性发展，是在统一要求基础上注重多样性教育的体系，不断满足不同学生的研究兴趣和努力方向，充分彰显学生的个性，有针对性地培养多样化的人才。⑧过程性与结果性的结合。研究教学型的课程体系和教育体系的建设不仅要关注学生知识的获得，更要关注学生在学习过程、研究过程中的体验；不仅要关注学生的学业成绩，更要关注学生对学习的自主性，对知识的探索性，对问题的研究性及与他人的合作性是否得到了发展。

五、由研究教学型的教师所组成

研究教学型的教师的内涵可从七个方面来认识、把握。①具有研究性的治学理念。教师的治学理念反映教师对学校办学理念的理解与应用程度，影响教师治学的态度、求学的精神。研究教学型大学的教师应该树立研究性的治学理念，在学科建设中、在教学和科研工作中、在管理过程中自觉地引入、渗透研究性的理念。②具有良好的学术威信。学术威信是学术诚信、学术规范、学术威望和学术修养的综合反映，对于一个教师来说至关重要。评价一个教师，很大程度上就是评价教师的学术威信。研究教学型的教师必须具有良好的学术威信。③具有自我发展的意识。教师作为特殊的职业，不仅仅是知识的传播者，在知识经济社会中更应成为知识的发现者、创造者。这就需要教师在某种形式的教育、培训基础上，更加重视自主性、个性化的发展，促进自主学习、自我提高。研究教学型的教师要融入新的理念，适应新的办学模式，必须有自我发展的意识。自我发展，就是主动发展、自觉发展。④具有丰富的学术经历。有没有丰富的学术经历，关系教师的学术视野、学术思维和学术潜力。教师的学术经历包括求学、攻读学位、进修深造、学术访问、学术合作、承担科研课题、海外留学、晋升职称、教学和学术奖励等。国际一流大学选择教师，非常看重教师的学术经历。国内重点高校，一般不聘任自己学校的学生直接担任教师，这种趋势说明，较为丰富的学术经历是高水平大学选择教师的重要标准。建设研究教学型大学，需要高水平的师资，需要学术经历丰富的教师。⑤具有整合资源的能力。在现代教育的环境中，争取资源和拓展资源是一个学科持续发展的支撑，也是一个教师提高竞争实力的关键。研究教学型的教师要具有整合各种资源的能力。这种能力的强弱，看似技术上的差别，实则战略上的差别。一个教师缺乏资源或者说有资源又不会整合，很难成为一个高水平的教师，很难适应研究教学型大学的需要。⑥具有明显的创新精神。在大学创新力和学科的竞争力要素中，十分重要的要素就是教师身上蕴藏的创新精神。美国心理学家波斯纳认为，教师成长的公式是成长 = 经验 + 反思，笔者认为对于研究教学型教师来说，其成长公式为成长 = 研究 + 创造。有了研究性的理念引导，加上创造性的不竭动力，教师就会养成创新型人格，就会对知识不懈探索，对科学强烈渴望，对学术执著追求。

六、由研究教学型的管理系统所组成

研究教学型大学要形成有利于广大师生学习、研究和生活的组织体系，需要充满活力的管理系统。这个系统就其内涵来讲，大致涵盖十个方面：①管理职能多元化。一个组织的职能是随着内外环境、内外条件和内外需要的变化而变化的。研究教学型大学办学需要多种模式、多种方式的结合。管理要适应变化的多样性，其职能就不会是单一的，而是多元的、综合的。②管理目标战略化。建设研究教学型大学是战略目标，战略目标的实现依赖于管理目标的实现。要实现个性化、有特色的发展，管理目标也要从战略上去设计、去考虑，以增强学校内部的协调、沟通与控制，不断提高管理效率和水平。③管理内容丰富化。大学的管理贯穿于学校的学科建设、人才培养、人事、科研、学生和后勤等各项工作，而且每一项工作随着办学目标的提升，都包括若干具体的、微观的管理。④管理手段评价化。中国的大学正在经历由自发向自觉的转型，大学的主体性、独立性逐步突出，步入自我发展、自我约束和自我调适的管理轨道。建设研究教学型大学需要在管理中不断引入评估、评价的手段。要用新的管理手段评价管理的绩效，以使管理的各要素达到最佳的组合。⑤管理方式民主化。管理方式有许多，其中重要的方式是民主的方式。建设研究教学型大学是全体师生共同的任务，管理好这样的大学是全体师生共同的职责。在管理中要调动各种积极的力量，发挥各个层次管理对象的才能，打造民主管理的文化环境，营造学校宽松、和谐的发展氛围。⑥管理成本节约化。推进节约化管理，增强成本意识和效益意识，已成为所有大学的必然选择。建设研究教学型大学，面临许多困难，面对许多挑战，需要降低管理成本。同时，我们也面临许多难得的机遇，更需要我们加强管理，提高资源的利用率，讲成本、重效益。⑦管理目的高效化。管理作为组织的重要活动，其目的就是促进各项活动的科学化、有序化，最终达到高效化。管理出效益、出战斗力、出凝聚力的理念在新的历史阶段更具有重要性和紧迫性。建设研究教学型大学，这个理念更要强化。⑧管理重心基层化。管理出效益，关键在基层出效益。建设研究教学型大学，学科建设的重点是质量和水平的提升，这对学院和研究机构提出了更高的要求，赋予了更重的任务。我们的管理重心要适应内涵建设的需要，进一步向学院和研究机构下移，调动基层办学的积极性，着力提高办学的水平。⑨管理过程监督化。为了增强管理过程的科学性和有效性，加强管理监督非常必要。推进研究教学型大学建设，出台的管理制度执行的如何、落实的怎么样，关键在监督、在督促。监督和督促的力度加强了，管理就会进一步加强，效益就会进一步明显。⑩管理结果公开化。随着管理方式、管理手段和管理过程的变化，管理的结果越来越受到广泛的关注。建设研究教学型大学，就是依靠师生创造更高水平的办学业绩，让广大师生共享更多的办学成果。管理结果的公开，既保障师生的知情权，又有利于师生参与管理，推动管理效率的提高。

理性爱国更具时代性*

爱国是每个国人应具备的最基本的人格素养，它不仅是一种责任，更是一种义务。中华五千年文明史就是中国人在爱国旗帜的指引下，不断奋发向前，勇于开拓进取的发展史。不同时代赋予了国民不同的爱国理念，主要突显在爱国主义的内容和表现形式上。随着社会的发展和文明的演进，爱国意识也逐渐由最初的自发性向自觉性、理性化的方向迈进。在当今建设以“和谐社会”为主题的中国特色社会主义进程中，理性爱国更具现实性和时代性。

一、我国不同历史时期的爱国主义传统

爱国主义是中华民族的优良传统。千百年来，在为求得祖国生存与发展的斗争中，中国人谱写出了保卫祖国统一、维护国家尊严和荣誉的

* 本文发表于《中国高等教育》2008年第Z2期，作者郭贵春。

壮丽篇章。可以说，一部中华民族的发展史，也就是一部爱国主义的奋斗史。爱国主义作为一个历史范畴，它既具有一定的历史继承性，又具有相对的独立性。中华民族的爱国主义，根据历史发展的不同阶段具有不同的时代内容和表现形式。

（一）中国古代封建社会时期的爱国主义

从古代至1840年鸦片战争以前，我国处于古代爱国主义阶段，这一时期的爱国主义传统主要表现为：缔造、维护祖国统一和民族团结，反抗阶级压迫、民族压迫和外来侵略，同时爱国与忠君密切联系是这一时期爱国主义的最大特点。在中国历史的长河中，存在着分裂的时期，但民族团结和祖国统一始终是我国历史的主流。“天下一家”的民族整体观念已成为中华民族稳定的民族心理和文化传统。同时，为了维护祖国统一和民族团结，我们与阶级压迫、民族压迫和外来侵略曾进行过不懈的斗争，并涌现出一批抗敌御侮、精忠报国的爱国志士。例如，具有崇高民族气节的苏武、文天祥，维护国家统一的陆游、辛弃疾，为国忘家的霍去病，精忠报国的岳飞，保卫北京的于谦，为国捐躯的清军将领关天培、邓世昌，无不表现出爱国者誓死卫国的英雄气概。另外，在封建社会，君主代表着天下，代表着国家，所以爱国主义也不可避免地带上忠君色彩，认为忠君就是爱国，爱国必须忠君。例如，爱国诗人屈原，当他辅君治国的壮志难酬后，便投江以表爱国之情；还有范仲淹的“先天下之忧而忧，后天下之乐而乐”等，无不饱含忠君的深情。

（二）近代中华民族的爱国主义

1840年鸦片战争开始后，西方列强的侵略使中国的社会性质发生了变化，由独立自主的封建社会沦为半殖民地半封建社会。中国在本国封建主义和帝国主义的双重压迫下，国家主权丧尽、山河破碎，人民过着饥寒交迫和毫无政治权利的生活。这使得帝国主义和中华民族的矛盾，封建主义和人民大众的矛盾，成为近代中国社会的主要矛盾。所以，反对帝国主义列强侵略和封建专制统治，维护国家主权和民族独立，推翻腐败的封建专制统治，必然成为中国人民的迫切要求，也就构成了近代中华民族爱国主义的主要形式。例如，以林则徐、康有为和梁启超为代表的一批爱国志士，在外敌入侵、民族危亡的关头，挺身而出，表现出救亡图存、振兴民族的爱国精神。又如，以孙中山为首的资产阶级革命派，为了改变帝国主义侵略和封建统治的现状，屡次发动武装起义。这些爱国者为救亡图存、振兴中华进行了艰苦的探索，推动了中华民族爱国主义运动的不断前进，为中华民族爱国主义传统增添了新的内容。

（三）现代中华民族的爱国主义

中国现代史是一部波澜壮阔的革命史，争取民族独立和人民解放成为新的时代特征。辛亥革命失败后，帝国主义、封建主义和官僚资本主义勾结起来，对中国人民的压迫和剥削更加残酷。面对这种情况，中国现代的爱国主义在近代爱国主义的基础上又有了新的时代内容，它主要表现为推翻帝国主义、封建主义和官僚资本主义三座大山，建立新中国，走社会主义道路。而俄国的十月革命给我们送来了马克思列宁主义，给我们的民族独立和人民解放带来了希望。马克思主义在中国得到广泛传播，并与工人运动相结合，建立起工人阶级的先锋队——中国共产党。中国人民在共产党的领导下，经过北伐、土地革命、抗日战争和解放战争的浴血奋战，终于取得了新民主主义革命的胜利，建立了社会主义的新中国。从此，在中国共产党的领导下，实现了民族独立和人民解放，实现了爱国主义和社会主义的统一，为实现中华民族的伟大复兴开辟了正确道路。

二、当代中国应大力倡导理性爱国

在经济全球化、世界格局多极化的今天，任何一个国家都不能自闭于世界之外，都不能仅靠自己的力量去谋求发展。所以，中国要发展经济，要实现和平崛起就离不开世界。当世界各国都把发展本国经济，提高本国综合实力，特别是经济实力作为国家间竞争的主要目标时，国家间的矛盾和摩擦就会经常发生。近些年来，随着我国改革开放的成功推进，我国的现代化建设取得了巨大的成就，人民生活总体上达到了小康水平，中国经济实力不断增强。世界因中国的繁荣而受益，但中国的崛起打破了美、日、欧主导的世界经济格局及其平衡，中国已进入了贸易摩擦和纠纷的高发期。在这种情况下，国际上出现了一些歪曲事实、诋毁中国形象的言论，甚至还出现了一些过激行为，目的是破坏中国的团结、遏制中国的发展。此种行径不仅激起了中国人民的愤怒，也激发了中国人民空前的爱国激情。这种为了民族尊严、民族利益，表达人民意志的“民气”非常可贵。

但是，当前我国正处于经济社会发展的关键时期，各族人民的根本利益是全面建设和谐发展的小康社会，是实现祖国的统一大业。所以，维护和实现国家的繁荣和统一是这一时期爱国主义的核心内容。这就要求我们在表达爱国主义情感时以理性爱国为基准。何谓理性爱国？就是在表达爱国热情和诉求的同时，要着眼于国家利益的大局，选择恰当的方式和方法，力求通过交流、对话、谈判、沟通、协商的和平方式解决问题，最终形成良性互动的机制。具体而言，就是需要站在国家和民族整体利益的高度思考问题。认真地考虑爱国主义与狭隘民族主义的区别，清醒地认识国际形势，明白现代国际关系的特点，这样才能理性地面对国际纠纷和民族矛盾，维护好国家的根本利益、核心利益，从而真正做到爱国。理性爱国，要求大力弘扬自尊、自信、自强的民族精神。这种“理性”反映了一种履行公民责任的担当，也体现了一种以国家利益为重的胸怀。理性爱国主义是当代中国应该树立的国际形象。

当前，中国正在积极地融入世界，并日益成为世界格局中的重要一员，对世界经济的发展产生着举足轻重的作用。在这种国际大背景下，中国人的爱国主义也同样应具有大胸襟、大视野，具有更强的包容力和多元化的内涵，这样才与我们迅速崛起的大国地位相匹配。因此，我们目前大力倡导理性爱国，是以中华民族的根本利益为出发点和落脚点所作出的选择，这是对民族负责的态度，也是赢得世界尊重的行为方式。理性爱国，不仅有利于采取和平方式解决国际纠纷，避免不必要的冲突发生；而且有利于正确引导全体人民的爱国激情，使其凝聚成为建设中国特色社会主义的巨大力量，为我国构建社会主义和谐社会、全面建设小康社会以及有效应对各种灾难性突发事件发挥积极作用，推动我国社会的全面发展。

三、认清理性爱国的时代要求

理性爱国强调国家利益至上的原则，要求一切爱国行为要从国家大局出发。因此，当前我国所肩负的历史使命赋予理性爱国以新的要求，即把爱国热情转化到集中精力搞好经济建设、办好北京奥运会、应对突发事件和做好本职工作这些具体行动中，这是当代理性爱国的最基本要求。

（一）搞好经济建设，增强实力

爱国热情既要体现在对祖国、民族和人民的深厚情感上，更要体现在为祖国的繁荣、民族的振兴和人民的富裕而不懈奋斗的实际行动中。当前，我国正处在一个非常难得的战略发展机遇期，经济社会持续健康发展；国际社会和平、发展、合作成为主流，我国对外友好交往有序展开。因此，现阶段理性爱国最为直接的表现，就是要倍加珍惜眼前这难得的大好局面，把爱国热情凝聚成社会稳定、国家发展和民族振兴的共同意志，汇聚在推进改革开放、推动科学发展、建设社会主义的事业里。这就需要我们万众一心、排除干扰，办好自己的事情，一心一意谋发展，齐心协力搞建设，这是我们的理性选择；这是揭穿谎言、反对破坏国家统一阴谋的根本之策；这也是解决前进中遇到的各种问题、战胜各种困难的长远之策。可以说，努力搞好经济建设，促进社会和谐，是当代理性爱国的宏观层面的最基本要求。

（二）办好北京奥运，提升形象

办好北京奥运会，可以提升我国的国际形象，促进我国的改革开放，可以让全世界看到经过改革开放洗礼的中国和中国人民的新面貌，可以让全世界看到一个真实的中国，这是进一步增进中国人民和世界人民相互了解、加深友谊的桥梁，也是对西方一些极力妖魔化中国的敌对势力的最好反击。而要想办好北京奥运会离不开每一个中国人的支持与参与，当前每一个中华儿女的爱国行为，都关系着北京奥运会的成功举办。基于此，当前理性爱国就是要最大限度的支持北京奥运会。具体而言，我们要与干扰破坏北京奥运会的行径作坚决斗争，团结一心，努力维护社会稳定，为办好北京奥运会创造条件。

（三）应对突发事件，心系民生

能否以迅速而理性的态度应对突发事件，既是一个国家综合国力的反映，也是对一个国家国民心理素质的考验。2008 年 5 月 12 日四川汶川大地震发生后，灾情牵动着所有中国人民的目光，从中央到地方，从国家领导人到普通的民众，无不为之动容。大灾无情，夺走了一个个曾经鲜活的生命，造成了严重的经济损失；大爱无言，震撼着每一个人的心灵，折射出理性的光辉与人性的善良。透明公开的新闻报道，及时有效的救援行动，自发组织的捐款活动，自愿走进灾区的志愿者，既是人们面对灾情的真情流露，更是理性爱国的具体表现。灾难面前，需要我们以理性的态度面对，采取措施将损失和伤害减少到最低程度，更要多一些爱心与理解，帮助灾区人民渡过难关。面对逝去的生命和成片的废墟，我们要充分发扬中华民族的凝聚力和团结力，尽自己的力量帮助灾区人民重建家园。总之，无论遇到何种困难，我们都要以理性指引自己的思想和行动，灵活地适应外界变化，做好应对突发事件的准备。

（四）做好本职工作，理性爱国

理性爱国不是一种特殊行为，在更多时候并不需要我们搞得轰轰烈烈。简单而言，在日常生活中做好本职工作也是一种理性爱国，这是微观层面上的基本要求。只有我们立足本职工作，才能营造出秩序井然的生产生活环境，才能把经济建设搞好、把奥运会承办好，使人民的生活变得更好，让国家的实力增强，才能进一步凝聚全国人民和海外华人的力量与热情。落实到个人，就是每个人都应当有责任冷静理智地表达爱国热情，合法有序地表达爱国意愿；将强烈的爱国情绪转移到自己的工作、学习中去，立足自己的岗位，为国家的强大添砖加瓦。为了大学做好本职工作，我们呼吁每一个公民要争取做到五个“更加”，即更加冷静地思考、更加理性地分析、更加从容地应对、更加努力地学习和更加勤奋地工作，最终把爱国心纳入理性的轨道。作为世界公认的大国，我们的心态理当更加开放、包容和理性，以国家核心利益为重，理性才是我们表达爱国热情的正确态度。

参考文献

鄂杨.2005. 弘扬理性爱国主义. 瞭望周刊，（8）.
李康平.1999. 论中华民族爱国主义发展的历史脉络. 科学社会主义研究，（4）.
齐振海等.1985. 爱国主义教育概论. 北京：北京师范大学出版社.
徐晨光等.2003. 新阶段爱国主义教育必须突出时代特征. 湖南商学院报，（5）.
叶雷.2008-4-24. 理性爱国尤为珍贵. 甘肃日报.
张竹云等.2005. 当代爱国主义的思考. 大连海事大学学报，（4）.

大学教师：大学文化的守护者*

必须有意识地进行阐释，持久地守护与捍卫，才能保证大学以文化精神为纽带持续发展。阐释与守护大学文化需要坚定的承担者，人们习惯性地把大学文化的阐释、发展的使命赋予大学校长，以至于常常忘记大学教师在大学文化塑造和守护进程中已经发挥和仍在发挥的重要作用。事实上，在大学发展历程中，大学教师始终是守护大学文化、抵制外部不合理控制、永保大学基业长青的重要力量。

一、大学教师是大学文化的坚定守护者

雅斯贝尔斯指出："精神、人的存在和理性是科学观念的基石，它们是科学内部的哲学元素……正是这三条才可以把求知的激情转变成朴素的苏格拉底式的无知。这种无知不是因为知识的进步而减少的那种，而

* 本文发表于《高等教育研究》2008年第9期，作者郭贵春。

恰恰是当认知变得清晰而渊博时，这种无知才充分显露其深度。”[①]就大学而言，大学文化、大学人的存在和理性追求是大学内部不可缺少的有机组成部分，大学文化传统是大学人理性追求的动力源，大学人的存在是大学文化传承与发展的坚定守护者。

1. 大学文化是大学教师理性追求的动力源

在结构化、组织化的社会整体框架中，大学组织呈现出鲜明的特质与品性，这不仅表现在它那悠久曲折、一以贯之的历史进程中，也不仅表现在不同国家、不同地区大学共同的责任和使命中，更主要的是，大学在理想追求与社会需求的交互作用中，以其特有的方式营造了大学组织区别于其他社会组织的文化特征。赫钦斯在深入审视高等教育认识论哲学和政治论哲学的冲突时，指出“大学特权的合理性并不在于它们能招纳富人的子弟并使它们无害于社会，或招纳穷人子弟并教会他们如何赚钱，而在于它们不断地在我们眼前呈现出对人类最高能力持久信任的教育机构时所体现出来的永久价值。整个世界以往从来没有像现在这样更需要这种象征”[②]。这种象征主要指的就是大学的文化与精神，它既是历时性贯穿、共时性体现在大学中的历史、文化、思想和行为等方面的一种形而上的文化精神，也是融化在大学人教育教学、科学研究、服务社会以及实际生活之中的具体的、活生生的文化气质。任何试图用某种简单的文化程式来框定和阐释大学文化内涵的做法都是令人难以信服的，“创新”“自由”“自治”之类的界定在很大程度上还只是对大学文化的一种“描述性界定”，尚未完全切入大学文化整体的本质结构。对大学文化的逻辑归纳和综合升华，需要从大学本质意义上，挖掘蕴藏在大学文化结构和历史演进中的那些具有薪火相继的生命力、凝聚力、激励力和辐射力的核心价值。

大学本质上是“一个以献身科学真理的探索和传播为志业的人们联

① 雅斯贝尔斯. 大学之理念. 上海：上海人民出版社，2006：54.

② 赫钦斯. 美国高等教育. 杭州：浙江教育出版社会，2001：34.

合起来的机构”[①]，融科学精神和人文精神于一身，是知识、意志和情感的有机统一体。王国维早在1903年《论教育的宗旨》中指出：“知力、意志、情感有真善美之理想，‘真’者知力之理想，‘善’者意志之理想，‘美’者感情之理想也。”[②]追求至真、至善、至美是大学的终极价值追求，也是激励大学日久而弥新的文化精神之所在。学术自由、学术自治等普世性的不朽理念是大学追求真、善、美的文化精神所必然要求的一项特权，也是大学文化能够高效发挥作用的重要保障。

正如各种动物只在适合它们生长的环境中生长一样，各种类型的人，也只有在遇到适宜的制度文化环境时才能发展。大学是最适宜知识分子生存和发展的社区。在追求真、善、美的大学文化熏陶和激励下，大学教师的潜力得以挖掘、能力得以滋养、创造性冲动得以焕发，在思想意识、价值选择层面，逐渐排斥外在的功利性目的，被这样一种单纯的动机鞭策着：以独立、自由的个性品格追求真、善、美。我国抗日战争时期，由北京大学、清华大学和南开大学共同南下昆明组建成立的西南联合大学，成立之初就着手建立西南联合大学共同的文化精神，“刚毅坚卓”的校训，脍炙人口、发人奋进的校歌，潜心追求真理、自由、正义的冯友兰、贺麟、陈寅恪、熊十力和吴宓等大学教授榜样，孕育了西南联合大学追求真善美的大学文化，激励师生以共同的文化选择和文化精神，为了理想信念、为了实现人生价值，不懈地努力和追求。西南联合大学时期被加拿大学者许美德称作中国大学发展史上唯一拥有学术自由、不懈追求真善美的办学时期。哈佛大学“以真理为友”的大学文化，鞭策着一代代哈佛人以此为信条和座右铭，为真理而真理，共同维护哈佛大学的声誉和文化精神。

近年来，在高等教育科技主义思潮和功利主义思潮影响下，我国许多大学在百年历史积淀和文化精神梳理过程中，越来越感觉到大学文化的衰微和大学教师方向的迷失，而新建院校由于没有强有力的文化精神的凝聚力、感召力、激励力和约束力作用，大学教师价值选择缺乏价值

① 雅斯贝尔斯. 大学之理念. 上海：上海人民出版社，2006：22.

② 张正江. 做事求真 做人求善 人生求美——真善美教育论纲. 教育理论与实践，2005,（10）：47-51.

导向。我国教育部、各级各类高等学校文化建设者、学术研究人员关注大学文化建设，旨在使百年老校和具有一定办学基础的高校重塑大学文化，新建院校重建大学文化，以精神的力量引导大学教师走向理性追求之路。

2. 大学教师守护着大学文化的传承和发展

大学生活的一切都要仰仗参与者的天性。一所大学的性格是由它的教授们所决定的。每所大学都要仰仗它所招徕的那一类人。如果可以体认大学理念的人们不复集结在大学周围，那么即便最真切的理念都将是一场空。[①] 雅斯贝尔斯这段话深刻地说明了大学教师对大学性格、大学文化守护的不可替代性地位。《大学精神档案》在论述哈佛精神时也指出："真正的哈佛是看不见的哈佛，她在她更富于真、善、美追求的灵魂中，在她无数独立而又常常非常孤独的儿女们身上。"[②]因而，可以说，大学发展史是记录大学教师追求真、善、美的独立、自由精神如何生长、如何发展的历史，也是记录大学教师如何守护大学文化的历史。

诞生于欧洲中世纪世俗政权和宗教神学权力夹缝中的中世纪大学，拒斥大学之外的教会势力、世俗势力对大学事务的干涉，开创了中世纪大学学术自由、学术自治的办学先河，人的生命中固有的但又被基督教长期禁锢的理性精神、追求真理的本性在适宜的大学环境中得以释放出来。以思考和传授其思想为职业的知识分子，即大学教师群体，通过引进、翻译和吸收古希腊的文化典籍，复兴了古代人不懈追求真、善、美的文化精神。布卢瓦的彼得宣称："只有在怀着越来越强烈的爱慕，一遍又一遍地读古代人著作的时候，人们才能摆脱愚昧无知，走向科学的光明。我要把自己全部的认真劲儿都倾注在他们身上，并且每天都在研读他们的著作中迎接朝霞。"[③]沙特尔的伯纳德这样说：中世纪知识分子的使命就是"追求真理，做时代的儿女（veritas，filia temporis）"。阿贝拉尔、

① 雅斯贝尔斯. 大学之理念. 上海：上海人民出版社，2006：147.

② 袁伟时. 大学精神档案（当代卷）. 桂林：广西师范大学出版社，2004：215.

③ 雅克·勒戈夫. 中世纪的知识分子. 北京：商务印书馆，2002：9.

沙特尔、罗吉尔·培根以及人文学院大多数知识分子都是中世纪大学思想最自由、精神最活跃、开创和守护大学文化的知识分子。在这些知识分子身上，人们发现了高尚的理想，就是首创的美德，也即“希望的激情”。[①]然而，到中世纪后期，由于经院哲学思想的影响和经济、政治环境的变化，追求真、善、美的知识分子群体走向衰落，大学文化开始衰微。

在文艺复兴运动的思想冲击下，德国思想界以启蒙运动和宗教改革运动掀起了文化领域革新的浪潮。人文主义者以哈勒大学、哥廷根大学等为阵地抨击正统神学教条，主张思想自由，守护中世纪以来的大学文化。席勒在耶拿大学任无薪教授时发表了就职演讲，在这个演讲中，他倡导哲学型学者，“他们喜欢真理胜于自己的知识体系，志在促进知识的完善，只要他们所学的知识没有形成和谐的整体，只要他们没有进入科学殿堂的中心，其高尚的学术追求便不会停歇”[②]。康德论证指出，哲学院只关心科学的利益，反映理性的声音，以探索真理为任务。哈勒大学法学教授贡德令将哈勒大学称为“自由的殿堂”。哈勒大学和哥廷根大学学者追求理性、追求真理的志向开创了德国大学追求真、善、美的文化精神。19世纪初，普鲁士在普法战争中失败，包括哈勒大学在内的七所大学被割去。哈勒大学校长和部分教师为捍卫大学文化，晋谒国王威廉三世，提议在柏林重建大学。1808年国王任命洪堡负责进行教育改革，洪堡从理想主义和新人文主义思想出发，提出大学赖以立身的原则在于：把科学看作尚未穷尽、且永远无法穷尽的事物，并不舍地探求之。原哈勒大学教授施莱尔马赫在柏林大学新建提上政府议事日程时，发表《德国特色之大学断想》阐释大学的真髓，认为那些具有科学禀赋者是大学最可贵、最完全的成员，大学里的一切均为他们而设，并必须以其为依归。[③]费希特为捍卫学术自由而失去了耶拿大学教授，但在柏林大学建立后又被聘为第一任哲学院院长，他在《论学者的使命》《柏林高等教育机

① 雅克·勒戈夫. 中世纪的知识分子. 北京：商务印书馆，2002：104.
② 陈洪捷. 德国古典大学观及其对中国的影响. 北京：北京大学出版社，2006：18.
③ 陈洪捷. 德国古典大学观及其对中国的影响. 北京：北京大学出版社，2006：38.

构建校计划演绎》中阐述了他的大学观念，义正言辞地表明：我的使命就是论证真理；我的生命和我的命运都微不足道；但我的生命的影响却无限伟大。我是真理的献身者；我为它服务；我必须为它承做一切，敢说敢做，忍受痛苦。要是我为真理而受到迫害，遭到仇视，要是我为真理而死于职守，我这样做又有什么特别的呢？我所做的不是我完全应当做的吗？①

德国大学教师对大学文化精神的深刻把握，并以使命般的思想和行动守护大学文化，才使19世纪的德国大学成为世界向往的精神文化中心，它为现代大学的发展奠定了坚实的思想基础。然而，两次由德国发起的世界大战，破坏了德国大学追求真善美的文化环境，大批大学教师纷纷奔向民主、自由、开放的美国大学，也将追求真善美的文化精神带入美国大学。

德国大学的文化精神和组织模式吸引了大批美国人前赴后继进行学习研究的热忱，19世纪初到20世纪初的一个世纪，有一万余名美国学子留学德国，被称作“高等教育史上最令人惊异的世纪”。留德哲学家罗伊斯（Josiah Royce）1891年曾说：“留德回国后即成为一名为了求知而将时间都用在纯粹知识上的理想主义者，决心对大量的人类知识宝库作出贡献，渴望有机会帮助建立美国大学。”②1876年创办的约翰·霍普金斯大学，汇聚了大批在德国受过训练的大学教师，使探求真理的文化精神在美国大学找到适宜的组织依托。与此同时，在1962年颁布《莫雷尔法案》后，美国实用主义精神被威斯康星大学发扬光大，高等教育的政治论哲学盛行，与强调学术性和学理传统的大学文化发生了冲突。许多大学教师在承认大学服务社会职能的同时，寻求认识论哲学与政治论哲学达到和谐的有效途径，努力守护大学文化。弗莱克斯纳指出：假如我们可以把现在的大学都击成碎片，我们再按照心中的理想重建大学，我们将建立起什么样的机构呢？……学者和科学家都会以某种适宜的方式去主要

① 费希特. 学者的使命. 梁志学，沈真译. 北京：商务印书馆，1980：41.

② Veysey L R. The Emergence of the American University. Chicago: The University of Chicago Press，1965：130.

关心四件事情：保存知识和观念；阐释知识和观念；追求真理；训练学生以“继承事业”。[①] 赫钦斯、维布伦和怀特海等也以自己的思想和办学实践，坚持传承和发展大学追求真善美的大学文化。知识经济时代，大学日益成为社会经济发展的动力站，承担越来越多元化且相互矛盾的使命，更需要具有反思批判精神的大学教师，以理性的思维把握大学发展的航向，持续守护大学本真的文化精神。

二、大学教师不同的角色选择对大学文化的影响

面对 20 世纪以来大学因承担多重使命而产生的价值选择冲突，美国教育哲学家布鲁贝克明确提出大学确立它的地位的主要途径有两种：一种是以认识论为基础，另一种是以政治论为基础。高等教育两种不同哲学基础的冲突，使大学教师知识人和政治人之间的角色选择，成为一个“二律背反”双向互逆的选择悖论，即意识到自己应当承担的双重责任却又不得不对角色单向认同的选择。[②] 而不同的角色选择对大学文化的守护和传承起着极为不同的影响和作用。

1. 以学术为志业的知识人抉择守护着大学文化

高等教育系统作为社会的学术组织，“知识材料，尤其是高深知识材料，处于任何高等教育系统的目的和实质的核心”[③]。坚守知识场域自身逻辑和规律的大学教师，将学术作为精神上的志业，自由、理性地追求真善美，并以真理、学术或知识为沟通媒介服务于外部社会系统，不为政治权力和经济利益的诱惑而阿世媚俗。兹纳涅茨基指出，知识是知识人所有社会角色的先决条件，知识人的社会角色主要包括：技术顾问（技术专家、技术领导者）、圣哲、学者（神学学者、世俗学者）和知识

① 弗莱克斯纳. 现代大学论：美英德大学研究. 杭州：浙江教育出版社. 2001：4.

② 张岱年. 中国知识分子的人文精神// 许纪霖. 在学术与政治间徘徊的近代中国知识分子. 郑州：河南人民出版社，1994：273-289.

③ 伯顿·克拉克. 高等教育系统——学术组织的跨国研究. 杭州：浙江大学出版社，1993：12.

创造者。[①] 他们始终恪守“为科学而科学”“为学术而学术”和“为真理而真理”的价值准则，能够以卓尔不群的精神气质和个性声音追求内心的价值选择，具有“圈外人嗤之以鼻的奇特的陶醉感”，具有“你来之前数千年悠悠岁月已逝，未来数千年在静默中等待”的热情和斗志。[②] 我国王国维和陈寅恪先生是以学术为志业的大学教师的典型，他们具有追求其心目中至真、至善、至美之理想的执著精神，而其一生之为学与为人所表现的也正是对这种理想的追求与操守。游离于尘世之外超然治学的陈寅恪，为王国维先生写的纪念碑，“士之读书治学、盖将以脱心志于俗谛之桎梏，真理因得以发扬。思想而不自由，毋宁死耳。斯古今仁贤所同殉之精义，其岂庸鄙之敢望”[③]。既是对王国维先生一生以学术为志业的独立之精神和自由之思想的盖棺定论，也是自己思想和主张的表达。以学术为志业的知识人角色抉择，更多地体现在西方大学教师身上，胡塞尔、伽达默尔、海德格尔和叔本华等孤傲、寂寞的哲学家，以哲人之理性思维追求真善美，以哲人之冷眼反思批判现实社会中出现的种种问题和矛盾。全心全意追求真理和向往正义、自由的伽利略、哥白尼、布鲁纳、爱因斯坦和居里夫人等科学家深刻地、反思性地把握他们思考和研究的知识领域，即使不为别人所喜欢也在所不惜。这些西方大学教师在知识人与政治人之间实现了角色的整合认同，对政治保持着一种“不感兴趣的兴趣”，或者说“有距离的热情”[④]，恪守知识场域的逻辑，以超然现实政治、经济利益的品性潜心追求真善美，并将自己倡导的思想自由和独立的精神贯彻到了其一生的学术活动中，映现、守护着大学文化绵延久长。西方大学教师恪守知识场域的自主逻辑，源于古希腊把握自然宇宙形成之理的西方文化系统，其背后根本精神是“分解的尽理之精神”，这种精神外在的表现就是概念的心灵，而概念的心灵就是智之知性形态。西方文化生命展现形态是“理性之架构表现”，理性之架构表现之

① 兹纳涅茨基. 知识人的社会角色. 南京：译林出版社，2000：139-141.

② 韦伯. 学术与政治. 桂林：广西师范大学出版社，2004：162.

③ 刘军宁. 北大传统与近代中国：自由主义的先声. 北京：中国人事出版社，1985：117.

④ 张岱年. 中国知识分子的人文精神// 许纪霖. 在学术与政治间徘徊的近代中国知识分子. 郑州：河南人民出版社，1994：273-289.

理性不是实践理性，而是理论理性。[①]

2. 以政治为志业的政治人抉择偏离了大学文化

与西方文化精神“分解的尽理之精神”相对应，我国文化的根本精神是“综和的尽理之精神”，尽心、尽性、尽伦、尽制，所尽之理是道德政治，所以牟宗三先生在对中国文化优劣得失进行评价时，指出“有道统而无学统，有治道而无政道”[②]。中国文化生命展现形态是“理性之运用”，是就具体生活而言的实践理性，不是自然外物的、认识的理论理性。就主宰中国政治、经济和文化生活的正统儒学思想同言，最推崇的不是智之知性哲学，而是经世致用的入世哲学，为知识而知识的知识人多少有“怪癖自弃”“玩物丧志”的嫌疑，修身、齐家、治国、平天下的政治人才是天经地义的正途。孟子认为，“士之仕也，犹农夫之耕也”“士之失位也，犹诸侯之失国也”[③]。孔子“学而优则仕”的思想至今深深地影响着我国知识分子求知、求学的最终价值取向。这种文化哲学在集权化的体制强化下，形成以政治场域为轴心的一元化格局，知识场域难以以自主的逻辑和独立的声音发挥变革社会的良心作用。身处知识场域的大学教师自觉或不自觉地以政治场域的逻辑，选择以政治为志业的政治人角色，追求对权力的分享、追求对权力的分配有所影响，导致大学官本位文化而非学术本位文化盛行。一旦大学教师为官位“竞折腰”，崇尚“官本位”和“行政权威”，大学就偏离了大学文化，破坏了大学教师成长的文化环境和精神氛围。我国 20 世纪初成长起来的一代追求和守护大学文化的大师级人物，是我国大学精神档案中最浓重的一笔，但是，此后，标识大学文化的大师级人物在“官本位”的文化中出现断档，大学精神档案显得空洞和无感召力。教育部大学文化与发展研究中心主持的《百年老校个案研究》的历次研讨会，各大学津津乐道的依然是 20 世纪

① 颜炳罡. 牟宗三学术思想评传. 北京：北京图书馆出版社，1998：55.
② 颜炳罡. 牟宗三学术思想评传. 北京：北京图书馆出版社，1998：74.
③ 张岱年. 中国知识分子的人文精神// 许纪霖. 在学术与政治间徘徊的近代中国知识分子. 郑州：河南人民出版社，1994：273-289.

初成长起来的学术大师，而对现代大学教师彰显大学文化的典型，许多大学显得有些失语。我们无法怨恨追求真善美的大师级人物不提携、不感化后来者，症结在于体制的“迷墙”强化了“官本位”文化，“官本位”文化强化了大学教师追求政治人的角色意识，政治人的角色选择越来越偏离了大学文化。

3. 徘徊于知识人与政治人之间的冲突性角色知觉到了大学本真的文化

19 世纪末 20 世纪初，一批留学国外的知识分子陆续回国，他们感受到了国外政治、经济和文化三足鼎立而又相互促进的格局，体认到了知识场域的自主逻辑和大学本真的文化精神，只有实现知识人与政治人的角色整合认同，才能为学术文化的繁荣提供发展空间。留学归国的知识分子学术自我的知觉机能与中国文化生命形态发生了严重冲突，面对我国知识场域追求权力、受政治束缚的现状，以梁启超、陈独秀、李大钊、蔡元培、胡适和董志坚等为代表的知识分子，发出了“为自由而战”的强大呼声，以求唤醒大学知识分子遵循知识场域的逻辑追求真善美，推进知识创新发展的志向。正如许纪霖先生所言：“在新世纪地平线上诞生的中国近代知识分子萌发了与大一统政治决裂，向知识回归的自我意识，他们开始了新的角色认同，他们领悟了在近代社会中学者之所以有别于官吏的自身价值。”[①]然而，面对民族的危机和困境，或许是中国大学教师根深蒂固的经世致用、济世救国价值观影响，或许是他们知与情兼胜的品格，他们不能像西方大学教师一样以超然的“出世”品格潜心追求真善美，要么以悲天悯人的政治情怀关心社会政治变革，要么痛苦地徘徊于政治人与知识人双重角色之间。许纪霖先生长期致力于中国知识分子研究，他深深地感悟到，近代知识分子在明确意识到了大学本真文化精神和知识分子本位之后，不得不在政治人与知识人之间徘徊的内心痛苦。“他们在‘本我’与‘超我’的双重折磨下痛楚地辗转反侧，无法释放因不平衡状态而引起的心理紧张。他们在心理场中苦苦地寻求‘本我’与

① 张岱年. 中国知识分子的人文精神// 许纪霖. 在学术与政治间徘徊的近代中国知识分子. 郑州：河南人民出版社，1994：273-289.

‘超我’间的必要张力，寻求一个二者之间的微妙平衡点，然而这平衡点是如此的不可捉摸、若有似无，以至于近代知识分子犹如一支巨大的钟摆，随着社会大环境的变幻，在学术与政治的两极之间反复不停地摇晃、震荡。”[①]胡适一生未曾摆脱这双重角色的精神折磨，受西方大学文化洗礼的胡适“打定二十年不谈政治的决心”，宣传“为学术而学术的”治学思想，但是，中国动荡的时局逼迫他不得不踏入政途。王国维先生虽不喜言功利，不喜涉足政治，但对国家深挚的情感又使他不能实现知识人与政治人的角色整合，因而也摆脱不了内心的双重煎熬，不免因为关心人世而反为人世所累，以自杀终其生。

三、回归大学教师本位，守护大学文化

产生混乱时最大的危险不是混乱本身，而是人们依然按照过去的逻辑行事。面对由大学教师的错位选择而造成的大学文化的衰微，大学教师应该冷静反思自身的价值体系和文化选择，遵循知识场域的逻辑和规律，回归大学教师本位，守护大学文化，否则大学教师的尊严和地位将大打折扣。

1. 建立现代大学制度，为大学教师回归本位提供制度保障

制度实质上是一种资源配置方式，它对大学教师价值取向和角色抉择具有明显的导向作用。大学教师以政治为志业的政治人失位选择，或徘徊于知识人与政治人之间的错位选择，在很大程度上是由于制度瓶颈、制度冲突或制度真空，限制、束缚甚至扭曲了大学教师应有的价值选择，从而导致大学教师角色错位、失位性选择与大学文化衰落的恶性循环。但是，“大学之大，在于精神之大，大学精神之于大学，犹如人之灵魂之于身体”[②]。弗莱克斯纳也如是说：“在保障高水平办学方面，大学精神比

① 张岱年. 中国知识分子的人文精神// 许纪霖. 在学术与政治间徘徊的近代中国知识分子. 郑州：河南人民出版社，1994：273-289.

② 张政文. 简谈大学精神. http://www.gmw. cn/ content/ 2008-07/ 05/ content_792269. htm.

任何设施、任何组织都更有效。”[①]大学文化的复兴需要大学教师真正回归为真理而真理、为学术而学术的本位，而大学教师回归本位需要现代大学制度提供可靠的制度保障。

我国建构现代大学制度既需要外在法律法规的保障，也需要大学内部学术管理制度的重塑。由于我国外在法律法规对大学追求真、善、美的制度保障较弱或制度保障缺位，大学教师往往会寻求通过政治场域的强势权力来获得资源和有限的自由。而德国、美国、英国和法国等西方发达国家坚持学术问题与政治问题相分离的原则，并以国家法律的形式确立保障大学学术自治、学术自由的原则，为大学教师忠诚于学术事业提供了法律保证。在自主创新成为主旋律的知识经济时代，大学教师更加需要恪守知识场域的逻辑潜心于知识的创新和应用，为此，我国急需制定相关法律法规，真正保障知识场域的自主、自由发展，保障大学教师按照知识场域的逻辑而非政治场域的逻辑获得应有的资源，激励大学教师追求文化资本而非政治资本或经济资本，才能培养一代代“板凳宁坐十年冷”、彰显大学文化的大学教师。

就大学内部学术管理制度而言，由于政府行政管理方式和运行机制直接延伸到了大学学术事务的管理中，大学教师自由、平等地参与学术事务的民主管理权力被行政管理权力“殖民化”了，大学教师拥有权力并表达意愿的重要渠道就是成为学术行政管理等级中的组成部分。而西方大学在深厚的学术民主管理体制下，由教授组成的学术委员会始终把持着大学学术管理的主导权力，这可能正是西方大学历经千年发展而学术本质亘古不移的原因所在。

对照中西方大学内部学术管理制度，我国大学内部学术管理制度重塑，需要理顺学术民主管理和学术行政管理之间的关系，管理重心下移，适度分权，建立起学术民主管理权力和学术行政管理分权相互制衡、相互制约的有效运行机制，有效抵制学术行政管理权力的专制倾向，为大学教师维护自身学术尊严提供权力保证。大学内外部制度共同强

---

① Cohen A M. The Shaping of American Higher Education：Emergence and Growth of the Contemporary System. San Francisco：Jossey-Bass Publishers，2007：22.

化、共同作用，才会逐渐弱化大学教师根深蒂固的经世致用哲学和追求官本位的价值取向，真正建立起“让大学教师醉心于学术工作的制度和机制”①。

2. 回归大学教师本位，实现知识人与政治人角色的整合性认同

学术系统与政治系统是两个不同的价值系统，与这两套价值系统相对应，分别有特定的制度结构和行为期望与之配合。②在西方社会中，这两套价值系统相互独立而又相互联系，大学教师置身于一个多元化的生存环境中，一方面固守学术系统的价值选择为学术而学术，另一方面以学术思想反思、批判现实政治与社会问题，实现了知识人与政治人双重角色的整合性认同。而我国大学教师置身于一个政治系统统领学术系统的一元化生存环境中，“士不可以不弘毅，任重而道远”的政治使命和政治情怀，使大学教师很难通过超然治学的知识人选择实现角色整合性认同和内心良知的平衡。我国大学教师无论是怀着救国救民的政治理想投入政治，还是怀着“学而优而仕”的官本位思想投入政治，作为社会精英分子确实推动了政治文明的进步，在民族存亡之际也作出了不可磨灭的贡献。但是，大学教师错位或失位于知识场域，有损于知识的发展与创新，更有损于大学文化的守护和传承。

在知识经济时代，我国建立国家创新体系和建设人力资源强国推进自主创新的最强音，对大学提出了更高的要求，呼唤大学教师回归知识场域本位。1998年颁布的《高等教育法》明确规定了高等学校的七项自主权，为大学和大学教师消除疑虑潜心于知识场域提供了法律保障。胡金平指出：“大学教师首先应是学问家而不是政治家，知识人取代原来的政治人成为现代大学诸多教师对自己身份和角色的重新定位，对于知识本身的探求既作为自己立身之本，也作为改造中国教育的良策。”③张维迎教授在《大学的逻辑》一书中指出：“我们选择的教师，他们本身必须愿

---

① 马陆亭. 建立让大学教师醉心于学术工作的制度和机制. 中国高教研究，2005,（8）：50-51.

② 韦伯. 学术与政治. 桂林：广西师范大学出版社，2004：133.

③ 胡金平. 学术与政治之间的角色困顿. 南京：南京师范大学出版社，2005：170.

意为科学、为探索未知的世界而奋斗，并且必须具有这样的素质和研究能力。”[①]在现代大学制度框架内，大学教师只有回归自己的本位、忠诚本位和热爱本位，自觉选择以学术为志业的知识人角色，才能以理性的立场和思想，实现双重角色的整合性认同。

3. 营造适宜的学术文化氛围，积极引领和守护大学文化

人是一种历史性、生成性的存在。而人的生成不是自我决定、自我本位的独立生成过程。每个人降生于先于他而存在的文化环境中，当他一来到这个世界，文化就统治了他；文化赋予他语言、习俗、信仰和工具等，文化向他提供了作为人类一员的行为方式和内容。[②]我国几千年形成的伦理政治型文化惯性力量，使大学教师面临着知识人与政治人的角色困顿，并且往往依据占支配地位的文化价值选择自己的角色倾向。这是造成我国大学教师错位、失位，大学文化衰微的历史文化根源。

然而，成熟的大学文化环境虽然深深地扎根于自身的价值和固有的特色中，但同时又与世界各国大学所共有的文明有着牢固的联系，指引我国大学走出官本位文化，走向追求真善美的学术文化。世界一流大学受人景仰的不仅仅是硬件设施，而且是以学术为志业的大学教师那份优雅从容的气度、淡定平和的心态及其所培育出的大学文化氛围。剑桥大学有一句响亮的口号：“剑桥思想改变世界。”思想从哪里来？这源于良好的学术环境，这种环境首先是一种无形的集体氛围。这里云集了国内外大批知名学者，切磋学术，潜心研究。[③]费希特对此深有感触，认为：“如果把自己看作巨大、亲密的结合中的一员”，接受先辈们文化精神的滋养和熏陶，“我能在他们不得不中断的地方继续进行建设，我能使他们没来得及完成的那座辉煌壮丽的庙堂臻于完善”。

我国大学所缺乏的正是这种一代代以学术为志业的大学教师所培育的浓厚的大学学术文化。因此，我国大学应该以学术组织创新为着眼点，

① 张维迎. 大学的逻辑（增订版）. 北京：北京大学出版社，2004：123.

② 邹诗鹏. 人学的生存论基础. 武汉：华中科技大学出版社，2001：23.

③ 名仕. 光耀于剑河之上的桥. http://media. news. hexun. com/ 2002_1416278A. shtml.

以大学特色优势学科和学科群建设为平台，建立起由学科带头人凝聚起来的学术共同体。学术带头人统领下的学术共同体，能够以集团心理和“群体竞争”的态势，自由交流、自由讨论，共同追求真善美，营造浓厚的学术文化氛围，抵制长期形成的官本位文化，激活学术文化，共同引领和守护大学文化。

强化省部共建高校特色的探索与实践 *

特色是高校的生命力和竞争力所在，也是一所高校区别于其他高校、立足社会获取自身发展的动力支撑，尤其是在高等教育大众化、多样化的趋势下，以特色求生存、求发展、求卓越已成为高校发展的共识。随着高校管理体制的改革，省部共建成为一部分地方和原各部属高校提升核心竞争力、打造品牌的一种方式，经过几年的建设，这些高校的优势与特色得以彰显，成为区域特色和学科专业特色鲜明的地方示范性大学。

一、省部共建高校的办学特色

办学特色对深刻变革学校的学科结构布局、管理机制和科研模式具有很大的动力。省部共建高校本身具有的共建特色，加上这些高校独特的区域特色和历史文化特色是省部共建高校发挥优势叠加效应的着眼点

---

* 本文发表于《中国高等教育》2009年第1期，作者郭贵春。

和突破点。

1. 发挥共建特色，提升省部共建高校竞争能力

为促进优质高等教育资源合理分布，提升中西部地区高等教育服务区域经济社会发展的能力，教育部党组决定在没有教育部直属高校的中西部省（自治区、兵团），选择“办学历史悠久、办学基础比较好、办学水平比较高”的高校，携手地方政府，共同承担起省部共建高校建设发展的重任。2004 ～ 2008 年，共有 19 所地方高校成为省（自治区、兵团）部共建高校和重点支持高校。这些高校获得了教育部与地方政府的双重支持，在财力、物力和人力等资源方面拥有比其他地方高校更大的优势。2005 ～ 2006 年，教育部为省部共建高校安排专项资金 3.15 亿元，并通过多种渠道、多种方式开展对口支援工作，切实为共建高校、特别是西部边远地区共建高校的发展注入了生机和活力。通过教育部与地方政府的共同支持，共建高校学科建设能力明显提高，师资队伍素质不断改善，联合攻关重大现实问题的能力得到显著提升。省部共建高校所在省（自治区、兵团）也在财政拨款、专项资金等多方面给予了共建高校很大的支持。

2. 突出区域特色，培育特色优势学科和学科群

中西部地区地处祖国内陆要地和边陲要地，地域广袤、资源富集、生态环境多样、民族文化底蕴深厚，区域特色鲜明。省部共建高校在全国高等教育系统生存与发展的重大意义在于充分挖掘区域特色，培育特色优势学科和学科群，推动共建高校优化学科结构，走特色强校之路，形成中西部高等教育发展的增长极，示范和带动中西部高等教育发展，不断拉动区域产业结构优化升级。省部共建高校依托中西部区域特色，已培育出一批特色优势学科和学科群。例如，山西大学的光学、科技哲学、精细化学和晋商研究等国家重点学科和区域特色学科；海南大学的学科建设则体现了海南区域的特色，石河子大学形成了新疆及国内凸现优势和特色的“荒漠绿洲区高效农业”“新疆地方与民族高发病防治”“新疆特种植物资源与开

发”和“新疆生产建设兵团经济与社会文化研究”等六大学科群。

3. 彰显文化特色，挖掘中西部独特的文化资源

我国历史悠久，各地区地理环境不同、民族构成不同、思维方式不同，形成了以地域和民族为基点的多元文化。文化的多元性是每个社会得以生存和保持竞争力的根源。在我国这样一个统一的多民族国家里，区域、民族文化的保护和繁荣发展，关系到整个中华文化的保护和繁荣发展。19 所省部共建高校大部分分布在中西部区域、民族文化特色鲜明的 16 个省（自治区、兵团），其中包括五个少数民族聚居的自治区。省部共建高校作为区域社会中最高层次的文化传承、发展和创新机构，是区域文化生态中最活跃的因素，挖掘区域独特的民族文化资源，建立区域文化生态示范区，促进多元文化的并存和交融，是其不可推卸的重要历史使命，省部共建高校要从国家发展战略和中华文化统一性与多样化辩证统一的高度，认识多元区域民族文化传承与发展的重要性，强化区域民族文化建设的责任意识，以高校的文化自觉性挖掘、保护和发展多元区域文化，彰显出大学的文化个性和文化特色。

二、省部共建高校强化特色的战略思想

战略思想的制定犹如引导省部共建高校特色发展的一座“灯塔”，指导共建高校得以理性发展，明确自身前进的方向，准确定位，通过强化特色、发挥优势，提高整体竞争力和综合实力。

1. 制定科学规划，明确发展定位

科学的规划是大学发展和前进的行动纲领，也是高校实现更快更好发展的宏伟蓝图。它是对建设一所什么样的大学和怎样建设大学等根本性问题的思考，涉及学科建设、人才队伍、质量培养、课程体系及办学功能与效益等方方面面的规划。省部共建高校要实现又好又快的发展必须在对自身基本情况分析的基础上，着眼于高校的可持续发展，制定科

学的发展规划，明确高校的发展定位。正如香港科技大学校长吴家玮先生所说，“一所学校最重要的是找到自己的定位，并在自己擅长的领域做到最好”[①]。定位科学与否，直接关系到省部共建高校在整个高等教育系统中的地位与作用，是高校能否凸显特色的关键所在。要在审视外部环境的基础上，从自身办学实力出发，对高校未来的发展作出合理的定位。山西大学在分析自身办学实力和综合各种因素的基础上，把学校定位在办一所“具有地方示范作用的研究型大学”，这一定位使山西大学既有别于一般地方性大学，也不同于一流大学。彰显了山西大学力争成为区域内其他高校的引领者、成为地方经济社会发展服务的生力军、成为其他省部共建高校的典范。

2. 创新办学理念，明确办学目标

办学理念是“办学者在一般大学理念基础上，所形成的对于自己所办大学的理性认识和理想追求，并使之成为全校师生的共同认识和追求，是一所大学成其为自身而区别于其他大学的内在规定性的观念反映”[②]。办学理念作为大学理念的具体化直接指导着大学各方面的实践活动，高校的办学特色也就直接来源于个性化的、独具特色的办学理念。如何确立在知识时代的特色办学理念，在历史基础上继续开拓创新，处理好继承与创新的关系，是省部共建高校需要着力思考的问题。省部共建高校大都是百年积淀的老校，要继承大学的优良传统，必须在继承的基础上求发展。另外，要在传承的基础上学会创新，新的历史时期，省部共建高校要用发展的眼光、创新的思维来树立独具特色的办学理念，在高等教育领域“独树一帜”。因此，省部共建高校必须全面考虑自身的类别、办学层次和服务方向等方面，树立明确而卓越的办学目标。

3. 争取多方支援，实现跨越发展

随着社会的发展，高等学校逐渐走出“象牙塔”，由社会的边缘走向

---

① 吴家玮. 世界一流大学要找准自己的定位. 中国青年报，2001-05-24.

② 马丁. 确立大学理念 突出办学特色. 中国电力教育，2008,(1).

社会中心，人们也逐渐认识到高等教育资源的重要性。但稀缺的高等教育资源尤其是优质高等教育资源多数集中于发达地区，从而使处于经济相对落后的中西部地区的省部共建高校，仅靠地区本身的实力是很难取得较快发展，必须争取中央、地方和企事业单位等各方的支持。省部共建高校要充分利用教育部所给予的政策、投入和对口支援等优惠措施，抓住机遇，加快发展，当然，也要加强与当地政府的交流，争取地方政府在资金与资源方面，为省部共建高校改善办学条件提供重要保障。与当地企业建立健全有效的长期合作机制，也是共建高校加大科研成果转化率，提高办学效益，实现创新高校人才培养模式的重要途径。在教育部、地方政府以及社会企业的共同支持下，共建高校的办学条件得到了切实改善，也为深化高校教育体制改革，促进高校创新注入了活力，成为区域经济发展的“助推器”。

三、省部共建高校强化特色的战略实施

强化特色战略思想的制定为省部共建高校更好的发展做“航向”，在人才培养、学科建设、文化建设、战略管理和产学研合作等方面着力形成特色、培育特色和强化特色。

1. 形成以行业为导向的人才培养模式

人才培养是大学的基本功能之一。佛兰斯纳说过：“成功的研究中心不能代替大学，大学之别于其他知识性机构的特点之一，即在于它还是一个着重于教学的地方，是一个培育人才的地方。”[①]培养卓越性的创新型人才，是大学办学特色的灵魂所在。在知识型社会，大学之间的竞争归根到底是人才的竞争。综观世界上的一流大学，其成功之处就在于聚集并培养了大量的优秀人才，使得学校的某一学科或某一专业闻名全世界，逐渐形成了独具特色的发展模式。

---

① 胡文烽. 求真务实，建设高水平大学. http://www.md.jxule.cn.

省部共建高校要实现整体办学实力的提高，就要坚持以人为本的思想原则，坚持科学发展观，结合高校具体的办学历史、学科优势，确立有特色的人才培养机制。省部共建高校也应根据所处区域经济发展的需要、区域产业结构的不同，建立多样化的人才培养模式，实施“个性化”的人才培养战略，使人才培养符合社会发展的需要，避免“人才培养总量在不断增加，但社会仍然有相当多的部门聘不到合适的人才”①。省部共建高校应科学合理制定人才培养规划，确定人才培养的数量、类型和层次，提高省部共建高校的人才贡献率，引领中西部地区实现健康、协调、可持续的发展。

2. 完善以特色为核心的学科建设体系

学科建设不仅承载着高层次的人才培养，而且也是大学完成科研任务的中间力量。而特色学科建设更是大学建设的核心部分，在高等院校办学特色的形成中起主导作用，离开了学科特色，大学的教学特色、人才培养模式特色、科研特色和校园文化特色便成了“无源之水”“无本之木”。因此，省部共建高校要结合当地资源优势，选择有发展潜力、有区域特色的学科进行重点扶持，争创一批特色学科。

省部共建高校要以本校现有学科为出发点，以打造一批有特色的学科为目标，整合资源、发挥优势、全力扶持，走适合自身发展的学科建设之路。要依托地方经济及文化特色，挖掘潜在资源。紧密结合当地产业结构，“急企业之所需，应企业之所求”，关注地方核心企业、支柱企业的人才需求，培育有区域特色的优势学科。要发挥群体优势，在已有的特色学科群里组建新的有优势的学科，促进特色学科之间的交叉与融合，形成“综合、开放、全面”的学科体系。

3. 构建以创新为目标的教师激励制度

师资队伍表现为大学人力资源的储备能力和可开发能力，是创造大

① 李彬. 区域经济与地方高校人才培养定位. 高等教育研究，2007,(8).

学价值、形成大学特色和优势的最重要的和最直接的力量。大学的发展离不开教师，师资是高校建设和发展的关键环节，对于高水平特色学科的建设和创新型人才的培养极其重要。共建高校由于多数处在经济不发达、地理位置相对偏远地区，不仅难于吸引到人才，而且优秀人才容易流失。优秀教师数量不足，学术骨干稀缺。教师的教学水平与科研能力都不能满足高校培养创新人才的需要，严重制约了省部共建高校的发展。

当前加强优质师资队伍建设，建设创新的教师激励制度尤为重要。省部共建高校要科学制定教师队伍建设规划，创新教师管理机制，提高教师专业素质，调动教师教学积极性。突出重点，整合教师优势资源，加大学术骨干、中青年拔尖创新人才的培养，造就一批能引领高校学科发展的具有战略性思维与创新性构想的学科带头人。加强学术梯队的建设，形成专业性较强的学科队伍，提升向重点学科领域、前沿学科领域进军的实力。

4. 坚持以特色为追求的大学文化建设

大学文化是高校无形的精神资产，对于增强全校师生的凝聚力、向心力和竞争力有巨大的感召作用，是一所大学综合能力的软实力，也是提升大学核心竞争力的精神与灵魂。卓越的文化是一所大学个性特征的体现，是区别于其他大学的标志。北京大学提倡“思想自由，兼容并包”的学术风气，清华大学以“自强不息，厚德载物”作为校训。悠久的办学历史，长期形成的办学理念，源远流长的校风校训，都是大学绵延的“文化基因”，折射一所大学师生思想和行为的“文化模式”。

省部共建高校要立足所处的区域文化环境和自身的文化传统，注重发掘本校的历史文化资源，并充分利用地域文化资源，建设特色鲜明的大学文化。山西大学经过百年的发展历程，已经形成了“中西会通、求真至善、登崇俊良、自强报国”的文化传统和“勤奋严谨、信实创新”的优良校风，奠定了学校厚实的文化底蕴。云南大学秉承“会泽百家、至公天下”的云大精神，遵循“立足边疆，服务云南，提升水平，办出特色”的办学思路，形成独特的文化理念。这些办学理念和积淀在各高校深厚的文化底蕴，通过传承、融合和创新形成各自独具特色的文化品位。

5. 实施以务实为己任的高校战略管理

管理工作是制约一所高校发展的瓶颈，实施科学有效的战略管理是省部共建高校贯彻落实科学发展观，实现可持续发展的重要保证。在高校的行政管理中，一些中层管理者担任的是双重角色，对上要执行领导分配的任务，对下是高校发展理念的传递者。在向现代化高水平大学迈进的过程当中，制定长期性与全面性相结合的高校管理规划，协调好高校发展与高校管理工作之间的关系，尤其是发挥中层管理者的作用，对建立有特色的高校管理体系具有重要意义。

高校的各级管理者也要敢于并乐于利用自己的发言权，为高校的发展出谋划策，贡献自己的智慧，为高校争取更多的教学资源。抛弃陈旧的观念，认识到自己在高校发展中的不可替代的地位，不局限于固有的思维模式，主动开阔眼界。共建高校也应为不同层次的管理者创造一个开放、合作的工作环境，鼓励他们发挥自己的聪明才智，让他们真正地参与到高校的战略管理当中来。建立有效的考核评价体系，全面提升管理者的管理能力与管理技巧，让中层管理者从被动变为主动、从简单的实施战略到积极地参与高校发展战略的制定与规划。

6. 打造以区域为依托的产学研合作平台

省部共建高校的发展与地方经济的发展是两个辩证的统一体，高校的发展可以促进地方经济的发展，地方经济的发展又反哺高校的发展。产学研合作机制是高等教育发展的普遍趋势，是省部共建高校强化重点学科建设，提高科研创新能力，向高水平大学迈进的必由之路，也是推进区域经济又快又好发展的有效方式。省部共建高校应该坚持可持续发展的产学研合作道路，实现教学与科研、人才与需求之间的平衡，加速科学研究的创新，加快科技成果的转化；增强为地方服务意识，紧密结合本地区经济发展的实际情况，转变工作思路，积极创新，保证区域人才市场需求供应平衡，尤其要培养当地优势企业发展所需的紧缺人才；要以地方市场为导向，以企业为主体，投入科研项目，积极创建有利于地方支柱产业及新兴产业发展的科学研究基地。将教学、科研与人才培养有机结合起来，为地方经济发展提供长期、有效的智力保障与技术支持，充分发挥自身作为地方高校示范带头的作用，是突出其共建的意义所在。

论具有地方示范作用的高水平大学的内涵建设*

内涵建设是高水平大学核心竞争力提升的关键，是赢得社会信任、获取优质办学资源的根本保障。加强具有地方示范作用的高水平大学的学科建设、人才培养、科学研究和师资队伍的内涵建设，对提升具有地方示范作用的高水平大学的办学活力和办学水平具有十分重要的作用。

一、提升学科建设的内涵

学科是大学组织系统存在的基本单位，是吸引专家、汇聚学者的关键所在。学科建设内涵明确、措施得力，对提升大学核心竞争力，牵动和引领人才培养、科学研究和社会服务三大职能高效发展具有重要作用。

---

* 本文发表于《中国高等教育》2009年第Z3期，作者郭贵春。

特色的学科方向。稳定的学科研究方向是学科内涵建设的关键，是学科特色突破的重要基础。具有地方示范作用的高水平大学的主要使命是为区域经济社会发展提供人才支持和智力支撑。学科研究方向的凝练应在关注国内外前沿性、先进性和前瞻性学科研究成果的同时，认真分析国内外大学的学科研究方向，并在考虑自身学科积淀和学科优势基础上，根据区域科技发展需求和经济发展需要，凝练出特色鲜明、具有发展潜力的学科研究方向。

标志性的学术成果。标志性的学术成果是一所学校学科特色和优势被本学科领域国内或国际同行认可的充分体现，是学术声望和学术地位的最有力象征。在标志性、原创性学术成果方面，具有地方示范作用的高水平大学仅在少数几个学术领域具有同行认可的成果，大大限制了不同学科的交叉与融合能力，也限制了学科群相激励效应的形成。为此，地方高水平大学需要以现有特色优势学科为依托，找准学科研究方向，以严谨求实的科学态度，对重大和关键性的科学问题进行长期的原创性研究和攻关，力争在更多的学科交叉点和领域产生一批标志性的研究成果。

拔尖的学科帅才。学科建设在某种意义上是由拔尖的学科帅才率领学术共同体进行的一种“学科博弈”。拔尖的学科帅才在学科建设中的作用主要体现在：一是以深邃的思维、开阔的视野和丰富的学术研究经验，敏锐地把握系统综合时代学科的主攻方向；二是以追求真善美的探究热情、高水平的科研成果和高效的协调管理能力，凝聚一支结构合理、创新能力强、潜心致力于学术研究的科研团队。具有示范作用的高水平大学学科建设的根本问题是“有队无师”，缺少学科帅才。因此，“领军人物”的培养和成长是具有地方示范作用的高水平大学学科内涵建设的灵魂，学校应创设自由、宽松的环境，提供必要的政策和资金支持，培养和引进学科建设的核心人物。

优势的学科和学科群。特色优势学科能够带动相关学科高水平协同发展，推动知识对流、理论借鉴、模式组合和方法碰撞，加速学科的重新组合、结构更替、优势积累和知识板块之间的共振，从而形成人才培养、科学研究和技术开发的多学科有机联合体，即学科群。学科群之间互相依赖、互相迁移、互相促进，就形成了学科群相激励效应。具有地方示范作用的高水平大学的学科内涵建设，应积极发挥优势学科的激励效应，将其活跃的发展势头、优势的组织创新、制度创新和学术创新效果广泛而深刻地扩展到其他学科领域，带动相关学科和看似不相关的学科共同发展，促进学科群的建设。

卓越的学科文化。伯顿·克拉克在《高等教育系统》一书中指出：根据独特的理智任务，每一学科都有一种知识传统——思想范畴——和相应的行为准则。在每一领域里，都有一种新成员逐步养成的生活方式，在发达的系统中尤其如此。可见，学科文化是学科成熟的主要标志，每一个成熟的学科都建立在特定的学科文化基础之上。具有地方示范作用的高水平大学在注重凝练研究方向、培养学术带头人和产出高水平学术成果的同时，应从学科长远建设的角度出发，引导学术梯队成员冷静反思自身的价值体系和文化选择，遵循知识场域的逻辑和规律，凝练形成卓越而宽松的学科文化。

二、提升人才培养的内涵

人才培养是高水平大学承担的一项根本任务，也是大学教师的主要学术职责，人才培养的质量是衡量一所大学最根本的标志。在社会对当代大学的诸多期望中，最重要的就是大学能够培养高素质的人才。具有地方示范作用的高水平大学的特殊使命，决定了其应有异于其他地方大学的人才培养内涵。

先进的教学理念。教学理念集中体现了人们对教学和学习活动内在规律的认识，指导着教学活动工作的开展。具有地方示范作用的高水平大学需要倡导和鼓励反思性教学，将研究性教学理念融入到本科教学的各个环节，依托科学研究，将科学研究的精神和成果融入教学，激发每个学生真正的求知欲望，引导学生步入学术的殿堂，致力于真理的探索，形成浓厚的学术氛围。

合理的课程体系。近年来，大学课程一直是国内外高等教育界关注的热点问题。具有地方示范作用的高水平大学的课程设置应本着主动适应、协调发展和整体优化的原则，处理好经典与现代、学术与应用的关系，增设跨学科课程和精品课程；增强课程内容的前瞻性、科学性和实用性，建立由核心课程、专业课程和选修课程组成的课程体系；对已有课程进行精简、合并、更新和优化，拓展学生掌握知识的广度，加深理解知识的深度；开展课程体系与教学改革，努力夯实学科理论基础，着力打造国家级精品课程。

高水平的教学团队。教学团队是为实现共同的目标，以高水平团队带头人为核心、骨干成员为支柱凝聚起来的才能互补、高效协作的教学人员有机统一体。具有地方示范作用的高水平大学要提升人才培养质量，在充分发挥教师个人才能的同时，更重要的是应该建立有效的协作机制、合作创新机制和沟通机制，以集体的智慧促进人才培养模式创新，提高学生的实践应用能力和创新能力。

发展性的教学评价。多年来，我国高校教学评价工作主要采用奖惩性教学评价体系，注重考察教师在评价之前的工作表现，只能引起少数教师的共鸣和响应，难以调动全体教师的工作积极性。具有地方示范作用的高水平大学要构建多元、全面的发展性教学评价体系，以促进教师职业发展为主要目的，遵循面向未来、双向参与和尊重教师个性化发展的原则，强调教师的未来发展和学校的未来发展，制定科学的评价指标，注重评价的可行性，促进全体教师持续、全面的发展。

三、提升科学研究的内涵

历史学家梅尔茨说：“大学制度一言以蔽之，不仅传授知识，而且更重要的是从事科学研究，乃其引以为自豪和获得声誉的根基。”具有地方示范作用的高水平大学以科学研究为核心职能，带动、整合其他职能的高效发挥，能够激发大学内涵建设的巨大活力，为优秀人才的汇聚、学术创新团队的构建、创新型人才的培养和高效的管理机制建设提供持久动力。

良好的研究声誉。研究声誉如同大学的品牌，代表了一所大学的科研实力和水平。良好的研究声誉是建立在大学高水平科研积淀基础上，被政府、学术界、企业事业单位、学生及家长、兄弟院校等自然接受和共同认可的科研水平与科研能力的知名度和美誉度，是大学拥有的一项重要无形资产，也是大学未来发展的强大吸引力和号召力。具有地方示范作用的高水平大学良好的研究声誉的形成，是各种因素发挥综合协同作用所产生的正"溢出效应"，要注重从教师队伍建设、科研能力培养、基层组织创新、学术创新平台和学术创新团队建设等方面一点一滴地积累，争取同行的认可。研究声誉具有很强的光晕效应，能够吸引最出色的教师和最优秀的学生，推动广泛而深入的前沿研究，促进高素质优秀人才的培养。

合理的研究结构。大学是推进社会文明进步的发动机，具有为创造财富提供引擎的巨大潜力，要充分利用大学科研优势，发挥对社会经济发展的辐射作用，必须建立合理的科学研究结构，使基础研究、应用研究和技术开发紧密联系、相互促进、协调发展，形成完整结构。具有地方示范作用的高水平大学是当地学术界、工业界和政府的共同期待，是推动区域经济社会发展的动力源。要充分发挥其职能，在强化基础研究的同时，必须加强应用研究与技术开发能力，提高科技成果转化能力，搭建科学理论与生产之间的桥梁，促进科学技术的进步和生产力水平的提升。在基础研究方面，要找准比较优势，增创竞争优势，打造特色优势，以优势创特色、谋发展、立地位；在应用研究方面，要扩大经济效益、提高社会效益、增强文化效益，提升大学为区域经济社会服务的能力。

科研机构的实体化。科研实体化是高水平大学建设的必由之路，是建设具有地方示范作用的高水平大学的重要途径。具有地方示范作用的高水平大学在学科建设过程中要贯彻优先发展和重点发展的理念，将平台、团队和一级研究机构的建设置于更加突出的位置，努力打造"学院—创新平台和团队—研究所"三位一体的科研创新系统，发挥这些科研实体在全校科学研究、学科建设中的表率作用、凝聚作用、拉动作用和品牌作用。

经常性的科研合作。科学研究交叉、综合的趋势日趋明显，要求各学科改变“单打独斗”的方式，进行经常性的科研合作，拓展科研合作的广度和深度。具有地方示范作用的高水平大学的科研合作可分为四个层次：首先是学科带头人负责，充分利用教师工作室和实验室，组织研究小组成员开展联合研究；其次是举办师生共同参与的学术研讨会，围绕科学研究的动向、前沿的学术信息以及研究过程中的问题进行广泛的交流；再次是科研管理部门围绕科研项目，制定科研合作的制度，形成不同学院、不同团队以及学校与企业、学界之间的科研联动机制，共同申请立项，共同解决关键性的理论难题和技术难题；最后是通过多方努力，加强与省内外、国内大学科研机构的合作，真正提升研究的能力和学科建设的水平。

四、提升师资建设的内涵

人才是高等学校发展的第一资源，这是被中外高水平大学发展证实的真理性共识。高素质的教师队伍是大学内涵建设最具潜力的因素，也是大学声誉最现实的衡量标准。具有地方示范作用的高水平大学加强教师队伍建设，既要建立合理学科梯队，也要打造学术大师，形成错落有致、梯次井然的师资队伍。

公认的学术大师。公认的学术大师是大学最值得骄傲的丰碑，他们理论造诣深厚、学术水平高超、人格感染力强，人才集聚效应明显，在各自领域内从事着最前沿、最尖端的探索。大学的声望等级在一定程度上是依据学术大师的影响力塑造的。具有地方示范作用的高水平大学急需培养和引进对大学发展具有较强影响作用、彰显大学文化精神的学术大师。

拔尖的教师骨干。教师骨干有较高的理论水平和教学声誉，是学校最有潜力的中坚力量。他们工作的成就感不完全在于职称和地位的提高，他们能够以“做事业”的心态，而不是“过日子”的心态，自觉担负起赋予他们的职责。国内一流大学可以凭借优越的条件吸引骨干性教师，充实教学科研力量，具有地方示范作用的高水平大学的资源吸引力相对有限，这就要求学校重视那些已初露锋芒、有望成长为教师骨干的青年人才，以“磨刀不误砍柴工”的思想为指导，采取切实有效的措施和多种方式，有意识地去培养、扶持，为其成长和发展营造良好的环境。

协作创新的学术团队。协作创新的学术团队是指针对某一学术方向或具体的科学技术问题，由一些技能互补、愿意为共同的科研目标相互承担责任的学术人员组成的团队。这类团队是大学开展学术创新、培养高层次人才最重要的组合形式，是大学在国家创新体系和区域创新体系中发挥作用的重要载体和新型组织形式。吴康宁教授指出：“学科的发展不是学科带头人单枪匹马所能完成的，而是整个队伍浴血奋战的结果，不是个人创造历史，而是群雄创造历史。”具有地方示范作用的高水平大学的某些学科面临仅有一个或几个学术骨干成员苦苦支撑学科发展的尴尬局面，学科发展存在空洞化的危险。为此，我们要以共同的信念、重大的科研项目为纽带，优化整合有限的优质教师资源，凝聚年龄结构、学缘结构和职称结构合理的学术创新团队。

良好的师德师风。教师的师德师风关系到教师的形象，也关系到师资建设的成效，已引起了全社会的普遍关注。正如苏霍姆林斯基所言：“教师成为学生道德上的指路人，并不在于他时时刻刻都在讲大道理，而在于他对学生的态度，能为人表率，在于他有高度的道德水平。”具有地方示范作用的高水平大学要加强师德师风建设，使教师形成良好的职业道德和学术道德，增强社会责任感，当好教书育人和学术创新的领路人。

加强内涵建设，龙头在学科建设、基础在人才培养、关键在科学研究、核心在师资队伍。建设具有地方示范作用的高水平大学，就是要在不断深化内涵建设的基础上，使其学科建设、科学研究、人才培养和师资队伍成为本区域高校发展的典范，对区域内整体高等教育的发展形成辐射效应，担当为区域经济社会发展服务的主力军。

统筹协调区域高等教育 重点建设中西部省部共建高校*

优质高等教育资源和人力资源匮乏是制约中西部崛起的重要因素，区域高等教育资源合理配置和结构优化问题已经引起国家的高度关注。为促进中西部高等教育的发展，国家自2004年开展省部共建工作以来已取得了突出的成就，被称为“中西部发展的基础工程”“亿万人民受益的民心工程”。

一、中西部高等教育发展的战略意义

中西部在我国战略布局中具有非常重要的地位和作用。没有中西部地区的现代化，就没有整个中国的现代化；没有中西部地区的稳定团结，就没有整个中华民族的繁荣稳定。中西部跨越发展，教育先行。

---

* 本文发表于《中国高等教育》2009年第24期，作者郭贵春。

（1）加快中西部高等教育发展是我国由高等教育大国向高等教育强国、由人力资源大国向人力资源强国转变的战略需要。建设人力资源强国和高等教育强国意味着整个高等教育系统质量和水平的提升。但是，由于我国区域非均衡发展造成高等教育资源配置不均衡，中西部高等教育发展远远滞后于东部高等教育发展，无法满足中西部经济社会发展对人才和科技的需求。所以，将中西部高等教育纳入我国高等教育宏观布局，以内涵建设提升中西部高等教育质量和水平，是中西部经济社会发展的战略选择，也是建设高等教育强国和人力资源强国的战略需要。

（2）推动中西部高等教育发展是我国实施西部大开发、中部崛起战略的必然要求。自 21 世纪以来，国家为缩小地区发展差距，坚持区域协调发展，启动西部大开发和中部崛起战略，东中西优势互补、相互促进、共同发展的新格局逐渐形成。国务院刚刚讨论并原则通过《促进中部地区崛起规划》，新的西部大开发政策正在制定。我国政府统筹区域协调发展的思路更加明确，西部大开发和中部崛起战略能否担当起拉动中国经济腾飞，推动区域均衡发展的重任，在很大程度上取决于中西部高等教育的跨越发展，取决于中西部高等教育为中西部区域经济繁荣发展提供人才支持和智力贡献。所以，西部大开发和中部崛起战略的深入实施，迫切需要优先发展高等教育，增强中西部发展对创新型人才的吸聚力，提高整合利用区域优势资源的能力，推动区域产业结构优化升级。

（3）支持中西部高等教育发展是优化高等教育区域布局、缩小地区差距的现实选择。我国的高等教育应该是一个多样化、多层次、多类型、布局结构合理的高等教育体系。国家从区域协调发展和人力资源强国建设战略高度，中西部从区域经济转型的现实要求出发，共同推进中西部地区高等教育的发展，提高高等教育资源在地域分布上的均衡性，对优化高等教育结构和布局，破解高等教育资源过度集中于大城市而造成的重心偏高的难题，从空间上和层次上拓展高等教育的社会功能，具有深远的意义和影响。

（4）提高中西部高等教育的水平是进一步满足中西部地区人民群众“上好大学”的迫切需求。人才流失是制约中西部发展的瓶颈性问题，培养“留得住、下得去、用得上”的中西部人才，根本上要依靠中西部高等教育水平的提高，为中西部创新人才的培养和吸聚提供重要保障。目前，中西部地方高校发展的现状还不能满足中西部地区人民群众“上好大学”的期盼。对经济欠发达的中西部地区来说，培养一名大学生的消费支出占家庭收入的比例比较高，民众对优质高等教育资源寄予厚望。因此，全面提升中西部高等教育质量和水平，可以满足人民群众“上好大学”的迫切需求、将人口的负担转化为人力资源优势。

（5）推动省部共建高校快速发展是加快中西部高等教育发展步伐的重要推动力。省部共建高校是区域高等教育体系的龙头，它肩负着引领区域高等教育特色化发展，推动区域科技创新、技术转移、成果转化和创新人才培养的重任，承载着优化高等教育资源配置，加快高等教育强国建设步伐的使命，也是教育部提升地方高等教育发展水平、扩大优质教育资源覆盖面的重要抓手。在教育部宏观指导和支持下，地方政府坚持将提升高等教育质量作为发展高新科技产业的基石，继续重点建设省部共建高校，以区域特色打造办学特色，以办学特色赢得比较优势，必将成为加快中西部高等教育发展和区域经济社会发展的重要推动力。

二、中西部地区高校发展现状分析

从宏观层面来看，东部地区仅占国土总面积的 17.9%，而东部地区高校数占全国的 50%，每万平方公里高校数是中部的 1.2 倍，是西部的 8.6 倍；东部地区占有“985 工程”高校的 66.7%，教育部直属高校的 70.7%，“211 工程”高校的 63.4%。从微观层面来看，学科建设方面，东部高校占有国家一级重点学科的 74.4%，国家二级重点学科的 66.7%，国家重点实验室的 75%，国家人文社会科学重点研究基地的 76.8%；师资建设方面，东部高校拥有全国高校院士总数的 79.3%，全国正高级职称教师总数的 60.2%，全国副高级职称教师总数的 53.7%；办学经费方面，2007 年东部高校国家财政性教育经费是中西部高校总和的 1.31 倍，预算内教育经费是中西部高校总和的 1.25，社会团体和公民个人办学经费是中西部总和的 1.76 倍，社会捐赠经费是中西部总和的 2.43 倍；科学研究方面，东部高校承担的 863 计划、973 计划、科技攻关计划和自然基金项目等重大科研项目的数量分别是中部和西部高校的 3.2 倍和 4.7 倍；人才培养方面，东部高校在校生数占了全国高校在校生总数的 52%，每百万人口在校硕士生数东中西部的比例为 1.71 ∶ 0.78 ∶ 1，每百万人口在校博士生数的比例为 2.87 ∶ 0.90 ∶ 1。

从以上数据分析不难看出，中西部与东部高等教育存在较大差距，特别是优质高等教育资源的不均衡严重制约了中西部高等教育竞争力的提升。

三、中西部省部共建高校作用分析

中西部省部共建高校共有 18 所，仅占中西部地方高校总数的 1.55%，但是它们相对地都有“历史长、水平高、作用大”的共同特点，在地方高校中的引领和示范效应非常明显。

从 2009 年综合竞争力排名来看，排名前 100 位的中西部地方高校中，省部共建高校占了 70%，其中有 6 所省部共建高校排在本省第一位，有 1 所排在本省第二位。从两院院士来看，有 5 所省部共建高校两院院士占本省区地方高校院士数的 50% 以上，有 3 个省的地方高校院士全部集中在省部共建高校；在第二届教育部社会科学学部委员中，省部共建高校占中西部地方高校的 80%，有 4 个省的地方高校社会科学学部委员全部集中在省部共建高校。从学科建设来看，省部共建高校占有中西部地方高校 73.3% 的教育部人文社会科学重点研究基地，50% 的国家重点实验室，33.8% 的国家二级重点学科，其中有 7 个省的地方高校教育部人文社会科学重点研究基地全部集中在省部共建高校；在 2008 年的学科排名中，省部共建高校有 49 个二级学科排在全国前十位，建成了一批全国性的强势学科；从科学研究来看，第四届中国高校人文社会科学研究优秀成果奖中，省部共建高校占中西部地方高校的 48.6%，其中有 5 个省的奖项全部集中在省部共建高校；2006 ～ 2008 年省部共建高校国家杰出青年基金获资助者占中西部地方高校的 62.5%，其中河南 100%，湖南 75%，山西 50% 集中在省部共建高校；2009 年结项的国家社科基金项目中，省部共建高校占本省比例最高的达到了 83.3%；从人才培养来看，2008 年省部共建高校承担了中西部地方高校 53.8% 的博士生培养任务，其中有 9 个省的省部共建高校占到本省地方高校博士生培养任务的 40% 以上，河南、宁夏和广西三省的此项比例高达 70% 以上；从社会服务来看，省部共建高校的一些特色学科都具有服务当地、服务社会的不可替代性。

四、重点建设中西部省部共建高校的建议

基于以上分析，为了进一步提高中西部省部共建高校的竞争能力，充分发挥它们在建设区域特色鲜明的高水平大学中的作用，我们提出如下五条建议。

（1）将中西部地区重点打造的高水平大学纳入国家工程。从西部大开发和中部崛起战略实施的高度，建议国家将省部共建高校作为中西部高等教育建设的有力抓手，纳入“国家中长期教育改革与发展规划”和“十二五规划”，打造若干区域特色鲜明的高水平大学，带动中西部高等教育整体水平的提升。

（2）秉持对中西部发展高度负责的态度，协商出台具体建设意见。我国的大部制改革大大增强了协商解决重大经济社会问题的能力。建议教育部与国家基金委、发改委、财政部、科技部，秉持对中西部发展高度负责的态度，发挥大部制的优势，协商出台建设省部共建高校的具体意见，逐步建立健全中西部高等教育持续、快速发展的保障机制。

（3）从优质高等教育资源合理配置高度，细化方案，强化建设力度。优质高等教育资源合理配置是高等教育发展水平由东部向中西部梯度发展，优化高等教育布局结构的核心，是提升中西部高等学校办学质量和水平的关键。建议教育部有关司局立足我国高等教育系统整体协调发展，从优质高等教育资源合理配置的高度，细化中西部省部共建高校建设方案，在学位点、本科和研究生招生、资金支持、实验室建设、评奖等方

面有针对性地向中西部省部共建高校倾斜，继续深化东部直属高校对中西部省部共建高校的对口支援计划。

（4）教育部协调地方政府，加大高等教育投入力度。在以地方政府管理为主的高等教育管理体制下，地方政府对区域高等教育发展负有重要的责任。希望教育部积极协调地方政府，将高等教育发展作为区域经济社会发展的重点领域，将高等教育支出列为财政支出的优先领域，加大省部共建高校投资力度，营造有利于快速发展的政策环境和社会环境，推动它们适度超前发展，培育中西部高水平地方大学的后发优势。

（5）以分层分类建设为指导，加快中西部省部共建高校特色化与多样化发展。中西部省部共建高校办学基础不同、办学层次各异，不可能以一种模式或一种策略同步推进中西部省部共建高校全面发展。希望教育部与地方政府、地方教育主管部门协商，坚持分层分类建设的思想，对于重点建设的中西部省部共建高校，按照办学水平的不同、办学类型的差异，提出不同的建设要求和建设目标，从而使支持力度和强度更具针对性和有效性。

此外，还应加强考核与评估，切实将中西部省部共建工作落到实处；加大宣传力度，创造良好的舆论环境。

发挥省部共建高校的引领示范作用*

省部共建高校代表着所在区域高等教育的办学水平，应在办学理念、学科建设、人才培养、文化建设和社会服务等方面全面提高对其他高校的影响力和辐射力。

省部共建高校一般都具有区域特色比较突出的、不可替代的学科，应充分利用、挖掘现有资源，构筑新的学科群，发挥学科群的协同效应。

省部共建高校引领示范作用的发挥，既是高等教育和社会发展的迫切需求，也是省部共建高校办学实力的必然体现，是大学原有职能的拓展与延伸。省部共建高校代表着所在区域高等教育的办学水平，应在办学理念、学科建设、人才培养、文化建设和社会服务等方面全面提高对其他高校的影响力和辐射力，推动区域特色鲜明的高水平大学的建设进程。

---

* 本文发表于《中国教育报》2010-02-08，作者郭贵春。

一、确立特色鲜明的办学理念

特色鲜明的办学理念以其前瞻性、科学性、导向性和规范性为大学的持续发展提供内在驱动力，是大学赢得比较优势、获得高水平发展的根本与核心。省部共建高校应从以下 5 个方面打造特色鲜明的办学理念：一是要分析自身的历史传统和办学实际。特色来源于大学深刻的自我认识，是在全面总结回顾学校过去的发展脉络和历史经验，认真研究和分析学校现状的基础上形成的。二是要体现差异性。特色办学理念的形成与实施过程，就是寻找差别、识别差别和显示差别的过程，要在多样化的发展中寻求自身的特色，走符合自身定位的科学发展之路。三是要体现优势性。在部分学科和研究领域形成比较优势，从而带动省部共建高校的整体发展。四是要体现服务性。以特色办学理念实现功能和地位上的不可替代性，在区域创新体系中发挥主力军作用，促进科教兴省、科教兴国战略的实施。

以山西大学为例，学校的办学目标与定位 5 年经历了 3 次跨越，每一次跨越都渗透着特色办学理念。“十五”期间，山西大学以质量求生存、以特色求发展、以改革求活力、以开放求效益，在发展道路上由注重规模向注重质量转变，在发展观念上由注重条件建设向注重体制机制建设转变，实现了从教学研究型向研究教学型的转向。“十一五”期间，基于国家经济发展的形势和高等教育发展的态势，结合山西省科学技术发展的趋势，提出建设具有地方示范作用的研究型大学的办学目标。特色鲜明的办学理念指引和带动了学校的整体发展。

二、发挥学科群的协同效应

学科群反映了新时期大学学科发展的趋势和规律，它集中了高水平的学科，是开展学术交流、争取重大项目的平台，有利于打造群体知名度。省部共建高校一般都具有区域特色比较突出的、不可替代的学科，增强已有优势，打造新的优势，应充分利用、挖掘现有资源，构筑新的学科群，实现捆绑式发展或集团式发展，发挥学科群的协同效应，强化品牌战略，形成具有个性化特色的学科识别。按照学科群建设的要求，组建创新平台和创新团队，进而将其固化在一级研究单位之上，实现学科群建设在组织形式和机制上的创新。在新的机制下，通过凝练稳定的学术方向，合理配置学术资源，创造有学术价值的成果，争取在重点突破领域达到领先水平。

近年来，山西大学以建设学科群为目标，按照突出重点、突出交叉、突出应用和突出效益的原则，打破二级学科甚至一级学科的限制，建立了 6 个学术创新平台、10 个创新团队和 21 个研究单位，以新的结合点催生新的生长点，创造了良好的学科生态环境，促进了学科的交叉融合与资源共享，提高了学科的整体竞争力。

三、培养适应区域需求的人才

经济社会发展的多样化不仅增加了社会对人才的需求数量，也对人才的层次和类型提出了新的要求。省部共建高校应在充分考虑省情、校情的前提下，结合所在区域的实际需求和自身的办学定位，针对不同的服务对象，确定不同的培养目标。将研究性理念融入本科教学，坚持以精英化引领大众化，注重培养学生的学术性，用学术性来提升职业性。培养国家需要的复合型精英人才、所在省区需要的高层次精英人才，以及服务区域经济社会发展需要的应用型精英人才。

进一步完善分型分类的硕士研究生培养体系，培养高水平的学术理论型人才和学术应用型人才，前者重在为学科建设、科学研究奠定良好的人才基础，后者重在培养各行各业所需要的高水平骨干型人才。同时应加强专业硕士学位的教育。全日制专业硕士生教育着重培养适应性强、应用面广的高层次专业型人才。在职攻读硕士学位研究生则以满足岗位需求、适应专业要求为主，其培养目标是具有较高专业素质的职业型人才。确保人才结构的相对平衡，实现人才培养层次与区域经济发展需求的契合，切实解决人才培养与社会需求相互脱节的问题，为区域经济社会发展提供重要的人才支持。

四、提供高水平的社会服务

社会服务是一所大学获得社会支持的重要途径。一方面，通过服务职能的发挥，树立学校的社会形象，提升学校的社会声誉；另一方面，通过各种服务形式满足社会需求，为学校争取更多的发展资源。省部共建高校应积极参与区域经济、文化建设，着力提高区域贡献力，发挥其对区域经济社会发展的先导性和基础性作用。

一是要处理好基础研究与应用研究的关系，基础研究代表着大学可持续发展的能力与实力，是高水平应用性、开发性研究的有力支撑。应在保证基础研究地位与水平的前提下，把应用研究与服务地方紧密结合起来，形成大学发展与社会服务的良性互动。

二是要促进科研成果的转化，实现研究成果的地方化、职业化。理工科科研成果的转化应瞄准前沿、整合力量、立足地方、抓大促小、保持特色，对有关成果要进行及时宣传、推荐和转化，并将其作为科研评价和服务社会的重要衡量标准。例如，山西大学研制的煤下游精细化学品合成过程中的催化剂可替代进口产品，为山西省煤下游开发注入了新的活力，满足了国内煤下游精细化学品的需求。通过实施哲学社会科学成果教学转化计划、哲学社会科学成果普及计划、哲学社会科学咨询服务计划和高校文化产业开发计划，促进文科科研成果向教学成果转化，向区域经济社会发展的决策、咨询、评价和设计领域转化，向社会普及和推广转化，向文化产品转化。

三是要构建良好的社会服务系统，提供政策、制度以及人员方面的保障，扩大社会服务的范围与覆盖面。不同类型高校应承担不同层次的服务，增强服务的实效性和针对性。在满足现有社会需求的基础上，深入分析社会未来发展的需要，处理好适应与超越的关系，以层次性、前瞻性和高质量的服务赢得更为广阔的生存空间和新的发展动力。

五、建设优秀的大学文化

大学文化反映着大学的品质和特色，承载着大学的历史积淀与优良传统，是大学实现可持续发展的内在精神动力与价值支撑。大学文化作为社会的一种亚文化，代表着社会文明的程度。它以广博深奥的科学性和丰富厚重的人文性，给予人们历史感，形成价值观念，是对社会的现在和未来都会产生影响的一种力量。

省部共建高校大多是综合性大学，处于一定的区域文化环境之中，应从以下三个方面建设好大学文化，发挥大学文化的引领作用：强化特色意识，挖掘区域文化资源，发展民族文化和属地文化，突出文化的个性、区域性；增强服务意识，规划区域文化发展，提升区域文化品位，发挥好思想库、决策库和咨询库的作用；树立精品意识，创造能代表区域文化的典型作品，在地方与外界的文化交流中发挥重要的纽带作用，提高区域文化的影响力和知名度。此外，省部共建高校还应通过研究方法、研究内容和研究成果的创新，提升文科基础研究的水平与实力，创新大学文化。培育先进文化的生长点，优化社会文化生态环境，积极创造具有中国特色、中国风格和中国气派的文化成果。

总之，省部共建高校应抓住新一轮高等教育改革发展的战略机遇，加强内涵建设、实现科学发展，承担起引领区域高等教育发展，推动区域科技创新、科研成果转化和创新人才培养的重要责任，实现高等教育资源的优化配置，加快高等教育强国的建设步伐。

关于大学规范性建设的思考*

随着高等教育体制改革的不断深入，大学拥有了更多自主办学的权利和空间。但自主办学并不意味着自由办学，它意在充分发挥大学在办学上的主观能动性，这种能动性表现为大学对其理念及制度的自觉理解和践行，表现为大学特色的自觉形成和张扬，而这些最终需要通过规范性建设才能形成。大学只有遵循教育发展规律，强化规范性建设，才能保持和彰显自身的独特魅力，使学术活动回归本位。

一、大学规范性建设是实现大学发展目标的制度保障

大学规范性建设是大学建立和完善内部价值标准体系，实现大学发展目标的自觉性实践活动，是贯穿大学实践活动过程最本质的表现。

大学规范性建设分为两个部分，首先是体现一定价值标准体系的制

* 本文发表于《中国高等教育》2010年第Z1期，作者郭贵春。

度及机制的建立，其次是运用建立的制度及机制要求和约束大学中人们的各种相关行为。规范是主观价值的表现，建立规范的过程实质上就是确立某种主观价值体系的过程。就我国大学的现状而言，回归学术活动本位应是所有大学共同的价值选择。标准的确立是为了达到某种理想状态，但确立的标准并不会自动和必然约束人们的行为，需要用规范加以约束。在大学中人们行为的规范涉及的方面最为广泛，延续的时间最为长久。因此，对行为的规范是大学规范性建设的关键。它有助于保证规范性建设的整体性和持续性，保证规范性建设对大学发展的促进作用。大学规范性建设，就是以大学办学理念为核心，围绕大学办学目标，不断加强大学制度及机制建设，营造遵循规律和遵照标准办学办事的良好氛围，从而形成独特的大学文化，引导和激励广大师生自觉地规范自己的行为，积极地发挥应有的作用，推动学校实现又好又快的发展。

二、大学规范性建设是大学确立自我价值趋向的必然选择

在当代，大学已经处于社会发展的中心位置，各种外在主体参与争夺大学价值取向的力度越来越强，这样的外在环境要求大学自身“应当审时度势，主动适应大学社会基础与利益结构的历史性变化，主动创新大学利益相关主体在决策领域的表达机制，以延续大学的发展性与生命力”[①]。在这些大学利益相关主体中，大学自身是最为重要的主体，大学规范性建设是大学在复杂的博弈中捍卫主体地位，确立自我价值取向的必然选择，这一应对外在博弈压力的举措，事实上也是满足大学内在发展要求，维护大学学术活动本位的应然出路。

1. 规范性建设有利于大学办学思想的统一

通过大学规范性建设，完成大学主导性价值标准的形成，大学的办学思想会更为清晰，战略方向会更为明确，必然会使全校师生在“建设

① 龚怡祖. 大学治理结构. 教育研究，2009,（6）.

一个什么样的大学”和“怎样建设大学”等根本问题上达成共识。统一的办学思想将促进办学目标的确立，办学目标的导向功能将使办学思想落到实处。随着办学目标的不断提升，目标的导向作用会逐渐充实规范性建设的内涵，改善大学的办学水平，提高大学的社会地位和影响。自“十一五”以来，山西大学规范性建设的历程充分体现了主导性价值体系的形成过程，对办学目标的确立具有重要意义。从 2006 年实施“全面贯彻‘五个转向’的新思路，努力实现‘十一五’发展的新突破”到现在的“在科学发展中进一步提升办学的内涵，建设具有地方示范作用的研究型大学”，这一系列的具体办学目标回应了山西大学不同发展阶段的客观要求，体现了大学规范性建设的工作重点，统一了山西大学的办学理念和战略思想。

2. 规范性建设有利于大学整体工作的协同发展

大学是一个党的权力、行政权力和学术权力并存的特殊组织，从机构来说，既有党政机构，又有学术机构；从工作上来说，既有党政工作，又有学术工作，既有教学工作，又有科研工作；从人员上来说，既有政工干部、行政人员，还有教师、学生和工勤人员。大学组织的复杂性特点要求大学各元素职能、职责在层次界定上的规范性。国家颁布的《教育法》《教师法》和《高教法》等法律，从宏观上对大学的办学活动、办学行为进行了规范。但在大学微观层面的运行过程中，仍然存在职能交叉、职责不清的现象，影响了大学的工作效率。只有通过大学规范性建设，在统一办学思想的基础上强化组织结构的层次性，按职能层层分解任务，按职责层层落实责任，使不同元素始终围绕学校办学目标开展工作，不仅有利于明确大学组织中各元素的职责，也有利于大学组织中各要素的协调和合作，从而促进大学工作的协同发展。

3. 规范性建设有利于大学办学资源的整合

大学主导性价值标准的确立清楚地界定了各种职能、职责，理顺了各种复杂关系，从而使大学办学资源得到整合。大学多样性的内部结构决定了其功能的多样性。多样性的结构及功能要统一于一个整体的目标，这就离不开结构优化和功能整合。错综复杂的关系经常存在于一个组织、一个机构，大学内部不仅存在学校、学院和部门之间的纵向协调，而且存在各个学院之间、各个学科之间和各个部门之间的横向协调。各学院、学科和部门内部则既存在纵向协调、也存在横向协调。因此，加强大学规范性建设的过程，就是基于共同的目标统筹考虑、系统协调各种关系的过程，进而在此基础上实现大学办学资源的整合。

4. 规范性建设有利于大学管理水平的提高

大学规范性建设按照一定的价值标准要求和约束人们的行为，从本质上讲，属于管理的范畴。管理的主要目的就是要人们更好地遵守和执行规矩和标准。因此，大学规范性建设的过程，不仅是大学根据时间和条件的变化，不断创新规矩和标准的过程，更是大学自觉遵守规矩、严格执行标准和加强自我约束的过程。这种约束不是束缚手脚的约束，不是束缚思维的约束，而是对不守规矩、不合标准行为的约束，是对大学思维和行为规范性的提高，是对所有守规矩的人的利益、合标准的行为的维护。大学规范性建设强化了大学管理者的执行力，提升了大学的管理效能。

5. 规范性建设有利于大学文化个性的凸显

大学规范性建设使大学制度和机制得到健全和完善，而大学制度和机制建设的加强会进一步促进大学文化的繁荣和大学文化特色的形成。办学历史越悠久的大学，规范性建设就越明显，其大学文化个性就越突出。传统和个性的历史积淀成为大学文化发展的不竭动力。因此，加强大学规范性建设，就是要通过制度和机制建设，充分发挥大学文化的辐射作用，最大限度地调动学校各个层面的积极性，适应变革，勇于竞争，促进大学办学内涵和办学地位的提升，提高大学文化品位、打造大学文化品牌。

三、大学规范性建设的着力点

任何一个组织的持续发展，都与其规范性有关。大学之所以一直存在，而且仍然以同样的名称做着同样的事，因素固然很多，但其中的规范性起着很重要的作用。规范性越强，意味着生命力越强、稳定性越强。当前，各大学面临诸多的机遇与挑战，能否顺利实现转型发展，在很大程度上取决于大学规范性建设的成效。

1. 明确的办学思路

办学思路是大学规范性建设的灵魂。加强大学规范性建设，就是要寻求实现价值的有效行为模式。规范性建设首先要让大学有明确的办学思路，即明确的定位、清晰的发展方向和具体可操作的措施。明确思路不是简单的借鉴与嫁接，不是一味地模仿与照搬，要注重实现三个统一：第一，历史与现实的统一。办学思路是着眼于未来的，只有对历史与现状进行深入的分析，才能对大学做什么和如何做出准确的判断，明确努力的方向。第二，继承与创新的统一。发展离不开过去的基础，确立办学思路需要尊重和继承大学自身传统，保持发展的连贯性和稳定性。但发展总是向前的，这就要求办学思路必须有前瞻性、创新性，能引领大学不断进步。第三，共性与个性的统一。同类的大学和学科具有共同的发展规律，确立办学思路时要考虑共同的特性。但不同的大学和学科之间存在的差异性，也要求办学思路应有个性。办学思路越有针对性，大学特色才会越鲜明，大学跨越发展的可能性才会越大。

2. 科学的规划

规划是大学规范性建设的载体。大学规范性建设就是要通过科学的规划来建立和完善大学价值体系。制定科学的规划应把握以下四个结合：第一，数量与质量的结合。规划以目标为核心，需要有量化的指标作为评价标准。随着学校建设由外延式转向内涵式，水平的提高成为办学目标的重心，必然对质量提出更高的要求。大学规划的目标和任务既要体现数量要求，更要体现质量要求。第二，全面与重点的结合。发展的规律往往是以重点突破推动全面发展。着眼于发展的规划应该在策略上有先后、分主次，要围绕目标厘清阶段性的重点任务和重点工作，通过解决重点问题带动学校的整体发展。第三，近期和远期的结合。规划应处理好当前和长远的关系，避免短视行为和好高骛远。第四，宏观与微观的结合。规划具有战略性和长远性，是顶层设计，但也需要有具体的子规划作为有力的支撑，实现顶层与基层的衔接。

3. 健全的制度

制度是规范性建设的核心。大学规范性建设的价值诉求最终要通过制度来体现。制度不健全，会导致约束力不够、执行力不强，出现“有人没事管、有事没人管”等现象，直接影响大学规范性建设的成效。健全的大学制度应符合以下标准：第一，制度要完整。大学制度建设要具有全局性和根本性，要覆盖到大学组织行政系统和学术系统的各个方面。第二，制度要系统。大学组织具有松散性，实现制度的系统化，有利于大学形成高效运行、和谐发展和良性循环的机制。第三，制度要创新。大学的时代性为制度建设提供了广阔的创新空间。只有创新制度，才能使大学规范性建设适应环境变化，不断更新规范性建设的内涵和表达机制，真正促进大学发展。

4. 按规律办事

按规律办事是大学规范性建设的内在要求。规范与不规范的区别在于是否符合规律、是否尊重规律和是否把握规律。推进大学规范性建设，要尊重三个层面的规律：第一，尊重高等教育发展的规律。尊重高等教育发展的一般规律，准确把握高等教育发展的方向和趋势，这是大学规范性发展的前提。第二，尊重学校发展的规律。大学有自身的办学规律，集中体现在理念和决策中。对大学办学思想贯彻的越彻底，就越符合学校发展的规律。第三，尊重基层单位发展的规律。不同的对象有不同的规律，大学中处于基层地位的部门、学院、研究所要在尊重高等教育发展和学校发展规律的基础上，自觉地遵循各自发展的特殊规律，做出能够促进自身发展的现实选择。

5. 注重大学文化建设

大学文化与大学相伴而生，其内涵主要包括精神文化、制度文化、物质文化和行为文化。大学文化的四个层面由里向外构成一个同心圆，规范着大学组织各要素的发展。目前，大学文化建设上存在不够系统、不够协调、不够完善和不够深入等现象。实现大学的规范性发展，需要系统设计，做好整体规划，有力指导全校大学文化的建设；全面协调，有序推进大学文化各个层面、各个方面的建设；不断丰富大学文化的内涵，充分发挥大学文化在学校发展中的引领作用和激励作用；深入师生，使大学文化内化为师生普遍认同的道德规范和行为规范，实现由“他律”到“自律”，由“规约”到“自约”的转变。

6. 突出绩效管理

绩效是大学规范性建设的显示度。加强大学规范性建设，就是为了促进大学高效益、高水平发展。所以，大学绩效管理与大学规范性建设具有目的上的一致性和目标上的相同性，是促进大学内部自觉竞争的有效途径，是提升大学管理水平的必由之路。大学绩效管理中要注重三种协调：一是综合绩效与单项绩效的协调；二是整体绩效与人均绩效的协调；三是单位绩效与个人绩效的协调。大学不仅要考察一个单位的整体绩效、综合绩效，而且要注重单项绩效、个人绩效，从而实现大学的全面规范性发展。

高等教育管理是价值选择及实现的过程，大学规范性建设建立和完善了大学内部价值标准体系，旨在回归大学的学术活动本位，是大学自觉调整和实现价值规范及实践规范的自主行为，是大学捍卫学术尊严和维护主体地位的新思考。大学规范性建设是一个与时俱进的重要课题，需要我们在理论上进一步挖掘其实践价值和文化意义，在实践中进一步探索和丰富新形势下符合大学个性要求的建设模式和途径。

在新的历史起点上建设好省部共建高校*

新世纪第一次全国教育工作会议，以人民意愿为动力，以国家发展为目标，提出了实施《国家中长期教育改革和发展规划纲要（2010—2020年）》（以下简称《教育规划纲要》）的明确要求，描绘了未来10年高等教育改革和发展的新蓝图，我国高等教育进入发展理念战略性转变和全方位注重教育质量的新阶段。面对高等教育发展的新形势，承载引领区域高等教育特色化发展、优化高等教育资源配置等重要使命的省部共建高校应在新的历史起点上抓住机遇，迎接挑战，充分发挥区域优势，向特色鲜明的高水平大学迈进。

一、在新的历史起点上省部共建高校面临的机遇

1. 教育强国战略的实施

强国必强教，强国先强教。教育周期虽长，却是国家发展最可靠的

---

* 本文发表于《中国高等教育》2010年第20期，作者郭贵春。

内在力量之一。从历史经验来看，国家在发展与改革的关键期都会把关注目光投向教育，都会把教育看成是决定国家兴衰的重要因素。因为教育是提升国民素质和培养拔尖人才的最主要途径，是国家自主创造力的不竭源泉。只有办好教育，才有可依靠的自主创新型人才；拥有自主创新型人才，才有持久发展潜力和竞争实力。新中国成立60余年，我国建成了世界最大规模的教育体系，迈入了教育大国的行列，培养了大批自主创新型人才，为取得举世瞩目的伟大成就提供了强大智力支撑。当前，我们又将迎来更高目标的发展阶段，全面建设小康社会、加快推进社会主义现代化和实现中华民族伟大复兴，这些目标的实现需要国家转变发展方式，需要在国家内部培育主要的经济增长点，真正实现国家的自主强大。而这一切都必须依靠教育提供出更好更多的本土人才，需要加快教育大国向教育强国的转变。一方面，要充分认识教育对社会发展的重要作用，继续提高教育的社会地位，加大教育投入，优先发展教育。另一方面，要对制约教育大国向教育强国转变的关键领域进行攻坚，提高教育科学化水平。涉及高等教育领域，主要是增加薄弱环节的投入，解决好分类分层管理、特色和谐发展等问题，集聚更大的社会能量，建成高等教育强国，满足人民对高等教育的不同需求，推动社会历史更好地向前发展。可以说，教育强国战略的实施为我们创设了解决内部主要矛盾的历史时空，也构建了与社会各界协同作战，共同走向健康有序发展的历史机遇。

2. 地方高校历史责任的凸显

地方高校作为高等教育的重要组成部分，是承担高等教育大众化的重要载体。近几年，其已在区域发展中初步形成异军突起之势。能否实现高等教育内部结构的合理化，能否实现高等教育强国的整体建设目标，能否办成人民满意的高等教育，地方高校发展状况已成为重要衡量指标，可见，地方高校肩负着越来越重要的历史责任。所以，在新的历史起点上，国家要实现以教育带动发展方式转变，不仅要关注一流大学的建设，更要关注地方高校的发展。在一定意义上，地方高校才是国家高等教育整体发展的重要主体和支撑力量。其中，处于发展薄弱地带的中西部地方高校，更是成为影响高等教育强国建设进程的关键。2010 年，全国教育工作会议已将中西部高等教育的发展纳入了国家整体发展战略，把中西部地方高校发展的重要性分解为具体行动方案，尤其是对地方高校发展的薄弱环节提出了支持措施，并在《教育规划纲要》中得到专门体现，提出设立支持地方高等教育专项资金，实施“中西部高等教育振兴计划”，加大对口支援力度等具体实施要求。这些都表明国家给地方高校践行历史责任创建了更大的现实机遇。

3. 地方政府对省部共建事业责任意识的增强

作为培育区域创新人才的高地，地方高校是区域知识创新、思想创新和科技创新的集散地，是区域创新体系的重要组成部分。作为先行先试的省部共建高校，扎根地方，服务地方，努力构建高校与社会的联结点，在提升区域核心竞争力方面进行了有益的探索和实践，为地方重大战略决策和区域经济实现跨越式发展提供着不可替代的智力保障。地方政府也增强了对省部共建事业的责任意识，认真落实共建协议的有关要求，在政策、投入和引进人才等方面加大了对共建高校的支持力度，在重点建设项目上优先向共建高校倾斜，加快了共建高校的发展步伐，促进了共建高校辐射带动作用的发挥。山西省委省政府把山西大学作为全省高等教育发展的重点，积极推进强校工程，不仅促进了省部共建高校自身内涵发展，也引领了全省高等教育又好又快发展。全国教育工作会议的召开和《教育规划纲要》的颁布实施，将会促进地方政府逐渐加大对高等教育的扶持力度，全面落实教育优先发展的战略地位，促进经济社会和高等教育协调发展，这些都会为省部共建高校发展创造良好的本土环境。

二、在新的历史起点上省部共建高校面临的挑战

1. 发展路径还需明确

22所省部共建高校拥有明确的整体定位，但22所共建高校类型多样，

层次多样，极具典型意义和现实意义。各高校应结合自身实际，依托地方区域优势，寻找自身的生存空间和发展动力，提出个性化建设方案，对地方经济发展起到示范和引领作用。但一些高校超前发展意识不强，服务地方的落实机制不完善，对特色方向、学科定位和服务面向等方面都还未进行细致探讨和方案设计，学校办学的区域特色体现不足。同时，一些高校还缺少机制创新的勇气，不能有效突破一些传统办学的束缚，结合地方发展需求的主动性不高，与地方战略发展需要的长效合作机制不完善，融入地方发展需求的路径不畅通。因此，一些高校在学科设置、人才培养和毕业生就业等方面，由于“项目缺、平台窄、途径少”，区域优势未能得到充分发挥，还不能充分体现省部共建事业的历史使命。

2. 学科实力有待提高

特色学科是省部共建高校发展的实力和活力所在。共建高校在积极推进学科建设工作的进程中，应对区域特色资源进行深入挖掘，面向区域经济建设和社会发展，构建能引领区域可持续发展的特色学科。但在发展中还存在以下问题：一方面，高校忽视区域优势，片面追求学科齐而全，对区域经济发展的考察不到位，造成了专业设置与市场发展脱节，人才培养结构与产业结构需求矛盾，区域产业发展需求的相关高科技技术人员、高层次管理人员和高素质应用型人员供给不足等问题，导致共建高校有些学科“该特不特”；另一方面，由于省部共建高校大多为中西部地区的地方高校，与东部地区相比，学科建设获得的国家支持力度相对较弱，一批服务地方能力较强且发展前景较好的学科，因得不到充足的养分而停滞不前，最终使得这些学科“能强不强”，这些都使得省部共建高校特色优势大为逊色。

3. 服务效益还需增强

影响服务效益的因素主要为科研成果转化率低。具体表现为：第一，教师的服务能力还不高，从事基础理论研究的人数占的比例较大，而从事应用型开发研究的人数相对较少，科研成果应用率低，严重影响了共建高校服务功能的发挥；第二，共建高校大都地处中西部不发达地区，科研经费不足，科研项目资助额较低，科研成果推广价值不高，难以转化为现实生产力，带动企业实现技术转型；第三，共建高校坚持走产学研的合作化道路，却未形成适应地方高校的配套科研评价机制，高校科研人员参与科研项目积极性不高，科研成果转化动力不足、转化时效性差，缺乏长期的、有针对性的研究开发；第四，一些科研人员思想观念落后，服务地方的意识淡薄，重理论，轻应用，不能切实满足地方区域技术创新的需求。这些都大大降低了共建高校特色发展的服务效益，不利于共建高校的持续发展。

三、在新的历史起点上省部共建高校的建设策略

经过七年的实践，省部共建高校已取得了一些成功经验和做法，但在重点领域和关键环节还需有所突破，而这些正是涉及社会参与、利益调整的“深水区”，要加快重点领域和关键环节的改革步伐，加强“深水作战实力”，最好的途径就是按照依法治国基本方略的要求，完善共建机制，精细制度设计，探索建立具有中国特色、适应地方高校特点的现代大学制度，加快共建高校科学发展进程。

1. 坚守区域特色化战略，办出区域特色鲜明的高水平大学

全国教育工作会议的召开和《教育规划纲要》的实施已吹响教育改革的进军号，中国高等教育也将迎来一次新探索、新试验、新突破和新发展。在这样的大调整、大改革的发展形势下，省部共建高校应处理好改革与发展的关系，要清醒地认识到保持特色发展是我们的立足之本、生命之源、发展之力。进一步强化地区特色化战略，避免急功近利，防止“战略迷失”。应在教育部和地方政府的政策指导和资源配置作用下，合理定位，细化建设方案，克服同质化倾向，在不同类型、不同层次办出区域特色鲜明的高水平大学。

2. 不断深化共建内涵，提升地方政府和高校的自主发展能力

要根据共建协议，厘清部、省、高校三者的职责与权利，加强部与省的协调机制，要以推进共建机制创新为重点，以扩大共建效应为主旨，推进共建目标的政策化、资金化和项目化。省级政府应根据地方社会发展战略的实际需要，及时加强与教育部相关部门的沟通与合作，不断深化共建内涵，提高共建任务的时效性，要争取先行先试的重大改革政策，国家专项资金的及时投入和国家计划项目的重大倾斜，实现“共建下的适时超前”发展。在省级政府统筹能力提升的同时，充分发挥地方高校的自主办学能力。省部共建高校作为中西部地方高校的先行先试的第一梯队，要在发展中不回避问题，在先行先试中直面破解地方高校的典型问题和关键要害，为建立具有中国特色、适应地方高校特点的现代大学制度探索有效途径。

3. 设立国家级省部共建重点学科、重点实验室，提振省部共建高校学科重点

重点学科是省部共建高校实施区域特色化战略的主要载体，但省部共建高校重点学科、重点实验室屈指可数，规模与水平都与一流大学存在天壤之别。教育部应考虑中西部地方高校重点学科“数量少、水平低、发展慢”及高端人才流失严重的现状，在中西部地方高校中，遴选一批符合地方发展需要、体现学校特色、有较好基础的学科，启动适应省部共建高校特点的国家级重点学科、重点实验室及各种国家级研发中心的项目建设，建立国家级项目的分类分层申报活动，建立健全优质项目的落实机制，以高水平项目为抓手，培养一批心系地方的学科领军人才，尽快实现中西部省部共建高校学科平台的提升和振兴，这样，将有利于培育国家学科建设新的增长点，优化国家学科建设的整体结构，全面提升国家科技实力。

4. 强化应用开发型研究，搭建应用开发型研究平台

省部共建高校办学宗旨就是为地方服务，但许多学科为学科而学科，

与地方经济发展联系不紧密，特色发展的社会效益不高成为长期困扰许多省部共建高校的难题。面对新的历史起点，省部共建高校应勇于打破常规思维，积极探索与行业、企业密切合作共建的新模式，强化应用开发型研究，搭建应用开发型研究平台，寻求科学研究与市场需求的契合点，大力促进科学研究成果向现实生产力的转化。要发挥高校与地方政府相关部门的联动作用，积极构建与地方重大发展战略的合作渠道，加强对地方经济社会发展薄弱领域和重要环节的科技关照，提高服务经济建设和社会发展的能力。要改变评价机制，推进科研管理创新，使一大批教师转为应用研究的主力军。

5. 率先进行发展理念战略性转变，为进入快速发展阶段做好准备

省部共建高校应把提高质量作为发展的核心任务，率先实现“以资源提质量”向“以质量争资源”的发展理念的战略性转变。省部共建高校经过七年先行先试的探索阶段，在教育部和省级政府的支持下得到了发展，但从长远来看，先行先试的快速发展阶段便是实现从要资源向要质量的转变。因此，省部共建高校要做好进入更高一级发展阶段的准备，要把提高办学质量放在工作第一位，要做好省部共建高校的大学文化建设，推动质量强校、文化强校工程。利用好中部崛起、西部大开发战略，利用好国家民族地区教育政策，利用好国家对革命老区、边疆地区的高校发展政策，努力缩小区域差距，切实提升共建高校办学质量，做好省部共建高校进入快速发展阶段的实力准备。

新机遇催生地方大学发展新作为 *

地方大学在高等教育大众化进程中，已发展成为我国高等教育生态群落中的重要组成部分。在我国由高等教育大国向高等教育强国迈进的历史新征程中，地方大学抢抓新机遇，立足新起点、新阶段，需要以新的高度回答好建设一个什么样的大学的问题，以新的作为解决好怎么建设这样的大学的问题。

一、大学发展的新机遇蕴藏新的发展契机

大学的发展是一个阶段性演进的过程，新的机遇、新的理念、新的模式都可能蕴藏大学发展的新契机，催生大学发展的新阶段。每一个新阶段的开始都是一个新的起点，新的起点意识着新的目标、新的任务、新的使命，更意味着新的思路、新的举措、新的作为。纵览大学千

* 本文发表于《中国高等教育》2011年第3期，作者郭贵春。

余年发展史，因时而异、因地而异的大学正是抓住了大学发展的各种有利时机，正确处理“自由与控制”的关系，不断创新和发展自己的职能和办学模式，奠定了大学演进历程中一个个新的里程碑。中世纪大学的产生就很好地诠释了新机遇蕴藏大学发展新契机的思想，利用宗教权力与世俗政权分权提供的自由夹缝、及时把握城市和工商业发展的社会环境、成功移植商业行会的组织形式，使中世纪大学获得了持久发展的自主权和组织制度保障，也为后世大学的传承发展提供了一以贯之的文化传统。

第二次世界大战期间及第二次世界大战后，麻省理工学院、芝加哥大学和伯克利大学等利用战时和战后美国军事技术发展的大好时机，倡导利用联邦政府的资源来支持大学的研究，建立起一批大型的跨科际实验室，与大型商业公司的关系也越来越密切，重塑了大学、企业与政府之间的关系。大学、企业与政府之间新的关系网络，在知识经济社会得到强化，一大批大学发展成为名副其实的创业型大学，成为经济社会跨越发展必不可少的轴心机构。在知识经济社会的大背景下，作为知识创新源的大学借机使力、脱颖而出的可能性越来越大。比如，历史上处于全美落后水平、有名的穷州小州的犹他州，自 20 世纪 90 年代以来，州政府实施“卓越计划”和“智慧犹他”战略的同时，大刀阔斧推进教育改革，给具备研究能力的大学拨出巨款支持开发研究，使得依托以犹他大学为首的优质高等教育资源，规模仅次于加州硅谷的“软件谷”悄然崛起，成为举世瞩目的全球第二大软件和计算机工程工业基地。

就我国大学发展呈现东部较强、中西部薄弱的现状看，东部竞争力强、发展水平高的大学，抓住了东部依托科技创新率先发展的有利时机，同步实现了优先快速发展。就我国地方大学大发展的格局看，地方大学积极承担高等教育大众化的使命，为我国高等教育大国的建设作出了重要贡献。据统计，全国普通高校由 1998 年的 1022 所增加到 2008 年的 2263 所，其中，地方高校由 1998 年的 759 所增加到 2008 年的 2152 所，增加了 184%，地方高校占全国高校总数的比例由 1998 年的 74% 上升到目前的 95%。地方高校本专科在校生数由 1998 年的 225.8 万人增加到

2008年的1850.5万人，由占全国本专科在校生数的70%上升到93.2%。地方大学的兴起丰富了我国高等教育的类型，拓展了我国高等教育的层次，形成了适应市场经济需要，具有中国特色的多层次、多类型高校并存发展的崭新体系。

二、地方大学发展面临的新机遇

新的机遇蕴藏着新的契机，已在国内外大学长期发展的历程中得到验证。但是，机遇是为有准备的大学提供的，更重要的是，需要一双善于发现新机遇、认识新机遇、把握新机遇的眼睛，才能够在错综复杂的环境中作出引领大学长远发展的战略选择。

（一）面临由高等教育大国向高等教育强国迈进的新机遇

随着《国家中长期教育改革和发展规划纲要（2010—2020年）》《国家中长期人才发展规划纲要（2010—2020年）》的全面启动实施，一系列振兴行动计划和战略工程也将配套实施，这是深入推进科教兴国、人才强国战略要求的重大举措，是我国高等教育必须紧紧抓住并且可以大有作为的重要战略机遇。高等教育强国建设过程必然是一个以世界一流大学建设为引领，各层次、各类型高校办学水平整体提升和跨越的过程。占全国高校总数95%以上的地方高校，在我国高等教育大国建设过程中，发挥了不可替代的作用；在向高等教育强国迈进的征程中，也必须认清形势、抓住机遇、掌握主动，努力增强自身办学实力，为我国高等教育大发展、大提高、大跨越作出新的贡献。

（二）面临由地方战略向国家战略提升的新机遇

我国东部率先发展、西部大开发、中部崛起和东北老工业基地振兴，勾勒出了经济社会区域化推进的发展蓝图。人才资源和智力资源是区域经济社会发展的动力源，区域化国家战略深入实施，已逐渐将优先发展区域教育事业、提高高等教育质量纳入区域战略发展规划，以求通过创新技术和创新创意人才的集聚打造区域发展新的增长极，形成反梯度隆起效应。例如，与西部大开发战略相配套，国家出台一系列扶持和发展西部高等教育发展的举措；2009 年下发的《促进中部地区崛起规划》对中部高等教育的发展提出了明确要求。这意味着区域均衡发展的国家战略布局，已将区域高等教育发展作为重要支撑同步提升到了国家战略层面统筹规划。2010 年出台的《国家中长期教育改革和发展规划纲要（2010—2020 年）》明确提出：要优化区域布局结构，鼓励东部率先发展，重点支持中西部高等教育发展；设立支持地方高等教育专项资金，实施“中西部高等教育振兴计划”；新增招生计划向中西部倾斜，加大对口支援力度。这一政策举措的出台，标志着响应国家经济社会区域化发展战略，将地方高等教育发展切实纳入了国家高等教育发展整体规划，由地方战略上升到国家战略。这是我国高等教育管理体制改革激发地方政府参与管理地方高校的积极性以来，中央与地方协力推动地方高校新发展的战略谋划，是地方大学开阔新视野、赢得新支持、取得新突破的重要机遇。

（三）面临从资源主导型向创新驱动型经济转型的新机遇

2008 年以来席卷全世界的国际金融危机，对我国以资源消耗为主的“高投入、高能耗、高排放、低产出”的经济发展方式提出了严峻挑战，加快经济发展方式转变，推动各区域产业结构优化升级迫在眉睫。加快经济发展方式转变的关键在于人才和科技的支撑。中国科学院院长路甬祥强调：“没有科技创新引领支持的实体经济发展，只依靠所谓‘虚拟经济’以及传统产业扩张的发展方式，难以为继，必须依靠科技创新，实现新的技术进步与产业革命，才能走出危机，实现新的发展、科学的发展、创新的发展、协调的发展和持续的发展。”

关键时刻的重大战略抉择，关系一项事业的成败，关系一个地区发展的前途命运。无论经济相对发达的东部地区，还是欠发达的中西部地区，都在积极挖掘区域特色，申请国家改革创新综合试验区，切实推动区域发展从资源主导型向创新驱动型经济转型。区域经济社会转型发展，迫切要求高等教育切实转变发展观念、创新发展思路、拓展发展空间、提升发展水平，集聚高素质创新型人才、激发创新主体活力、提升重点领域的自主创新能力，为区域“转型、跨越、崛起”提供强大动力。地方大学要遵循高等教育规律，抢抓区域经济转型发展的重要机遇，秉持主动适应区域经济社会发展的理念，构建大学、企业与政府的新型互动关系，着力推动高校科技创新和科技成果转化，以办学特色和优势培育地方高校核心竞争优势，确保在新一轮高等教育竞争中立于有利地位。

三、地方大学发展的新机遇催生新的作为

地方大学在高等教育大众化进程中，历时性累积起来的矛盾和问题共时性体现出来，抑制了整体办学水平的提升。在全面提升高等教育质量的紧迫形势下，地方大学需要抢抓新机遇，谋求新作为。

（一）地方大学在办学特色培育上寻求新作为

《国家中长期教育改革和发展规划纲要（2010—2012 年）》明确提出："发挥政策指导和资源配置的作用，引导高校合理定位，克服同质化倾向，形成各自的办学理念和风格，在不同层次、不同领域办出特色，争创一流。”办学特色是高校的优势，是高校的竞争力。办学特色对深刻变革学校的学科结构布局调整、管理体制创新、科研模式变革和服务机制创新具有动力学意义。在我国高等教育由外延式发展向内涵式发展转型，区域经济社会发展由资源驱动向知识创新驱动转型的复杂态势下，地方大学需要扎根区域环境特色、文化特色和产业特色，以办学模式的创新打破长期形成的惯性利益格局，以大学整体和长远发展的视野塑造独特的办学特色，而不仅仅是个别领域、个别环节的特色培育。正像伯顿·克拉克指出：“在复杂的环境中运作的复杂的大学需要复杂的有区别的解决方法。在大学主导的道路上，改革创新需要不惜一切代价避免一

个尺寸适合大家的心态。”地方大学办学特色的形成可以为大学争得更多的自主权，在一定程度上降低大学的依附性，以寻求更广阔的发展空间。有办学特色就有比较优势，有比较优势就有发展潜能，有发展潜能就有强大生命力，有强大生命力的大学将更富有特色。

（二）地方大学在学科专业结构优化上寻求新作为

区域经济社会转型发展要依靠产业结构优化升级来实现，产业结构优化升级是一项社会系统性工程，其中，具有高层次人才培养、多学科专业共存、高端人才集聚和高新技术创新等特点的地方大学，是区域产业结构优化升级的重要支撑力。但是，长期以来，地方大学学科专业结构调整由于缺乏对产业发展的对接和互动，多为大学内部的微调行为，动态互动发展机制没有形成，不仅阻碍了双方的共生共荣，而且不可避免地导致人才的结构性短缺与结构性过剩并存的矛盾。

地方大学的根本使命是为地方经济健康发展提供重要的知识贡献和专业服务。为此，地方大学应该抢抓经济危机推动下地方产业结构优化升级的难得机遇，增强地方大学对外部发展环境的敏感性和整合力，推动学科链与产业链之间有机对接，以区域产业结构调整为导向，以区域发展新的增长极为着眼点，培育特色优势学科和学科群，尤其在与新型产业紧密结合的应用型学科专业上加快发展步伐，推动地方大学学科专业结构与产业结构之间螺旋式发展。地方大学根据产业发展需要和学科发展内在机理优化的学科专业结构，将实现学术性与实用性相结合、优势学科激励效应与学科群相激励效应相结合、学科动态发展与产业动态发展相结合，有利于开创地方大学与区域经济社会发展之间新的交流与合作模式，真正引导地方大学办出特色、办出水平。

（三）地方大学在人才培养质量提升上寻求新作为

社会公众对大学办学水平的评价，一个是科研及服务社会的水平，一个是人才培养质量。但是，由于近些年来影响范围广泛的大学排名，普遍以科研成果为重心设置评价指标体系，误导大学集中精力追求科研项目和经费的申请、科研成果的累积及专利项目的申请，而没有将人才培养质量同步纳入科研水平和服务社会水平提升的进程中，人才培养尤其是科技创新人才培养成为社会各界共同忧思的难题。事实上，人才培养、科学研究和社会服务三种职能是在大学延续发展历程中间断性展现出来的，每个新职能的产生都源于先前职能的实现，而每个新职能的出现都应该更进一步推动先前职能的发展，才能使三种职能成为相互促进、相得益彰的统一体。从这个意义上说，我们现在急于提高人才培养质量，但着眼点要放在三种职能充分体现、相互映现上，这样才可能培养出适应时代需求的创新型人才。第四届中外大学校长论坛首次邀请到国内外企业界的代表参加，为大学认清人才培养改革方向开阔了视野。例如，欧特克公司总裁兼首席执行官卡尔·巴斯表示："过去几百年中，大学一直是创新和创造的源泉，在这个过程中，企业界也在不断发展，学校和企业界的合作在新的时代尤为重要。如果我们有更多的实际项目交给学生们参与，那么学生就会有更多的机会去解决跨学科的、需要全方位思考的一些问题，可以培养出更多有跨学科背景，具有创造力和团队合作能力的人才。"IBM 公司首席顾问周伟焜认为："企业通过与大学合作，可以把公司的培训过程缩短，十多年前，IBM 招聘一个毕业生可能要训练一年，通过和大学合作之后，现在有可能把培训缩短为 6 个月。"就地方大学来说，主动融入区域经济社会发展，拓展大学外围服务空间以争取更多办学资源的发展方向已很明确，因而，对人才培养观念的转变、培养模式的创新，应该切实打破就人才培养谈人才培养的惯性，以三种职能有效整合的视角，真正将人才培养同步纳入科研和服务水平提升的进程中，打开人才培养模式创新的新局面。

（四）地方大学在服务社会发展上寻求新作为

哈罗德·珀金指出："如果我们可以用一个比喻来说明大学千百年来的荣辱兴衰，说明它是怎样从中世纪的宗教和世俗的知识团体，演变成今日在以知识为基础、以科学为方向的技术型后工业社会中起关键作用的机构的话，那就是大学是人类社会的动力站。”也就是说，大学越来越被看作经济社会发展的发动机，其“经济合理性主题已变得和它的文化合理性的主题同等重要”。随着我国高等教育管理体制改革的深入，理顺了条块分割的高等教育格局，地方大学在提升办学水平的同时，以自身的科研优势和人才优势为区域经济社会发展作出了积极贡献，地方大学对区域经济社会发展的动力站作用得到强化。但是，近年来，由于地方大学处在争取优质办学资源，增强自身办学实力的艰难发展阶段，服务区域经济社会发展的深度和广度不够，尤其是中西部欠发达地区，区域经济社会发展对科技创新的依存度不高，再加上地方大学联合攻关复杂现实难题的能力不强的原因，对区域发展的贡献率偏低。而今，区域发展面临经济发展方式转变的巨大压力，对科技创新和人才资源的依存度将越来越高，迫切要求把握区域发展实际问题和需求的地方大学发挥动力作用，驱动区域经济社会转型发展，不断提高区域竞争力和抗风险能力。地方大学应该积极借鉴国内外创业型大学的发展新模式，在服务模式、服务深度和广度、服务水平和质量等方面寻求新突破、谋求新作为。伯顿·克拉克在进行大量实证研究基础上凝练出创业型大学的五大要素：强有力的驾驭核心、精心构建的发展外围、激活的学术心脏地带、多元化的资助基地和一体化的创业文化。与之相比，我国地方大学融入区域经济社会发展主战场，仍需要扎扎实实围绕五大要素变革学校惯性力量，尤其在精心构建的发展外围、多元化的资助基地以及创业文化的重塑方面进行新的探索。

论大学学科建设的“十个转向”*

学科是大学发挥四大职能的基础与平台，学科建设是学校的根本性建设，是衡量一所高校办学水平的重要标志，具有引领和主导人才集聚、人才培养和科学研究的重要功能和意义。“十二五”时期，大学应在全面认清高等教育发展趋势、深刻把握区域经济社会发展形势和准确定位学校发展态势的基础上，围绕学科建设这项战略性系统工程，重点实现以下“十个转向”，发挥好学科建设的龙头带动作用。

一、学科目标从“抓布点”转向“抓亮点”

学科目标从“抓布点”转向“抓亮点”，就是要使学科形成被社会所公认的、独特的、优良的特征，主要体现在学科影响力上。世界高等教育发展历程已经充分证明，任何大学要想成为高水平大学、办出特色，

---

* 本文发表于《中国高等教育》2011年第17期，作者郭贵春。

必须集中力量先在一两个优势学科领域有所突破，才能带动学科集群发展。从美国的大学排名来看，美国研究型大学排行榜的指标体系每年都略有调整和变化，但以学科名次作为大学评价、排序的主要依据始终不变。高校综合竞争力的提升归根结底要落实到各个学科的竞争实力上去，在强化优势和特色中体现亮点，在服务区域经济社会发展需求中体现亮点，在培育新兴学科、交叉学科中体现亮点。学科优势是铸就学校特色、加快学校发展的原动力，有选择地追求卓越是学科积淀特色、强化优势的必然选择。高校在学科建设中应坚持不平衡发展原则，采取非均衡发展战略和重点突破模式，优先发展优势特色学科，发挥这些学科的“龙头”效应，促进并带动其他学科的协同发展。在打造学科竞争优势和比较优势的基础上，形成学科的核心竞争力。对于传统优势学科，需要集中研究力量重点突破；对于一般重点学科，应突出学术队伍建设，紧密围绕区域经济社会发展重大需求，科学制定、严格实施学科建设规划和发展战略，在服务区域经济社会发展中把优势特色学科做强做活；对于新兴、交叉学科，应鼓励学科带头人大胆创新，先行先试，特色发展，形成相关学科的强强组合，加强联合攻关和横向合作，冲击学科研究的前沿领域。

二、学科方向从“多而散”转向“少而精”

学科方向的确立是学科建设的基础，对学科建设的其他方面具有约束作用和带动作用。学科要实现特色发展，必须确立主攻研究方向，突出重点，这样既能促进本学科领域向纵深发展，又能加强学科间的横向联系与交叉。国家新的学科目录只规定一级学科，不再设定二级学科。按照教育部申报一级学科的要求，每个一级学科只允许填报 4 ～ 6 个研究方向，明确反映了国家的政策导向。面对新的政策和形势，高校应根据学校发展实际和区域社会经济发展的需求进行选择，着眼一级学科进行设计，实现研究方向从“多而散”向“少而精”的转变。严格控制研究方向数量。学科带头人应以严谨审慎的态度，凝练一级学科的研究方向，杜绝校内研究方向重复建设，提高学科资源的使用效益；着力提升研究方向质量。在充分吸收国内外先进理论和成熟经验的基础上，对各一级学科的研究方向逐个进行论证，重点考察各研究方向设置的科学性、合理性和竞争性，进行整合优化；确立学科方向主攻目标。确保研究方向的相对稳定性和延续性，在积累的过程中形成特定方向的研究优势。研究方向之间要有逻辑关系。每个一级学科设置的基础研究方向、应用基础研究方向、应用研究方向之间要形成相互支撑的内在逻辑关联，强化学科方向之间的联系与合作，以培育、催生新的学科增长点。

三、学科布局从“铺摊子”转向“重优化”

学科布局决定着一所大学的学科结构、功能、特色和水平。高校的“十二五”发展规划都即将出台，每个学校的学科建设都面临着广阔的发展前景，学科的发展已经不是授权点多与少的问题，而是如何优化的问题。应按照功能相近的原则，科学布局，集成发展，实现学科建设由“铺摊子”向“重优化”的转变。“十二五”期间，参照国际著名大学的成功经验，借鉴国内重点大学的改革模式，山西大学将现有的主要学科划分人文科学板块、自然科学板块、社会科学板块、工学板块、管理科学板块和交叉学科板块等。加强学科板块内部与板块之间的交叉融合，壮大各板块的整体实力，使学科建设逐步过渡到按照学科板块进行管理。学科布局优化的过程也就是选择的过程，有条件的高校应在遵循学科自身发展规律的前提下，进行学部制改革。学部是促进学科建设和学术发展的有效形式，学部制是改革学科管理体制的客观需求，集中体现为推动跨学科的发展，它在保持学科已有优势的基础上，通过对不同学科间信息、资源和成果的有效利用，提升了学科原始创新、集成创新和引进消化吸收再创新的能力，增强了学科的竞争力。高校通过有针对性地对一些学科进行“大部制”整合，实现横向协调发展，发挥多学科优势来解决区域经济社会发展中的重大问题。按照“虚实结合”的原则，构建“纵向管理，横向联合”的体系，形成纵横交叉、主体化的管理系统，高效整合分散的科研资源，真正以“学科群”的形式组织相关学科的发展。

四、学科结构从“传统性”转向“协调性”

学科结构直接反映着一所大学的办学层次、整体实力和可持续发展能力，体现着学科与区域经济社会互动发展的广度和深度。高校要提高对区域支柱产业和新兴产业发展的介入度和贡献度，需要遵循科学的学科结构演变规律，突破传统学科结构长期沉积形成的惯性作用力，实现从“传统性”向“协调性”的转向。一是强化基础学科的优势地位。从学科建设的规律来看，“一流的综合性研究型大学可缺少任何职业学院，但作为学科主干的自然科学、社会科学和人文科学三大支柱不可有任何一项示弱”。基础学科的突破性进展常常对新技术、新产业的形成产生革命性的影响，应在保留基础研究传统和优势的基础上，创造产生重量级的科技创新成果。二是大力发展应用学科。高校应主动对接地方中长期科技、产业与社会发展规划，找到学科发展的结合点，寻求应用学科的突破口，努力缩短科学技术转化和物化周期，切实为区域经济社会发展注入新的活力。三是积极发展交叉学科、综合学科和边缘学科。“科学发展的突破点往往发生在社会需要和科学内在逻辑的交叉点上”，应积极推动学科融合，培育新兴学科，推动科研团队由粗放式松散结合向以学科带头人为统领的学术共同体转化。以集团心理和“群体竞争”的态势，自由交流、自由讨论，突破现有学科的界限，冲破传统势力的束缚，为传统学科更新换代、新兴学科诞生、多学科融合交叉甚至新学派的形成争取发展空间。四是推动形成学科之间的共生效应。合理的学科结构应该体现为相互依存、相互促进和相互融合的学科体系，学校应通过科学高效整合学科资源、促进科研人员自由合理流动等方式，理顺学科之间、学科群、平台与团队、一级研究单位之间的关系，建立各类学科之间链状关系、网状关系相结合的学科“生态网”，促进学科之间的协调发展。

五、学科投入从“普遍性”转向“选择性”

任何一所高校的资源都是有限的，而学科发展的需求却是无限的，处理好资源的有限性与学科发展需求无限性的矛盾，要求学科投入不能采取平均主义，而是有选择、有重点的投入，提高学科投入的产出率和使用效益。近年来，国家通过“985 工程”和“211 工程”，各省级政府通过重点学科工程都加大了学科建设方面的投入。江苏省近日出台的《江苏高校优势学科建设工程实施方案》，拟从 2010 年到 2015 年，省财政每年安排不低于 10 亿元的专项资金，用 6 年时间分两期实施优势学科建设工程，并根据实施情况逐步增加。《山西省中长期教育改革和发展规划纲要（2010—2020 年）》明确提出：“支持建设 40 个左右对全省经济社会发展具有重大支撑作用的重点学科，支持 200 个特色专业，新增 20 个省级重点实验室、30 个行业企业共建工程研究中心。”随着国家、省级政府的大力支持，高校应结合学校发展实际，建立“相对确定、竞争滚动”的投入机制，统筹规划学科的发展，确定重点，集中力量建设好部分学科。首先要支持强势学科的发展。对国家和教育部学科平台所依托的学科及其后备学科，给予强力支持，凸显其对其他学科的辐射、带动作用。其次要支持特色重点学科的发展。按照国家级、省级、校级三个层次进行建设，把支持资金作为增强其自身造血功能的引导性资金，促使其办出特色，充分发挥这些学科在培养高素质创新人才和开展高水平科学研究中的示范作用。最后要优先支持高绩效的学科。根据学科的绩效发挥情况，确定各自的资源支持方式和程度。对于部分绩效不佳、社会效益不高的学科，应引入竞争机制予以淘汰。

六、学科团队从“组织化”转向“创新化”

学科建设的关键就在于学科团队是否有成长性和带动力，而一个学科团队的生命力则取决于它的创新能力。学科团队由“组织化”转向“创新化”，应注重以下四个方面的创新，即注重学科体系的创新。以有利于学科整体战略的实施和具体目标的实施为原则，从学科自身建设需要出发，拓展研究领域，加强主干学科体系建设，提升学科的理论品质，注重学科体系的科学性、严谨性和完整性；注重学术观念的创新。学术观念反映着一个学科团队所应具有的学术态度和学术品质，影响着学科活动的开展和学术质量的高低，它的转变是学科团队由组织化转向创新化的关键环节。学科团队的每一位成员都应有“求新、求高”的自觉追求，不断学习前沿知识，强化学科的特色，瞄准科研成果高峰，以提升部分学科的话语权和影响力；注重科研方法的创新。重视学科方法论的研究，加强对创新科学方法的使用。充分借鉴不同学科的研究方法，排除学科发展在方法论方面的束缚与障碍，以创新方法为基点，形成一个可以延续的创新链；注重社会服务能力的创新。高校应以超前的观念把科研项目、人才培养与本地区的社会发展需要进行对接，把项目融进方向中，把人才融进队伍中，发挥团队集体攻关的优势，与企业开展深度合作，积极推动协同创新。在服务和贡献中开辟学科发展的新空间，努力为地方社会文化发展做贡献。通过上述四个方面的创新引导学术队伍的凝聚力、学科方向的凝练度，推动科研机制的进一步完善和成熟，充分挖掘学科发展的潜力。

七、学科交流从“意向性”转向“实质性”

学科交流是学术创新的驱动力之一，它不仅是学术观点、学术思想方面的信息交流，也是创造高水平科研成果的引擎。通过实质性的合作，使学科交流成为学术研究、人才培养和积累前沿的虚拟平台。一是开展科研项目的合作。高校应充分发挥自身的特色和优势，组织学科带头人与合作单位联合申报、完成国际合作项目、重大科研项目。通过参与合作单位的重大项目，使部分影响力较低的学科逐步提高自身的科研能力和水平；二是开展高水平的学术交流。高校应组织相关学科经常邀请合作单位高水平的专家、学者来校学术交流，同时，本单位的学术带头人、学术骨干也要到合作单位开展合作研究，拓展学术视野，扩大学术影响；

三是开展人才培养的合作。高校把青年教师通过参与科研项目的方式送到合作院校和科研机构，改善教师的学术背景，与合作单位建立联合培养本科生、研究生的机制，签订学分互认协议，提高学生培养质量；四是开展跨学科交流与合作。在校内开展跨学科的交流与合作，为不同学科之间的交流合作多搭建一些平台。与政府、企事业单位建立实习基地、创新中心和研发基地等，切实把中心、基地的作用发挥出来，推动学校、政府和企业合作的新模式建设的速度。支持优势学科面向世界，与境外高水平教育、科研机构建立联合研发基地，以基地服务学科的发展。

八、学科制度从“规范化”转向“系统化”

学科制度包括学科设置制度、学科生长制度、学科研究规范、学科评估制度和奖惩制度等。系统完善的学科制度是建设高水平学科的重要保证，成熟的学科都以明确的规章制度来保证学科的运行，学科发展越成熟，制度的系统化程度就越高。加强学科制度的系统化，就要充分发挥学科制度在理念层次、规范层次和物质层次的不同功能，使不同的学术个体、学术组织在一定的规范下形成更为有效的整体。高校应在实现学科制度“规范化”的基础上，以“规范化”带动“系统化”，以“系统化”促进“规范化”，使学科制度处于良好的运行状态。创新学科理念，注重学科建设的全局性。不断健全学科培育制度和学科生长制度，遵循相似性原则和谱系性原则培育新的学科，对已存在的学科有针对性地进行培育，进一步挖掘其生长潜力；通过制度形成比较系统的价值观念和相应的行为准则，并将其内化为学科成员的追求目标，实现最优化的管理。进一步完善协调机制，处理好学科制度稳定性与变化性的关系，加强制度之间的衔接性。消除制度的空白点，着力解决学科建设中重申报、轻建设的问题；建立科学合理的学科评价制度和奖惩制度，制定出符合学科发展实际的绩效评价办法，构建多元适宜的绩效评价体系，对各学科进行校内绩效评估，以评估结果作为学科资源配置调整的依据。

九、学科管理从“功能式”转向“跟踪式”

目前，我国高校的学科管理很大程度上局限于上级教育行政部门和学校安排的指令性任务，缺乏有效的监控和服务。为适应学科建设的新目标，学科管理应由阶段性的“功能式”管理转向实时性的“跟踪式”管理。开发学科信息平台，将一级学科研究方向、学科团队、学科科研和学科教学等信息纳入信息平台，以便为学科的发展和规划提供适时、准确的学科信息；跟踪学科团队情况。及时掌握学科带头人和学术团队的发展变化情况，重点跟踪有可能冲击国家和省级人才项目的团队和人选，适时制定团队和重点成员支持方案；跟踪学科科研情况，对学科平台的科研信息定期进行对比分析，就各学科重大科研项目、科研奖项、应用研发和成果转化等发展变化情况进行分析，以此为依据及时调整学科发展战略，解决科研过程中出现的问题；跟踪学科发展中的困难，高校相关管理部门应与学科带头人保持密切联系，经常性地深入各学科了解建设过程中的困难和问题，将解决方案及时反馈到各个学科。

十、学科文化从“外化型”转向“内化型”

学科文化是学科的灵魂，它关系到一个学科优良的学科理念是否能够得到传承，是否拥有自己的文化底蕴和精神支撑。学科文化作为学科发展成熟的重要标志和学科软实力的集中体现，它既是一种行为规范，也是一种价值体系，对学科组织成员的学术活动具有指导作用和规范作用。学科文化建设之所以成为学科环境建设的重中之重，关键就在于它的内在感召力和精神向心力。外部的推动力只是为学科文化的形成创造必要的环境条件，学科文化的最终形成，归根结底要着眼于内化，从外化的制度层面转向内化的思想层面、心理层面。高校应从学术精神、学术交流、民主管理、行为方式和学科标识等多个方面营造能够增强学科归属感、凝聚师生心理、激发师生创新激情的学科氛围，催生师生对于学科文化的认同感，达成建设学科文化的共识，为新思想和新成果的产生创造自由、开放的智力环境。其次要强化学派建设意识，总结本学科长期以来的研究风格、研究传统和人才培养模式，探索未来发展的研究路径，创新学科范式，形成独特的认知领域和价值信仰，以及特别的语言符号表达体系，充分发挥学科文化的凝聚功能、激励功能，切实提高学科发展质量。

在实现学科建设“十个转向”的过程中，高校应以建设重点学科为基础，以改革学科体制机制为重点，以提高学科创新能力为突破，更好地发挥学科建设的基础性作用。进一步提升学科建设的内涵，凸显学科的优势和特点，促进学科建设的跨越式发展和突破性进展，在增强学科实力和特色的基础上体现高校的核心竞争力。

建设具有地方示范作用的研究型大学的战略选择*

山西大学是中国高等教育走向近代化历程中创办的第一批高等学府之一。从历史看，山西大学为中国高等教育的发展做出了突出贡献。从现实看，山西大学在中国高等教育体系中占有显要位置。从未来看，山西大学在区域高等教育中的引领性和示范性将更加凸显。2008年，山西大学在山西率先提出了建设“具有地方示范作用的研究型大学”的战略目标。2012年是山西大学建校110周年。站在一个新的高地，面对人力资源大国向强国转变、高等教育大国向强国转变的新时代，面对改革发展的新机遇，面对提高质量的新要求，建设一个什么样的山西大学、怎样建设山西大学是每一位山西大学人共同关心的问题。为此，本文对建设具有地方示范作用的研究型大学的战略选择进行了理性探索与分析。

* 本文发表于《山西大学学报（哲学社会科学版）》2012年第3期，作者郭贵春。

一、做大学科建设

学科建设是一所大学发展的永恒主题，大学始终要依靠学科建设来带动学校的全面建设，依靠学科建设的改革创新来带动学校的改革创新。具有地方示范作用的研究型大学的学科建设，应遵循小规模、高水平的发展思路，坚持“高端引领、高原支撑、资源集中、结构优化”的原则，着力提升基础学科，强化应用学科，扶持交叉学科，扎实推进学科内涵建设，把学科建设做大。

（一）加强一级学科建设

新的学位授予和人才培养学科目录颁布后，我国严格按照一级学科进行建设，为学科建设提供了很大的自主权和自由度。这意味着学科建设的意义不仅在于一级学科本身，也是将来产生高层次学科平台的基础。

1. 完善学科形态

学科形态包括学科形式、存在状态和运行机制等内容，它的完善对于高校学科建设具有重要意义。学科建设是一项系统的工程，无论从形式上，还是从内容上，都应建立一个完整的一级学科形态。在一级学科学术委员会、一级学科协调小组、招生简章、网站建设和团队组织等方面都要符合一级学科的模式。只有完善学科形态，才能使学科的各个结构性要素适应学科建设和学校发展的新要求，充分发挥自身的功能。同时，建立健全一级学科运行的规章制度及运行机制，处理好一级学科内部各个子机构之间的关系。学科建设带头人应明确世界范围内本学科的发展状况及整体趋势，学科发展的参照学科以及与参照学科的比较优势和差距，实现学科发展目标的突破口、时间表和方案图，以及实现目标的关键措施和办法，以更好地适应学科形态的新要求。

2. 整合研究方向

学科方向的确立是学科建设的基础，对学科建设的其他方面具有约束和带动作用。学科要实现特色发展，必须确立主攻研究方向，突出重点，既能促进本学科领域向纵深发展，又能加强学科间的横向联系与交叉。①一级学科以具有特色的研究方向取代传统二级学科名称的约束和限制，已经成为学科发展的必然趋势。综合性强的方向，要能够容纳不同学科、不同方向的人员进行联合攻关；具体性强的方向，要在更尖端的问题上有所突破，形成高水平特色。从学科性质上来看，基础研究型的研究方向要立足学术前沿，与重点大学错位发展，体现学术特色；应用开发型的研究方向要紧盯国家、特别是区域经济社会发展重大需求，开展高水平的技术与产品研发，体现区域特色。

3. 发展交叉学科

交叉学科的发展是提高大学学术水平和教学水平，尤其是创新水平不可或缺的要素。学科的交叉与融合，不仅是发展新知识的重要方式，也是培养创新创业型人才的有效途径。建设具有地方示范作用的研究型大学应推动跨学科，尤其是跨一级学科或学科门类开展合作教学和研究。要着眼实效，在“质”的层面上培育交叉学科，而不是仅仅停留在“形”的水平上。2011 年，山西大学资源循环科学与工程、本草生物学两个交叉学科博士点通过论证，成为学校交叉学科建设的范例。学校通过开展活动、建设平台、合作课题和人才交流等形式，继续加强学科交叉的广度和深度。既要在本学科交叉，也要跨学科交叉；既要邻近交叉，也要远距离交叉；既要简单交叉，也要复杂交叉。扶持发展趋势良好的交叉学科，探寻交叉学科的生长点。

（二）加强应用研发平台建设

“高等教育的发展趋势”、《国家中长期教育改革和发展规划纲要（2010—2020 年）》和《高等学校创新能力提升计划》的即将出台以及区域经济社会发展的强劲需求，对高校的学科建设提出了新的要求，迫切

① 郭贵春. 论大学学科建设的十个转向. 中国高等教育，2010,（17）：17-19.

需要研究型大学尽快提升学科建设的社会服务能力，以更好地适应区域经济社会发展对应用型人才培养的需求。未来一个时期，山西大学学科发展的一个重要导向就是紧密联系国家尤其是山西省经济社会发展的重大需求，对应《国家中长期科学和技术发展规划纲要（2006—2020年）》和山西主导产业，支持一批应用型学科快速崛起，为山西产业结构转型和经济社会发展提供人才、技术方面的支撑。山西省重点学科建设经费支持办法与以往相比发生了如下变化：一是重点学科经费以大科研项目立项的方式进行支持。二是科研项目必须与山西省主导产业相对应。三是科研项目必须与企业开展实质性的合作。这种变化要求学校在学科建设上转变观念，建设相对稳定的校内应用研发平台，逐步理顺平台运行机制，为拓展应用研究奠定基础；密切与企业的合作，力争与企业共建实体性的应用研发平台，逐步形成校企合作的长效机制；同时，学校应以项目合作为契机，充分利用已有的应用研发力量，与科研院所、地方政府共建应用研发平台，逐步形成以一个单位为主、多个学科参与的，与地市县开展全方位合作、提供全方位服务的新机制。

（三）加强学科建设管理机制改革

探索学科管理新机制，创新学科管理模式，有助于整合优质资源、优化学科布局，提高学科的管理效能。建设具有地方示范作用的研究型大学，一方面推进学科建设机制体制改革，实施分层分类管理。明确定位，确定职责，建立合理的权力分配机制，实现管理重心下移实体化。制定切实可行的监督措施，完善相互交叉、相互沟通、相互融合的协调机制。强化团队的建设机制、开放与竞争机制、组织制度与约束机制、目标引导与考核机制、评价与激励机制、风险预警与防范机制等，在可操作性上力求“精准”，以适应高水平学科建设的要求。另一方面建立科学的学科评价机制。遵循体现绩效、定性与定量相结合、调节学科差异的原则设计学科评价指标体系。评价一个学科的发展水平不能仅仅依据发表文章、获得奖项和创造成果的数量，还要关注该学科在学术界中的认同度及话语权，关注这个学科是否具有方法论特色的学术价值观。在设计评价指标体系上，充分考虑不同学科对学科资源的需求、成果体现方式和难易程度的差异性，不能以一杆标尺来衡量所有的学科。在此基础上，充分利用已经积累的学科建设与管理经验，提炼出相对完整、可资借鉴的管理模式。不断增强学科建设的管理能力和水平，以更好地应对复杂的学科建设形势和激烈的学科竞争。

二、做深精英教育

人才培养始终是一所大学发展的首要职责，培养适应时代要求和社会变化的高素质人才，是当代大学最为重要而紧迫的任务。实现这一目标，大学应紧紧围绕“培养什么样的人，如何培养人”这两个核心问题，构建开放式的人才培养体系，做深精英教育。

（一）本科教育：培养精英型人才

本科教育是大学人才培养的主体组成部分，是一所大学发展和铸造名牌的基础。培养具有创新创业能力的高层次人才，重在培养理念的更新。建设具有地方示范作用的研究型大学应牢固树立本科精英教育的理念，确立以个性化培养为核心的多元质量观和人才观，培养未来能够在社会各行各业中起引领作用的精英人才。一是改革人才培养模式。人才培养模式是在一定的教育理念指导下，高等学校为完成人才培养任务而确定的培养目标、培养体系、培养过程和培养机制的系统化、定型化范型和式样。[①] 它关系到一所大学人才培养目标的实现和培养质量的高低，研究型大学应以制度创新引领精英教育，提升本科教育质量。高校要走出学分制的误区，实现真正的学分制，以学分修习制度取代严格的学年学习制度，增强学生的选课自由度，让学生自己参与知识的架构。拓展“精英教育”实验班，山西大学在办好“初民实验班”的基础上，

① 刘英，高广君.高校人才培养模式的改革及其策略.黑龙江高教研究，2011,(1)：127-129.

“十二五”期间，将继续探索建立生物、化学、环境、政治、经济、法律等校级试验班，以人才培养模式创新实验区和拔尖学生的培养为突破口，形成“人才培养特区”，进一步推动人才培养模式改革。二是优化课程体系。课程与教学是直接触及学生、影响学生的教育活动，教育改革只有真正进入课程层面，才能惠及学生，实现改革目标。具有地方示范作用的研究型大学应构建通识教育课程体系以强化科学精神与人文精神的素质教育，引导学生从最基本的领域中获得广泛的知识，按照基础性、公共性和学术性的原则，设置有特色的精英教育大类课程体系；构建多样化网络课程体系以满足学生发展的多元化需求。加快网络公开课程建设的力度，为学生创造自主学习、创造性学习的机会和平台；构建立体化选修课程体系以满足学生发展的个性需求，突出课程的选择性，拓展学生的知识面。在这一方面，尤其注重以下三类课程的开设，第一类是艺术课程。哈佛大学 2008 年发布的《特别工作委员会艺术专题报告》提出，艺术修养对启迪一个人在科学上的创新是极为重要的，哈佛大学必须使艺术成为这所大学认知生活的组成部分。因为，与科学、人文一道，艺术是无可替代的知识手段，要永久地将艺术置于大学生活中的正确位置上。[①] 第二类是“统计学”课程。它为将来的科学研究提供良好的基础训练，尤其对文科的学生更为重要。第三类是创新思维训练课程。“没有创新思维，就没有一切形式的创新”。大学在创新上的最大贡献就在于训练一代又一代学生的创新思维，要加强创意教学，提升学生的创新素质。三是加强创业教育。创业教育有助于培养学生识别机会、整合资源、将创意付诸实施的素质和能力。目前，美国已有超过 1600 所高校开设创业学课程，形成了一套完善的创业教育、研究体系。2009 年，美国表现最优秀的 50 家高新技术公司，46% 来自大学生创业。[②] 学校通过整体引导创业教育，探索创业教育模式；研究开设创业公选课以及就业、创业指导方面的必修课，探索建立“课堂教学、专题培训、竞赛活动、模拟实践”相结合的创业教育模式；举办“大学生创业讲坛”，邀请校外专家、

① 郭剑英. 艺术，必须成为哈佛大学认知生活的组成部分. 科学时报，2011-02-17.

② 郝俊. 高校创业教育理念急需革新. 科学时报，2011-06-28.

企业家和校友举办各类创业讲座、报告会，培养学生的创业能力；加强不同学生社团之间的交流与合作，将创业教育、创业实习基地与学生社团建设协调起来，优化社团功能，通过社团文化培育创业精神。

（二）硕士生教育：培养多样型人才

硕士研究生是研究型大学参与科技创新、提高核心竞争力的宝贵资源和重要力量。研究生教育的结构、使命和角色的变化，必然要求研究生培养机制随之进行根本性变革。一是优化教学方法。创新教学方法是培养创新型人才的必然要求，它关系到教学任务和培养目标的实现。在硕士研究生培养阶段，教学方法的运用以尊重学生的学习规律为前提，注重多样化，注重学生思想方面的训练和学术素养的培育。例如，通过"问题定向教学法"，让学生在寻求问题解决策略的同时，获得学科基础知识与技能；通过"探究导向教学法"，帮助学生形成独立探究的情境，让学生经历知识的获得过程；通过"小组协作教学法"，培养学生的交流能力和协作能力。二是加快专业学位研究生培养模式改革。专业学位研究生培养已经成为研究生教育的时代使命，近年来，教育部开展结构调整，加大了专业学位的发展力度，这就要求地方高水平大学增强专业学位教育能力，满足社会对多样化人才的需求。首先，明确培养主体。学校与相关行业、企业共同承担起专业学位研究生的培养任务，发挥好管理平台和融合资源的作用，建立与专业学位研究生教育相对应的优秀事业、企业单位数据库，与其开展多种形式的合作办学模式，吸引企业参与到学生培养的各个环节中；其次，明确培养目标。专业学位并不是学术学位的简单扩展，它具有特定的职业指向性，更加注重应用教育和实践教育，主要着力于培养受教育者的应用性开发性研究与设计能力，以满足特定社会职业对专业应用型人才的需求。[①]因此，在专业学位研究生培养上，要注重理论学习与实践学习交叉进行，相互

① 研究生专业学位总体设计研究课题组. 开创我国专业学位研究生教育发展的新时代. 北京：中国人民大学出版社，2010：24.

促进；最后，明确培养思路。具有地方示范作用的研究型大学应发挥好学校、学院两个层面专业硕士委员会的作用，指导和推进专业学位研究生教育的发展，既要体现培养阶段的侧重性，又要保证培养过程的常态性，全过程重“实践”全方位强“应用”，重点突出专业学位研究生教育的特色。三是加强研究生创新中心建设。具有地方示范作用的研究型大学应把握好国家的政策，深化与本学科相关行业领域、地方政府和企业方面的密切合作，实现研究生培养的资源共享和优势互补。进一步明确研究生创新中心的任务，完善研究生创新中心的管理机制和规章制度，根据自身的特点和研究生培养不同阶段的关键环节，积极开展丰富多彩、形式多样的创新实践和学术交流活动，打造特色项目和精品项目。将创新中心发展成发挥社会服务职能，加强产学研结合，加速科研成果转化的主渠道，为研究生的发展提供一个广阔的创新实践平台。

（三）博士生教育：培养高端型人才

博士研究生作为创新型人才的重要组成部分，是一所大学乃至国家重要的战略资源。发现、培养高层次的人才，已经成为世界各国研究生教育改革关注的焦点。研究型大学应建立基于“三元交互决定论”的博士生创新能力体系，把作为创新个体的博士生、创新行为和创新环境三者之间的交互作用充分发挥出来。[①] 一是以科研项目为依托构筑人才培养高地。博士生不仅是一个受教育者，更是一个研究者，博士阶段的培养要注重出思想、出成果、出精英。在科研项目资助上，注重瞄准国际尖端前沿科学领域，注重跨学科的、综合性的发展方向，使博士生在科研方面向高标准看齐。第一是实施“优博培育计划”，通过竞争性申请，对有重大创新价值的博士论文选题进行重点支持；第二是设立“博士生创新平台”建设资金，鼓励博士生实现交叉性、创新性的研发构想，或者完成具有良好应用前景的技术性项目。二是实施以科学研究为主导的导

① 金凌志，王小敏. 基于三元交互决定论的博士生创新能力培养. 高等教育研究，2011,（4）：49-53.

师责任制。进一步强化研究生导师培养责任制，强化导师在学风上引导、学术上引路的责任培养意识。将博士生纳入导师主持的科研项目之中，并以此作为衡量研究生教育水平的重要标志。三是完善导师负责制。导师是提高博士生培养质量最为关键的因素，一对一授课的导师制在教育发展过程中有着悠久的历史传统，它的核心作用在于因材施教，在研究选题、研究方法上给予学生最直接、最有效的指导，在教学上建立严格要求的师生关系，在学术上建立相互包容的平等关系，提高博士生的科研能力。

三、做实协同创新

科学研究作为大学的功能之一，决定着大学的整体水平和可持续发展能力。实现建设具有地方示范作用的研究型大学的目标，充分体现大学科研的自主创新性和独特性，赢得发展优势和比较优势，应在积极提升原始创新、集成创新和引进消化吸收再创新能力的基础上，将协同创新做实，增强科研的核心竞争力。

（一）实现科研理念的战略转向

实现具有地方示范作用的研究型大学的办学定位，要求教师的科研理念在以下几个方面发生相应的转变：一是科研方式的转变。由科学研究的“学科归属”转向“研究方向归属”或者“研究问题归属”，是衡量一所大学在科学研究方面是否实现战略转向的重要标尺，它已经成为现代科学研究方式的一个重大转变，这种转变有助于真正实现多学科的交叉、渗透与综合。二是学术追求的转变。引导教师由追求“学术成果”向追求“学术话语权”转变。因为唯有当教师主动地去“自我成形”，进而有能力有自己的思想时，其表达思想的权力才有意义；唯有当内在的心理状态能使教师确定自己的个性时，摆脱外在权威性控制的自由才能成为一项永恒的收获。[①] 三是学术精神的转变。学术精神由多元化向整体化转变。在市场经济条件下，教师的学术研究精神受到多元价值观念的影响，呈现出多元化的特点。具有地方示范作用的研究型大学的学术使命，需要教师坚守一所研究型大学应有的学术精神，这种精神就是对真理的敬畏和追求。无论是做基础研究，还是做应用研究，都应坚持学术的理性和追求，营造一种良好的学术生态，共同铸造以追求真理为目的的学术共同体。

（二）推进"协同创新"机制改革

科研团队已经成为科研工作的重要创新组织形式之一，研究型大学重大项目、跨学科项目日益增多，需要集体力量的联合攻关。进行跨单位、跨学校、跨地域和跨国境的合作研究，联合发表论文，正在成为越来越明显的国际趋势。以 SCI 论文的作者来看，在过去 20 多年发生了很大的变化。第一，独立作者的论文数明显下降，从 1981 年到 2001 年下降了 13%；第二，2 人以上作者的文章下降了 11%；第三，4 人以上作者的文章显著上升；第四，6 人以上作者的文章上升了 3 倍以上。这种现状表明了"后学院科学"发展的模式，其原因主要在于综合性理论的产生以及解决复杂的现实问题的需要。针对上述趋势，具有地方示范作用的研究型大学应创新科研团队建设的体制机制，强化跨学科团队建设。跨学科的团队建设是学校内部协同创新的一个基础性工作。美国威斯康星大学 - 麦迪逊分校的"集群聘任"（cluster hiring）模式是独立于院系的一种跨学科的虚拟的软组织，在行政管理上由教务长直接领导，具有"自上而下，自下而上"的链条式管理特点，主要负责成立跨学科的教学科研平台，以"自上而下"和"自下而上"的双向管理通道进行工作，实行灵活的评估方式并提供必要的建设资金，构建相

① 鲍尔. 教育改革——批判和后结构主义的视角. 侯定凯译. 上海：华东师范大学出版社，2000：169.

对独立的聘任体系，创造一个动态的指导型团队这五项工作。[①] 建设具有地方示范作用的研究型大学，根据自身科学研究的需要，借鉴“集群聘任”模式，将跨学科研究组织实体化。在此基础上，建立“协同创新”联盟。坚持“需求导向、全面开放、深度融合、创新引领”的原则，创新科学研究的组织形式，创新科学研究的文化，创新科学研究的问题，逐步增强协同创新联盟的实力，带动学校办学功能的全面发展。

（三）提升科学研究创新能力

转变科研观念、推进协同创新机制改革，其根本目的就是为了提高科研创新能力。人文社会科学和自然社会科学是一所大学发展的两翼，人文社会科学提高创新能力的重点是实现研究方法的转变。2010 年年底，天津大学举办了一次“社会计算研究方法研讨会”，率先应用社会计算方法，通过仿真平台来解决经济社会系统中涉及军事、国际社会安全与应急、宏观经济与金融政策、管理学、公共卫生与健康、政治学等诸多领域的复杂问题。在全球金融危机之后，Science 和 Nature 发表多篇文章呼吁社会科学领域急需通过社会计算来发展新的理论。建设具有地方示范作用的研究型大学，应把握社会科学发展形式化、模型化、计算化的趋势，争取在学术界赢得领先地位。自然科学提高创新能力要实现基础研究与战略性新型产业的对接，这是科学研究发展的必然趋势。新一轮科技革命将表现出新科学革命与新技术革命的相伴互动、多点突破的生动景象，它既依赖现代化进程强大需求的拉动，又源于知识与技术体系内在逻辑的突破和创新。《国家中长期科学和技术发展规划纲要（2006—2020 年）》确定发展科学技术的总方针是“自主创新、重点跨越、支撑发展、引领未来”，引领未来必将成为研究型大学科技创新的职责和使命。因此，建设具有地方示范作用的研究型大学应着眼于未来、着眼于

① 刘凡丰，项伟央，谢盛艳. 美国威斯康星大学麦迪逊分校集群聘任制模式剖析. 清华大学教育研究，2011,（1）：102-107.

引领、着眼于高端，将基础研究与战略性新兴产业结合起来，抢占科技创新的制高点，以赢得未来的发展优势和先机。

四、做强师资队伍

校以才立，业以才兴。对于大学的发展来说，人才是第一资源，是战略性资源。没有高水平的教师，就没有高质量的教育。研究型大学应强化师资优先的战略思想，充分利用《国家中长期人才发展规划纲要（2010—2020 年）》中针对高校的人才计划，紧紧围绕学发展的需要，提高师资队伍的整体水平。

（一）系统谋划人才工作

大学拥有了高水平的教师队伍，就拥有和掌握了发展的主动权。应牢固树立“教师为本、人才第一”的观念，把发现人才、用好人才视为做强师资队伍的出发点和落脚点。一是充分重视人才工作的重要性。围绕自身发展目标，切实把人才队伍工作放在建设具有地方示范作用的研究型大学的重要战略位置，形成人才的高度就是学校发展的高度，人才工作投入是效益最大的投入、早投入早受益的共识。二是深入研究人才工作规律。人才工作不仅仅是一项事业，也是一门科学，人才的培养引进、使用开发都具有内在的规律性，尊重规律是做好人才工作的基础。三是以条件建设带动人才成长。通过国家重点实验室、教育部重点实验室和教育部人文社会科学重点研究基地等国家级学科平台以及省级学科平台，完善“学术领军人物 / 学术带头人 + 平台 / 学科 + 团队”的建设模式，搭建开放式的创新平台，培养高水平的创新型人才。

（二）打造优秀的教师阵容

建设具有地方示范作用的研究型大学，应重点引进、留住和发展优秀师资，建立一支以杰出人才群体为核心、层次分明的教师队伍。首先，加大人才战略储备。从大学师资队伍建设的规律来看，人才储备需要10～15年的时间，尤其是七〇后、八〇后的学者。在人才储备的过程中，要处理好人才引进与团队建设的关系、人才发展与科研质量的关系、人才功能与社会服务的关系、人才群体与整体竞争力的关系、人才结构与队伍建设的关系。破除坐等人才上门的陈旧观念，广泛搜集人才信息，发现人才、眷顾人才、延揽人才。其次，造就杰出人才群体。随着各类人才计划的实施，国家和各省对拔尖创新人才的支持力度在不断加大，研究型大学应充分利用好这些政策和资金，增加包括院士、教育部社会科学委员会学部委员、“长江学者”“国家杰出青年基金获得者”和国家科研大奖获得者等国家级标志性人才的数量，形成一个杰出人才群体。充分发挥核心群体的作用，增强学科和学科团队的实力，争取自身的学科话语权、学术话语权，提升学校的核心竞争力和办学声誉。最后，优化教师队伍结构。重点提高四类人才的数量和比例：一是高级职称教师的数量和比例。充分利用国家和省级政府鼓励先行先试、打破常规的政策环境，争取高级职称教师比例的提高；推进高级职称评聘办法的改革，将学术成果、学术地位和学术话语权作为正高级职称评聘的重要考察指标，稳步提高高级职称教师的质量和声誉。二是提高博士生导师的数量和比例。改革博士生导师聘任办法，逐步提高博士生导师的比例，以适应学科建设的需要，适应博士生招生计划申报制改革、全面推行科学研究为主导的研究生资助制的需要。三是提高具有博士学位教师的数量和比例。提高具有博士学位教师的数量和比例既是师资队伍建设的需要，更是造就杰出人才的需要。应加大引进、培养博士学位教师的力度，鼓励教师攻读“985”院校、部属院校和国外知名高校的博士学位，进一步改善教师队伍的学历背景。四是提高应用型教师的数量和比例。根据应用性学科、应用性项目和专业学位研究生教育发展的需要，结合教师所在的学科领域和研究方向，鼓励年轻教师投身于应用研究，增强教师的应用研发与教学能力。

（三）深化人事制度改革

高校人事制度改革是建立现代大学制度、解决师资队伍深层次矛盾的客观要求。一是分级分类明确教师职责，建立与分级分类相适应的教师考核体系。根据不同学科的突出特点，建立任期考核、标志性成果考核、科研成果效益考核、学术影响力考核和团队竞争力综合考核等形式，以多种符合教师工作特点的评价方式去激励教师队伍的发展与建设。二是综合招生、就业、师资、团队和学科专业竞争力等因素，探索建立学科和专业的末位淘汰制。这既是学科建设本身的需要，也是建立资深教授终身制的基础。打破体制的约束和限制，以确保所有学科专业的进步，为学校、学科和团队的持续发展奠定基础。三是探索建立资深教授终身制。教授终身制是美国大学的三大基石之一。通过竞争和淘汰机制选拔优秀人才，使他们不再经受严格的任期考核和学术以外力量的干扰，专注于自己的研究，保持学术研究的连贯性。四是结合研究型大学师资队伍建设的特点和趋势，完善兼职教师聘任制。目前，美国所有高校中全职教师只占 51%，兼职教师占 49%。具有地方示范作用的研究型大学的发展，特别是协同创新平台的建设、重大科研项目的合作、专业学位研究生教育的教学和指导、本科生课程教学，都需要有大量的教师通过兼职聘任的方式加入到教学和科研工作中。应从待遇、评价和考核等方面规范兼职教师聘任办法，建立一支高素质的兼职教师队伍。

五、做优治理结构

“完善大学内部治理结构，深化校内管理体制改革”对大学的发展方向具有导引作用，对大学的发展目标具有保障作用，对大学的办学行为具有规范作用。因此，做优治理结构对于高校的改革和发展有着特别的重要性和紧迫性。

（一）明确学校治理的战略原则

建设具有地方示范作用的研究型大学，要把握好以下四个方面的治理原则：一是优化资源配置。首先，将所在区域的外部优势转化为学校的内部优势，与地方经济、社会和文化的发展实现紧密结合。其次，按照“小学校，大学科”的发展战略，集中配置学校内部学科建设资源。最后，实现战略资源错位配置，科学地分析学校内外的环境，扬长避短，实行错位发展，从而提升自身的竞争力。二是提高办学效益。不同学科、不同团队在学校整体竞争力的系统结构中，发挥的功能不同，展现自我功能的方式也不同，需要分层分类地对待，使各个组成部分发挥最大效益，增强自身的功能显示度。三是提升办学实力。美国高等教育调查机构 QS 公司，用于评价大学的标准或指标是六项：学术界人士的评价，用人单位（雇主）的评价，教师与学生的比例，论文（报告）的被引用次数，外籍教师人数，外籍学生的人数。这六项指标中的后四项指标都是大学自身要努力完成的，是大学提升实力的核心要素。四是强化战略管理。任何一所大学的资源和能力都是有限的，应对学校综合竞争力各要素进行分析，辨识出自身的强势资源与核心能力；根据大学的内外部环境，进行战略目标的合理选择；对一定时期内资源的分配、发展的重点、发展的方向等做出明智的判断，制定合理的具体规划；加强对战略实施的过程管理，对战略实施进行组织、协调和控制。

（二）推进管理体制机制改革

具有地方示范作用的研究型大学管理的核心是按照建立现代大学制度的要求，完善内部治理结构，推进管理的科学化水平。管理科学化水平的提高，要求大学以充分的自觉性、探索性创新管理体制机制，寻求学校改革发展的动力。一是实现大学管理的法制化。大学章程是大学治理法制化的集中体现，通过对学校和政府之间的权力义务作出界定，明确学校自主办学的制度空间，充分体现并保障各方利益主体的诉求，使学校章程真正成为承载学校理念和精神的“宣言书”，明晰校内治理结构与运行机制的“组织法”，彰显师生员工主体地位的“权利法”。二是改革决策机制。从科学决策的角度来看，大学内部机构的治理有三种民主决策机制：协作式决策是在管理者之间、管理人员与教职工之间达成共识，共同决策；咨询式决策是干部、教师、职工和学生都参与决策过程，参与讨论和分享信息，最后由高层管理者决策；分布式决策是不同的系统、不同的人员在各自的系统内进行决策，享有决策权。在这三种民主决策的机制之上，是最后集中决策的高层权力决策。由于有前三种相互补充的决策机制，最后的权力决策就会更科学、更符合广大干部、教师、员工和学生的价值取向。三是改革学术制度。充分发挥学术委员会在以下三个方面的权力，即学术人员的聘任推荐权，学术人员职称评定推荐权，学术人员项目申报和评选推荐权。逐步提高教授在学校改革发展中的管理权和监督权，真正形成尊重学术、敬畏学术的治理环境。

（三）提高战略执行力

战略执行力的高低是评价大学管理行为是否有效的重要标准。未来大学发展不仅面临外部环境挑战，还有来自内部的挑战，即执行力是否得到有效提升。现代管理之父彼得·德鲁克认为，管理是一种实践，其本质不在于知，而在于行。一所大学如果缺乏把战略决策转化为结果的能力，就会导致学校的发展缺乏竞争力和生命力。管理深度是哲学，执行背后是文化。对于具有地方示范作用的研究型大学来说，提升执行力的关键就在于培育良好的执行文化，良好的执行文化是执行力发挥最佳效果的有效保障。整合资源能力和注重细节的执行能力是执行文化的体现。因此，建设具有地方示范作用的研究型大学应培育善于学习、严格执行、沟通协调的文化氛围；加强管理人员对业务知识、管理技能的学习，强化合作管理，培养一支高效率、富有战斗力和竞争力的管理队伍；围绕学校的中心工作，建立顺畅的反馈渠道，有效整合内部资源，切实增强管理队伍的战略执行力。

具有地方示范作用的研究型大学应在凸显战略地位、准确把握战略特征的基础上，更加自觉、主动地肩负起历史责任，把人才培养作为根本使命，把科技创新作为重要标志，把社会服务作为重要职责，认真应对挑战，破解发展中的难题，全面提高办学质量，充分发挥在区域高等教育中的引领和示范作用。

把省部共建高校建成引领区域高等教育发展的高水平大学*

贯彻落实科学发展观，立足于西部大开发和中部崛起战略的深入实施，着眼于缩小区域高等教育发展差距，促进教育公平，2004 年教育部作出了开展省部共建工作的战略决策。八年来，共建成省部共建高校 22 所，覆盖 19 个省份。这些高校在教育部和地方政府的领导和支持下，凝聚共识、共谋发展，对省部共建工作的深远战略意义有了更加深刻的认识，坚定了将共建高校建设成为引领区域高等教育发展的高水平大学的战略目标，并在各学校“十二五”规划中提出了明确而具体的行动策略。《国家中长期教育改革和发展规划纲要（2010—2020 年）》的深入实施和胡锦涛总书记在清华百年校庆大会上的重要讲话，把我国高等教育带入到了一个重要的战略机遇期。站在新的历史起点上，把省部共建高校建成引领区域高等教育发展的高水平大学，是贯彻落实《国家中长期教育

* 本文发表于《中国高等教育》2012年第9期，作者郭贵春。

改革和发展规划纲要（2010—2020 年）》和总书记讲话精神的重要举措，也是历史和时代赋予我们的崇高使命，特别是中西部广大人民群众接受优质高等教育的热切期盼。

一、把省部共建高校建成引领区域高等教育发展的高水平大学，必须明确省部共建高校的战略地位

高水平大学是提升自主创新能力、建设创新型国家的重要支撑，是提升高等教育整体水平、建设高等教育强国和人才强国的重要依托。我国直属高校的建设，“985 工程”和“211 工程”的实施，是集中优质高等教育资源，大力推动高水平大学建设的成功实践。但是，相对于全国 31 个省（自治区、直辖市）[①]820 所本科院校来说，“985 工程”高校仅占 4.8%，76 所教育部直属高校占 9.1%，这些高校主要集中在北京、上海、江苏、陕西、湖北、四川、湖南和广东等省区，而山西、内蒙古、河南、河北、江西、海南、青海、宁夏、西藏、新疆、广西、云南和贵州等 13 个省（自治区、直辖市）没有教育部直属高校。在向高等教育强国迈进的新征程中，我国重点建设的高水平大学数量不足、覆盖面偏小和布局不均衡的状况，与建设高等教育强国、人力资源强国以及创新型国家的重大战略不相适应，与实现教育公平、办好人民满意的高等教育的民生需求不相适应，与科学发展的主题、加快转变经济发展方式的主线不相适应，与我国着力推进的区域发展战略不相适应。实施省部共建工作，在优质教育资源相对薄弱的地区，重点支持一批地方综合性大学率先向高水平大学发展，同时兼顾边远地区、民族地区、革命老区和人口大区，影响和带动区域高等教育的发展，这是解决“四个不相适应”的重大战略举措。

从高等教育的发展规律看，高等教育布局合理与否，关系高等教育资源的配置效率，关系高等教育的协调发展和整体实力的增强。

① 不包括中国港澳台地区。

区域经济社会发展的不平衡，需要国家区域发展总体战略来统筹协调，对区域经济社会发展起重要支撑作用的高等教育的不均衡，更需要国家层面的战略举措来协调。2004年以来开展的省部共建工作，就是教育部为促进优质高等教育资源合理布局而进行的体制性探索。教育部和地方政府从宏观指导、政策和资金等方面给予共建高校大力支持，引导和促使共建高校科学定位、办出特色、办出水平。共建高校不仅成为区域高等教育发展的新亮点，而且成为引领区域高等教育发展的重要着力点。省部共建地方高水平大学的建设，对优化我国高等教育资源配置、促进教育公平的战略性意义要远远大于战术性作用。因为省部共建工作的开展，让中西部亿万人民看到了国家重视和支持中西部高等教育发展的希望，让亿万人民看到了接受更高质量、更多样化和更多优质高等教育的希望。可以说，省部共建重点建设为中西部高等教育振兴计划实施奠定了坚实的基础，被称为“中西部发展的基础工程、亿万人民受益的民心工程”。这样的基础工程、民心工程，我们只有坚持不懈地抓好办实，只有持之以恒地办出水平、办出成效，才能够打造出一批区域特色鲜明的地方高水平大学，示范和带动中西部高等教育整体水平的提升，才能够有力加强我国高等教育薄弱环节的建设，优化高等教育布局结构，推动我国由高等教育大国向高等教育强国迈进。

从高等教育的发展趋势看，地方高等教育的大发展是世界各国高等教育发展到一定历史阶段的普遍特点。

高等教育区域化、地方化是世界高等教育发展的共同趋势。依托地方高等教育为当地经济社会发展提供不竭动力，推动区域快速崛起，是世界各国区域发展的共同经验。美国十九世纪六七十年代通过大力发展“赠地学院”，促进了公立大学系统的建立和完善，对美国各州尤其是西部各州经济社会的快速发展起到了重要支撑作用。而今，美国公立大学在校生数已占全美在校生总数的75%，在2011年《美国新闻与世界报道》的大学排名中，有4所公立大学跻身前30名，有15所公立大学跻身前50名。这意味着公立大学通过错位竞争，已发展成为一支能够与私立大学相抗衡的重要力量，共同形成了美国独具特色的高等教育发展格局。德国为了解决区域发展差距问题，采取了高等教育地方化的改革措施，高校与地方经济发展实现了更紧密的结合。自 20 世纪 60 年代以来，印度、巴西等发展中国家，纷纷兴起高等教育地方化热潮，引领和带动了区域经济、科技和教育发展，特别是对传承和发展当地的特色文化起到了决定性作用。我国从 20 世纪 80 年代以来，大力推进地方高校的发展，目前，地方高校占全国高校总数的 95%，在校生数占全国高校在校生总数的 93%，在我国高等教育大国建设进程中担负了重要的时代使命，对推动区域经济社会发展、促进高校服务职能下移发挥了不可替代的作用。新时期，提高高等教育质量是教育改革发展最核心、最紧迫的任务。全面提升地方高校办学质量，必将成为我国高等教育战略发展的聚焦点和生长点。开展省部共建工作，率先支持省部共建地方综合性大学建设高水平大学，就是要以省部共建高校建设为抓手，引领和带动地方高校办学水平的提升，为区域经济社会发展提供人才支持和智力贡献。

从区域经济社会的发展需求看，大学是区域经济社会发展的引领者和推动力。

现代知识经济社会，知识创新日益以科学研究为基础，日益以组织或机构范围间的协作与合作为特征，多方共同参与、协同作战，促进科学研究、技术创新、产业发展及社会进步相互促进和一体化发展。中西部正处于创造性承接东部地区产业的转型发展时期，加快转变区域经济发展方式的使命艰巨而紧迫，最关键的是要大幅提高自主创新能力，最根本的是要建立起以高水平大学为核心的区域高等教育体系。只有将高水平大学建设同步纳入区域经济社会发展战略，才能够发挥出高水平大学高层次人才集聚、科技创新、成果转化和文化创新的作用，加快区域产业结构优化升级步伐，引领和带动区域经济社会生产方式的深刻变革。自实施省部共建以来，省部共建高校得到了教育部和地方政府的重视和支持，在学科建设、师资队伍、人才培养和办学水平等方面都得到了快速发展，在更大范围、更高水平上服务区域发展的能力有了较大的提高。中西部地区加快转变经济发展方式的使命任重而道远，教育部和地方政府进一步扶持省部共建高校向高水平大学迈进，必将为引领和带动区域经济社会的发展，培育起一批能够自觉担当重任的高水平大学。

二、把省部共建高校建成引领区域高等教育发展的高水平大学，需要认识省部共建高校的战略特征

省部共建高校分属不同的地域，但战略地位是相同的，战略目标是相同的。正是战略地位、战略目标的一致性，把我们凝聚成一个特殊的高等教育群体，也可以说是一个协同创新的战略联盟。经过省部共建，这个群体的高水平建设进入一个新阶段，在当地高等教育发展中的引领和辐射作用进一步加强，呈现出较为明显的战略特征。

省部共建高校拥有了高水平的学科建设平台。经过省部共建，共建高校的学科建设不仅在数量上领先于中西部的地方高校，而且在质量上也处于领先地位。中西部地方高校三分之一以上的一级学科博士点、65%的教育部人文社会科学重点研究基地和46%的国家重点学科，都集中在省部共建高校。一批区域特色鲜明的应用性学科，跻身全国同类学科的前列。例如，山西大学拥有1个国家重点实验室，1个教育部人文社会科学重点研究基地，2个国家重点学科，3个教育部重点实验室（工程中心）和15个一级学科博士点。

省部共建高校拥有了高水平的人才培养平台。区域经济的快速增长，不仅对人才的需求数量加大，同时对人才的质量也提出新的要求。纵览服务于中西部各行各业的人才，中西部地方高校的毕业生占有很大比例。在高层次人才培养方面，省部共建高校担负了中西部地方高校30%以上的研究生培养任务，其中，宁夏大学、云南大学、贵州大学和南昌大学四所大学担负了本省45%以上的研究生培养任务。山西大学有2篇博士论文获得全国优秀博士学位论文奖。

省部共建高校拥有了高水平的科技创新平台。共建高校主动寻求与区域协调发展的战略契合点开展科学研究，积极推动区域科技创新。2006～2010年省部共建高校获得国家自然科学三大奖占中西部地方高校总数的三分之一。省部共建高校占有中西部地方高校两院院士总数的

56%，其中内蒙古、贵州和河南的高校院士全部集中在省部共建高校。

省部共建高校拥有了高水平的社会服务平台。共建高校以其高水平的学科建设平台、人才培养平台和科学研究平台，打造了高水平的社会服务平台，为解决区域发展面临的政治、经济、社会、文化、科技、人口和环境等复杂问题提供有力的智力支撑、科技支撑和人才支撑，建立了大学与所在区域经济社会发展的紧密关系。

三、把省部共建高校建成引领区域高等教育发展的高水平大学，需要探索共建高校的战略出路

从我国高等教育面临的新形势分析，高等教育规模的扩展已经不是重点，发展的重点将进入发展理念战略性转变和全方位注重教育质量的新阶段。胡锦涛总书记在清华百年校庆大会上强调指出：“不断提高质量，是高等教育的生命线，必须始终贯穿高等学校人才培养、科学研究、社会服务和文化创新各项工作之中。”提高办学质量，对振兴中西部高等教育的发展尤为迫切和重要。省部共建高校要建成引领区域高等教育发展的高水平大学，必须在做强上，也就是提高质量上下工夫。

以山西大学为例，学校着眼新的发展要求，在提高质量上进行了积极探索，在学科建设上提出了“小学校、大学科”的建设思路，打破学院、学科之间的界限，强化特色研究方向，建设几个在全国同类学科中具有明显优势的学科；在科学研究上提出了“小队伍、大科研”的建设思路，加强多学科的联合、交叉与渗透，提高科研团队的“创新度”；在人才培养上提出了“多专业、小班级”的建设思路，除个别应用性专业外，其余专业加大向“小班教育”转变的力度，提高人才培养质量；在社会服务上提出了“大平台、多层次”的建设思路，就是要搭建政府、企业和学校之间真正能够开展深度合作的大平台，为区域转型跨越发展提供多层次、全方位的服务。只有回答和解决好我们每一所省部共建高校的战略出路问题，才能在我国高等教育的体系中突出我们的战略地位和战略特征，才能在区域高等教育的发展中更好地发挥我们的引领带动和中心辐射作用。

《国家中长期教育改革和发展规划纲要（2010—2020年）》明确提出：重点支持中西部高等教育发展，实施“中西部高等教育振兴计划”。这是区域高等教育发展战略上升为国家战略重要标志，更是省部共建工作的延伸与深化。为把省部共建高校建成引领区域高等教育发展的高水平大学，我们提出如下政策建议。

（1）将首批省部共建高校直接纳入中西部高等教育振兴计划。省部共建地方高校是中西部地区建设高水平大学的体制创新和有力抓手。抓住省部共建高校实施中西部高等教育振兴计划，不仅具有战略性，更具有示范性和可行性。建议要保持重大政策的延续性，深化省部共建工作，将首批共建高校作为重点体系直接纳入中西部高等教育振兴计划，纳入国家高等教育发展的重大战略中，列入即将启动的“高校创新能力提升计划”中，进行顶层设计和重点支持，扩大中西部的优质教育资源，优化高等教育的布局结构，解决好人民群众反映强烈的问题。

（2）进一步加大对省部共建高校的财政支持力度。把省部共建高校建成引领中西部高等教育发展的高水平大学，必须得到中央和地方政府的大力支持，充分发挥中央、地方两个方面的积极性。希望教育部协调财政部等有关部委，充分考虑中西部地区的现实问题、人口状况、发展水平和地理位置等因素，设立省部共建专项资金。同时地方政府在预算中充分考虑省部共建高校，列为常规专项，拨出专款给予重点支持，加快区域高水平大学建设。

（3）要给予省部共建高校加快发展的倾斜政策。建议教育部在国家重点实验室、国家重点学科申报，特色重点学科项目申报，国家重大科技专项、重大科研奖项申报，校内基础设施、公共服务体系建设、高层次人才引进等方面，针对中西部经济社会发展的瓶颈问题和重大现实问题，在政策上、体制上体现教育的公平性，给予省部共建高校更多平等参与竞争的机会。要赋予省部共建高校一定的招生自主权，吸引一批高素质的高中毕业生，升入共建高校，优化生源结构。同时在博士点设置、博士生招生计划等方面，对共建高校予以倾斜，切实为共建高校提高质量提供良好的发展条件。